ROMAN PEOPLE 4E

罗马人
地中海霸业的基石

（插图第4版）

（美）罗伯特·柯布里克（Robert Kebric）著　张楠 等译

序　言

历史中的个体

　　人构成社会，形成文明。为使我们能更好地理解过去，我们可以尽可能地形成并阐述许多理论，尽可能编制许多重大事件的时间表或年表，但是我们始终需要回到一个简单的事实，即人是我们所有研究的基础。

　　在对我们自己所处时代之前的历史时期进行研究时，在多数情况下，人的地位要逊于理论和事件，被迫退居为幕后背景。他们作为人的特质也遭到忽视。我们试图越过他们的名字——尤其是当它们听起来或看起来很陌生时——快速了解发生了什么。作为时代背景中的个体，他们到底是谁的问题几乎完全被忽略。

　　这里并非要讨论"伟人"理论或历史研究的传记方法。不过，我们总是无法回避众多的恺撒（Caesars）和君士坦丁（Constantines）；他们与其所处时代的事件之间存在不可分割的联系，因此，他们的影响范围不可谓不广泛。然而，多数现代著作对其政治**角色**之外的研究少之又少，而对于那些在古代社会中不甚突出的个人，我们几乎闻所未闻。无论他们对社会的贡献是什么，仍有必要对他们的相关信息多少给予一些简单记述。对有着各种生活经历的人物进行研究，将加深我们对古代罗马人的理解，最终也将加深我们对自身的了解。

读者与写作方法

　　与比较传统的事件加理论的书籍相比，《罗马人》（*Roman People*）应是一部有价值的另类选择。有些人喜欢阅读普鲁塔克（Plutarch）和苏埃托尼乌斯（Suetonius）的传记，有些人喜欢本书的姊妹篇《希腊人》（*Greek People*）或其他一些将重点放在人物身上的现代著作，因为他们通过这些阅读能够找到明确的信息，那么本书应是这类读者的又一个选择。

　　《罗马人》面向任何对古代罗马社会怀有兴趣的读者，旨在呈现出古代罗马人真实的一面，而不是像一些有名无实的形象那样只停留在遥远的过去、似乎他们对今天的我们没有任何意义。文中会给出要理解古代社会发展演变所必需的总体历史背景，但重点是人物。这里所提及的男女人物在选择上必然是有限的。我们对于过去的了解仅局限于现有资料所提供的范围内。有些名字为人所熟知；余者则名不见经传。有趣的是，在罗马历史上，很多值得纪念的人物本身根本不是罗马人。由于战争或政治原因——或者由于他们迫于无奈或出自愿在罗马帝国境内定居——他们与罗马永久地联系在一起。文中也会论及一些此类"罗马人"。

与其他时代相比，某些时代涌现出的人物更加引人注目。某个（或某些）个体可能是该时期某种历史或文化现象最具代表性的人物，将他（或他们）与特定时期的特殊背景相结合是一种挑战。由于罗马历史悠久而漫长，在个性人物与持续连贯性之间寻得最佳平衡实属不易。此外，罗马是一个政治性社会，有关杰出政治家的论述既不可避免、也值得一试。罗马历史拥有一些令人瞩目的政治人物。不过，在较为偏重通史性的著作中，能体现人类某种活动或行为侧面的人物可能会被忽略或少有提及，但本书对他们也会有所论述。由此而产生的民族剖面图应该能使读者更好地理解罗马生活和"罗马特性"。

文中多处直接使用来自古代著作家——有时只给出著作标题——的引用和节选，目的是最大限度地让罗马人讲述他们自己的历史。书中大量的地图和插图、大事年表、词汇表和发音指南将使本书更具实用价值。

结论

当人类开始要了解自己时，他们首先要问"我是谁？"，然后是"我做了什么？"。在他们的意识中，他们自身的个体存在是首要的。在我们这个复杂的社会中，或如某些人所说的客观的社会中，"所为"似乎通常优于"存在"。《罗马人》一书尽力二者兼顾——人与他或她的成就。它呈现出一些悠久历史人物的生活和世界，以期消除将我们与古代罗马人分隔开来的时代鸿沟。

第二版致谢

很高兴能有机会准备《罗马人》一书的第二版，因为本书得到高度认可，拥有广大的读者群体。

现代出版程序及其所有结果不可避免会出现舛误，在文中需要之处我尽力做出纠正、修订或增补，还要特别感谢为我或出版商指出任何勘漏之处的读者。本版重点对每章末的阅读书目进行扩充，加入最近出版的作品。图表体系也得到进一步增补，很多新图片使本书细节内容更加丰富，有助于增强读者的阅读兴趣。书中所有地图均重新绘制，并增加一幅意大利的地理状况图。本版还增加一些有关妇女、家庭、罗马对多元文化的看法、埃特鲁里亚人（Etruscans）、罗马浴场、罗马天气等方面的新资料。这一修订本与《希腊人》的新版一样，仍将是跨世纪之际一部具有生存力的资料用书。

我要重申对托马斯·W·阿弗里卡（Thomas W. Africa）、埃里克·S·格伦（Erich S. Gruen）和弗兰克·W·沃尔班克（Frank W. Walbank）教授的谢意，感谢他们阅读《罗马人》的原稿，还要感谢第一版的书评者。同样，我要感谢上任编者兰辛·海斯（Lansing Hays）以及从事摄影工作的比尔·卡伦（Bill Karlen），书中的作品是对后者最好的纪念。我要特别感谢第一版的众多使用者。

就第二版而言，我要再次向沃尔班克教授致以谢意，他坚持不懈、随时准备花费时间对一名同事的作品做出评论并给予鼓励；向以下为梅菲尔德（Mayfield）校稿的人员表示感谢：南俄勒冈州立学院（Southern Oregon State College）的理查德·C·弗雷（Richard C. Frey）、科罗拉多大学博尔德分校（Universtiy of Colorado at Boulder）的 R. L. 霍尔菲尔德尔（R. L. Hohlfelder）、印第安纳大学（Indiana University）的蒂莫西·朗（Timothy Long）、迦太基学院（Carthage College）的 C. 雷诺（C. Renaud）和犹他大学（University of Utah）的 C. A. 斯内窦（C. A. Sneddow）；感谢丹尼斯·科尔毕罗（Dennis Korbylo）负责摄影增补工作；感谢梅菲尔德出版公司（Mayfield Publishing Company）提供《罗马人》的修订机会；向负责新版筹备工作的编辑霍利·艾伦（Holly Allen）和出版编辑阿普里尔·韦尔斯－海斯（April Wells-Hayes）致谢；还要特别感谢我的妻子朱迪丝·科布里克（Judith Kebric）的帮助，感谢她一如既往关注我的作品。

我感谢诸位作者、出版社、博物馆及其他图片来源允许我使用版权资料。对每章所用译文的致谢详列于书后，对所有图片、地图及其他插图的完整索引一并附于书后。

最后，我要感谢所有以各种方式帮助我准备本书的人们。

第三版致谢

最近，在我家一楼即将收工时，我告诉木工吉姆·伦德（Jim Lund），他的工作十分出色，他应在某处为他的作品"签名"。令我称奇的是，他回答说他已经签过了：在他修建的一根天花梁包边内。他说他还在那里记下日期、天气并留下1美元钞票。我问他为何这么做，他回答，将来（我希望不会是很快到来的将来！）如果房子要改建或拆除，做此工作的人将会知道他是修建者以及修建日期、那天的天气如何，还将得到他尘封之后的的私人物品。之后他告诉我，他最初开始这么做是因为年轻时他经常跟随父亲（也是一名木工）进行一些工程。每当他们在年迈的邻居家对本世纪初期建造的房屋进行改建时，他们会发现同样的信息。他说，当发现一个20世纪20年代像他一样的木工名字、或者在某个特定日期天气"晴朗"、或者早已离世的某个人放在那里的1分币或5分镍币时，他深深为此所吸引。他深有感触地说，通过这种方式，他感觉自己与那人有某种血脉关系，他的职业从他之前的工匠手中一代代完整地传递下来。现在，他希望在50或75年后的将来以同样的方式被铭记。我告诉他，他不知不觉诠释出历史的全部内涵：我是谁、我做了什么以及我如何将我所处时代的信息传递给未来之人。我找不到比这个"得来全不费工夫"的例子更贴切的实例来简单地表达历史到底是什么的问题。人们似乎认为历史研究在某种程度上独立于他们的每日所为；实际上，他们就像吉姆一样在用他们所做的每件事践行着历史进程。正是基于这类想法，我开始着手写作本书；我很欣慰它仍能吸引新的读者并使之前的读者仍抱有兴趣。我很高兴能准备出版第三版。

　　本版增加了有关罗马妇女的内容，其中包括尼禄（Nero）的母亲阿格里皮娜（Agrippina）——被她的儿子密谋杀害；还包括一个朋友寄给另一个朋友的生日邀请函，她们住在罗马边陲不列颠（Britain）北部，丈夫是驻扎在那里的官员，生活单调。额外增加的文本主要包括普林尼（Pliny）对其庄园充满喜爱的细节描述、约瑟夫斯（Josephus）对一次罗马皇室军队凯旋式的目击记录、以及狄奥尼修斯·埃克西古斯（Dionysius Exiguus）对千年和时间计算方式的说明。本版还增添一些新的图片资料，其中很多是有关妇女的，另外，现有书目部分又增补了最近出版的书籍。

　　那些过去在本书问世和出版过程中帮助我的人多数在之前的前言中已经提到。我再次对他们表示感谢。我还要特别感谢杰拉尔德·E·卡迪什（Gerald E. Kadish）教授接受有关埃及资料的咨询，还有阿瑟·J·斯莱文（Arthur J. Slavin）教授和克里·E·施皮尔斯（Kerry E. Spiers）教授多年以来的付出与帮助。本版的校对者有弗吉尼亚技术研究院与州立大学（Virginia

Technical Institute and State University）的格伦·巴格（Glenn Bugh）、亚利桑那州立大学（Arizona State University）的凯文·卡罗尔（Kevin Carroll）、科罗拉多大学博尔德分校的罗伯特·L·霍尔菲尔德尔和陶森州立大学（Towson State University）的迈拉·莱文（Myra Levin），我要感谢他们的付出。我还要感谢尼基·刘易斯（Nikki Lewis）和吉恩·约翰逊（Gene Johnson）帮助我准备新增图片。我依然感激各位作者、出版社、博物馆及所有在某种程度上为本书的成功做出贡献的人——尤其是我的妻子朱迪丝。

第四版致谢

第四版主要对书目部分进行简化。书目扩充过于迅速，但这并非本书的首要目的。由于某些可视资料需要高额的许可费用，故此删减一些插图，不过我们又从私人图片收藏中选取增加了一些插图。在不扩大本书规模的基础上，为了加入新增资料，我又删去一些文中的独立方框内容。选择删减哪些内容并非易事，希望删节部分不会为那些用到它们的人带来不便（并非全部删除，在文中适当之处对删节资料中出现的人物会给出简要介绍）。在这些原有方框处又增加了"从现实和影片中看"（"Reel" Looks）系列专题，用以介绍好莱坞（Hollywood）是如何处理罗马和罗马人的。随着现代社会在视觉上变得愈发定向化，历史电影开始成为公众感知历史最为重要的影响来源。由于最近好莱坞对罗马的兴趣开始复苏，公众兴趣度也有所增加，这些取自知名史诗的简短影像将使人看到他们如何不尊重罗马历史。最后，我将论及一个身处文明中的每个个体均面临的话题——极为切合本书重点罗马人：新增一篇附录来说明之前没有回答的有关罗马交通通行方向的问题。

我再次重申对准备本版以及为之前版本提供帮助的组织及个人的谢意。我要特别感谢芝加哥有限公司（Ltd. of Chicago）的哈尔朗·J·伯克（Harlan J. Berk）无私地为本版提供大量古币图像。詹姆斯·E·帕克（James E. Packer）和玛丽娜·米莱拉（Marina Milella）就罗马的图拉真纪念柱（Trajan's Column）提出了专业意见，克里·施皮尔斯和小威廉·J·巴特森（William J. Batson Jr.）在庞培城（Pompeii）提供了极为有力的帮助。我要感谢积极提供投入者和以下本版校对者：

阿尔马大学（Alma College）的保罗·克劳福德（Paul Crawford）

贝勒大学（Baylor University）的杰弗里·S·汉密尔顿（Jeffrey S. Hamilton）

加利福尼亚大学圣克鲁斯分校（University of California, Santa Cruz）的

小查尔斯·W·赫德里克（Charles W. Hedrick Jr.）

科罗拉多大学博尔德分校的鲍勃·霍尔菲尔德尔

雷德大学（Reed College）的埃伦·米兰德（Ellen Millender）

我还要感谢尼基·布朗克（Bronke）、克里斯蒂娜·霍华德（Christine Howard）、杰茜卡·斯佩德（Jessica Spayd）、丹尼斯·科布罗（Korbulo）、勒内·舒梅特（Renee Shumate）和吉恩·约翰逊帮助我们准备新增的图片资料。我的编辑莫妮卡·埃克曼（Monica Eckman）尽其所能使本书转为麦格劳-希尔（McGraw-Hill）出版社的经历平稳顺利。我依然要向弗兰克·沃尔班克、汤姆·阿弗里卡、乔·斯莱文表示感谢，尤其是我的妻子朱迪丝。

大事年表与地图

以下年表包括本书论及的重要事件和人物。

时间	事件与人物
王政时代（公元前753—前509年）	
公元前753年	传统认为罗慕路斯（Romulus）于是年建立罗马城
公元前753—前509年	七位王统治下的罗马
公元前6世纪	埃特鲁里亚（Etruscan）统治时期
共和国时代（公元前509—前31年）	
公元前508年	豪拉提乌斯（Horatius）戍桥（第1章）
公元前5世纪	"贵族"（patricians）与"平民"（plebeians）的斗争；与拉丁人（Latins）、埃奎人（Aequi）、沃勒斯吉人（Volsci）和维伊（Veii）的局部战争
公元前494年	"平民大会"（Concilium plebis）和平民保民官职的设立
公元前451—前449年	罗马第一部法典《十二表法》（Law of the Twelve Tables）问世
公元前387年	高卢人洗劫罗马城；卡米路斯（Camillus）的壮举（第1章）
公元前367年	李基尼乌斯—塞克斯图斯（Licinio-Sextian）法规定每年选出一名平民执政官
公元前340—前338年	拉丁同盟（Latin League）战败解散
公元前327—前304年	与萨姆尼乌姆人（Samnites）的战争；修建阿皮乌斯大道（Appian Way）
公元前300年	厄古尔尼乌斯（Ogulnian）法使平民有资格出任任何

	宗教职位——阻止他们出任一切官职的最后一道障碍被清除
公元前287年	霍尔腾西乌斯法（lex Hortensia）规定平民大会的决议（plebiscite）对所有罗马人具有约束力
公元前280年	至此埃特鲁里亚人、高卢人（Gauls）和萨姆尼乌姆人均被征服
公元前280—前275年	与罗马首位国际性敌手伊庇鲁斯（Epirus）的皮鲁士（Pyrrhus）之间的战争
公元前272年	至此罗马将势力范围扩大到整个意大利地区
公元前264—前241年	为争夺西西里（Sicily；成为罗马的第一个行省）与迦太基（Carthage）展开第一次布匿战争（First Punic War）

公元前250年 ....

约公元前240—约公元前207年	罗马文学奠基者李维乌斯·安德罗尼库斯（Livius Andronicus）写作其作品
公元前237年	撒丁（Sardinia）与科西嘉（Corsica）被征服；公元前227年被设为罗马第二个行省
公元前229年	罗马首次出现在东方希腊（Greek East），在伊利里亚（Illyrian）沿岸建立保护制度
公元前218—前201年	第二次布匿战争（Second Punic War）；汉尼拔（Hannibal；第1章）入侵意大利
公元前216年	罗马在坎尼（Cannae）惨败
公元前212—前205年	与腓力五世（Philip V）的第一次马其顿战争（First Macedonian War）
公元前213—前211年	罗马围攻叙拉古（Syracuse）；阿基米德（Archimedes）与马克卢斯（Marcellus；第1章）
公元前202年	西庇阿·阿非利加努斯（Scipio Africanus）在扎玛（Zama）战胜汉尼拔；迦太基于公元前201年投降；法比乌斯·皮克托尔（Fabius Pictor）写作第一部罗马历史（用希腊文）

公元前200年 ....

公元前200—前197年	与腓力五世的第二次马其顿战争

公元前197—前133年	西班牙战争（Spanish Wars）
公元前191—前188年	与安条克三世（Antiochus III）的叙利亚战争（Syrian War）
公元前184年	老加图（Cato the Elder）当选监察官
公元前171—前167年	与佩尔修斯（Perseus）的第三次马其顿战争；屠杀埃托利亚人（Aetolians）；包括史家波利比乌斯（Polybius）在内的一千名阿卡亚人（Achaeans）遭驱逐；15万伊庇鲁斯人（Epirotes）被卖为奴

公元前150年 ··

公元前149年	在行省设立常设法庭以处理敲诈勒索案件；加图过世
公元前149—前146年	第三次布匿战争；西庇阿·艾弥利亚努斯（Aemilianus）摧毁迦太基；兼并北非（North Africa）为行省
公元前148—前146年	第四次马其顿战争；阿卡亚同盟（Achaean League）瓦解，科林斯（Corinth）被摧毁；马其顿（Macedonia）成为罗马行省；希腊自治终结
公元前135—前132年	第一次西西里奴隶起义（First Sicilian Slave Revolt）；埃乌努斯（Eunus；第2章）
公元前133年	西班牙战争结束；罗马成为地中海（Mediterranean）世界的主宰

··

共和国末期（Late Republic；公元前133—前31年）：内部问题取代外部问题；出现"罗马变革"——共和国（Republic）逐渐瓦解并被个人统治所取代

公元前133年	保民官提比略·格拉古（Tiberius Gracchus）的土地改革法案及被杀
公元前123—前122年	盖尤斯·格拉古（Gaius Gracchus）多次出任保民官职；罗马平民运动发展成重大的政治运动
公元前121年	首次发布"元老院终极令"（senatus consultum ultimum）；盖尤斯·格拉古之死；科尔奈利娅（Cornelia；第2章）
公元前112—前105年	朱古达战争（Jugurthine War）
公元前109—前101年	与基姆布利人（Cimbri）和条顿人（Teutones）的战争
公元前107—前100年	马略（Marius）6次出任执政官；罗马军队改革
公元前104—前100年	第二次西西里奴隶战争（Second Sicilian Slave War）

公元前91—前88年	罗马与意大利同盟的战争；意大利人（Italians）被授予公民权（公元前89年）
公元前88—前82年	罗马首次内战
公元前88年	苏拉（Sulla）出任执政官；就与本都（Pontus）密特里达提（Mithridates）作战的东方指挥权问题与马略发生冲突；苏拉占领罗马；马略逃亡
公元前88—前85年	苏拉同密特里达提作战
公元前87年	马略夺回罗马；公元前86年第7次出任执政官，在任期间去世
公元前82—前78年	苏拉独裁；遵循保守路线进行改革；苏拉之死
公元前75年	
公元前73—前71年	斯巴达克（Spartacus）奴隶起义（第2章）
公元前70年	克拉苏（Crassus）和庞培（Pompey）出任执政官；西塞罗（Cicero）通过起诉维瑞斯（Verres）敲诈勒索而崭露头角
公元前67年	庞培受命清剿海盗；公元前66年被授予东方指挥权，战胜密特里达提（公元前63年卒）并重新组建东方诸行省
公元前63年	西塞罗出任执政官；喀提林（Catilinarian）阴谋；小加图（Cato the Younger）脱颖而出成为强大的保守派；恺撒（Caesar；公元前65年任营造官）当选"大祭司长"（pontifex maximus）
公元前62年	喀提林（Catiline）战败而亡；庞培从东方（East）凯旋；恺撒任大法官
公元前60年	恺撒、克拉苏和庞培组成"前三头同盟"（First Triumvirate）
公元前59年	恺撒出任执政官
公元前58—前49年	恺撒在高卢（Gaul）；公元前55年和公元前54年出征不列颠
公元前58—前52年	克罗狄乌斯（Clodius）和米罗（Milo）在罗马引发内乱
公元前56年	三头（Triumvirs）在卢卡（Luca）重续协定；克拉苏

	和庞培当选公元前55年执政官
公元前54年	恺撒的女儿、庞培的妻子尤利娅（Julia）去世；三头之间的联系纽带遭到削弱
公元前53年	克拉苏在美索不达米亚（Mesopotamia）卡莱（Carrhae）被杀；"三头同盟"终结
公元前52年	克罗狄乌斯被米罗杀害；庞培受命独自出任执政官以恢复秩序；米罗遭流放
公元前51—前49年	兼并高卢；恺撒的对手企图解除其武装，未遂；协商破裂
公元前50年··	
公元前49年	恺撒渡过卢比孔河（Rubicon）；内战爆发；庞培率军逃至希腊
公元前48—前44年	恺撒独裁
公元前48年	庞培于法萨卢（Pharsalus）战败，在埃及被杀；恺撒与克莱奥帕特拉（Cleopatra）相遇
公元前47—前45年	恺撒在本都、阿非利加（Africa）和西班牙（Spain）获胜；加图在阿非利加去世（公元前46年）
公元前45年	12月，西塞罗接待恺撒（第3章）
公元前44年	3月15日恺撒遇刺；克莱奥帕特拉逃离罗马；屋大维（Octavian）被指定为恺撒的合法继承人
公元前43年	安东尼（Antony）、屋大维和雷必达（Lepidus）组成"后三头同盟"（Second Triumvirate）；西塞罗在公敌宣告中被处死；布鲁图斯（Brutus）的妻子伯尔吉娅（Porcia）去世（第3章）
公元前42年	布鲁图斯和卡西乌斯（Cassius）在腓力比（Philippi）战败
公元前41—前30年	克莱奥帕特拉与安东尼的暧昧关系
公元前40年	安东尼的妻子弗尔维娅（Fulvia）去世（第4章）；布伦迪西乌姆（Brundisium）协定；安东尼与屋大维瓜分罗马世界；安东尼与奥克塔维娅（Octavia）成婚
公元前38或37年	贺拉斯（Horace）的旅行（第4章）；"三头同盟"在他林敦（Tarentum）续订（公元前37年）

公元前37—前31年	安东尼与屋大维之间关系紧张;安东尼与克莱奥帕特拉在东方
公元前34年	"亚历山大城的赠予"(Donations of Alexandria)
公元前31年	亚克兴(Actium)战役;公元前30年安东尼与克莱奥帕特拉自杀;屋大维占领埃及

罗马帝国(公元前31年—公元476年)

公元前27年	元首制(Principate)发端;屋大维现为奥古斯都(Augustus),成为罗马世界的统治者
公元前13年	佐伊斯(Zois)与安提帕特(Antipater)离婚(第9章)
公元前6—公元2年	提比略隐退罗德斯(Rhodes);遇到特拉叙鲁斯(Thrasyllus;第5章)
公元2年	奥古斯都广场(Forum of Augustus)及坐落其中的马尔斯神庙(Temple of Mars)竣工;尤利娅因通奸被流放(第5章)
公元4年	奥古斯都收养提比略为继承人
公元8年	奥维德(Ovid;第10章)被奥古斯都流放
公元9年	条顿堡森林(Teutoburgian Wood)惨败(第6章)
公元14年	奥古斯都辞世;尤利娅亡故

尤利乌斯—克劳狄王朝(Julio-Claudian Dynasty)

提比略(公元14—37年)

	阿庇吉乌斯(Apicius)生活于此时期(第6章)
公元14—31年	此间,提比略受到塞亚努斯(Sejanus)的影响
公元19年	日耳曼尼库斯(Germanicus)之死;占星者、犹太人(Jews)及其他人被逐出罗马;帕乌利娜(Paulina;第5章)
公元26年	提比略离开罗马前往卡普里(Capri)
公元27年	阿提利乌斯(Atilius)在费德奈(Fidenae)引发灾难(第6章)
约公元30年	耶稣(Jesus)在犹地亚(Judaea)被钉死十字架
公元36年	特拉叙鲁斯之死

盖尤斯或卡里古拉(Caligula;公元37—41年)

克劳狄（Claudius；公元41—54年）	
尼禄（公元54—68年）	
公元54—62年	尼禄受到塞涅卡（Seneca）的影响；后者成为文学圈内的领袖，其中包括佩特洛尼乌斯（Petronius；第5章）
约公元61—113年	小普林尼（Pliny the Younger）的一生；拉尔吉乌斯·马克多（Larcius Macedo）被奴隶所杀（第2章）；高寿的乌米迪娅·喀德拉提拉（Ummidia Quadratilla）和多米提乌斯（Domitius；第7章）
公元62年	提格里努斯（Tigellinus；第10章）受宠于尼禄；塞涅卡影响的终结
公元64年	罗马大火；第一次基督教（Christian）迫害
公元65年	推翻尼禄的阴谋败露；塞涅卡和佩特洛尼乌斯（公元66年卒）自杀
公元66—73年	犹太起义；韦帕芗（Vespasian）在犹地亚；摧毁耶路撒冷（Jerusalem；公元70年）；约瑟夫斯（第6章）
公元69年	四帝之年（Year of Four Emperors）；伽尔巴（Galba）、奥托（Otho）、维特里乌斯（Vitellius）和韦帕芗

弗拉维王朝（Flavian Dynasty；公元69—96年）

提图斯（Titus；公元79—81年）	
公元79年8月24日	维苏威山（Mt. Vesuvius）喷发，摧毁庞培城和赫拉克勒斯城（Herculaneum）；老普林尼（Pliny the Elder）之死；小普林尼目击火山喷发（第6章）
公元80年	克罗塞乌姆竞技场（Colosseum）竣工
图密善（Domitian；公元81—96年）	
公元90年	科尔奈利娅被处死（第9章）

五位"贤明"或"过继"皇帝的统治（公元96—180年）

涅尔瓦（Nerva；公元96—98年）	
公元97年	有史记载的最后一次罗马集会；维尔吉尼乌斯·鲁福斯（Verginius Rufus）之死（第7章）
图拉真（Trajan；公元98—117年）	

公元100—112（？）年	塔西陀（Tacitus）撰写《历史》(*Histories*)和《编年史》(*Annals*)
公元101—106年	图拉真与达契亚人（Dacians）的战争
公元105年	斯普里那（Spurinna）去世（第7章）
公元111—113年	小普林尼任比提尼亚—本都（Bithynia-Pontus）总督；就基督教徒（Christians）与图拉真的通信（第9章）；普林尼在任期间过世
公元114—117年	图拉真与帕提亚（Parthia）的战争；兼并亚美尼亚（Armenia）和美索不达米亚；帝国地理疆域达到顶峰

哈德良（Hadrian；公元117—138年）

建有哈德良陵墓、哈德良长墙和哈德良庄园；此时期的人物有苏埃托尼乌斯、尤文纳尔（Juvenal）和阿庇安（Appian）

公元122—146年	战车御者狄奥克莱斯（Diocles）的生涯（第10章）
公元132—135年	巴尔柯赫巴（Bar-Cochba）在犹地亚起义；犹太人落败后遭驱逐

安东尼努斯·皮乌斯（Antoninus Pius；公元138—161年）

公元144或145年	马尔库斯·奥里略（Marcus Aurelius）致信弗朗托（Fronto；第9章）
公元150年	斐罗（Philoe）的星象

马尔库斯·奥里略（公元161—169年）

卢基乌斯·奥里略·维鲁斯（Lucius Aurelius Verus；公元161—169年）

公元165—167年	意大利及帝国境内瘟疫蔓延；基督教徒遭到迫害
公元167—180年	马尔库斯与日耳曼人（Germans）作战。公元177年在里昂（Lyons）迫害基督教徒

康茂德（Commodus；公元180—192年）

佩尔提那克斯（Pertinax；公元193年1月1日—3月28日）

狄底乌斯·尤利亚努斯（Julia Didius Julianus；公元193年3月28日—6月1日）

....

塞维鲁王朝（Severan Dynasty；公元193—235年）

此时期有史家赫罗狄安（Herodian）和狄奥（Dio），还有基督教著作家德尔图良（Tertullian）

塞普提米乌斯·塞维鲁（Septimius Severus；公元193—211年）
尤利娅·多姆娜（Julia Domna；公元193—217年）
        阿里昂（Arion）之子向家中寄信（第8章）
公元194—197年   与佩斯坎尼乌斯·尼格尔（Pescennius Niger）和克罗狄乌斯·阿尔比努斯（Albinus）的内战
公元198年   塞普提米乌斯战胜帕提亚
公元203年3月7日 维比娅·佩尔佩图瓦（Vibia Perpetua）殉难（第9章）
公元203年   塞普提米乌斯·塞维鲁凯旋门竣工
公元205年   普劳提亚努斯（Plautianus）之死；拜比乌斯·马克利努斯（Baebius Marcellinus）自杀（第8章）
公元206—207年   大盗布拉（Bulla；第8章）
公元208—211年   塞普提米乌斯在不列颠作战，于约克（York）去世
卡拉卡拉（Caracalla；公元211—217年）
公元212年   卡拉卡拉处死盖塔（Geta）；向帝国境内所有自由居民授予公民权
马克里努斯（Macrinus；公元217—218年）
公元217—235年   此时期的人物有尤利娅·麦萨（Maesa）、尤利娅·索埃米娅斯（Soaemias）和尤利娅·玛麦娅（Mamaea）
埃拉伽巴卢斯（Elagabalus；公元218—222年）
塞维鲁·亚历山大（Alexander；公元222—235年）

···

"兵营皇帝"（Barracks Emperors）时期（公元235—284年）
此为军事无政府时期，很多将领在"兵营"被军队拥上帝位。在这50年间共有20余名皇帝，有些共同执政，还有很多僭越者。
腓力一世（Philip I；公元244—249年）
公元247年   罗马的千年纪念
德基乌斯（Decius；公元249—251年）
公元249—250年   首次在帝国全部范围内迫害基督教徒
公元251年   哥特人（Goths）及其他蛮族开始大规模入侵帝国
奥莱里亚努斯（Aurelian；公元270—275年）
公元271—275年   在罗马城周围修建奥莱里亚努斯长墙（Aurelian Wall）；帝国恢复统一

| 公元272年 | 帕尔米拉（Palmyra）的泽诺比娅（Zenobia）战败（第8章）；帕尔米拉覆灭（公元273年） |

罗马帝国后期

戴克里先（Diocletian；公元284—316年；公元305年退位）

公元286年，戴克里先分权统治帝国，任命马克西米亚努斯（Maximian；公元286—305年）为共同执政者。戴克里先统治东方，马克西米亚努斯统治西方。公元293年，戴克里先创立"四帝共治"制（Tetrarchy；四人统治），另外任命两名称做"恺撒"的次级皇帝，与他自己和马克西米亚努斯分担管理职责。

| 公元301年 | 戴克里先的限价和限薪法令 |
| 公元303—311年 | 迫害基督教徒 |

伽莱里乌斯（Galerius；公元305—311年）

	戴克里先的恺撒伽莱里乌斯升任东方皇帝
公元306—337年	君士坦丁（Constantine）的生涯
公元308年	内战；戴克里先出山恢复秩序，重新实行四帝共治

李基尼乌斯（Licinius；公元308—324年）

公元308年	李基尼乌斯得到认可成为西部皇帝；君士坦丁担任他的恺撒；伽莱里乌斯仍是东方的奥古斯都
公元311年	伽莱里乌斯临终发布敕令结束基督教迫害；内战再起
公元312年	君士坦丁通过米尔维乌斯桥（Milvian Bridge）战役占领罗马
公元313年	米兰敕令（Edict of Milan）；基督教（Christianity）成为帝国官方宗教
公元315年	君士坦丁凯旋门（Arch of Constantine）
公元316年	君士坦丁统治西方，李基尼乌斯统治东方，二者为共治皇帝
公元324—337年	李基尼乌斯被处死；君士坦丁成为罗马帝国唯一统治者
公元325年	第一次普世会议在尼西亚（Nicaea）召开
公元330年	都城迁至君士坦丁堡（Constantinople）

叛教者尤利安（Julian the Apostate；公元361—363年）

| | 尤利安不承认基督教；试图恢复罗马宗教 |
| 公元378年 | 哥特人在亚得里亚堡（Adrianople）打败罗马 |

狄奥多西一世（Theodosius I；公元379—395年）	最后一位统治东方与西方的大帝；禁止一切非基督教活动
公元410年	西哥特人（Visigoths）洗劫罗马城；797年以来该城首次遭洗劫
公元450年	康森提乌斯（Consentius）马车竞赛（第10章）
公元451年	匈奴人（Hun）阿提拉（Attila）战败
公元455年	汪达尔人（Vandals）洗劫罗马
公元476年	西罗马帝国最终"蛮族化"
公元493—526年	东哥特人（Ostrogoth）狄奥多里克（Theodoric）的统治
公元527—565年	查士丁尼（Justinian）成为拜占庭帝国（Byzantine Empire）第一位伟大统治者
公元1453年	君士坦丁堡落入土耳其人（Turks）之手；"罗马帝国"终结

地图1 古代意大利。

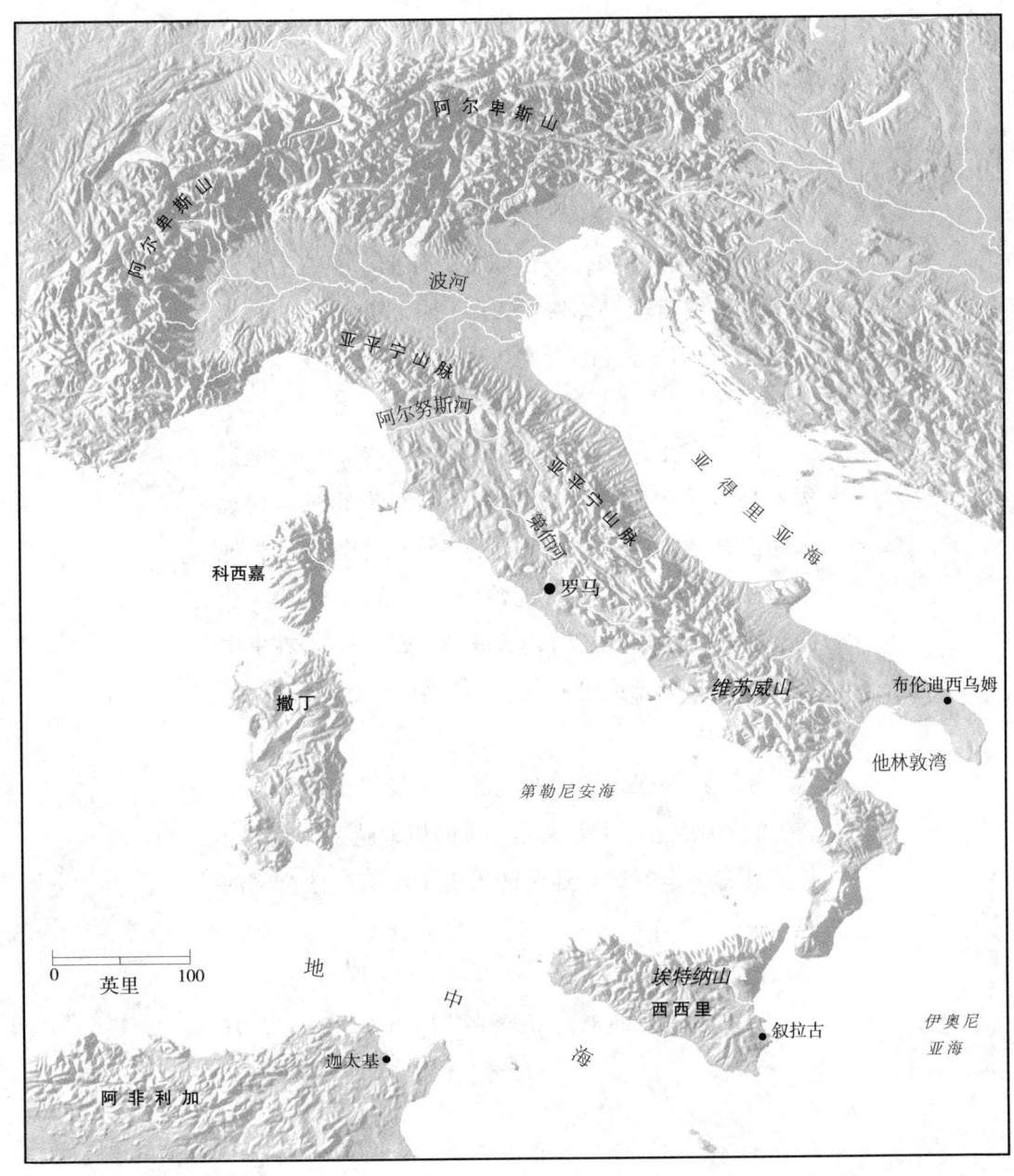

地图2 古代意大利地形图。

一名罗马教师

卢基乌斯·奥尔比里乌斯·普庇鲁斯（Orbilius Pupillus）生于贝奈温图姆（Beneventum）……他最初从事的工作是担任城镇职官的仆佣。参军后受到嘉奖，最终升至马军服役。服役年限期满后，他返乡继续求学研究，随后实现他自童年时代便怀抱的梦想。

他一直在家乡担任教师，但在50岁时……他迁居罗马城并在那里教书。然而，他所获得的声誉远远超出金钱。他在晚年写作的一本书中抱怨道，他是"住在顶楼的乞丐"。他曾刊布一部书，名为《我的磨难与忧患》(My Trials and Tribulations)，在书中他控诉粗心大意或野心勃勃的［学生］家长对他的凌辱和伤害。

他心性暴躁，不仅对他的学生发泄，也对与他竞争的教师发泄，并且总是不失时机地谴责后者……甚至具有一定等级和地位的人也未能逃脱他苛刻的讽刺……

他的寿命几近百岁……

（苏埃托尼乌斯，《论教师》[On Teachers], 9；
英译者 J. 谢尔顿 [J. Shelton]）

目　录

序　言 ·· 1
大事年表与地图 ··· 7

第 1 章　罗马：扩张与征服
叙拉古之围（公元前213—前211年）、战争之王马克卢斯、武器之主阿基米德 ··· 1

　　罗马的兴起　11
　　叙拉古与马克卢斯——"罗马之剑"　24
　　叙拉古的阿基米德　28
　　叙拉古之围　31
　　有待商榷的传说？　34
　　阿基米德之死　36
　　叙拉古之后：马克卢斯所面临的问题　37
　　值得纪念的阿基米德　37
　　马克卢斯之死　40
　　阅读建议　41
　　专栏
　　　　豪拉提乌斯戍守木桥　16
　　　　高卢人与鹅——卡米路斯拯救罗马　19
　　　　一位势均力敌的对手——汉尼拔复仇　25
　　　　祖先及其轶事。荣耀的价值何在？——波利比乌斯为罗马青年展示成功之路　38

第 2 章　变革中的共和国
国内动乱、术士埃乌努斯和第一次西西里奴隶战争（公元前135—前132年） ··· 43

　　成功后的问题　44
　　西西里的奴隶们　48
　　第一次西西里奴隶战争（公元前135年—前132年）　49

1

奴隶之王埃乌努斯　50

起义的开始　55

埃乌努斯的意义　59

起义的影响　64

阅读建议　65

专栏

　　科尔奈利娅——一位热衷于政治的母亲　47

　　从现实和影片中看罗马人Ⅰ：宾虚与罗马战船桨奴　51

　　拉尔吉乌斯·马克多——一个被自己奴隶谋杀的奴隶主　53

　　从现实和影片中看罗马人Ⅱ：斯巴达克，一个反叛奴隶蜕变为后现代英雄　62

第3章　公元前1世纪的政治与暴力
以罗马的未来作赌注、刺客布鲁图斯 ················· 67

共和国晚期　68

布鲁图斯："可敬的人"　70

年轻的布鲁图斯，他的母亲及恺撒　72

理想崇高的布鲁图斯与他的邪恶面　74

值得关注的抉择　75

与恺撒的和解　77

加图之死的影响　79

家庭关系的恶化　82

布鲁图斯所面临的诸多问题　84

卡西乌斯对布鲁图斯的影响　85

刺杀行动　87

后果　90

困境中的阴谋者　91

"后三头同盟"　92

腓力比战役与布鲁图斯之死　93

布鲁图斯的"神魔"　94

阅读建议　101

专栏

　　赴宴者：西塞罗招待恺撒　78

　　多拉贝拉——西塞罗忧心忡忡的女婿在法萨卢战役前为他提供建议　80

一个刺杀者的妻子：伯尔吉娅说服布鲁图斯　83

　　恺撒与文化多元论。"稻草人"、"勇士"和"锡匠"——另类的神奇之地：高卢人维尔辛格托里克斯，日耳曼人阿里奥维斯图斯，不列颠人卡西维劳努斯　96

第4章　共和国的终结
安东尼失去罗马世界、"众王的女王"克莱奥帕特拉；红心王后 …………… **103**

　　克莱奥帕特拉的背景　104

　　家族斗争　105

　　恺撒与克莱奥帕特拉　108

　　小恺撒之谜　110

　　克莱奥帕特拉在罗马　111

　　帕提亚：谜题中的关键部分　112

　　一切成空　114

　　克莱奥帕特拉与安东尼　114

　　塔尔苏斯会议　115

　　更多的问题　119

　　孤独的克莱奥帕特拉　119

　　为女王做出的让步　125

　　惨败帕提亚：局势发生转变　125

　　艰难岁月　128

　　安东尼高估自己　130

　　积聚中的风暴　132

　　亚克兴战役前夕　133

　　亚克兴战役　135

　　终结即将来临　140

　　安东尼之死　141

　　克莱奥帕特拉之死　143

　　阅读建议　145

专栏

　　弗尔维娅——公狮中的一头母狮　117

　　不情愿的旅行者：船只、骡子与痛苦——贺拉斯的旅行　121

　　从现实和影片中看罗马人Ⅲ：克莱奥帕特拉与亚克兴战役　138

第5章　早期帝国
纷乱不安的提比略统治时期（公元14—37年）、占星家特拉叙鲁斯 ………… 147

屋大维成为奥古斯都：元首制的发端　149
提比略继位　151
特拉叙鲁斯与提比略　154
提比略与特拉叙鲁斯在罗马　155
问题的出现　159
特拉叙鲁斯在宫廷的影响　165
塞亚努斯——提比略的工作"伙伴"　166
特拉叙鲁斯在塞亚努斯垮台中的作用　172
特拉叙鲁斯的末年　173
特拉叙鲁斯之后　174
阅读建议　175

专栏

特里马尔奇奥——讽刺文学中的"业余占星者"　158
一次"神圣的"失检之举——诱奸帕乌利娜　160
尤利娅：多舛不幸的女儿　163
斐罗：来自公元150年的占星资料　175

第6章　弗拉维王朝的稳固统治与自然灾害
维苏威山摧毁庞培城和赫拉克勒斯城（公元79年8月24日）、幸存者普林尼 ……… 177

弗拉维王朝　182
一位险些丧命的少年　183
普林尼的记述　184
庞培城和赫拉克勒斯城的居民　195
两座城的历史　197
来自往昔的声音　200
有关火山喷发　209
阅读建议　220

专栏

利益高于安全：竞技赞助人阿提利乌斯酿成不幸　179
见证历史：约瑟夫斯记录罗马的凯旋　185
阿庇吉乌斯的罗马美食家指南　198

佩特洛尼娅·维塔里斯案件：法律程序因维苏威山喷发而瘫痪　210
　　美好家园：普林尼对其庄园的描述　214

第7章　帝国的黄金时代
公元2世纪的老年人、一位高寿的罗马人斯普里那 ………………… 223

　罗马人的长寿　225
　罗马人对年龄增长的看法　227
　"卓有成效"的罗马老年人　230
　特殊例证：军职人员　234
　斯普里那的老年　238
　阅读建议　248
　专栏
　　不慎摔伤的维尔吉尼乌斯·鲁福斯和良心发现的多米提乌斯　233
　　乌米迪娅·喀德拉提拉：一位生活放纵的祖母的感情　235
　　一个无名鬼魂　237
　　在罗马不列颠行省边区庆生：克劳狄娅·塞维拉向友人发出邀请　241
　　庇提昂与伊庇吉蒂拉的金婚纪念　245
　　罗马浴场：琉善洗浴记　245

第8章　帝国与军队
塞普提米乌斯与塞维鲁王朝（公元193—235年）、叙利亚籍皇后尤利娅·多姆娜 … 251

　尤利娅·多姆娜的身世　252
　与尤利娅成婚前：塞普提米乌斯的早期政治生涯　253
　一个年轻家族的奋斗　255
　佩尔提那克斯称帝　256
　军事王朝：塞维鲁称帝　258
　艰难的开端　259
　皇后尤利娅　260
　克罗狄乌斯·阿尔比努斯之死　262
　铁腕皇帝　263
　尤利娅与塞普提米乌斯：再次莅临东方　264
　从帕提亚到埃及　265
　返回罗马　268

阿非利加：塞普提米乌斯和尤利娅荣归故里　269
返回罗马　270
尤利娅与普劳提亚努斯　271
塞普提米乌斯身亡不列颠　280
尤利娅与卡拉卡拉　281
卡拉卡拉遇刺　284
尤利娅之死　285
尤利娅之后塞维鲁家族的复兴：尤利娅·麦萨和她的女儿　286
塞维鲁家族统治的终结　287
阅读建议　291
专栏
  不平学子的家书　267
  拜比乌斯·马克利努斯：秃顶者死刑案件　277
  强盗布拉：非同一般的贼　278
  奥莱里亚努斯俘虏一位王后：帕尔米拉的泽诺比娅　288

第9章　危机与基督徒
困境中的帝国、殉道者维比娅·佩尔佩图瓦 ……………… 293

基督教与罗马　294
对待基督徒之态度：官方及其他诸等　302
世界变迁与宗教狂热　309
维比娅·佩尔佩图瓦殉难　312
佩尔佩图瓦的个人轶事　313
佩尔佩图瓦的梦　320
罗马帝国晚期的基督教　326
阅读建议　330
专栏
  艰辛与不幸：一例弑母案件——尼禄杀害阿格里皮娜　297
  活埋：误入歧途的维斯塔贞尼科尔奈利娅　306
  马尔库斯·奥里略的日常生活：王子感冒　311
  家务事：卡尔普尔尼娅作为孤儿、妻子、侄女和孙女　317
  从现实和影片中看罗马人IV：《角斗士》与角斗士　321
  佐伊斯与安提帕特离婚　327

第 10 章　皇帝与娱乐
群众、欢呼和大竞技场（Circus Maximus）、车手狄奥克莱斯 ……………… 333

  大竞技场　334
  不仅仅是赛车竞技场　340
  车手、拥趸、派别　346
  狄奥克莱斯的职业生涯　351
  马匹　356
  晚期的竞技场　359
  阅读建议　359
  专栏
    奥维德在赛车竞技场的浪漫史　341
    竞技比赛：康森提乌斯大展其能　352
    养马者提格里努斯：罗马的梦魇　357

后记　363
  专栏
    关于时间："小丹尼斯"（"矮子"狄奥尼西奥斯）留下大印记　369

附录　375
  早期观点：偏左而行　376
  "街头少年"庞培城：左行习惯的新证据　378
  图拉真记功柱和马尔库斯·奥里略记功柱：向左循行　381
  罗马竞技场：左首竞技　383
  马尔库斯·奥里略的缰绳：左手习惯　384
  罗马剧场：左首出口　387
  阿皮乌斯大道：遗存　387
  为何是左侧？一种合理的解读　390
  所遗为何？结语　391

重要词汇与发音 ……………………………………………………………… 393
出版后记 ……………………………………………………………………… 408

1

罗马：扩张与征服

叙拉古之围（公元前213—前211年）
战争之王马克卢斯
武器之主阿基米德

肯定没有什么人的观念如此狭隘或无动于衷，
以至于他不想去发现罗马人通过何种方式、在何种政治体制下获得成功……
将几乎整个人居世界收归其统治之下。
（波利比乌斯，《通史》[*Histories*]，1.1.5）

在公元前2世纪罗马妇女克劳狄娅（Claudia）的墓碑上，以这样一段诚恳的请求开始："朋友，我所说不多；停下来，读一读"，接下来是：

> 这座墓虽不华丽，但属于一位美丽的妇女……她内心深爱她的丈夫。她育有两子，其中一位在世，另一位已过世。她言谈亲切，行止端庄。她深居家宅，纺线劳作。完毕。你可以离开了。
>
> （《共和国时期拉丁铭文原辑》[*Inscriptiones Latinae Liberae Rei Publicae*]，973；《拉丁铭文选辑》[*Inscriptiones Latinae Selectae*]，8403）

在罗马帝国（Roman Empire）时期的某个时间，一名年轻的士兵从埃及寄信给母亲，信中写道：

亲爱的妈妈：

> 见信安好。收信后，若您能捎些钱给我，我将万分感激。我已所剩无几，因为我花光所有积蓄购买了一架驴车。一定要捎给我一件骑乘外套和一些油，最重要的是我每月的零用钱。我上次回家时，您答应不会让我身无分文，现在你却不把我当人看。前几日，爸爸来看我，什么也没留给我。现在人人都在嘲笑我，说"他爸爸是个大兵，什么也不给他"。瓦来里乌斯（Valerius）的妈妈寄给他一条裤子、一盒食物、一些油和钱。一定要给我捎些钱，别像这样不管我。向家人代问安好。
>
> 您的爱子
>
> （柏林所藏希腊文献，来自柏林皇家博物馆所藏埃及文献[Berliner Griechische Urkunden, Ägyptische Urkunden aus den Königlichen Museen zu Berlin]，13.15.1号）

当人们想到古代罗马人（Ancient Romans）时，首先映入脑海的并非上述段落中所体现的情感。罗马让人不可避免地想到军队、压迫、无上的庄严与壮观等景象。且先不论这些模式化的想法，帝国初期（Early Empire）居

第 1 章 罗马：扩张与征服　3

图 1.1　公元 4 世纪帝国时期的罗马城（复原图）。（罗马文明博物馆［Museum of Roman Civilization］，罗马）

住在罗马城中的罗马人约有百万，他们同样要面对任何时代大都城居民所面临的日常问题。然而，没有什么地点能与罗马如出一辙：

> ［地中海］周围的陆地广阔而辽远，输送到［罗马］的商品流通无穷无尽。在那里，有来自每块土地和每片海洋的任何顺应时令产出的物品，任意国家、河流、湖泊出产的任何物品，还有希腊人和外邦人的技艺。因此，任何想要观看所有这些制品的人，或者游历整个世界、或者来到这座城市去寻找它们。因为，每个民族培养或制造出的任何事物总是会充斥在这里。每个季节，都有大量来自世界各地的商贾携带货物云集于此，随着收获期的循环往复，这座城看似一处世界性公共货栈。人们能够看到大量来自印度（India）的货物，或者，只要你想，还有来自福地阿拉伯（Arabia Felix）的货物，所以，人们也许会猜度那里的树木已永远落光，那里的人们一旦需要任何物品，一定要来到这里寻求他们自己的货物。相比那些将产品从纳克索斯（Naxos）或基特诺斯（Cythnos）航海运到雅典（Athens）的人来说，来自巴比地区（Babylonia）的服装

和偏远蛮荒之地的奢侈品运抵罗马的数量更为巨大,也更为便捷。埃及、西西里和阿非利加的开化地区是[罗马的]农场。船只泊发从未停歇,是以,令人惊骇的是海洋——更不消说港口——竟能容纳这些商船……并且,所有事物均汇集于此,商贸、航海、农耕、冶金、所有存在和曾经存在的技艺、任何正在产生和发展的事物。任何在这里看不到的事物必定属于不存在的事物范畴。

(埃里乌斯·阿里斯提德[Aelius Aristides],《罗马颂》[To Rome],11–13)

虽说条条道路均能通向罗马,但人们留在城区门阶的喧闹、熙攘、腐臭以及纷乱都使得在那里的生活成为一种挣扎。正如一位罗马著作家所述:"罗马坐落在山丘之上,依于山谷之中,其房屋高悬,路况恶劣,巷道狭窄!"(西塞罗,《诉卢鲁斯:论土地法》[Contra Rullum: De Lege Agraria],2.96)。那些特权阶层甚至经常躲入海边宅邸,以远离痛苦的城市生活。

直到公元前2世纪,"有人取笑……这座城……无论在公众区域还是私人领地都不再美好"(李维[Livy],《建城以来史》[History of Rome],40.4.7)。显然,在奥古斯都时代(公元前27年—公元14年)到来之前,这种情况几乎没有任何改观。正如苏埃托尼乌斯在其传记中的名句所称,罗马这第一位皇帝在其统治期间看到的是"一座砖造之城,留下的是一座大理石城"(《奥古

图1.2 皇帝君士坦丁时期(公元4世纪初)罗马广场(Roman Forum)复原图。卡皮托利努斯山(Capitoline Hill)和朱庇特神庙(Temple of Jupiter)位于前景处,与克罗塞乌姆竞技场相对。(罗马文明博物馆,罗马)

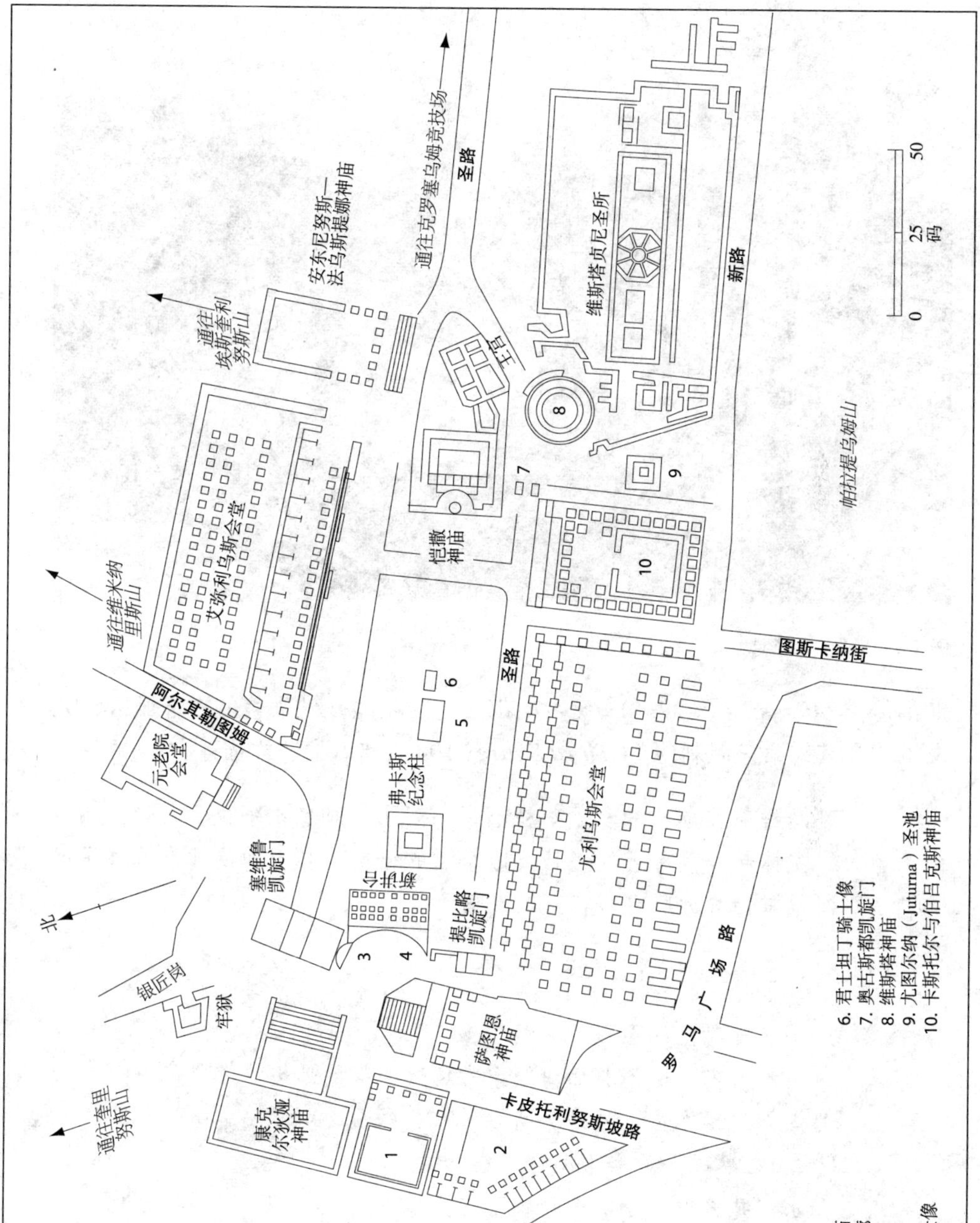

地图 3 罗马广场（公元 4 世纪）。

1. 韦帕芗神庙
2. 十二神柱廊
3. 罗马脐点
4. 金里程碑
5. 图密善骑士像
6. 君士坦丁骑士像
7. 奥古斯都凯旋门
8. 维斯塔神庙
9. 尤图尔纳（Juturna）圣池
10. 卡斯托尔与伯吕克斯神庙

图1.3 罗马广场遗迹。

斯都传》[*Augustus*],28.3)。奥古斯都必定曾俯瞰残破失修的古老城区,尤文纳尔在其《第三讽刺诗》(*Third Satire*;194-305)中这样描述它:

> 罗马维系在烟斗管和火柴杆上……因此,对房东来说,一切都相当廉价,支撑起残败房屋、修补破旧断裂的墙壁、甚至即使他们头顶房梁已颓断不堪仍告诉所有租客可以安睡。

因此,火患一直存在:

> ……我宁愿生活在
> 火灾和午夜恐慌不会如此像家常便饭一样的地方。
> 当烟雾到达你在三层的房间时
> (你仍在熟睡)你楼下的邻居在呼喊
> 要水,并将他的零散杂物移至安全地点。
> 如果警报在地平面传播,最后被烧的
> 将是顶楼租客——高高居于筑巢的
> 鸽子中间,在他与风雨之间仅余片瓦,别无他物。

尤文纳尔还列举了其他都市"优势"——失眠、溃疡和消化不良。似乎这些还不够，一直与之相伴的还有拥挤聒噪的街道：

> 车轮在各区狭窄的街道上碾压而过，车夫每逢拥堵便争吵怒骂……在前方、在我们周围以及身后，交通堵塞随处妨碍着我们……我的胫骨上泥浆浓厚，某人的大脚将我践踏。现在是怎么回事？——一个大兵的鞋钉踩入我的脚趾。

然而，尤文纳尔对帝国时期罗马城市生活最为生动的描述是以夜间为背景展开的：

> 倘若你晚上外出就餐前不立下遗嘱的话，
> 你就是个轻率的白痴，无视突如其来的灾难。
> 夜间的死亡不计其数，如你所经之处
> 打开的窗户一样多；若你明智，你会用你可悲的虔诚祈祷，
> 愿人们只是倾倒污水罐便已满足。

尤文纳尔还提醒，屋顶瓦片可能掉落并砸向你的头部，你可能被人们抛出窗外的垃圾击中——或者，最坏的情况是，你有可能遭遇某个酒醉的无赖，他在夜色之中更加肆无忌惮，对你卑微的处境满怀鄙视：

> 如果你试图回应，或者不做应答而溜走，
> 都是一样的；你遭到袭击，随后因施行袭击
> 被诉法庭。这就是一个可怜人的自由，
> 遭到践踏，被暴力击碎，乞求并恳请攻击者，
> 以求得一线生机，保全口中几颗牙齿返家。

尤文纳尔断定：

> 这并非你所必须警惕的全部。关闭你的房屋或店铺。
> 门闩、挂锁和扣栓永远无法将所有窃贼拒之门外。
> 或者劫匪用一把折刀即可将你置于死地。

其他罗马著作家对罗马的弊害也有所描述。早期喜剧著作家普劳图斯（Plautus；约公元前254—前184年）在《象甲》（*Curculio*，4.1）中对罗马城的核心中枢罗马广场进行了描述。这一定曾使他的听众会意赞成、忍俊

不禁：

图1.4 奥斯提亚（Ostia；罗马的港口）保存完好的街路建筑，这大概恰好反映出帝国时期古代罗马城部分区域的外部特征。

……在这段时间里，我将告诉你们在哪里能找到你们想要的任何类型的人——堕落抑或高尚、诚实抑或奸诈——遇到麻烦时在哪里能求助自救。

如果你想找的是伪证者，直接去法庭！说谎者和自夸者？——清洁者维纳斯（Venus the Purifier）神庙！到会堂（Basilica）去寻找放荡富有的丈夫。在那里你还将看到筋疲力尽的老妓女和与她们杀价的男人！想要组织一次自带饮品聚会？到鱼市去看看。在广场（Forum）的低洼一端有真正的绅士怀揣钱财在闲逛；在中间一带，运河（Canal）附近，你能找到一些花花公子，他们很乐于被发现。在湖上流传着万事通的流言蜚语——各类心存不良者残忍地诽谤他人，他们真正应该听到一些关于他们自己的难堪事实！在古柱廊（Old Colonnade）下，你们可以找到放债人，他们以利息贷出和借入钱款。之后，在卡斯托尔神庙（Temple of Castor）后侧的那些人会让你在短暂相识后便愚蠢地轻信他们。在图斯卡纳区（Tuscan Quarter）能找到男妓，他们会将手伸向任何事物——或任何人！在维拉布鲁姆（Velabrum）有屠夫、面包师和预言者。至于狂暴乱闯的富有丈夫，到俄比乌斯家族的莱乌卡狄娅（Oppian Leucadia）家去找吧！

斯多噶派哲学家、皇帝尼禄的帝师塞涅卡竟也从容取笑罗马城。他将自己描述成一个生活在公共浴场楼上的人，四邻的品位不甚高雅，他所列举的问题看似无穷无尽：

所以，你想象一下各色噪音混杂的情景，声响强烈到使我痛恨自己超常的听力！例如，当干劲十足的绅士在不断加大铅制砝码健身时；当他努力运动或者假装努力运动时，我能听到他的哼声；每当他放松屏住

第 1 章　罗马：扩张与征服　9

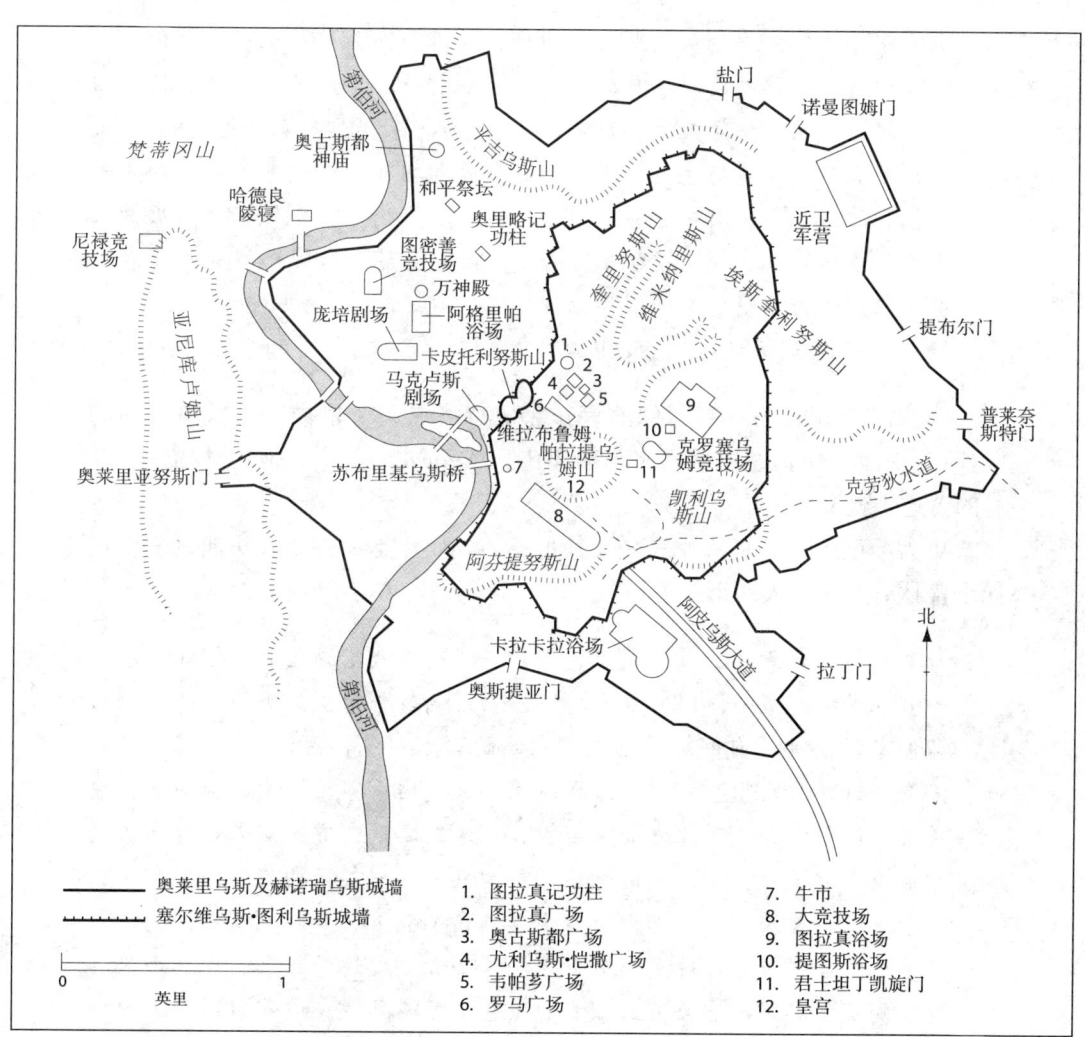

地图 4　帝国时期的罗马城。

的呼吸时，我能听到他的喘息，音调尖锐。或者，我似乎察觉到某个懒汉正满足于一次廉价的按摩，能听到双手在他肩上的捶打声，并且随着双手落于平坦或凹陷部位的不同，噼啪声也在随之变换。随后，似乎过来一名高喊分数的职业[运动员]；这是最后一轮。除此之外，偶尔会有某个酒后喧哗者或扒手被拘捕，也有总是喜欢在浴室倾听自己声音的人在不停喧嚷吵闹，或者，某个狂热者纵身跳入泳池发出过度的噪音和喷溅声。除了所有这些声音——且不论其他——尚佳者，想象一下脱毛

> 者为宣传之便发出的尖锐刺耳的声音，持续不断而且从未安静沉默，只有在他拔除腋窝毛发时会代之以其受害者的号叫。此外，贩卖糕饼者的叫喊变化多端，售卖香肠、糖果者以及所有食杂卖主叫卖着他们的货品，人人带有自己独具特色的音调……这些声响在我周围絮絮不休，却未曾分散我的注意力，其中还包括过往马车、同一街区的机械工、附近的磨锯人、或者在涓流喷泉（Trickling Fountain）带着小管乐器和长笛表演的家伙——与其说他在演唱不如说他在呐喊。

（《书简》[*Epistle*], 56.1-4）

与塞涅卡同时期从事写作的著作家佩特洛尼乌斯也描述了城市生活的"丑陋"一面，在其虚构笑剧《萨蒂利孔》（*Satyricon*）中，他生动描述了罗马的"逆主流文化"。

更为严重的一点是，罗马城及其近郊的气候也是一件令人头痛之事。正如小普林尼对其友人所诉：

> 你所处之地的天气会是如此恶劣狂暴吗？我们这里只有狂风与屡见不鲜的洪水。第伯河（Tiber）水已溢出河床，其下游堤岸灾情严重，因此，即便皇帝以其惯有的深谋远虑开凿运河排水引流，河水依然充溢河谷、淹灌田野，放眼望去，水平地面尽是水波。由于第伯河水奔流而至，通常汇入第伯河并流入海洋的溪流被迫回流，之后，它又随着这些溪流之水淹没了它本身并不流经的地域。最为宜人——甚至两岸的房屋似乎都在乞求它不要流走——的河流阿尼奥河（Anio）将荫蔽其所经之处的大部分林木连根拔起并冲走。它们在堤岸高耸之处逐渐减弱，由之而来的崩塌泥石使其河道出现几处淤阻；在它竭力恢复迷失的航道时，又毁坏建筑，在残墟上冲出航路。
>
> 居于地势较高区域的人遭到风暴袭击时，会发现富裕家庭的贵重家具和设施、或者农业资产、束轭公牛、耕犁和农夫、抑或家畜随处漂流，其间夹杂着树干或房屋的横梁与屋顶漂浮而过，到处混乱不堪。河水未涨之处也未能幸免于难，因为代之以洪水的是持续不断的雨水、狂风和骤雨，它们摧毁圈围贵重资产的围墙、公共建筑震动之余崩垮在地。在此类事故中，众多人口致残、遭到碾压埋覆，因此，除去物资损失还有人员伤亡。

（《书信集》[*Letters*], 8.17）

关于罗马城的这些见识与现代对该城的一元化观念形成对比，发人深省，后者认为这座城并非毫无瑕疵，但无论以何种标准评判均堪称威严——即如公元1世纪的描述所证：

> ……环绕着七丘的罗马城墙周长计13.2罗马里。城本身分为14个区，共有265个路口……自罗马广场前端竖立的里程石至每座城门——现今共计37座——的度量……直线距离共20.765罗马里。然而，自该里程石至包括近卫军营盘（Praetorian Camp）在内的建筑最外缘的区域中，逐个街区分散开来的所有街路共计60余罗马里。此外，如果我们计入建筑物的高度，将必然形成一个合理的评价，承认整个世界绝无第二座城能在规模上与罗马相媲美。
>
> （普林尼，《自然史》[*Natural History*]，3.5.66–67）

罗马的兴起

罗马在成为统领一个帝国的伟大之城的过程中付出了高昂的代价。实现主宰地中海的道路漫长而艰辛，在其肇兴伊始并未自觉。公元前8世纪的某个时间（传统观点是公元前753年），第伯河（Tiber River）沿岸的棚屋聚集

图1.5　第伯岛（Tiber Island）。传统认为，公元前753年，罗马第一处定居点即在距此不远处建立。

区成为它粗陋的发端。自那时起，罗马首先经历了王政时代。这个羽翼稚嫩的公社在七位"王"（初时，更像是村落首领）的治理下逐渐发展壮大。第一位王罗慕路斯在传说中是城的创建者，城名即取自他的名。据传，罗慕路斯系马尔斯（Mars）之子，特洛伊（Trojan）王族埃涅阿斯（Aeneas）的后裔，他在沿第伯河顺流而下的耙篓中存活下来，被一只留意到他的母狼解救并得到她的喂养；他在践行天命创建罗马城之前杀死了他的孪生兄弟勒慕斯（Remus）。这些形象模糊的王均被一种非历史的阴霾所笼罩，不过，后世将那些真正起源已被遗忘的某些制度与其他诸王联系起来。因此，人们认为罗马的第二位王努玛（Numa）确立了国家祭礼，给予罗马人以信仰；而罗马公民集会的组织机构则始于罗马的第五王塞尔维乌斯·图利乌斯（Servius Tullius）。

公元前509年王政被推翻，这一直被认作是一位名叫布鲁图斯的爱国者所为。此后，罗马进入共和国时期，持续近5个世纪。罗马共和国（Roman

表1 罗马共和国时期的行政管理（公元前287年以降）

元老院
成员：约300名
职能：财务；行省管理与对外政策；军事指挥权的分派；职官的咨询机构；公地管理；在极偶尔的情况下，宣告国家进入紧急状态（即发布"元老院终极令"［senatus consultum ultimum］）
集会
百人队大会（Centuriate；comitia centuriata）
成员：所有成年男性公民
职能：选举监察官、执政官和大法官；宣战与媾和；批准和约；死刑指控的上诉法庭；立法职能。
部落大会（Tribal；comitia tributa）
成员：所有成年男性公民
职能：选举营造官、财务官、低级公职的执掌者以及专属委员会成员；立法职能（见"平民大会"）
平民大会（Plebeian；concilium plebis）——通常被认作等同于部落大会
成员：只有平民
职能：选举保民官和平民营造官；公元前287年成为主要立法机构。于是，平民大会通过的法令（即"平民决议"［plebiscita］）对所有公民具有约束力。

职官	
至共和国后期（Late Republic），以下所列职官均可进入元老院。	
监察官 执政官 大法官 财务官	强制性公职等序（cursus honorum）
营造官 保民官	非强制性公职

职能：

监察官——罗马最高行政公职。每5年从卸任执政官级别中选出两名。任职18个月。负责人口普查，发放国家基金，监督公共道德。

年选职官：

执政官——两名重要的罗马内政和军事职官。主持元老院及常规大会，也可提议法案。

大法官（8）——司法职官；行省管理者；能够执掌军事指挥权；也可提议法案。

财务官（20）——主要是财政职官。

营造官（4）——负责公共娱乐和竞技、市政管理。

保民官——10名平民职官。提议法案和主持"平民大会"（consilium plebis）。一名保民官可独自否决任何立法。

*独裁官——每逢军事和国内危机之际临时增设的最高职位，一般由元老院批准和执政官提名，任期6个月。

Republic）的政体形式以定期选举产生职官为特征，包括具有选举和立法权力的3个集会和元老院，其中后者是新政权的支配机构（见表1）。

  自建立伊始，罗马便被迫为生存而战。最初的小型公社组织由埃特鲁里亚人控制，后者是来自意大利北部先进而强大的民族，他们的文明在很大程度上仍然难以破解，现今与之相关的信息多来自于他们的墓穴和埋葬习俗（见图1.8和1.9）。他们似乎兼有意大利和亚洲（Asian；小亚细亚 [Asia Minor] 地区，并非现代的亚洲）元素，但是他们与罗马人不同，使用的语言并不属于印欧语系（non-Indo-European）。他们是罗马崛起前一支重要的海陆势力。埃特鲁里亚的主要城池是各自独立的，分别由一位王（或称"lucumo"）统治，如塔魁尼（Tarquinii）、维伊（Veii）和凯莱（Caere）；不过，由12座主要城池组成的"埃特鲁里亚联盟"（Etruscan League）在沃勒锡尼（Volsinii）的一处公共宗教中心会盟，以促进他们之间的合作，每逢战事尤其如此。埃特鲁里亚人技艺高超，金属制造方面尤为突出，他们是最早对发展中的罗马人

图1.6 共和国时期的狄纳里币（denarius）。图案为罗马人选举时进行投票的情景。

图1.7 共和国时期的狄纳里币。图案是位于两束"法西斯"中间的一座象牙椅。该座椅是高级职官（监察官、执政官、大法官和营造官）的标志；"法西斯"是将斧头部分捆扎在一束棍棒中，象征执政官、大法官和独裁官鞭答与处死的权力。

产生重大文化影响的一支力量，甚至很多由埃特鲁里亚人吸收的希腊风俗也为罗马所接受。例如，我们总是将角斗竞技与罗马联系在一起，但实际上它们起源于希腊的殡葬竞技。在艺术、建筑及宗教信仰——主要是在占卜等实践活动领域——等方面，埃特鲁里亚的影响亦可见一斑。某些政治权力的象征即源于埃特鲁里亚，例如在罗马职官前由扈从垂直把持的"法西斯"（fasces；捆扎在一起的束棒，有斧刃凸出显露；见图1.7）。此外，在王政被推翻时，统治罗马的正是埃特鲁里亚王高傲者塔克文（Tarquin the Proud）。

后来，埃特鲁里亚人曾企图夺回城池（见第16—18页专栏内容），罗马人不但成功抵御，并在公元前3世纪初征服并同化了他们。最终，埃特鲁里亚人与较早的拉丁人和萨宾人（Sabine）结合，构成罗马人的主要组成部分。不过，罗马传统观点认为他们是特洛伊人的后裔，这种说法虽为虚构但由来已久，与此相比，前述起源更为粗鄙。（罗马人似乎不是第一个，或者说也不是最后一个，对有关自身完全错误的概念全盘接受的民族。）

与此同时，罗马经过漫长的斗争使其邻近的主要对手陆续臣服，随着拉丁同盟（公元前340—前338年）的战败，在拉丁地区（Latium；罗马所在的意大利区域）与之毗邻的拉丁诸城均处于罗马的控制之下。高卢人和萨姆尼乌姆人是罗马极为强大、极具破坏性的两股敌对势力，与他们的一系列战争也宣告结束。

在王政终结后不久，罗马陷入内乱纷争。"贵族派"（patricians）是指出

图1.8 埃特鲁里亚人的墓穴。公元前6—前5世纪时期,凯莱(今称"Cerveteri")是繁华的埃特鲁里亚中心,贵族们的尸体被埋葬在大型坟墓中,即如图所示。通常,每座坟墓内有一系列墓室,墓室内墙有雕刻,与其居所内饰相类。

图1.9 约公元前150—前130年间一名出身富家的埃特鲁里亚妇女的赤陶石棺。当时,埃特鲁里亚人虽已融入罗马社会,但仍是极易识别的"少数人"。他们在石棺上为死者塑像的习俗可溯至埃特鲁里亚文明的"极盛时代"。

豪拉提乌斯戍守木桥

罗马的早期历史，至少是公元前4世纪之前的历史，是有待进一步探讨的研究领域，通常存在许多潜在问题。公元前387年，高卢人洗劫罗马城，致使迄至当时的多数档案被毁，甚至罗马著作家也经常指出，他们在理解这一时期的历史时多么不知所措。名称、时间和地点均难以重现，多数以传统记述为基础，而后者的准确性经常遭到质疑。即便如此，传统记述是我们所拥有的全部信息来源；根据这些记述，在这几个世纪中出现了主宰罗马命运的伟大人物，即使这些可能并非完全属实或描述不尽准确，我们仍然能够通过他们的实例了解有关罗马人的许多信息。即如美国的开创者们（Founding Fathers of America）被神话传说所包装一样——他们生活的实际历史环境的确广为人知——后世罗马人在回顾他们的早期历史时，根据留传给他们的一些与名人相关的只言片语构建了他们所需要的这类英雄。最后，罗马的史家和诗人共同打造了一个有关其民族自建立以降的正统传述，无论真实与否，它已成为罗马的所感所历。

有很多史家致力于促成罗马早期传说的一致性，在罗马第一位皇帝奥古斯都统治时期写作的李维是其中最为重要的一位。李维虽然抱怨人们所能真正了解的罗马起源的信息微乎其微，但这并未妨碍他在其历史著作中利用5卷的篇幅来记述它！当李维编撰他的年代记时，奥古斯都正试图恢复被认作古时准则和罗马特性的事物。对于任何时期的政治家而言，追溯"古时的美好时代"是一种众所周知的手段，它能从往昔唤回那些历史悠久的伟大人物形象，用以在他们自己的规划中充当范例。对于罗马人来说，这就是罗慕路斯、克里奥拉努斯（Coriolanus）、卡米路斯、斯喀埃沃拉（Scaevola）、金基那图斯（Cincinnatus），当然，还有独眼豪拉提乌斯（Horatius Cocles；"Cocles"意即"独眼"）。

据传统记载，在公元前509年罗马王政覆灭后不久，埃特鲁里亚王拉尔斯·伯尔塞那（Lars Porsenna）进攻罗马城。若非他的行动在桥边为豪拉提乌斯所阻遏——如古代史料所述，他大概会成功攻陷罗马城。李维（《建城以来史》，2.10）为我们提供了这一英雄事迹的唯一记述：

> 埃特鲁里亚军队迫近之时，罗马人放弃农田，转入城中；部署卫戍队伍。在某些区段，城墙似乎足以进行防御，在其他区域则以第伯河为屏障。最难防守之处是木桥，若不是因为一名勇士，埃特鲁里亚人可能会跨过木桥、强行攻入城中，他就是独眼豪拉提乌斯——在危机之日罗马的命运之神使这位伟大的战士成为她的保护者。豪拉提乌斯

在桥旁戍守……敌军自山丘倾注而来，罗马军队则放弃武器，其表现不像是一支作战武装，更像是缺乏纪律的乌合之众。豪拉提乌斯立即采取行动：当这些溃逃之流接近木桥时，他竭力阻止那些他所能及者，迫使他们听他一言。他喊道："苍天在上，难道你们不知道，若你们擅离职守，溃逃也毫无希望？"……他全力以赴激励他们听从自己指挥，用火、刀剑或任何他们能够收集的工具毁掉木桥，同时他尽最大可能独力阻止埃特鲁里亚的先遣队。他高傲地站在木桥外端严阵以待；在逃亡者的溃退中他格外引人注目，刀剑与护盾已就位待命，[他]已做好准备进行肉搏，独自一人抵挡一支军队。面对如此不顾一切的勇气，行进中的敌军全部愕然，中途止步……他们暂且却步不前，都在等待他人率先行动，直到他们为这场力量失衡的战斗而感到羞耻时才终于采取行动，伴随一阵猛烈的呐喊，他们将矛掷向单枪匹马阻挡去路的人。豪拉提乌斯用护盾抵住石弹，同时，仍旧毅然决然地在桥头跨立坚守。埃特鲁里亚人向前推进，意图凭借巨大的人数压力冲垮他，但随着木桥的崩塌声和及时完成任务的罗马士兵发出的胜利欢呼声，他们的推进随即遭到遏止。埃特鲁里亚人只能张皇失措地瞪眼凝

图 1.10 公元前 5 世纪埃特鲁里亚士卒的青铜雕像。（大英博物馆［British Museum］，伦敦［London］）

视，而豪拉提乌斯一边向第伯河父神（Father Tiber）祈祷保佑他和他的刀剑，一边全副武装纵身跳入水中泅渡，密集的石弹飞掷而来，他穿过这些弹雨安全抵达对岸，他的朋友正在那里等待接应他。

李维用这句评论结束了他的记述："这是一项非凡的壮举——也许如传奇一般，但是它注定会在之后历代史话传说中被传颂。"

波利比乌斯是生活在公元前 2 世纪进行写作的早期史家，其作品不甚生动，他

为这同一个故事给出了全然不同的结尾：

> 当木桥被断，敌方立即停止进军，于是，独眼人身着盔甲、携带武器纵身跳入河中。他从容地牺牲自己，因为他将祖国的安危和身后加诸其名的荣耀看得高于他当前的生存和留给他的余生。
>（《通史》，6.55）

我们永远无法得知真正的豪拉提乌斯是何等人物，但他的英雄典范形象为世代罗马人所接受。他就是他们应该成就的形象。对于波利比乌斯来讲，豪拉提乌斯有必要牺牲自我以成为一个彻头彻尾激励人心的形象。对晚于他1个世纪的李维来说，人们仍然希望一个人尽其最大努力保卫国家——但一个过世的英雄谈何贡献？他可以生还，以期有朝一日能够再次战斗。很明显，为了适应时代的需要，有关英雄的传统记述都是可变可塑的。

图1.11 币面图案是特洛伊（Troy）王族埃涅阿斯驮负着他年迈的父亲。据传说，埃涅阿斯由诸神引导逃离陷落的城池，在意大利创建了罗马民族，从而完成命中注定的使命。这枚狄纳里币系由恺撒发行，因为他将自己看做女神维纳斯（Venus）之子埃涅阿斯的后裔。

身高贵家族的成员，他们在共和国初期（Early Republic）占据主导地位；被称做"平民派"（plebeians）的是城中难以驾驭的平民，他们在人口构成中占据多数。两派之间争斗不断。这一贵族与平民的斗争——或如通常所称的"等级斗争"（Struggle of the Orders）——在公元前3世纪才逐渐平息；但在此之前，罗马不得不学习如何顺利地同时应付外来军事问题与国内社会剧变。公元前387年高卢人掠城几乎将此类问题一并终结，但罗马城在一片灰烬之中得以重建（见第19—20页专栏内容）。罗马公民立志不再让此类事件再次发生，这是我们理解罗马在意大利和地中海地区所取得的终极成就时所要考量的重要因素。罗马对邻邦与外邦的政策所呈现出的"防御性霸业"特征愈发明显；

第 1 章 罗马：扩张与征服　19

图 1.12　这一珍贵壁画残片描绘了公元前 3 世纪萨姆尼乌姆战争（Samnite Wars）期间的军事场景，记录了那一系列战争中的某个重要时刻。绘画（壁画）中有两名中心人物，其中一位是昆图斯·法比乌斯（Q. Fabius）或马尔库斯·法尼乌斯（M. Fannius）。这一图示化"叙述"作为装饰绘于其中一人的墓葬墙壁上，不过，它也代表了一种罗马艺术，这类艺术形式通常在罗马于重大胜利之后举行的凯旋仪式队列展示的大型绘画中有所体现（见第 6 章）。（卡皮托利努斯博物馆蒙特马尔蒂尼分馆［Capitoline Museums, Montemartini］，罗马）

高卢人与鹅——卡米路斯拯救罗马

公元前 387 年，一支凶悍的高卢人或称凯尔特人（Celts）自波河（Po River）北部南下攻入意大利，兵力极度占优的罗马防御军队惨败，高卢人洗劫了罗马城。罗马人似乎将此事看做其历史上最为黑暗的时日，这场灾难所带来的一系列变故使罗马产生了另一位伟大的传奇英雄卡米路斯。

公元前 396 年，卡米路斯结束了罗马与邻邦埃特鲁里亚城维伊的持久战争，并因这场胜利而闻名。然而，据说，此后不久他因窃取某些战利品被流放。这一说法盖为某些逢迎者后来虚构而成，目的在于掩饰为何卡米路斯未能阻止高卢人攻占罗马的问题。无论此事真实与否，那些逃离罗马来到维伊避难的幸存者任命他为独裁官，解救那些仍在罗马城卡皮托利努斯山坚守的人员，并将敌军驱逐出境。在卡米路斯能够采取行动之前，罗马几近失陷，因为高卢人发现一条通往卡皮托利努斯山的秘密通道。当他们准备征服罗马城最后一批坚守者时，他们突遇山顶朱诺（Juno）女神神庙的圣鹅。接下来所发生的一切成为流传十分广泛的罗马传说之一：

> 当维伊发生这些事情时，罗马望楼（Citadel of Rome）和卡皮托利努斯山（Capitol）陷入巨大危机。高卢人已经发现一处行人踪迹，即维伊信使所经之处，或者也许是他们自行发现卡尔门蒂斯（Carmentis）圣祠附近的崖壁较易攀行。于是，他们在一个群星闪耀之夜率先派出一名非武装人员探路；随后，他们根据地势需要相互拖拽而上，每遇险峻之处即交出武器，由同伴支持或轮流给予支持，这样他们悄然到达山顶，并未惊动哨卫甚至哨犬——夜间极易为杂音所扰的生物。然而，他们未能躲避警觉的鹅，这些鹅专为朱诺所有，即使物资匮乏，它们也未遭宰杀。这是对他们所有人的救度；这些鹅的喋喋叫声和羽翼拍打声惊醒了马尔库斯·曼利乌斯（Manlius）——3年前的执政官、出色的战士，他拿起武器的同时又号召其余人等武装起来，大步越过仍慌乱失措的指挥官，冲向那个已在顶峰占据据点的高卢人，用护盾中心凸点将他击退。在后者滑倒时，他又将其周围人等击败，余者慌忙丢下武器，抓住他们一直依附的岩石，但均被曼利乌斯所杀。直到此时，其他人已集聚一处用投枪和石头痛击入侵者，旋即，整个队伍失去立足点，猛然陷入覆灭境地。
> （李维，《建城以来史》，5.47.1–6）

当然，这个传说所蕴含的深意是，朱诺在此极度危急时刻通过其圣鹅的鸣叫声进行干预，从而拯救了罗马。然而，经过数月拖延，守卫者因饥馑而减员，他们行贿高卢人请其撤退。据传，正值称量金子之时，卡米路斯率军出现，将高卢人驱逐出城，他又在后者向北撤退过程中不断发起攻击。罗马的尊严得以维护，卡米路斯成为罗马的拯救者和第二位缔造者。

抛开与日俱增的爱国精神，至少曾有一位罗马著作家表示，卡皮托利努斯山与城中其他事物一样均落入高卢人之手。另外，高卢人的撤离似乎系出于自愿，并且带走大量战利品，其中可能包括赎金。他们之所以如此匆忙做出决定，大概是因为其队伍中突发热病，同时，他们在北部的领地近日也遭到威胁。他们最终的撤退与卡米路斯和罗马人毫无关系——不过后者也许的确曾在高卢人返乡途中进行侵扰袭击。

对于后来将强大如斯的罗马而言，无法蒙受如此羞耻之举，后世罗马人宁愿相信，卡米路斯在他们极度危急之时成为他们的保护者，罗马的荣耀也完美无暇。

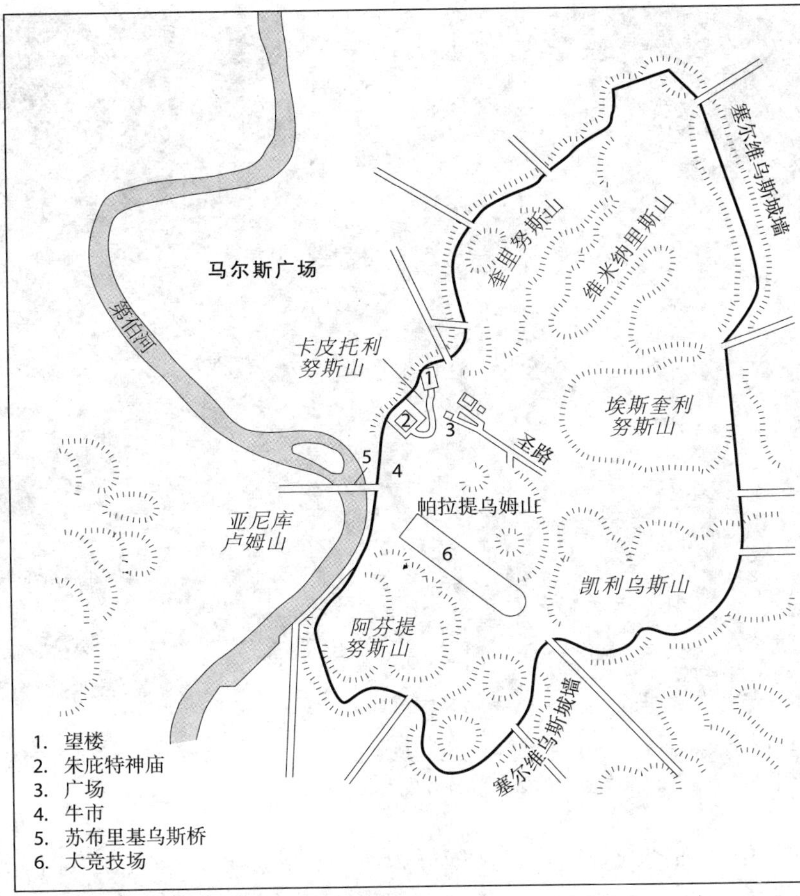

地图 5　早期的罗马城。

1. 望楼
2. 朱庇特神庙
3. 广场
4. 牛市
5. 苏布里基乌斯桥
6. 大竞技场

无论疑忌合理与否，它们常常使罗马发动预防性战争，以使自己免受潜在伤害。

迄至公元前275年，罗马几乎征服了意大利北部和中部地区。在南部地区，希腊人也处于罗马控制之下，即使他们从希腊化东方（Hellenistic East）邀来一位强大的支持者，情况依旧如此。伊庇鲁斯王皮鲁士与亚历山大大帝（Alexander the Great）系出同族，他于公元前280年来到意大利护卫希腊人的利益。皮鲁士是罗马第一位国际性敌手，他作为一名军事冒险者曾卷入亚历山大继承者（Successors of Alexander）的战争，并在此期间曾短期出任马其顿王。可以肯定的是，皮鲁士最初将罗马人看做可以轻取的猎物，但历经5年仍未取得决定性的胜利，最终被驱逐出去。他的失败为罗马赢得了意大

图 1.13 早期罗马城的模型图。其自然布局可与"地图 5"进行比较,首先需确定卡皮托利努斯山上朱庇特神庙的位置,以及其后部的第伯河、第伯岛和桥。

利之主和地中海强国的合法印信。同样,罗马很快发现自己又在西西里岛卷入与迦太基的战争。迦太基位于北非,是地中海西部最为强大的城邦;它在距意大利几英里远的西西里岛上驻军,这对罗马来说是不容忽视的巨大威胁。

第一次布匿战争,或者说是与迦太基的战争,于公元前264年爆发,一直持续到公元前241年。23年的战斗对双方来讲均是损失巨大,但最终罗马取胜,西西里成为她后来众多行省中的首个建置。两个强国之间的仇视和紧张关系继续恶化,公元前218年再次爆发战争。虽然罗马人在第一次战争中已备受重压,但在第二次布匿战争中迦太基军队统帅汉尼拔带给罗马人空前绝后的严峻挑战(见第25—26页专栏文字)。

当时,西班牙已成为迦太基帝国(Carthaginian Empire)的一部分,一心复仇的汉尼拔率领约2万6千人的军队从西班牙的基地出发。他越过比利牛斯山脉(Pyrenees),穿过高卢南部,跨越阿尔卑斯山脉(Alps)进入意大

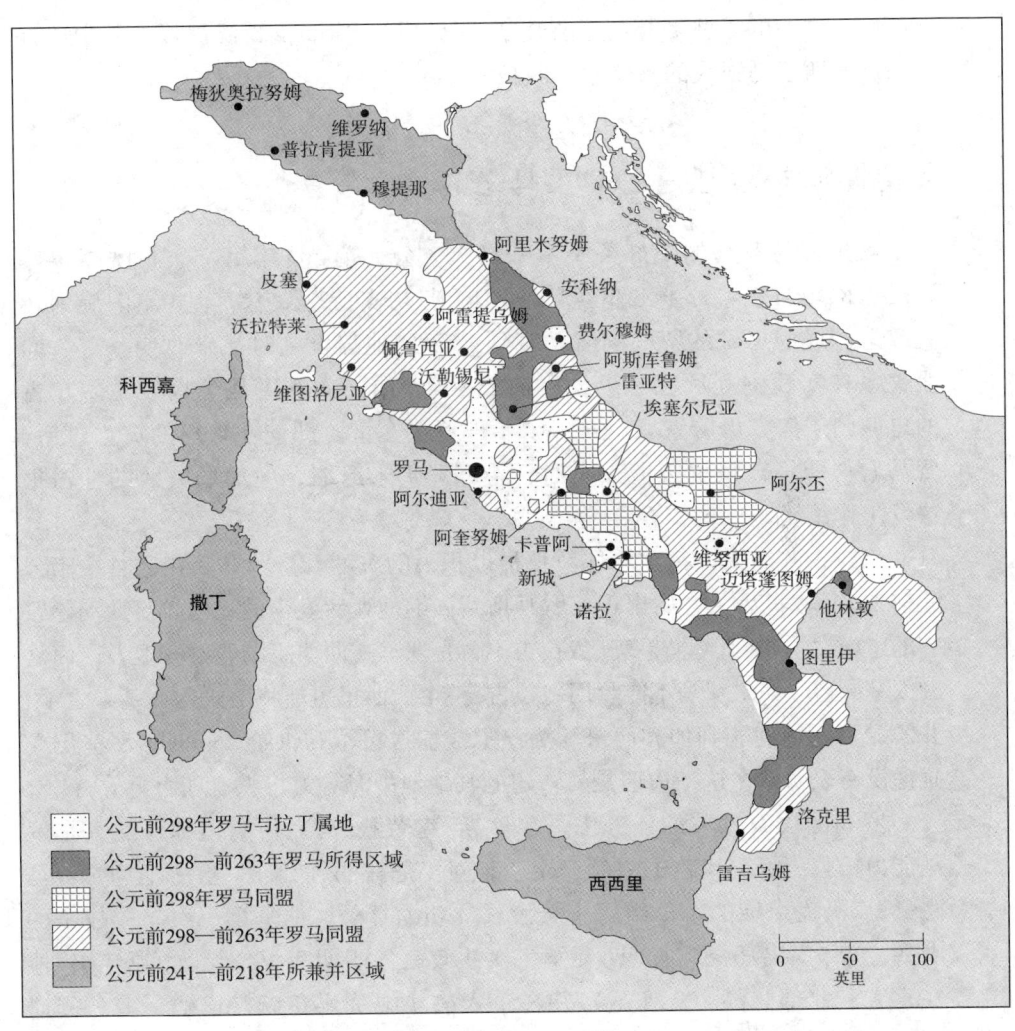

地图 6　罗马对意大利的征服。

利北部。他分别于公元前218年在特雷比亚河（Trebia River）和公元前217年在特拉西美涅湖（Lake Trasimene）两度使罗马人蒙羞惨败。随后，罗马规模最大的一支军队在意大利东南部的坎尼列阵迎击，汉尼拔又准备与之应对。公元前216年，他在那里精心策划了罗马最为惨重的一次失败。罗马军队在坎尼陷入一个顶级的合围战略，丧生者似乎多达7万人。罗马进入自上个世纪高卢人洗城以来最为黑暗的时期，前景不容乐观。

由于迦太基的最终胜利似乎即将来临，反罗马情绪在意大利敌对地区迅速蔓延，之前的一些盟邦甚至驱逐亲罗马官员，宣布支持汉尼拔。其中居首者当属西西里岛强大的希腊城邦叙拉古。

叙拉古与马克卢斯——"罗马之剑"

叙拉古与罗马的友好关系由来已久。公元前264年第一次布匿战争爆发后，该城君主希耶罗二世（Hiero II）起初支持迦太基，但1年内旋即转变政策，成为忠诚的罗马同盟，直到48年后他辞世之时从未改变。这一同盟关系在实践中互利互惠。公元前218年，第二次布匿战争爆发，叙拉古的忠诚归于何方毋庸置疑——只要希耶罗仍在世。即使在坎尼的灾难过后，罗马看似即将被汉尼拔覆灭之时，希耶罗仍未退缩，但那场失败的冲击很快发生作用。

叙拉古并非人人都像希耶罗那样以积极的态度看待罗马。在老君主于公元前215年去世后，开始出现反罗马情绪。继他死后发生的一场政治变动导致它的忠诚发生戏剧性的转变。叙拉古不再是罗马在西西里的利益守卫者，而是迦太基同盟。如果罗马不能收回叙拉古，整个西西里可能将落入迦太基人之手，并源源不断从阿非利加和西班牙为汉尼拔输送援军和供给。同时，那些仍在犹豫没有表明站在这一边还是另一边的其他地中海势力将没有理由再等待。

罗马围攻叙拉古的任务由马尔库斯·克劳狄·马克卢斯指挥，此人是罗马能力极强、经验丰富的将领。由于他对汉尼拔的胜利，一般称他为"罗马之剑"。马克卢斯的军事经历十分漫长，功勋卓著。他是第一次布匿战争的老兵，曾5次出任执政官职；在第一次执政官任职期间（公元前222年），他在意大利北部与高卢人作战，并在单人决斗中杀死高卢酋长维利多马鲁斯（Viridomarus）：这一事件极易使人回想起罗马往昔的英勇，因此产生了一部有关该事件的戏剧。

汉尼拔于公元前216年在坎帕尼亚（Campania）发起攻击，马克卢斯负责守卫诺拉（Nola）城（那不勒斯［Naples; Neapolis］以东约20英里），他成为在第二次布匿战争期间首位战胜汉尼拔的罗马指挥官。此举所产生的军事影响固然巨大，但它对鼓舞罗马士气所起到的作用更为重要。在坎尼及其他失败仍历历在目之时，马克卢斯带来第一缕希望，即汉尼拔是能够战胜的。

公元前215年，马克卢斯身为代执政官再次在诺拉成功阻击汉尼拔，普

一位势均力敌的对手——汉尼拔复仇

无可质疑的是，在罗马所曾面临的个人敌手中，汉尼拔是最具危险性的。在第二次布匿战争期间，这位伟大的迦太基将领导致罗马人多次遭受重大失败，并且在他驻留意大利16年间未遇敌手，随意行动。最后，他于公元前202年在阿非利加迦太基城附近的扎玛败给西庇阿（由于这一胜利而得名"阿非利加努斯"[Africanus]；见图1.20）。次年，战争以罗马取胜而告终。

汉尼拔的父亲哈米尔卡·巴尔卡（Hamilcar Barca）系第一次布匿战争中落败的迦太基将领。古代史料中有大量关于汉尼拔憎恨罗马的信息，其中流传最为广泛的轶事便是他童年即向父亲立下誓言。在败给罗马之后的多年之中，汉尼拔一直在东方与希腊化（Hellenistic）的塞琉古（Seleucid）王国统治者安条克三世联合进行复仇。罗马向安条克遣使，意图使后者疑忌他那位著名的宾客汉尼拔，当时已50余岁的汉尼拔为自己的忠诚和对罗马的憎恨而辩护。科尔奈利乌斯·奈波斯（Cornelius Nepos；公元前1世纪）写道：

图1.16　带有汉尼拔头像的古币。

> 来自罗马的使者觐见[安条克]试探他的意图，私下阴谋挑起他对汉尼拔的猜忌，宣称他们已经行贿汉尼拔而后者已改变立场。这些努力并非徒劳，汉尼拔有所察觉，并发现在国王较为私密的议事会中他被排除在外，于是他抓住机会见到安条克，通过回忆证明他的忠诚和对罗马人的憎恨，并说："在我还是不满9岁的小男孩时，我的父亲哈米尔卡作为主帅正准备从迦太基向西班牙进发，他向[巴力（Baal）神]献祭。在举行仪式时，他问我是否愿意与他一同出征。我急忙应允，并恳请他不要犹豫，立即带我随他同去。于是，他说：'我可以答应你，但条件是你要按照我的所言立誓。'他随即带我来到他献祭的祭坛，屏退其他人等，命我手扶祭坛发誓我将永远不与罗马人为友。就我而言，迄至此时，今生我一直恪守我对父亲许下的誓言，忠诚不渝，今后也将如此，一如既往，人们不应对此怀有疑问。因此，如果你对于罗马人抱有任何亲善企图，你最好隐瞒

于我；不过一旦你要备战，若你不让我在该行动中担任主将，你的所为将令你自己遭受损失。"

（《汉尼拔传》[Hannibal], 2.2—6）

我们无法确知奈波斯所述故事的背景或内容是否正确，但汉尼拔童年即受命于父亲立誓与罗马为敌一事似乎并非不切实际。

安条克继续任用汉尼拔，最终与罗马开战。然而，他大概担心与这位伟大将领相比相形见绌，故而并未使汉尼拔人尽其才。安条克被罗马人击败，公元前188年议和，汉尼拔被迫逃亡。最后，汉尼拔无处可逃，为免于落入罗马人之手，公元前183（或182）年他在前海（Propontis）沿岸的比提尼亚（Bithynia）自杀。

在任何时代都难以找到能力堪比汉尼拔的人物，对此罗马人也不得不承认：

> 指挥操纵力与欣然遵从本不甚相关；但在汉尼拔身上，二者得到完美结合……他所部人众总是极为出色地表现出自信与锐气。他肆意追寻险境，一旦险境来临，他便展示出极佳的用兵才能。他身心皆具耐性，极热和极寒均能轻易忍受；其饮食并非为满足口腹之欲，摄取量只要能够维持体力即可。他清醒的时间与其睡眠时间一样，均不取决于白日或黑夜：只有在他的工作完成后，只有在这之后，他才休息，并且无需安静的环境或舒适的床铺来闭眼入眠。人们经常在当值的普通哨卫或警戒士兵中间发现他身披斗篷席地而卧。他的装备和他所骑乘的战马总是很出众，但他的衣着并不如此，同那些与他同等级别和身份的其他官员的衣着没有区别。无论是在马上还是徒步，他都是一名无可匹敌的战士，总是率先发起攻击，最后离开战场。

这段绝妙的记载出自史家李维之手，他最大限度地赞扬了这位几乎摧毁其祖国的人：

> 这些就是他的美德——的确很高尚；但是，同样巨大的是他的错误：毫无人性的残暴，极度反复无常的背信弃义，完全无视真理、敬意和信仰，无视誓言的尊严以及他人以之为神圣的一切事物。

（《建城以来史》, 21.4.3—10）

在很大程度上，这两段文字都是刻板印象，如同多数伟人形象一样，汉尼拔的真实个性已经消失，代之而用的形象是他所应该成为的样子——由逢迎者和诋毁者共同塑造。至少对于罗马儿童来讲，这一形象永远不会美好，因为罗马家长口中的汉尼拔相当于现代的恶巫。

地图 7　意大利南部和西西里。

鲁塔克称，这是罗马人首次迫使敌军逃亡。马克卢斯凭借这些成就于公元前 214 年第三次出任执政官；随后，他彻底粉碎了汉尼拔攻取诺拉的企图，转而协助围攻坎帕尼亚的战略要地卡西利努姆（Casilinum），因该城已落入迦太基人之手。在攻破该城（又一次令罗马人振奋的胜利）后，马克卢斯被派往西西里。

公元前 214 年，希耶罗的继承人、他年轻无能的孙子到附近的莱昂提尼（Leontini）城出行时，遭亲罗马势力暗杀。随后，叙拉古的其他王室成员全部被处死，有人试图重新与罗马结盟。然而，暴行致使叙拉古人（Syracusans）在接下来的选举中令亲迦太基势力的领袖重新当权，后者甚至鼓动邻近的莱

图 1.14 这枚古币逼真地再现了希耶罗二世之孙希耶罗尼姆斯（Hieronymus）的头像，甚至将他仿效汉尼拔蓄起的鬓角须发也刻画出来。此人错误地放弃叙拉古与罗马的同盟关系，支持迦太基。

图 1.15 马克卢斯

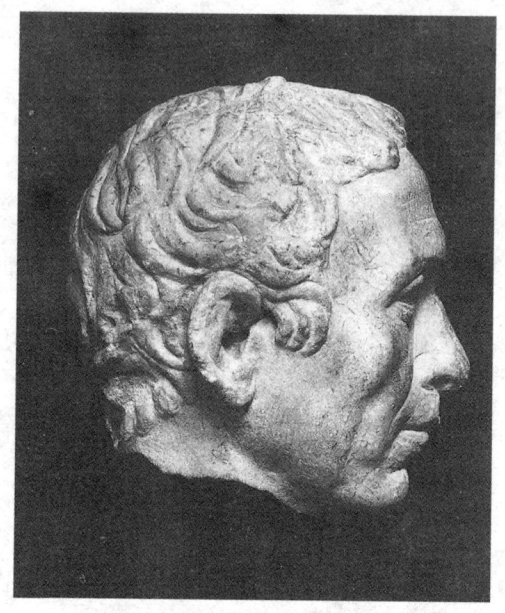

昂提尼叛离罗马。公元前213年，马克卢斯与他的指挥官阿皮乌斯·克劳狄（Appius Claudius）袭取莱昂提尼，但对该城的洗劫以及随后出现暴行的传言使叙拉古人断然决定支持迦太基。马克卢斯和阿皮乌斯开始从海陆两面对叙拉古展开联合攻击。

叙拉古是西方最大的希腊城池，除却攻克迦太基城，没有比攻取叙拉古更为艰难的任务。希耶罗及其前任一直关注城防问题，其中包括公元前4世纪初的狄奥尼西奥斯一世（Dionysius I），他全力将叙拉古建成希腊世界最难以应付的军事强邦。因此，马克卢斯最初尝试围城时收效甚微，这并不足为奇。一位名叫阿基米德的老人无疑为罗马的任务增添了难度，因为他在本已极其完备的武器、工事和天然屏障等守城系统基础上又贡献出他独一无二的天赋。

叙拉古的阿基米德

阿基米德是希腊化时代伟大的希腊科学家和技术奇才，据传统记述所载，叙拉古遭围攻时抵抗马克卢斯及罗马人所使用的很多武器均系他的成果。阿基米德（约公元前287—前212年）生于叙拉古，是出色的数学家、物理学家、天文学家、工程学家、机械技师和发明家。他在75年的生命里程中似乎一直待在叙拉古,只是曾经游学埃及,很有可能是在亚历山大城(Alexandria)求学。

在他漫长的人生中,阿基米德有无数影响深远的发明。其中包括他有关地心引力和杠杆作用的革命性成果;他对圆周率约数值的计算;对球体、圆柱体和圆锥体的测量法;他为计算和表达大额数字所设计的方法。在众多关于他的脍炙人口的故事中,最为不朽的是有关他在流体静力学方面所进行的开创性工作。阿基米德在公共浴场踏入水面满溢的浴盆后,突然意识到,如果搜集并测量溢出的水,其体积应与取代它的躯体体积相等。由于这一发现为他找到了一个解决难题的方法,据说他兴奋得忘记了穿着衣物便冲到外面高喊"Eureka! Eureka!"("我找到了!")看到一个人在街上赤身飞奔而过,人们一定惊讶,难道他所丢失的不是比他所找到的更多!

阿基米德还制作了一个星象仪,西塞罗曾见过该仪器,并声称它是各类行星的天象仪,演示了太阳、月球及其他行星运动,并且示范了蚀的出现。复滑车与螺旋桨也被看做是他的发明,不过,我们难以相信在他之前很久的时候人们还没有使用螺旋桨。据一份史料记载,阿基米德在埃及时发明了螺旋桨,然而,在那里,尼罗河沿岸的灌溉史已近数千年。也许他只是对他在那里发现的一种装置进行改进并把这种方法带回欧洲。

即使在阿基米德去世后的数世纪中,仍有人一直对他的成就加以渲染。诸如具有破坏性的热射线等奇异装置均被归功于他。虽说所谓阿基米德烧灼镜的技术确是他力所能及的,并且一些天真的现代学者也接受这种古代传说的合理性,但是,这种想法从未在实践中得到应用。与阿基米德同期的史料对此事并无记载,正如一位现代评论家所指出的,"如若曾有这样一种装置,那么,当叙拉古陷落时,它肯定落入罗马人之手,后者将乐于在之后的战争中使用这种致命的热射线"(阿弗里卡,《阿基米德》,第306页)。即使没有烧灼镜,阿基米德的战争武器也十分强大。尽管他在科学和数学方面成就非凡,但最值得铭记的是传奇般的叙拉古保卫战和他的破坏装置。

具有讽刺意味的是,阿基米德的武器是在叙拉古仍为罗马所信任的盟邦时发明的。一般认为,他本人不太看重这类机械装置,在他的同族、叙拉古统治者希耶罗的劝说下,阿基米德提供了技术信息和技艺来增强城防。当时,希耶罗的主要目的是防止迦太基而不是罗马入侵叙拉古。普鲁塔克对希耶罗如何说服阿基米德提供帮助的记述虽然有些夸张但较为生动。其中包括一种虚构的说法,即阿基米德声称只要有一个足够大的杠杆和"一处支点……我能撬动地球":

> ……阿基米德向他的朋友兼亲属希耶罗王写道，利用一定的力有可能移动任何给定的重物；同时，据说，根据他的实证，他甚至夸口说，若有另一个地球可供支撑，他能移动这一个。希耶罗十分惊讶，恳求他将他的理论付诸实践，并给他演示一份弱小的力移动某些大型重物的事实。他选取一艘王家水师的三桅船，这艘船刚刚由很多人奋力拉出船坞；他向这艘船放入许多乘客，又与往常一样装上货物，阿基米德自己坐在一段距离以外，平静地用手拖拉滑轮的末端，毫不费力地把船平稳地拖向自己，就像它在海上航行一样。王对这一演示惊叹不已，在他了解技术的力量后，他说服阿基米德为他制造用于各类围攻行动的机械装置，攻击性和防御性的全部包括在内。然而，这位王从未使用这些装置，因为他一生大部分时间都在追求和平与文学。
>
> （《马克卢斯传》，14.7–9）

普鲁塔克的记载当然需要批判对待。希耶罗与阿基米德应有亲属关系，二人同在叙拉古生活了大约60年，所以他对阿基米德的机械技能不可能如此惊讶。此外，普鲁塔克对阿基米德不费吹灰之力用复滑车移动希耶罗一艘船的记述似乎与另一早期故事产生混淆，后者是阿基米德利用绞盘（可惜这个不是他发明的）发动一艘巨型船只的故事。这艘船在阿基米德的指导下建成，被称为"叙拉古号"（Syracusia），在当时无疑是一项技术奇迹，也是与阿基米德相符的一项设计。（毋庸置疑，这艘船的规模和性能因阿基米德的声名而被夸大：据传，他在船上配置的巨大引擎能够将180磅的石块或18尺的投枪掷出600尺！）据说，这艘船体积过大，在多数港口无法安全进港停靠，最后开往亚历山大城，希耶罗将它送给埃及王托勒密（King Ptolemy）用于粮食运输。

普鲁塔克称，阿基米德乐于将他的知识用于帮助保护他的城池。叙拉古大规模城墙建筑上所配置的武器从种类、数量和效能上均展现出阿基米德在维持和协调此类防御措施所付出的代价和努力。希耶罗不会容忍任何不能尽善之事。普鲁塔克认为，阿基米德实际上只是一位业余爱好者，他并未将这类发明看做一项严肃认真的事业，但这种观点不切实际：

> 阿基米德具备高超的才能和深厚的造诣，也拥有丰富的科学学识，即使这些发明使他博得的声名是拥有超乎人性、接近神性的智能，但是他不想留下任何有关这些事物的著作。他认为，机械学以及通常而言涉及日常生活需要的所有技艺均属低等卑微之事，他只将精力投入到那些

纯粹的思考中——这种思考无法与其他任何事物相比，其美感与卓越不为物质需求所影响，其中，证据挑战主题，一方面会带来庄严与美，另一方面带来精确和超自然力。

普鲁塔克对抽象概念优于实用知识的赞颂的确反映出古代一种真实观点，这种观点也带有一种社会性。抽象思考和理论研讨往往与出身名门者联系在一起，而实践应用——亚里士多德（Aristotle）及其他人轻蔑地认为——与那些为谋生而从事体力劳作者相联系。这种贵族阶层的成见对某些本可以有益于社会的发明的发展无疑具有制约作用，但这种想法即使存在，在科学家和发明家自身当中也很难找到确凿的证据。高傲的普鲁塔克甚至可能对阿基米德真正的性格特征所知甚少，但赋予他的个性却十分神秘，使之显得可笑：

因此，人们不能怀疑有关阿基米德的传说，即他总是被家中某个亲近的妖女所蛊惑，以至于他会忘记用餐，忽略自身形象的打理；当他被强行拖去洗浴并在身上涂油熏香时，他在炉火的灰烬上绘画几何图形；当他的身上涂满膏油时，他用手指在上面描画图解，因为他完全沉浸在极度的激情中，真正为缪斯神（Muses）所左右。

（《马克卢斯传》，17.3-7）

很明显，这些轶事传说使我们对阿基米德真实个性的考察逐渐变得晦暗不清。或许我们有把握确定，阿基米德的机械装置如同达·芬奇（Leonardo da Vinci）的发明一样，都是他调查研究中的常规部分。

叙拉古之围

有趣的是，阿基米德一生中虽然大部分时间生活在由他的资助人和亲族所领导的一座亲罗马城邦中，但他似乎极为轻易地就将同样的武器对准了他的前任保护者。他很可能从未像希耶罗那样对罗马怀有崇高的敬意，或者说，他首先是一名爱国人士，优先考虑的是其城池的安全。无论他的观点如何，没有任何证据表明，在马克卢斯于公元前213年发起攻击时，阿基米德没有全身心投入到抵制马克卢斯及其军队的任务中。

波利比乌斯是有关这一历史时期的主要史料来源，他描写了阿基米德为他的罗马"友人"所准备的问候致意（《通史》，8.3-7）：

……阿基米德以这样一种方式建造城防——在向陆一侧建造的同时也可抵御任何来自海上的攻击,因此,守城者无需忙于临时补救;相反,一切均准备就绪,他们能够以对攻战法对敌军发起的任何攻击做出反应……[他]建造的弩炮能够覆盖全部射程,因此,当攻击船只仍在远处时,他多次利用弩炮和投石器成功击中目标,令后者遭受严重损失并扰乱其进军。之后,随着距离的缩短,这些武器开始越过敌军上方进行袭击,他转而使用小型机械,使罗马士气受挫,令其进军陷入停顿。最后,马克卢斯绝望之下被迫借夜色掩护秘密调动船只。然而,当他们几乎抵达靠岸时,因距离过近而不会遭到弩炮攻击,阿基米德又设计另一种武器来抵御自甲板发起攻击的水军。他已在城墙穿凿大量射弹孔,其高度与人的身高相当,墙的外侧面大概只有手掌宽。在城墙内侧每个射弹孔后面安置射手及一行行所谓的"scorpions",即一种发射铁镖的小型弩炮,从这些射击孔射出的飞镖致使很多水军丧失作用。借助这些战术,他不仅遏制敌军的所有攻击——无论是远程发起的攻击还是任何肉搏战的尝试,并且使之遭受严重损失。

如果马克卢斯的某些船只设法接近岸边使水军得以登陆,等待他们的还有其他奇袭:

> 机械装置能向这些入侵者发射石弹,石弹的威力足以将这些水军击退并远离船首;同时,将有一个附着于锁链的挠钩缓慢降下,操纵横梁的人可以借此抓住船只。一旦他牢牢抓住船首,墙内机械装置的控制杆随即压下。操作

图 1.17 公元前 1 世纪中期罗马"scorpion"(一种发射铁镖的弩炮)的现代复原品。波利比乌斯所提及的"scorpions"在设计上大概与这款复制品相类似。

图 1.18 欧律亚鲁斯要塞（Fortress of Euryalus）遗址，属叙拉古防御工事的一部分，配有阿基米德的作战机械装置（参见叙拉古地图）。

者利用这种方式使船首升起、并使船只船尾朝下竖立起来，此时，操作者将机械装置下部拴牢，使其无法活动，最后，通过绳索和滑轮突然放松钩锚和锁链。结果，有些船只侧倾倒向一边，有些则倾覆，在船首从高处下落时，船体大部陷入水下并充水，随后所有人员乱作一团。因此，马克卢斯的行动被阿基米德的这些发明彻底击垮，当他看到守军不仅击退他的攻击，使他的军队损失惨重，并且还在嘲笑他的努力，马克卢斯只能承认失败。此时，他忍不住自嘲地说："阿基米德用我的船只舀起海水斟入他的酒杯……"

当马克卢斯的海上攻击受阻时，阿皮乌斯所指挥的罗马陆上行动在对付阿基米德的机械装置时显然也没有收到更好的效果，最终不得不放弃攻击行动：

当他的军队距城墙仍有一段距离时，他们因受到投石机和弩炮的攻击而伤亡惨重。这种炮的容量和开火速度均异常有效，即如希耶罗为阿基米德提供补给令他设计各类器械工具时所期望的那样。随后，即使有些士卒得以接近城墙，他们仍会遭到从射击孔不断齐射而出的弩箭和飞镖的袭击……是以，他们的推进行动遭到全面遏止。或者……他们被从头顶落下的石块和方木击溃。守城者还利用从升降架放下的铁制钩锚杀伤很多人……这些用来抓起人、甲胄及所有事物，然后全部投下。最后，〔阿皮乌斯〕撤回营寨，召集军团长会议，会上一致同意决定不能继续进行以猛攻夺取叙拉古的行动，但可以尝试其他任何方法。这一决议一直未被撤销，在随后8个月的围城期间，他们虽然用尽计谋并尝试别出心裁的行动，但从未冒险发动全面攻击……罗马人已在海陆两线调动大量兵力，只要所有叙拉古人中的一位老人能够被除掉，他们就完全有希望立即夺城；但是，只要他还在，他们甚至不敢通过任何有可能使阿基米德来对抗他们的方式发动攻击。

有待商榷的传说？

阿基米德尽其所能对保卫其母邦的武器和机械装置进行改进，这几乎无可置疑；不过，我们必须对前述段落中描述的某些器具提出质疑。例如，可怕的升降架实际上难道不可能只是在罗马人发起攻击时应召服役权作武器之用的码头起货机吗？如果它们是专门设计用来抬起敌军船只船首并使之竖立起来（不可能是自行竖立）的，那么它们平时应该已在叙拉古城墙上闲置多年；作战时，它需要船只恰好航行至其钩锚的吊

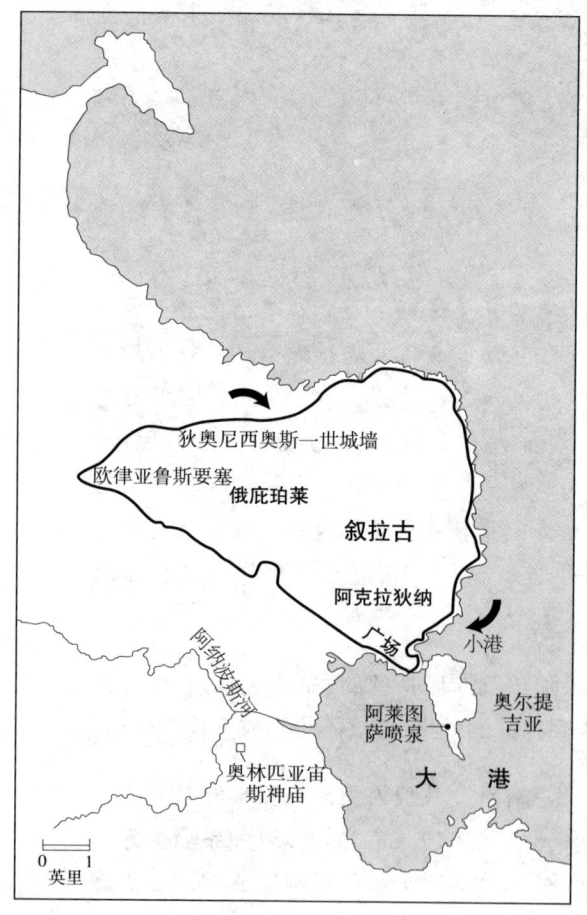

地图8　叙拉古防御图。上方箭头代表阿皮乌斯发起陆上攻击的可能地点，下方箭头代表马克卢斯的海上进攻地点。

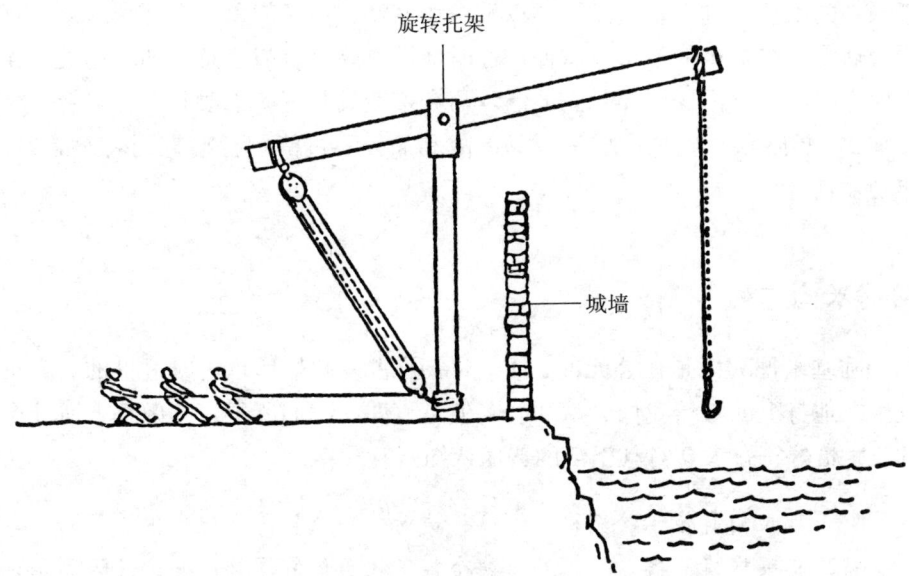

图 1.19 据波利比乌斯所载，阿基米德为保卫叙拉古设计了升降架。该复原图给出此类装置的大致构造。实际上，这种"武器"大概只是为帮助抵御罗马进攻而召集服役的码头起货机。

钩上方才能真正得到有效利用。（似乎并不可能，因为据波利比乌斯记载，马克卢斯的船只只是在夜间接近城墙！）升降架抓起武装士卒然后将他们投下的说法也有问题。在现代游乐场中，用微型升降架的钳脚抓住一个静止奖品已经相当高难。用大型升降架的抓钩来抓取移动人员的说法就是天方夜谭。

即便波利比乌斯表示该城防御计划极为周密，无需担心"临时补救"，但更为合理的说法是，在围城期间他们将平常的机械装置（或许也是由阿基米德设计的）用于抵御罗马人。如果在罗马人登陆地点附近设有一台升降架——码头起货机应置于商船最为便于靠近城池海岸线卸货的地方，那么这显然可以用作武器。一艘船恰好被抓取，另一艘被巨石砸中，或者一名忙于躲避箭和矛的士卒不幸被悬于城墙的钩锚诱捕，如此种种足以使罗马人相信这些武器是阿基米德专为摧毁他们而设计的。

马克卢斯放弃了猛攻夺城的尝试，决定宁愿封锁叙拉古、令其居民因饥荒而降服。他抵制迦太基企图解救该城的行动，在阿皮乌斯继续围城的同时，他又抽时间惩治西西里其他反罗马诸城，另外，他还挫败了叙拉古人企图打破封锁的所有行动。公元前212年，叙拉古人在某节庆期间分心而疏忽大意，马克卢斯趁守卫醉酒或沉睡之机，率领一支武装翻越城墙攻占该城近郊。由于顽强的抵抗、迦太基人的干预以及一场瘟疫，这场战争一直持续未果，直到最后，一名投机的西班牙雇佣兵适时地使一座具有战略意义的城门处于无人值守的状态，内城因此暴露弱点。马克卢斯及其军队击溃其余守卫者。公元前212年晚秋，叙拉古成为罗马的战利品，不过清剿行动直到公元前211年初才宣告结束。

阿基米德之死

阿基米德大概是在公元前212年对叙拉古发起最后攻击时过世的。真正发生在他身上的事情我们无从知晓，但是，即如我们所料，其敬慕者所杜撰的死亡恰好符合大众对其生活的普遍认知：

> 他正俯身忙于绘制机械图样，这时，一个罗马人发现他，开始像对待战犯一样将他拖走。阿基米德全神贯注于他的图样，并未意识到是谁在拖拽他，他对那个人说："嗨！别碰我的图样！"之后，这个人仍继续拖他走，阿基米德转过身，认出他是罗马人，喊道："快，拿我的装置，来人！"这个罗马人惊慌之余立刻将他杀死，杀死了一位羸弱却成就斐然的老人。马克卢斯得知此事十分悲伤，与城中贵族及所有罗马人在其祖先墓群中为他举行隆重葬礼。至于那名谋杀者，马克卢斯令他……身首异处。狄奥和狄奥多罗斯（Diodorus）对此事均有记载。
>
> （策策斯［Tzetzes］,《历史》［History］, 2.103–149）

其他有关阿基米德之死的传说均生动如斯——盛传马克卢斯得知这位伟人被杀后极其悲痛。据说，他不仅专为阿基米德举行葬礼，还找到他幸存的家族成员并授之以荣耀。从军事角度讲，在世的阿基米德所拥有的技术才能或许能在罗马与汉尼拔的战争中得到有效利用（虽然其武器的设计初衷均为防御之用），马克卢斯大概为他丧失这种机会而惋惜。我们很难确定罗马将领对其敌手所拥有的天赋是否怀有更深层的欣赏。如果马克卢斯对失去阿基米德感到如此不安，他为何没有采取预防措施挽救他？马克卢斯似乎有机会做到，因为叙拉古的代表希望避免发生已无法改变的结果，曾与马克卢斯交涉有关授予该城附属邦国地位并将其未来交给马克卢斯家族的事宜。此时（或在其他会谈时），马克卢斯应该可以要求交出阿基米德。相反，他拒绝了叙拉古的所有提议，继续洗劫城池；同时，他十分清楚任何士卒均有可能遇到阿基米德并杀死他。去拯救一个捉弄他和罗马人8个月之久的老人似乎并非他的上上之选!

由于罗马城中对马克卢斯为何花费如此长久的时间挫败一座希腊要塞颇有微词,因此,马克卢斯似乎要利用对这位老人及其令人瞩目的机械装置的纪念来对付这些怨言。或许有关阿基米德武器效力的传说也被有意夸大,以掩饰罗马人实际上的无能。

叙拉古之后:马克卢斯所面临的问题

马克卢斯保留了阿基米德的星象仪并带回罗马(还有一个星球仪,被他放在美德神庙[Temple of Virtue]中)。这对马克卢斯来说大概只是一个有趣的纪念物(他的心思昭然若揭,因为他把它放在自己家中),但是公元前1世纪的著作家西塞罗强调,这是马克卢斯从叙拉古为他自己带回的唯一一件战利品。(在某个有关阿基米德之死的传说中,阿基米德正欲将他的仪器和其他器具带给马克卢斯,这时,士卒以为他的箱中满是金子,于是袭击并杀死了阿基米德,但这种说法显然不足为信。)一直以来都存在对这位军阀洗劫城池时的极端行为的控诉,但西塞罗却对此加以掩饰,把马克卢斯描写成攻占叙拉古时克己自制的楷模;然而,一些与马克卢斯同时代的著作家均曾明确表示,他们确信马克卢斯从这座陷落城池掠走并带回数量惊人的雕塑、绘画及其他艺术珍品来装饰罗马城。据后世所称,罗马人是通过来自叙拉古的大量战利品才开始懂得鉴赏希腊艺术,这并非完全是玩笑之辞。马克卢斯对该城的大规模劫掠似乎不是一个在城池遭到洗劫前会"悲泣"(据说)之人的所为。西西里人极为厌恶他,认为他是"除了凭借誓言无人会相信"的人。最后,他们说服罗马将他调换离职,不再在西西里担任指挥官。

值得纪念的阿基米德

即使马克卢斯对阿基米德的感受仍无定论,但有一件事十分肯定:具有讽刺意味的是,对于这位伟大的大师及其成就,罗马人的景仰之情比叙拉古人自己更加强烈。这可以从西塞罗的一篇趣文中窥得一斑。公元前75年,身在叙拉古的西塞罗十分渴望拜谒阿基米德之墓。当然,他并未发现如他所期待的那种纪念碑:

祖先及其轶事。荣耀的价值何在？——波利比乌斯为罗马青年展示成功之路

如果我们相信史家波利比乌斯——在本章中已多次提到——的评判，那么像马克卢斯这样的将领能够获取权力也并非偶然。波利比乌斯是希腊人，在罗马凭借与某些政治掮客的友好关系得以跻身罗马权力中心，能取得如此成就的外邦人寥寥无几，但他是其中之一。他记载了公元前2世纪罗马人如何筹划以使贵族青年获取成功与荣耀，为我们提供了第一手资料。很明显，这些活动令他印象深刻。罗马共和国时期的政治是家族政治，大家族之间为获取荣耀与权力的竞争向来是一种重要的现实情况。祖先崇拜活动有助于使年轻的罗马人牢记他们的家族以及他们的国家对他们所抱以的期望。这种想法也许值得称颂，但人们会想弄清楚这种压力是如何影响罗马特权阶层青年的：若无天赋而仅凭欲望也未必会带来成功。可以说，罗马产生了相当数量的年轻精神病患者。波利比乌斯写道：

> 每当他们的某位知名人物去世，在送葬行列行进过程中，他的尸体伴随着各种荣耀被带入广场所谓的"Rostra"（演说者的讲台），有时为了能够惹人注目以垂直状态放置，否则采用横卧状态，但后者极为罕见。民众全部在其周围站立观看，他的儿子——如果他留有一名能够到场的

图1.20 西庇阿·阿非利加努斯像。当波利比乌斯写作有关祖先崇拜的内容时，他自然会想到象普布里乌斯·科尔奈利乌斯·西庇阿·阿非利加努斯这样的伟人及其家族。在马克卢斯死后，西庇阿负责指挥第二次布匿战争，最终在阿非利加战胜汉尼拔。他的继孙西庇阿·艾弥利亚努斯是波利比乌斯的密友，在第三次布匿战争中挫败迦太基。（卡皮托利努斯博物馆，罗马）

成年子嗣、如果没有则为其他某位亲属——随后登上讲台（Rostra）发表致辞，回忆死者在世期间的德行和取得的成就。藉此，所有民众——不仅那些在这些成就中曾有所参与之人、还包括那些未曾参与之人——均受到仪式感染，因此，当死者的真实经历浮现于脑海、历历在目，他们的吊唁之情愈发深刻，以致这种损失似乎不仅仅局限于服丧者，也是公众性的，会影响整个民族。之后，在尸体埋葬和传统仪式举行完毕之后，他们将死者雕像置于家中最为显著的位置，并用木龛封套。在这种雕像中，头像的塑造无论是造型还是肤色均相当逼真，体现出死者的特点。每当举行公共献祭时，这些头像在精心装扮后陈列出来。当家族中有任何显赫成员去世时，这些头像要带到葬礼，由那些身高、整体外貌与仪态均被认作与原型最相似的人佩持。这些替代者要根据已故者的等级进行着装：执政官或大法官级着紫边托迦，监察官级着全紫长袍，如果是曾经举行凯旋式或取得某种类似成就之人着金边长袍。

他们全部骑乘马车，根据死者生前出任国家公职的职衔，车前配有"法西斯"、斧头及其他象徵；到达讲台后，他们在一排象牙椅上落座。对于一名立志赢得声名并践行美德的年青人来说，很难想象还有

图 1.21 "身着托迦的巴贝里尼"（Togate Barberini）。造像表现的是一位罗马贵族身着托迦、手持其父亲和祖父的头像。在体现罗马祖先崇拜重要性的实例中，这大概是保存最为完好的一例（不过也经过复原）。（卡皮托利努斯博物馆蒙特马尔蒂尼分馆，罗马）

比这更威严的场面。因为，看到所有这些曾在他们自己的时代赢得声誉者的塑像集合一处、宛若生气犹存时，谁能无动于衷？何等景象能比这些更加壮观？

此外，就即将被埋葬之人发表悼词的演讲者在结束致辞时，要继续讲述雕像陈列在那里之人的成就与功业，次序始自年龄最长者。通过时常重申勇者的美誉，那些拥有任何辉煌之举者获得永世不朽的声名，那些曾全力效忠国家者的名望成为一种常识以及留给子孙后代的遗产。不过，仪式最为重要的影响是，它激励年青人怀着赢得只属于勇士的荣耀的希望、为公众利益去忍受极端的苦难。

（《通史》，6.53–54）

在我任财务官时，我追查他的墓穴——叙拉古人对此一无所知（因为他们完全否认它的存在），发现它周围完全封闭，为荆棘丛林所覆盖；由于我记得铭刻在其墓上的几行打油诗句——正如我之所闻，其中提到在其坟墓顶端竖有一个球体和柱体。据此，在仔细观察周围情况后（因为在阿格里甘图姆门［Agrigentine Gate］附近有大量坟墓），我发现一个稍高于灌木丛的小型圆柱，上面有球体和柱体的图形。于是，我立即向叙拉古人（我请他们的重要人物随我同去）宣布，我认为它就是我所要找的。有奴隶受命带镰刀进入其中清除地面障碍，在通往该处的通道开辟出来以后，我们走近面对我们的柱基；铭诗尚可探明轮廓，其中诗句有半数可读，后半部分却已磨损。所以，你看，希腊最为著名的城邦之一，甚至一度曾是伟大的求学之所，若不是一个阿尔庇努姆（Arpinum；西塞罗的故乡）人把它指出来，她差点对其最具创造性的一位公民的墓葬毫无所知。

球体和柱体将西塞罗的注意力引至阿基米德墓葬的说法还算合理。据说，这两种形体是阿基米德自己要求放在其墓穴上方的，这说明他相信他对球体和柱体的几何学研究将是他一生最为重要的贡献。

马克卢斯之死

马克卢斯的过世时间稍晚于阿基米德几年。在他第五次出任执政官（公元前208年）期间，马克卢斯在维努西亚（Venusia）城附近勘察敌军阵地时疏忽大意,这位"罗马之剑"在其营盘视界之内遭到伏击，为汉尼拔军队所杀。对于这个曾带领罗马度过第二次布匿战争最为艰难时期的人物来说——虽然也曾遭到批判，这个结局当然显得不值而且愚蠢。

阅读建议

本章所使用的古代文献主要有波利比乌斯（主要是第8卷）、李维（主要是第23—25卷）和普鲁塔克的《马克卢斯传》。F. 沃尔班克（*A Historical Commentary on Polybius*, Vol. 2. Oxford: Clarendon Press, 1967; Sandpiper edition, 1999）就叙拉古之围提出了某些真知灼见，同时可参考他的另两部著作（*Polybius*. Berkeley and Los Angeles: University of California Press, 1973; *Polybius, Rome and the Hellenistic World*. Cambridge: Cambridge Universtiy Press, 2002）。J. 拉曾比的著作（J. Lazenby, *Hannibal's War*. Warminster: Aris & Phillips, 1978）探讨了马克卢斯的所作所为。此外，可参考: A. Goldsworthy, *The Punic Wars*. London: Cassell & Co., 2000; S. Lancel, *Carthage: A History*. Cambridge, Mass.: Blackwell, 1995; H. Scullard, *Roman Politics 220-150 B.C.* Oxford: Clarendon Press, 1973。有关阿基米德，参见: E. Dijksterhuis, *Archimedes*. Princeton, N.J.: Princeton University Press, 1987; T. Africa, "Archimedes Through the Looking-Glass," *The Classical World* 68（1975）: 305-308; M. Jaeger, "Cicero and Archimedes' Tomb," *Journal of Roman Studies* 92（2002）: 49-61; J. Landels, *Engineering in the Ancient World*. Berkeley and Los Angeles: University of California Press, 1981; A. Drachmann, *The Mechanical Technology of Greek and Roman Antiquity: A Study of the Literary Sources*. Copenhagen: E. Munksgaard, 1963。

《牛津古典辞书》（*Oxford Classical Dictionary*；第三版）是罗马历史的标准参考工具书。本章及后续章节使用的通史性研究著作有: J. Boardman et al., *The Oxford History of the Classical World: Roman World*. New York: Oxford University Press, 1986; T. Africa, *The Immense Majesty: A History of Rome and the Roman Empire*. Arlington Heights, Ill.: Harlan Davidson（1974年版的再版，内容有所增加）; G. Alföldy, *The Social History of Rome*. Baltimore: The John Hopkins University Press, 1988; S. Hornblower and A. Spawforth（eds.），

The Oxford Companion to Classical Civilization. New York: Oxford University Press, 1998。相关著作还有：T. Cornell, *The Beginnings of Rome: Italy and Rome from the Bronze Age to the Punic Wars*（*c. 1000-264 B.C.*）. New York: Routledge, 1995; Scullard, *A History of the Roman World 753-146 B.C.* New York: Routledge, 1982.（第五版）; *The Etruscan Cities and Rome.* Ithaca, N.Y.: Cornell University Press, 1967; E. Gruen, *The Hellenistic World and the Coming of Rome, 2 vols.* Berkeley and Los Angeles: University of California Press, 1984; W. Harris, *War and Imperialism in Republican Rome 327-70 B.C.* Oxford: Clarendon Press, 1985。

其他具有参考价值的书目有：P. Matyszak, *Chronicle of the Roman Republic: The Rulers of Ancient Rome from Romulus to Augustus.* London: Thames & Hudson, 2003; L. Adkins and R. Adkins, *Handbook to Life in Ancient Rome.* New York: Facts on File, 1994; F. Dupont, *Daily Life in Ancient Rome.* Cambridge, Mass.: Blackwell, 1993; L. Richardson, *A New Topographical Dictionary of Ancient Rome.* Baltimore: The Johns Hopkins University Press, 1992; P. Connolly, *Greece and Rome at War.* London: Greenhill Books, 1998; J. Shelton, *As the Romans Did: A Sourcebook in Roman Social History.* New York: Oxford University Press, 1998.（第二版）; J. Solomon, *The Ancient World in Cinema.* New Haven and London: Yale University Press, rev. ed., 2001。其中最后一部是较为全面的评论性著作，不过有多处不够审慎。

2

变革中的共和国

国内动乱
术士埃乌努斯和第一次西西里奴隶战争
（公元前135—前132年）

然而，所有引发警觉的起因中最为严重者是奴隶，因为自家存在敌人会带来普遍的忧惧情绪；人们无法确保无虞地信任任何奴隶，公然表示怀疑同样危险，因为这样可能加剧敌对情绪。

（李维，《建城以来史》，3.16.3）

公元前201年，罗马赢得第二次布匿战争，由此在西地中海稳固树立了自己的领导地位。在公元前149—前146年与迦太基的第三次战争（主要由复仇与报复所引发的战争）中，罗马再次取胜。此后，迦太基已不及一个二流国家，罗马国力却在惊人地增长，因为后者成功征服各希腊化君主国。叙利亚的塞琉古王朝（Seleucids）、马其顿的安提戈努斯王朝（Antigonids）以及埃及的托勒密王朝（Ptolemies）在领教罗马的军力或耐性之后均无计可施。公元前146年，在迦太基灭亡后的数月之内，阿卡亚同盟被彻底击垮，科林斯作为联盟的领导者遭到洗劫，希腊终于臣服。只有西班牙的反抗持续到公元前133年。至此，罗马控制了整个地中海世界，所有地区均须听命于罗马。

成功后的问题

考虑到其历史背景，罗马在如此短暂的时期内所取得的惊人成功大概在历史上是无可比拟的。距离罗马人跨出意大利第一步的时间仅仅131年，但他们几乎没有时间享受奋斗所带来的成果。发生得太多，也发生得太快。建立一个如此广阔的地中海帝国之后，孳生出新的问题，外部压力消失后，取而代之的是国内矛盾，其中包括政治、社会、经济和思想等诸多方面。建立和平要比发动战争更加困难，因而，这些未得到解决的问题所引发的压力开始迅速破坏罗马共和国的传统结构。

直接由战争结束而产生的紧迫问题便是如何处理返乡老兵。许多人返家后发现自己的小农场已成废墟，自身还负有债务，或者他们的妻子已不见踪影，土地荒芜。多数老兵发现自己的土地已被非法侵吞。富有的平民或称"骑士"（equites）是一个全新的商业阶层，包括承包人、商人、包税人以及其他应帝国需求而产生并从中获利者。他们与罗马的元老建立起庞大的种植园（latifundia），供养罗马世界，满足它不断增长的需求。由于廉价奴隶劳动力极易获得，其他一部分穷困潦倒的老兵不得不将自己的土地卖给大土地所有者，甚至无法保留佃农的身份。

罗马既要面对近年来数量不断增长的无地无产者，还要承受亟待解决的无业老兵问题所带来的额外负担。罗马时常忽视社会问题，也鲜有出于人道原因而采取的行动，但此时它不得不面对军事力量日益衰弱这一现实问题。按照规定，罗马兵役以财产资格为依据，罗马军团兵主要由土地所有者构成，因此，千百万退伍老兵及其他失去土地者便不具备服役资格，这将引发危机。

公元前133年，提比略·格拉古当选保民官，他代表罗马元老院中部分人的利益，他们认为军力备战问题的解决方法是进行土地改革。这将使众多无家可归的罗马公民重获尊严，同时给予他们一块新的租用地以维系生活。提比略本身是一名有着高贵血统的平民派贵族：他的母亲科尔奈利娅是击败汉尼拔结束第二次布匿战争的西庇阿·阿非利加努斯（见图1.20）之女，后者也是罗马极为显赫的贵族家族成员；与提比略同名的父亲曾任监

图2.1 "卡皮托利努斯年表"（fasti Capitolini）的部分实物遗存（公元前200—前180年）。该年表立于罗马广场，记录了罗马自共和国建立至奥古斯都时代最为重要的年选职官。同时，它也列出罗马征服地中海过程中的一些知名人物，其中包括普布里乌斯·科尔奈利乌斯·西庇阿·阿非利加努斯、提图斯·昆克提乌斯·弗拉米尼努斯（T. Quinctius Flamininus）和马尔库斯·伯尔基乌斯·加图（M. Porcius Cato）。（卡皮托利努斯博物馆，罗马）

察官，是公元前2世纪的领袖人物；他的姐夫西庇阿·艾弥利亚努斯在第三次布匿战争中摧毁迦太基，并于公元前133年征服西班牙。土地改革的确是应由年轻的格拉古来尝试的一宗难题。虽然他不能完全理解其同胞的困境，但对他们的苦难并非麻木不仁。(他也不会漠视自己得到的支持，无数赏识他的投票者将为他铺平道路。)

提比略的法案旨在将意大利的公有土地集中起来，再将它们分给自愿移居者，并提供启动资金。他的努力遭到强烈反对。在其元老同僚中，很多人本身是"大地产"（latifundia）所有者（或与骑士等级的土地所有者关系紧密），

提比略计划重新分配的公有土地一直由他们非法占有。这些元老感到自身受到威胁，于是，影响他们作出判断的不是公众利益而是他们自己的经济来源。他们竭尽所能阻止提比略，后者则担心这一事件的失败会危及自身的政治前途，因此将其土地改革法案的成功与否视为一种个人挑战。

最后，提比略经大会通过他的法案并得到资助（该计划最终将在公地上安置7万余人），但他所采取的非传统（一些人认为是非法）手段使许多统治阶级成员开始疏离于他，其中包括先前支持他的人，因为他们对提比略日益增强的民众支持感到忧虑。唯一让他们感到宽慰的是，提比略的保民官任期即将结束，官方给予他的保护（保民官被视为神圣不可侵犯，据信，在其任职期间不能受到伤害）也将随之结束。此后，他将因他与当权集团对立的行为受到惩罚，其土地改革计划也将被废止。然而，提比略再次打破传统，宣称他将谋求连任。他的对手因毫无准备而惶惶不安。当选举投票已清楚表明提比略将赢得连任时，提比略遇刺身亡，他的数百名支持者也在随之而起的骚乱中被杀。

在此事件中，罗马精英阶层的无力和解与暴力的使用均是帝国形成后的重要孪生物。保守政治无法制约急剧变革，因此，传统处理事务的方式已不再适用。提比略·格拉古大概如同先前任何罗马贵族那样，也是一名"当权性"政客。他自己并未预见到，他与众不同的政治行为对那些顽固不化的元老同僚所产生的影响，因为后者仍然固守着悠久的历史陈规。

提比略不尊传统的手段最终导致某些反对者极为恐惧的结果，即在罗马兴起的平民运动成为一种切实可行的政治实践活动。在他被刺10年后，他的弟弟盖尤斯在公元前123年当选保民官。此时，平民运动的唯一问题是它将变得如何强大。盖尤斯作为一名政客比他的兄长更加优秀，因而成为变革的先锋。公元前122年，他再次当选保民官，他的成功以及不断增强的势力促使他在元老院的保守派政敌再次采取行动。公元前121年骚乱爆发，元老院宣布国家进入紧急状态（senatus consultum ultimum），在其对手像对他的兄长那样谋杀他之前，盖尤斯自尽身亡。之后，他的三千余名追随者被处死。

提比略·格拉古和盖尤斯·格拉古是罗马最具前途的两名年轻人，也是出身显赫的平民派贵族，由他们的死亡所引发的国内冲突成为共和国晚期的重要特征，并最终导致它走向灭亡。

科尔奈利娅——一位热衷于政治的母亲

我们可以肯定地说，提比略·格拉古的母亲科尔奈利娅是罗马历史上该时期或任何时期一名非同凡响的妇女。据传统记述所载，她对提比略和盖尤斯的政治生涯具有决定性的影响，我们对此似乎没有理由去怀疑。科尔奈利娅是汉尼拔的征服者大西庇阿·阿非利加努斯（见图1.20）的女儿，她的丈夫提比略·塞姆普罗尼乌斯·格拉古（Tiberius Sempronius Gracchus）是一名监察官，也是当时极具影响力的人物之一。科尔奈利娅自己也跻身于罗马位尊望重妇女的专属社交圈。虽然她的家族背景强势有力，但她显然凭借自身能力赢得了罗马权贵的敬重与信任。在她的丈夫与儿子去世后很久，仍然有人寻求她的建议和对话，后世著作家将她描述成一名理想的罗马妇女。

提比略短暂而戏剧性的政治生涯与其母亲的影响是密不可分的。从提比略的童年开始，科尔奈利娅就为他的成功而培养他；在公元前133年的激烈斗争中，提比略似乎将她视为政治同盟者和咨询者。在刺杀结束了提比略的大好前程后，科尔奈利娅并未使儿子的相关记忆逐渐淡去。平民运动能在罗马赢得声势，很大程度上得益于提比略的土地改革计划；后来，提比略的形象被塑造为平民运动的殉道者，科尔奈利娅对此功不可没。

她对幼子盖尤斯的影响同样十分巨大。盖尤斯于公元前123年出任保民官，他对兄长的成就景仰有加，自己也成为平民运动的领袖。当他在公元前121年暴毙身亡后，两个儿子均令科尔奈利娅引以为荣，并且她依然凭借自己的政治敏锐与智慧而受到尊敬。在一个妇女无法正式参政的社会里，她最大限度地几近成为一名政客。

有关科尔奈利娅的生平，普鲁塔克的记述十分详尽。据称，丈夫过世后留给她12个孩子：

> 科尔奈利娅照看孩子，管理地产，身为母亲，她端庄贤惠，品德高尚，即便是……当托勒密王提出与她分享王位并向她求婚时，她依旧婉言拒绝，保持独身。在这个国度，她的孩子多数夭折，只有三个活下来；一个女儿后来嫁给小西庇阿（Scipio the Younger），还有两个儿子提比略和盖尤斯……科尔奈利娅无微不至地养育两子，虽然罗马人公认此二人天赋极佳，无人可比，但他们仍将二人的美德归因于教育而不是天赋。

（《提比略·格拉古传》，1.4–5）

普鲁塔克记述了科尔奈利娅在提比略和盖尤斯死后是如何继续生活的：

> ……据说，科尔奈利娅对自己

> 的所有不幸均抱以高贵宽容之心，谈及两个儿子的遇害之地时，她称那里才是与其所掩埋的死者相配的坟墓。她居住在一处名为米塞努姆（Misenum）的海岬上，并未改变早已习惯的生活方式。她友人甚多，由于她周围时常有许多希腊人或其他文人，因此家中常备美酒佳肴以展现她的好客之情；当时在位诸王均与她互赠礼物。当她向来访者和友人讲述她的父亲［西庇阿·］阿非利加努斯的生平和品性时十分和蔼可亲；然而，当她追忆两个儿子时并未流露悲痛或泪水，着实令人钦佩，她还向所有询问者讲述他们的成就和命运，如同谈论罗马早期人物一样。某些人由此认为是年迈或巨大的悲痛削弱了她的心智，使她对自己的不幸麻木不仁，然而，事实上那些人自己才是如此的麻木不仁，他们不知道人类在忘却悲痛时要在多大程度上借助于崇高的自性和高贵的出身与教育……
>
> （《盖尤斯·格拉古传》，19.1—3）

西西里的奴隶

提比略·格拉古对于"大地产"的关注似乎不只局限于对私人和公共财产的非法使用上。罗马征服地中海的另一个严重后果是涌入成千上万的奴隶，其中多数最终沦为在庞大种植园中遭受虐待的劳力。这些奴隶主要是罗马在亚洲、希腊、马其顿、阿非利加、西班牙以及高卢的战争中所获得的战俘，但仍有相当数量的奴隶是有组织的活跃海盗进行奴隶贸易的牺牲品。罗马人由于贪婪和对劳动力的需求而无力阻止这种行为。因此，危机开始出现，拥有大批输入奴隶的西西里种植园尤甚。这座岛屿吸引着逃亡罪犯、奴隶及其他与强盗性牧人勾结的不良分子，他们考验着当地守备部队的能力（通常情况下他们无法胜任这项工作）。这些人盘踞在西西里较为偏远的乡村地区，实施恐怖行为，四处抢劫，杀害旅行者和当地居民。

在和平时期，罗马忙于处理在其周围出现的更为紧迫的问题，西西里并不是其主要关注对象。虽然许多西西里的土地所有者是意大利人，但这只是一座偏远的乡土岛屿，基本仍属于希腊人的地域，绝大部分罗马人对该地知之甚少。只要它仍在生产罗马所必需的食物（尤其是谷物）并且局势稳定，那么就不需要给予它太多的关注。因此，在公元前140年前后，万分危急的奴隶问题变得极不稳定时，罗马政府才不情愿地出资执行镇压行动，他们以为那只是一些反叛奴隶和闹事者。

贪婪的土地所有者同样希望西西里不要成为罗马政府所关注的对象，因为那样可能导致对可疑商业活动的调查并从根本上影响他们的生计。罗马则仰赖这些人对该地区所拥有的信息以及他们的亲善与支持。西西里的腐化官员趁机收受贿赂，共和国时期罗马官员最为臭名昭著的非法行径就发生在这里。最终，罗马为自己对西西里事态的视而不见付出了代价。

第一次西西里奴隶战争（公元前135年—前132年）

就在西西里第一次奴隶战争发生前的数年时间里，西西里的奴隶人口构成发生了迅速变化。近年来自东方的大量奴隶拥有相同的宗教信仰，使用相同的语言（主要是希腊语），具有相同的"民族"特征。其中很多是受过教育（某些还拥有较高的地位）的上等人，还有很多退伍士兵。由于很多人之前从未受到奴役，因此，对于过度劳累、残酷的虐待、粗陋的饮食、身上的烙印和枷锁以及像动物一样安置在肮脏狭小的屋子都十分不满。

无以计数的奴隶遍布西西里，不可能对他们实施严密管理。多数情况下，残暴与恐吓能约束许多奴隶，但也经常发生逃跑事件。西西里早已受到反叛组织的困扰，那些逃亡奴隶便加入到反叛队伍中。替代的奴隶极易获得，西

图2.2 为防止罗马的奴隶成功脱逃，他们通常都被迫佩戴一种身份证明，如图所示。顶部：青铜项圈（发现于一副尸骨残骸上），刻有如下铭文："如果被捕，将我送还给阿芬提努斯山（Aventine）金布（Golden Napkin）的皇宫大臣阿普洛尼亚努斯（Apronianus），因为我是一名逃跑奴隶。"底部：公元3或4世纪的铜牌，属于名为阿塞鲁斯（Asellus）的奴隶。刻文如下："我叫阿塞鲁斯，是督粮官普莱耶克图斯（Prejectus）的奴隶，我已逃出罗马城墙。抓捕我，因为我是逃跑奴隶，并将我送至理发店街（Barber's Street）福罗拉神庙（Temple of Flora）旁。"（英译者A. 戈德哈默[A. Goldhammer]）

西里当局更关心的是充实自己的腰包，而不是去追捕引起麻烦的逃跑者。同时，罗马认定任何奴隶问题都是小问题，终将由当地人负责。

奴隶之王埃乌努斯

尽管许多观点认为这次奴隶战争（Slave War）是针对奴隶制度的一次反抗或者是一场社会革命运动，但它并未波及西西里的所有奴隶，而且这场战争似乎相当自然地由某些人为因素所引发。西西里的土地所有者们因对其奴隶所实施的暴行而臭名昭著。大概是在公元前138年的某一日，达谟菲鲁斯（Damophilus）及其妻子梅伽丽斯（Megallis）的奴隶因备受虐待，寻到一个不同寻常的奴隶埃乌努斯并询问他们是否得到众神的恩准去杀死他们的主人。小有名气的埃乌努斯被看做术士和奇异之事的创造者，最为重要的是一名先知。他将成为这场起义的领导者。

关于这一历史事件，我们的主要史料来源是西西里的狄奥多罗斯，他的作品虽未完全存世，但大部分通过后世著作家保存下来，其创作时间晚于奴隶战争约1个世纪。狄奥多罗斯摒弃那些他认为相当虚假的内容，记下他最初对埃乌努斯的不良印象，称他来自叙利亚的阿帕梅城（Apamea），这是希腊化时代塞琉古王国一座重要城市：

> 这里有一个叙利亚奴隶，属于恩那（Enna）的安提格奈斯（Antigenes）；他生于阿帕梅城，具有巫术和运作奇异之事的天赋。他宣称受命于神并能以释梦预言未来，通过这些方式加之他的才能，许多人受到蒙骗。在此基础上，他不仅通过释梦传达神谕，甚至伪称能看到众神显圣并从他们口中得知未来。在他众多的随口之语中，某些会因巧合而实现，未能应验之说并未引起怀疑，因此，随着那些应验之语不断遭到人们关注，他的声名迅速传播。最后，他借助某种工具在神灵附体状态下可从口中吐出火焰，并含混不清地预言一些将要发生之事。对于这件事，他可以将火和燃料放入两面均穿透的坚果或类似的事物中；然后将其放入口中吹气，时而散出火花，时而吐出火焰。

（34/35.2.5–7）

据狄奥多罗斯记载，埃乌努斯的主人系安提格奈斯，以其名字判断，此人并非罗马人，而是希腊人，居住在地处西西里中心的恩那城。我们并不知

从现实和影片中看罗马人I：宾虚（Ben-Hur）与罗马战船桨奴

我们将用几篇系列专题重点关注好莱坞如何描绘罗马及其人民，此即其中第一篇。电影已成为一种极具影响力的媒介，因此历史题材的影片成为现代很多人审视历史的标准。基于此种原因，对几部家喻户晓的史诗电影中的相关内容，我们应在此进行审慎考察。它们分别是（以发行时间为序）：《宾虚》（1959年）、《斯巴达克》（1960年）、《埃及艳后》（Cleopatra；1963年）和《角斗士》（Gladiator；2000年）。这些影片的确激起人们对罗马产生广泛兴趣，然而，正如这些简洁扼要的描绘所展现的一样，它们仍以娱乐为目的。总之，它们无法引导人们正确评判历史。

我们要考察的第一部电影是《宾虚》，其中一部分可作为本章主题"罗马奴隶制"的补充资料。《宾虚：基督的传说》（Ben-Hur: A Tale of the Christ）总体上改编自杰纳勒尔·卢·华莱士（General Lew Wallace）那部不朽的同名小说（1880年）。它首先于1899年被编排成一出百老汇戏剧，1907年被拍成电影，1925年被誉为无声电影的里程碑作品，1959年威廉·维勒（Wyler）再次将其翻拍，并成为荣获奥斯卡金像奖的史诗巨片。这一系列作品促使人们形成对罗马的普遍认识。更有甚者，它们使民众对于在罗马战船服役的奴隶产生错误认识；几乎单凭这些认识，便孳生出大量冗长的卡通和诙谐漫画，对此我们似乎乐此不疲，通常还将这些看做无数受害者的真正命运。

在这部电影中，一个名叫犹大·宾虚（Judah Ben-Hur）的犹太人遭到他从前的朋友同时也是新上任的罗马军团长梅萨拉（Messala）诬告，后者指控他试图谋杀新任犹地亚总督。当总督在耶路撒冷街道游行时，被偶然从屋顶掉落的瓦

图 2.3 罗马双排桨海船模型。罗马水军在数世纪中曾使用多种有桨船，双排桨海船是其中一种。其长度近100英尺。（罗马文明博物馆，罗马）

片击中，而犹大和他的妹妹恰巧正从那里观看游行。梅萨拉意欲以此树立典型，警示那些藐视罗马的犹太人将被如何处置，即使是显要人物也不例外。犹大因此受到非法指控，未经审判或听证便被发配至战船终生服役。然而，他从基督身上获得复仇的渴望和无名的力量，从而幸存下来；不过，余下的故事情节仍以他的悲惨遭遇为主题。没有人能忘记他作为战船桨奴所经受的磨难。

虽然电影中犹大·宾虚的悲惨经历极富感染力，但实际上并无证据表明罗马人使用过战船桨奴，多数读者可能会对此感到惊讶。事实上，罗马人是有意规避此种做法。苏埃托尼乌斯《奥古斯都传》（16.1）中的一段文字大概是最为明确的阐述，他记录到，当罗马未来的皇帝屋大维两度因暴风雨损失舰队后，他新建一支舰队，并释放两万名奴隶，把他们训练成桨手划船。即便是在危急关头，屋大维仍释放奴隶来作为船员服役，而不是让他们以奴隶的身份充任桨手。虽然前者开销巨大，但很明显，后者是无法接受的方式。奴隶并不可靠，罗马人非常惧怕受他们奴役的这个群体，主要是由于他们对晚近发生的大规模叛乱记忆犹新——最近的一次是发生于公元前73年至前71年的斯巴达克起义。（参见第62—64页专栏文字）

因此，虽然普遍认为罗马人使用战船桨奴并将其拴在座椅上，或将他们折磨致死或让他们与船一同沉没，然而，这些观点均无史实依据。这些误解应让我们注意到，流行电影中那些引人入胜的情节是如何轻易将完全的杜撰变成普遍为大众所接受的事实。

晓埃乌努斯为何沦为奴隶，但他似乎早已是一名奴隶，因为其他史料曾提及他之前属于恩那城的庇托（Pytho）。埃乌努斯的特殊"技能"显然使他成为其他东方奴隶的指导者和建议者，扬名乡里，甚至在自由民中也很出名。尤其令当地居民感到滑稽的是，埃乌努斯预言他有朝一日将成为国王。他的主人安提格奈斯并未将他视为威胁，只是嘲笑他的胡言乱语，并让他在宴会上预言未来以取悦客人，这样反而使他逐渐成名，埃乌努斯同其他任何人一样，对这一角色乐在其中。

> 在反叛之前，[埃乌努斯]曾说叙利亚女神为他显圣并称他将为王，他不断向他人提起此事，甚至包括他的主人。由于人们认为他的言语只是笑话，安提格奈斯为他的玄虚所迷惑，将他……引见到晚宴上，并追问他关于王位的问题以及将如何对待在场的每位客人。埃乌努斯对答如流，并阐明他将如何适度地对待主人们，总之，他为自己的骗术编造了

拉尔吉乌斯·马克多——一个被自己奴隶谋杀的奴隶主

在所有奴隶制社会中,奴隶主都担心自己为奴隶所杀。罗马尤其如此。像埃乌努斯和斯巴达克所领导的这些奴隶大起义(参见第62—64页专栏文字)在共和国的最后一个世纪中使西西里和意大利动荡不堪,罗马人对其奴隶愈发感到不安,不过他们从未想到要废除这种制度。这种苦不堪言之事常常发生在他们的朋友和熟人身上,让他们清楚认识到蓄养奴隶具有潜在危险。小普林尼(参见第6章)是一位罗马富绅和杰出的著作家,他在一封充满忧虑的信中表达了对此类事件可能引发的恐慌,这种罗马个人对其恐惧情感的描述并不多见。

尤其值得注意的是,普林尼对奴隶及其命运鲜有同情;事实上,他口中的奴隶更像是野蛮的动物,应该受到惩罚。他们受之于主人(主人自己就是后来腾达的被释奴)的残忍虐待均被忽略,在普林尼看来,这些似乎无法为所发生的一切提供合理的解释。一个在其他方面表现得聪慧、体贴和富有同情心的人竟然作出这样的评价,着实令人称奇。普林尼写道:

> 这次骇人听闻的事件更需要的是对外公布而非私人信件:一位元老、卸任大法官拉尔吉乌斯·马克多为自己的奴隶所害。诚然,他是一个残暴、专横的主人,过快地忘记了他的父亲亦曾为奴,或者也许是过于敏感地在意这一事实。正当他在[拉丁地区]弗尔米埃(Formiae)的家中洗澡时,突然发现自己已被包围。一个奴隶卡住他的喉咙,其他人则击打其脸部、胸部和腹部,令人震惊的是还包括他的私处。当他们认为他已经被打死后,将他拖到滚烫的过道上以确保他不再存活。无论是他昏死过去还是伪装如此,他躺在那里一动不动,因此使他们确信他已经死了。之后他才被拖出来,似乎因高温而昏迷,仍然忠于他的奴隶接过他,他的妻妾们惊叫着跑过来。她们的哭喊声和清爽的空气使他清醒过来,他睁开眼睛并动了几下以表明他还活着,现在这样做是安全的。这些犯罪的奴隶逃走了,但多数遭到逮捕,余者正在追查。人们费尽周折将马克多救活,但几日后便身亡;他已亲眼看到谋杀者受到同样的惩罚,是以,成功复仇足以使他含笑九泉。因此,你可以从中了解到我们所面临的危险、暴行和伤害。没有人会因为自己是一个仁慈体谅的主人而感到安全;因为导致奴隶谋杀自己主人的正是他们的残忍而非低下的身份。

(《书信集》,3.14)

一个美丽精彩的故事。客人们不断被逗笑,有人从桌上拿起美味佳肴赏赐给他,同时声称如果埃乌努斯成为国王,他应铭记这份恩惠。然而,正如后来所发生的一样,恰恰是他的骗术最终使他成为国王,对于他在宴会上受到的取笑式优待,他真诚地给予了感恩回报。

(34/35.2.7–9)

埃乌努斯的主人及其友人仅仅把他看做一个跳梁小丑(这无疑是埃乌努斯自己所期望获得的形象),他们未能意识到他对其奴隶同伴所产生的影响,尤其是那些同样来自东方的奴隶。后者基于自身的宗教习俗,认为埃乌努斯公认的神力和他自居为"叙利亚女神"(据另一史料,这个女神就是阿塔尔伽提斯[Atargatis])的行为是完全合理的。因此,在众多奴隶眼中,他是他们中间最为重要的领导者、名副其实的奇迹创造者和先知。于是,达谟菲鲁斯和梅伽丽斯不满的奴隶们来向埃乌努斯寻求指示就不足为奇。狄奥多罗斯还记载到:

> 他们来到埃乌努斯那里询问他,他们的反抗是否得到众神的恩准。

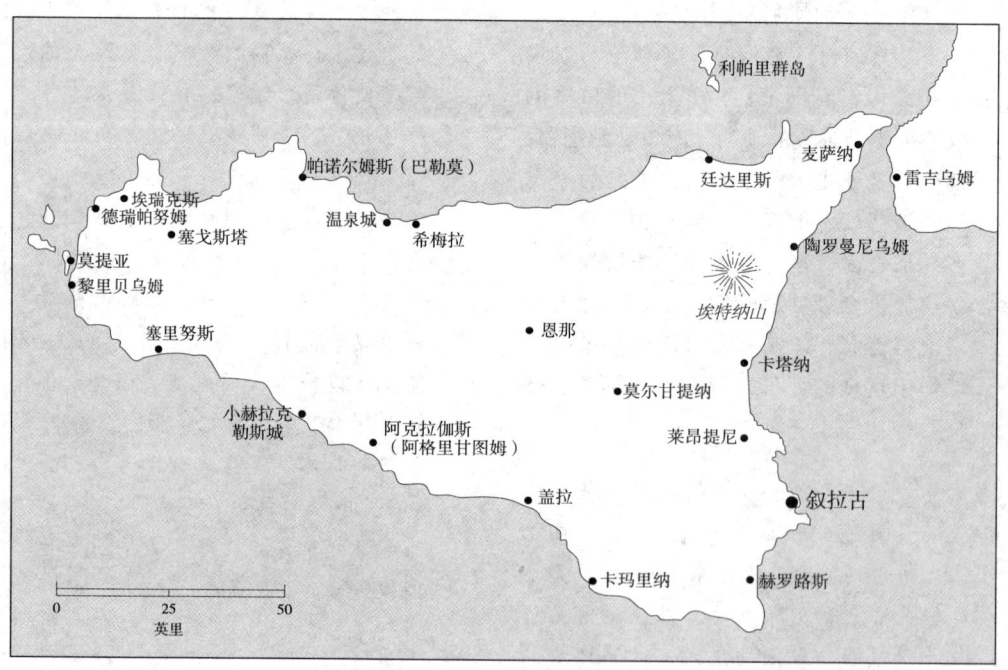

地图 9 古代西西里。

他采取自己一贯虚伪的表演方式,保证他们将得到众神的青睐,并马上劝说他们立刻行动。结果,他们立即纠集四百名奴隶同伴,在条件允许的范围内自行武装,开始进攻恩那城。埃乌努斯率先而行,用熊熊火焰的奇术为他们助威。

(34/35.2.10–11)

尽管狄奥多罗斯表示起义随即开始,然而,更为可能的是直到3年后的公元前135年,占领恩那城一事才真正发生。公元前138年400名无组织的奴隶自发举行起义,其成功的希望十分渺茫,同时,我们还不得不承认这场战争至少持续6年之久(公元前138—前132年),而不是通常所引证的3年。罗马军队不可能花费如此之久才成功地应对这场危机。然而,我们可以确定,在公元前138至前135年间,奴隶的确引发许多骚乱,其势力也不断壮大。当时无疑有一个奴隶的"地下组织"在运作。各类行动均需经过事先卓有成效的筹划,例如攻占城池,确保兵源补给,制造或偷取武器并秘密储存(不过狄奥多罗斯认为奴隶在起义之初需要时才找到武器),联系可能会出手援助的乡间起义队伍,找到某些方法来协调和指挥各色人等。奴隶在准备过程中似乎并未引起怀疑。奴隶与奴隶主或当地官员之间的争斗不断,而且一直流传着小规模起义的传言。只有奴隶在为即将发生的事情做准备。

起义的开始

大概在公元前135年初春的一个午夜,400名奴隶经过周密策划在恩那城外的田间会合,宣誓并献祭。不久前西西里东岸埃特纳山(Mt. Aetna)的喷发显然被他们看做神的启示,增强了他们的决心。为首的埃乌努斯向黑暗中吐着火焰,起义者向熟睡中的恩那城进发。狄奥多罗斯记述了

图2.4 公元300年罗马赤陶像,系一名扮演奴隶的演员。发掘于塞浦路斯(Cyprus)。(大英博物馆,伦敦)

图 2.5 公元 2 至 3 世纪迦太基的马赛克局部,图中系一名奴仆在准备宴会。(卢浮宫[Louvre],巴黎[Paris])

通常都会发生的恐怖事件,不难想象,罗马人谴责一心复仇、行为猖獗的奴隶:他们将婴儿从母亲怀中夺走并摔到地上,在丈夫面前对妇女施以暴行。除去经常提及的指责,由于该城陷入全面起义之中,又有其他奴隶加入近来,这些人开始对主人发泄压抑多年的怒火。

恩那城被攻陷之际,达谟菲鲁斯和他的妻子便被寻获并被绑至剧院,因为正是他们的残暴才导致最初的起义密谋。达谟菲鲁斯获准在由取胜奴隶组成的大会面前为自己的行为进行辩护。首先,我们可能认为这次审讯只是一个虚伪的形式,但狄奥多罗斯似乎要表明,奴隶企图通过合法有序的方式来行事,是一次合法的尝试。当达谟菲鲁斯似乎通过言辞赢得部分人的支持时,赫尔米亚斯(Hermias)和宙克西斯(Zeuxis;二人系达谟菲鲁斯以前的奴隶,与埃乌努斯同是起义的领导者)失去耐心,未等正式裁决便将他杀死。

达谟菲鲁斯的女儿曾想尽办法帮助家中的奴隶,与其父母的残暴形成鲜明对比,因此,奴隶尽全力去保护她,这一事实说明奴隶并未实行大规模屠杀。就在杀死其父的赫尔米亚斯的护送下,她寻得一条生路,到达西西里东部的亲属家中。对那些在其主人餐桌旁给他食物并开玩笑地请求他成为国王后能饶恕他们的客人,埃乌努斯遵守了自己的诺言。然而,在整个事件进行过程中,恩那城多数公民死去,埃乌努斯亲自杀死了他的前主人安提格奈斯和庇托。由于埃乌努斯饶恕了其主人安提格奈斯的朋友,此举似乎更具象征意义,使那些更加冷酷的奴隶认同他的领导,因为这些奴隶并未完全为他的巫术所动(埃乌努斯并非以其"男子气概"而闻名)。有传说称奴隶们砍掉俘虏的

第 2 章　变革中的共和国　57

图 2.6　西西里恩那城周边的乡村地区："400 名奴隶经过周密策划在恩那城外的田间会合……"

手（有时是砍掉前臂）。然而，这种恐怖行为大概更多的是出于现实考虑而非复仇之心。奴隶没有办法拘禁囚犯，所以他们只能使其致残无法作战。他们也可以直接将其杀死。

狄奥多罗斯还记述到：

> 于是，埃乌努斯被推选为王，并非因他的男子气概或他的军事领导才能，只是因为他的奇术和他对起义的推动作用，而且他的名字["仁慈之人"]似乎带有善待臣民的吉兆。
>
> 当他被确立为起义者的最高统领后，埃乌努斯召集大会处死恩那城的所有公民，仅余掌握武器制造技术者：他将这些人囚禁起来，令其制造武器。他将梅伽丽斯交给女奴任意处理……他亲手杀死自己的前主人安提格奈斯和庇托。他头戴王冠，完全以王制装扮自己，并封自己的妻子为后（她也是叙利亚人，与埃乌努斯来自同一座城）。他委任那些看似智商颇高者组成王室议事会，其中包括一个名为阿凯乌斯（Achaeus）的人……此人筹谋与行动能力均十分突出。埃乌努斯在三日内尽最大努力武装六千余人，此外还有一些追随者只有斧头或短斧、投石器、镰刀、火刑柱、甚至厨房的铁叉；他又开始在乡野四处劫掠。此后，他仍不断招募大量奴隶，甚至冒险与罗马将领作战，并多次在交锋中以数量优势取胜，因为当时其兵力已达 1 万余人。

（34/35.2.14–16）

在恩那城被奴隶占领约30天后，某叛军首领吉里契亚人（Cilician）克勒翁（Cleon）率五千余名奴隶加入埃乌努斯的队伍，此时埃乌努斯已自称"安条克"（Antiochus）。狄奥多罗斯记载了克勒翁的背景：

> 有个来自陶鲁斯（Taurus）附近地区的吉里契亚人叫克勒翁，幼年便开始其匪徒生涯，后在西西里成为牧马人，经常打劫旅行者并犯下多种谋杀罪行。当他得知埃乌努斯取得成功以及追随他的逃亡者获胜的消息后，克勒翁揭竿而起，并劝说附近的一些奴隶加入到他疯狂的行动中，占领阿克拉伽斯城（Acragas）及整个周边地区。
> （34/35.2.43）

起初，罗马人希望这两股奴隶队伍相互残杀，最终彼此消灭；但是，他们自行动之初似乎便存在某种协同性。克勒翁立即承认"安条克"埃乌努斯（Antiochus-Eunus）的最高权威，他自己与他的队伍均听从后者指挥。

率先行动与奴隶进行对抗的武装是一支八千人的西西里民兵队伍，但他们无法处理这场危机。起义队伍在数量上占绝对优势，狄奥多罗斯称其兵力达2万人，很快又增至近7万人。罗马仍然没有充分认识到西西里的事态发展。尽管此前发生过小股奴隶队伍引发的骚乱，但从未发生过如此大规模的奴隶反叛，此时也没理由去预测一场大规模起义。因此，罗马在一段时间之后才意识到这次危机的广泛程度。罗马对危机的滞后反应助长了起义成功的可能性。据传，在东岸的陶罗曼尼乌姆城（Tauromenium）陷落前，埃乌努斯及其追随者就在敌方攻击距离之外演出笑剧，再现了起义的发端及其前主人的遭遇。显然，这个奴隶之王也知道如何利用心理战术。卡塔纳（Catana）、莫尔甘提纳（Morgantina）及其他诸城也先后失陷。

不过，起义者并非一切顺利。虽然叙拉古被围，但奴隶因缺乏补给不得不中止围城，致使该城港口向罗马援军开放。麦萨纳（Messana）及其他大型城池并未卷入起义；许多奴隶，尤其是那些拥有技能者、十分受宠者和对处在起义中心的"东方"兄弟漠不关心者，并不参与起义。不过，起义的消息传播很快，阿提卡（Aticca）、提洛岛（Delos）以及小亚细亚地区均出现奴隶起义，甚至罗马也发生小规模骚乱。

罗马意识到起义的严重性之后，立刻于公元前134年派遣一名执政官到西西里，但收效甚微。次年，镇压任务由另一位执政官卢基乌斯·卡尔普尔尼乌斯·皮索·弗鲁吉（L. Calpurnius Piso Frugi）负责，此人后来成为一名历史著作家（其佚失著作《编年史》[Annals]）应包含有关奴隶战争较有价值的内容,可能为狄奥多罗斯所用）。他似乎曾对罗马日渐废弛的军纪进行整肃,却未能从奴隶手中夺回恩那城。不过,他收回莫尔甘提纳,屠杀数以千计的抵抗者,并将幸存者钉在十字架上。

公元前132年的执政官普布里乌斯·鲁庇里乌斯（Publius Rupilius）使第一次西西里奴隶战争以胜利告终。他利用约2万名训练有素的罗马军队迫使陶罗曼尼乌姆城因饥馑而归顺。虽然该城最终系因某个保卫者通敌背叛而归降,但据传城内居民此前已陷入同类相食的境地。幸存奴隶遭酷刑折磨后便从雉堞上被投掷下去。埃乌努斯的将领克勒翁的兄弟也被俘虏,但是在鲁庇里乌斯的审讯中自杀。下一个目标便是恩那城,它是奴隶抵抗运动的根据地,也是埃乌努斯和克勒翁的藏身之所。其命运与陶罗曼尼乌姆完全一样。正当他们的运动迅速陷入绝境之时,克勒翁企图用一支数量远不及对方的小型武装对罗马军队发起微弱攻势。他在这次袭击中阵亡,罗马人将其遍体鳞伤的尸体展示给抵抗者。最后,这座城在经受瘟疫和饥荒后被叛徒出卖给鲁庇里乌斯,后者屠杀了所有进行抵抗的人,并把幸存者钉在十字架上,因为这是罗马人对于反叛奴隶传统的惩罚方式。埃乌努斯竟然在首轮进攻中得以脱逃,但最终仍未逃脱被俘的结局：

> 埃乌努斯率千人卫队狼狈地逃至一处险峻之地。然而,这些随从清楚他们可怕的命运已无法避免,因为罗马将领鲁庇里乌斯已经向他们进发,于是他们彼此用剑砍下头颅。埃乌努斯这个奇术术士和奴隶之王懦弱地躲在山洞之中,最后他连同另外四人被拖出洞穴。四人分别是厨师,面包师,沐浴按摩师,最后一个负责在饮宴时取悦于他。埃乌努斯被关押在狱中,遍体为虱子所蚕食。这种人生结局恰好与其卑劣行径相配,最后他死在莫尔甘提纳。
>
> （狄奥多罗斯,34/35.2.22–23）

埃乌努斯的意义

埃乌努斯的结局以及他在这场奴隶战争中所扮角色的其他方面,均表明他远远不是非专业的狄奥多罗斯所描绘的那样。虽然狄奥多罗斯间或会对奴隶运动表示同情,但对其领袖他没有丝毫尊重,在他笔下,埃乌努斯是胆小、懦弱、虚伪的江湖骗子和无赖。这些特征使我们相信，埃乌努斯并无才干，仅凭其骗术将奴隶召至身边。事实似乎并非如此。

鲁庇里乌斯相当聪明，他知道如果自己将埃乌努斯同其他人一并钉死在十字架上，那么奴隶对埃乌努斯的广泛尊重与认可将使他成为一名殉道者。由于这次起义有着明显的东方色彩（埃乌努斯甚至称其追随者为"叙利亚人"），并且有人因此认为这次运动可能暗含救世主的寓意，所以，普布里乌斯在处理先知、术士和国王埃乌努斯时似乎相当谨慎。罗马人十分了解东方民族，尤其是犹太人，他们知道巫师、术士和奇术人员都可能被认做"救世主"，并召集大量人员追随其左右。可以肯定的是，埃乌努斯吐火的伎俩虽然主要是用来表演，但就像那些赤脚走在滚烫的煤炭上却未受伤者一样，都被看成一种神灵附体的体现。倘若如狄奥多罗斯所说，埃乌努斯是一个骗子，那么他肯定是史册记载中最顶尖的骗子之一。明智的鲁庇里乌斯将这个奇术人员隔离起来，使其神秘消失，令其在狱中屈辱而死。

据狄奥多罗斯记载，埃乌努斯死于"phthiriasis"（为虱子所蚕食），这种疾病值得探讨。通常，在道德史家笔下，那些令人痛恨的统治者和遭受神谴者的结局既恐怖又痛苦。这种疾病的多数病理特性无法得到证实，也未必是真实的；然而，虽然这种疾患长期以来被学者视为一种想象，但它本身却是存在的，只是十分罕见。它并非由虱子而是由螨虫所致，这种生物在适宜的条件下可能寄生于人体内，并破坏人体的下腹组织。狄奥多罗斯不曾意料到的是，仅仅由于他称埃乌努斯罹患此病，反而使埃乌努斯的地位与声名得到增强，因为在此之前，据说死于此病的有希腊诗人阿尔克曼（Alcman）、亚历山大的史家卡里斯提尼斯（Calisthenes；与埃乌努斯一样，死时也是一名犯人）、马其顿国王卡珊德尔（Cassander）、罗马独裁官苏拉和塞琉古国王安条克四世，其中最有趣的是"安条克"埃乌努斯之名似乎即取自后者！

在这场起义中，最具吸引力也最发人深省的是，自起义之初，埃乌努斯及其副手便仿效他们曾经生活过的伟大的东方希腊化塞琉古王朝的体制，致力于建立他们的"奴隶王国"。埃乌努斯为自己选取的安条克一名是塞琉古王朝十分常见的王名，这一做法使某些学者推断他可能与该统治家族具有亲缘关系。他佩戴王冠及其他权标，发行的货币刻有"王安条克"（King Antiochus）的缩写。同时，其货币上带有希腊谷物女神得墨忒耳（Demeter；恩那城有其崇拜中心）的形象，对该女神的崇拜对埃乌努斯麾下的农业奴隶来说显然具有重大意义。他似乎将得墨忒耳女神看做他的阿塔尔伽提斯女神。甚至意为"仁慈之人"（Benevolent One）的"埃乌努斯"大概也不是他的真名，而只是一个称号，塞琉古王国诸王都拥有这样的称号，例如安条克一世就被称为"Soter"（意为"拯救者"[Savior]）。

埃乌努斯的"臣属"赫尔米亚斯、宙克西斯和阿凯乌斯等与过去安条克三世的大臣均为同名，这样的巧合令人无法不断定，这些都是为加强与塞琉古王国的联系而产生的化名。王"安条克"埃乌努斯有一名"将领"克勒翁；他拥有一支国王卫队和军队；被捕时，随侍他的是私人厨师、面包师、按摩师和宫廷小丑。这一切均与塞琉古宫廷习俗相一致。

图 2.7 埃乌努斯在第一次西西里奴隶战争期间发行的金币。图中人物佩戴头盔坐在一摞盾牌上，形象略显粗陋。

在数年战争中，奴隶获取食物和装备的能力足以证明他们的组织性和指挥系统的有效性。同样能说明问题的还有他们不去破坏乡村（在起义的最初阶段之后）、摧毁庄稼和杀害农场劳力的政策。这些证据表明他们思虑缜密，筹划精巧，见识非凡："安条克"埃乌努斯与其他主谋者并非只是玩弄愚蠢奴隶对其信任的江湖骗子和土匪强盗。

对"安条克"埃乌努斯与他的议事会来说，至少在斗争刚开始的时候，在西方建立一个塞琉古王国看上去似乎是可能的。罗马只是西西里遥远的（几乎从未出现）所有者，总是忙于处理其他地区的事务。罗马从未在此处展现自己的真实力量，奴隶却十分了解这个行省运作过程中所表现出来的腐化、无序和随意等特征。（所以我们不需要深入探究第二次奴隶战争［公元前104—前100年］也在西西里爆发的原因，对领导最后一次也是规模最大的奴隶起义［公元前73—前71年］的斯巴达克（参见第62—64页专栏文字）在失败之前正筹划将其奴隶队伍从意大利渡运到西西里，同样无需寻找太多理由）。这些奴隶也可能认为，如果他们掌握了西西里具有决定性的谷物供应控制权，他们便可以牵制罗马；不过，他们没能占领叙拉古和麦萨纳这样的沿岸重镇，致使取得最终成功的希望均告破灭。"安条克"埃乌努斯和他的追随者们并不知晓未来会带来什么，但是他们知道当前的管理体制对于起义的不断成功和自身领导权得到信任至关重要。他们唯一所了解的模式就是

从现实和影片中看罗马人Ⅱ：斯巴达克，一个反叛奴隶蜕变为后现代英雄

罗马最后一次也是最具破坏性的奴隶战争于公元前73年在意大利爆发。这场战争由一名叫斯巴达克的角斗士领导，直到公元前71年他和他的奴隶武装才被镇压下去。斯巴达克在罗马敌对阵营中占有一席之地，使人联想到汉尼拔。战争始于斯巴达克与大约70名追随者逃离卡普阿（Capua）的角斗士训练学校。自此，起义范围波及罗马的大部分地区，据估算，参与起义的人数高达7万人。最终，斯巴达克的军内纷争和更加强大的罗马军队才使这场战争宣告停止。

与公元前135年至公元前71年之间在西西里和意大利发生的三次奴隶大起义相比，斯巴达克起义虽然表现得更接近于一场正宗的社会革命运动，但是它仍然缺少一些基本因素。即使它不具备埃乌努斯起义的政治与宗教凝聚力，然而除了训练有素的军事领导者和更广阔的起义范围之外，这场起义的特点似乎与第一次西西里奴隶战争并无太大差别。有关这场战争的古代史料主要是普鲁塔克的《克拉苏传》（Crassus；8.1–11.7）和阿庇安的《内战记》（Civil Wars；1.116–200），二者的记述在起义的细节和进程上有所不同。倘若这两位著作家知道1960年的史诗电影《斯巴达克》是如何重新诠释其所记内容的，他们将为此感到震惊。

这部影片提到一些历史人物，对共和国时期的罗马及同名人物领导的奴隶起义给出某些总体描述，除此之外，《斯巴达克》完全是一部展现现代的观点、误解与共鸣的作品：总体来讲，它以牺牲罗马和它试图去美化的奴隶为代价。影片所描述的故事在某种程度上将斯巴达克塑造成一个"马克思主义"（Marxist）式的英雄人物，领导遭受奴役的大众与腐化的资本主义式的罗马进行斗争。这部电影以霍华德·法斯特（Fast）最初自行发行的小说为基础，最终成品所体现的正是法斯特本人和被列入黑名单的编剧道尔顿·特伦博（Dalton Trumbo）所撰剧本的社会主义倾向，二者均在好莱坞50年代的反共产主义运动中遭受迫害。此外，1960年高涨的民权运动、冷战和柯克·道格拉斯（Kirk Douglas）使《斯巴达克》变成自我成名工具的渴望，致使这部电影成为一部具有当代特色的作品，通篇充斥着关于罗马、罗马奴隶制度和这次起义的错误观念。

据该影片所描述，斯巴达克是一名出生于色雷斯（Thrace；错误地称其为被征服的希腊行省）难以驾驭的奴隶，后被派往利比亚（Libya）一处矿场做工。在那里，他被角斗士教练蓝图鲁斯·巴提亚图斯（Lentulus Batiatus）所购买，影片中由彼得·乌斯蒂诺夫（Peter Ustinov）扮演的巴提亚图斯魅力十足。之后，斯巴达克立即被运往意大利的卡普阿。真

实的斯巴达克虽然的确是色雷斯人，但出身游牧民族，并非生来即为奴隶，也不可能被派往利比亚的罗马采矿场，因为当时的利比亚并不属于罗马。斯巴达克曾在罗马军队中充当辅军士兵，可能在潜逃后被捕，因而卖给巴提亚图斯为奴。

斯巴达克及其所率奴隶武装能在战争初期节节取胜，大概要归因于他对罗马军队战术的了解。其他原因就是自公元前80年代内战开始，罗马禁止在意大利驻扎常备军。当正规军团最终得到部署上阵后，这场奴隶起义便迅速瓦解。影片中，罗马军队在决战前部署的宏伟场景大概是其他电影所无法匹敌的，但它似乎只包括2个军团，这远远少于为罗马赢得胜利的将领克拉苏所率领的8个军团。此外，其甲胄样式属于帝国时期（而非共和国时期），中队（克拉苏的一名军官曾有所提及）也为纵队所取代。

现实中的斯巴达克并不像柯克·道格拉斯在电影中所扮演的那样是一个幼稚、纯洁而无知的人，他阅历丰富，并以其超群的才智和教养而闻名。他也并非是在角斗场面对瓦里尼娅（Varinia）时才偶遇异性。由简·西蒙斯（Jean Simmons）扮演的瓦里尼娅受尽折磨却仍然纯真，这一虚构角色系来自不列颠，但实际上这个地方当时还不为罗马人所知。真实的斯巴达克事实上已经成婚。他的妻子是一名先知，一直追随其左右。大概是她所擅长的巫术帮助斯巴达克成为起义的领导者。至少在这一点上，斯巴达克

与埃乌努斯的确具有某些相似之处，最初通过相似的方法令其追随者肃然起敬。尽管如此，据史料明确记载，斯巴达克从未像电影中那样全然控制起义奴隶。

至于起义本身，《斯巴达克》这部电影鼓吹这样一种观点，即这次起义就是一场社会革命运动，参加者是备受压迫并具有惊人智慧的奴隶，他们都渴望能够"自由呼吸"。任何想加入起义的人可能都有机会实现这一点，但是家庭责任是他们拒绝这样做的主要因素。影片描绘了在决战之后妇女和儿童散布在战场的场面，令人同情，这样的设计主要是为激起现代社会的回应与反感。真正的斯巴达克以及他的队伍则以复仇和利益为主要动机，相比于保护财富，他们对保护受压迫者的生命并无太多关注。他们的最终目标似乎是跨海到达西西里建立某种反叛政权，因为过去60年里的两次毁灭性奴隶战争已使那里成为酝酿下一次起义的温床。即便在此时，影片又错误地地安排他们向布伦迪西乌姆（柯克·道格拉斯读错了这个地名）进发。布伦迪西乌姆位于意大利东岸，要从此处逃往与西南海岸相对的西西里着实不可思议。难怪那些本应渡运奴隶过海的吉里契亚海盗轻而易举地提前收取钱财并愚弄了他们。

在影片的结局，斯巴达克被钉死在十字架上。该情节恰好迎合了一个不成文的要求，即任何涉及罗马的电影均须与基督教具有某种联系，因而这一情节

> 将斯巴达克塑造成类似基督的救世主形象，"在奴隶制终将灭亡的两千年前梦想着这一制度的毁灭"。钉死十字架的情节恰好与影片开头另一处误导性的评述相合："在名为基督教的新信仰诞生前最后一个世纪里……这种信仰注定要推翻罗马异教暴政，带来一个全新的社会……"
>
> 最后，虽然斯巴达克牺牲了，但他的新生儿子与瓦里尼娅得以逃脱，并找到斯巴达克再也无法拥有的自由。事实上，历史上的斯巴达克是在与克拉苏的决战中阵亡的，不过，确实有六千名奴隶战俘沿阿皮乌斯大道被钉死在十字架上。（参见图A.6）

塞琉古王国。

有趣的是，"安条克"埃乌努斯放弃了塞琉古王国的统治者崇拜传统。或许他认为试图将神化君权强加于他的臣民对他来说颇具风险，或许他囿于正统宗教因素的限制，但真正原因我们无从得知。如果他的确如某些人所说，自认为是叙利亚女神阿塔尔伽提斯的丈夫，那么这个问题有待商榷，因为他已经被视为叙利亚太阳神哈达德（Sungod Hadad）的尘世化身。

起义的影响

虽然在第一次西西里奴隶战争中，有大量自由农加入起义反抗富有的大地主，但并无证据表明它曾发展成为一场真正的社会革命运动或者共产主义运动。西西里起义所引发的恐慌的确有可能波及意大利数万无地的无产者。提比略·格拉古及其集团采取行动的原因之一便是，他们担心如果不采取某些措施来帮助贫困潦倒人员，意大利便可能爆发一场大规模革命。土地改革方案引发热议之时，恰逢西西里奴隶战争的巅峰阶段，这并非巧合，而提比略遇刺大概也与这次斗争有间接关系。虽然罗马在西西里和意大利两个地区的社会问题均长期存在且未得到应有重视，但是并无有力证据表明那些不满或无业人员曾与奴隶武装合作或者加入其中。虽然一些为"安条克"埃乌努斯所用的常见宗教元素（主要是东方和希腊化的）在凝聚各类起义参与者过程中起到至关重要的作用，但这场奴隶战争绝非一场宗教运动。

这场战争起初似乎只是一场由非传统意义上的奴隶所领导的起义，主要是由他们所遭受的虐待和复仇的渴望而引发。这场运动的核心人员多数是农牧业奴隶，大部分来自东方。领导者颇具谋略，其中某些人似乎曾经有很高的地位。

此外，较为重要的一点是，许多奴隶并未参加起义，尤其是那些掌握技艺者和得到仁慈对待者，他们实际上反而帮助主人对付起义者。如果不考虑浪漫主义者和理想主义者所要理解的内容，这里并无任何重大的道德问题需要我们裁定。它既不是一场"将使人类获得自由"的全面奴隶起义，也不是一场针对奴隶制度的起义，因为甚至奴隶自己（其中有些可能曾是奴隶主）也认为这一制度是不可改变的事实。

这场奴隶战争结束后，实际上并无任何变化。西西里的经济仍然依靠奴隶，没有他们便无法运作。鲁庇里乌斯清楚这一点，所以他尽快中止了大规模屠杀和十字架惩罚。由于当时立现奴隶短缺的现象，所以许多战俘被返还给前主人，但是很快便有新奴隶运抵这里以代替原有奴隶。一切回归原位，罗马人并未从这次经历中吸取任何经验。他们继续随意奴役数以万计的人员为其需求提供廉价的服务，将有更大规模的奴隶起义使他们为此付出高昂代价。

阅读建议

有关西西里奴隶起义的古代史料来源是狄奥多罗斯的著作《史学书库》（*History*, 34/35.2），但多有缺失。K. 布拉德利（K. Bradley）著作（*Slavery and Rebellion in Roman World, 140 B.C-70 B.C.* Blooming and Indianapolis: Indiana University Press, 1989）中的第3章系有关第一次西西里奴隶战争的内容。他的另外3部著作集中讨论了罗马奴隶制度：*Slaves and Masters in the Roman Empire: A study in Social Control.* New York: Oxford University Press,1987; *Slavery and Society at Rome.* Cambridge: Cambridge University Press, 1994; *Conquerors and Slaves.* Cambridge: Cambridge University Press, 1978。P. 格林（P. Green）的论文（"The First Sicilian Slave War", *The Shadow of the Parthenon,* London: Maurice Temple Smith, 1972, 193-215）对这一历史事件的论述较为详尽。此外，有关罗马奴隶制度，可参见以下著作：A. Watson, *Roman Slave Law.* Baltimore: The Johns Hopkins University Press, 1987; S. Murnaghan & S. Joshel（eds.），*Women and Slaves in Greco-Roman Culture.* New York: Routledge, 1998; T. Wiedemann, *Greek and Roman Slavery.*

Baltimore: The Johns Hopkins University Press, 1981。有关西西里，可参考：M. Finley, *A History of Sicily: Ancient Sicily to the Arab Conquest*. Totowa, N.J.: Rowman and Littlefield, rev. ed., 1979。

3

公元前1世纪的政治与暴力

以罗马的未来作赌注
刺客布鲁图斯

我不知道这个年轻人到底想要什么,但他所想要的每一件东西,
都是渴望到极致。
(恺撒如是评价布鲁图斯。
摘自普鲁塔克《布鲁图斯传》[*Brutus*], 6.4)

古代遇刺的要人名单读起来好比一部古时《名人录》(Who's Who)。在罗马人当中，一种传统说法便将罗马城"创建者"罗慕路斯说成刺杀者的牺牲品。在罗马共和国时期，提比略·格拉古、小李维乌斯·德鲁苏斯(Drusus)、塞尔多利乌斯(Sertorius)和庞培均因遇刺而英年早逝。罗马皇帝更是极易成为刺杀目标，其中尤为著名者有卡里古拉、伽尔巴、图密善、康茂德、卡拉卡拉以及奥莱里亚努斯。然而，没有任何一桩暴力事件能像罗马特别人物恺撒的遇刺事件那样经久不衰地吸引着世界的关注。

公元前44年3月15日，即罗马的"望日"(Ides)，盖尤斯·尤利乌斯·恺撒被一群元老刺杀者杀害。虽然该事件在文学、艺术、戏剧以及电影上赢得不朽，但这一举动并不明智，实际上并未解决任何问题。恺撒之死只给罗马带来一系列新的灾难性事件。马尔库斯·尤尼乌斯·布鲁图斯是这次阴谋的领导者，他认为除掉恺撒是解决个人与政治问题的有效方法。他的所作所为虽然被深刻铭记，但他所得到的只是在腓力比的可耻下场。布鲁图斯是在以罗马的未来作赌注。最终，他成为历史上最为著名的失败者之一。毫无疑问，他的个人图谋加速了罗马共和国的灭亡。

共和国晚期

第一次西西里奴隶战争和提比略·格拉古被刺之后的百余年是罗马历史上十分危急和动荡的时期。公元2世纪的史家阿庇安追忆这个时代时如此描述：

> 在提比略·格拉古之前，暴力从未浸染至集会，亦未出现民众残杀事件，而这位保民官和法律的制定者首当其冲成为国内动乱的牺牲品；追随他聚集在卡皮托利努斯山神庙周围的其他人等也被杀害。骚乱并未随此恶劣行径而停止。各派别之间一再陷入公开冲突，时常刀剑相向。

第 3 章　公元前 1 世纪的政治与暴力　69

图 3.1　罗马广场的元老院会堂和演讲台（图片前景处只能看到这一石制建筑的一角，而建筑本身形制相当巨大）。现存这两座建筑均属于罗马帝国晚期，而在共和国末期，这两处则是酝酿政治活动的温床。

不时有保民官、大法官、执政官或者这些职位的候选人抑或其他方面的显赫人物在神庙、集会或广场上遭到杀害。不成体统的是，暴力几乎愈发盛行，并与对法律和正义的可耻蔑视交织在一起。当邪恶得以壮大，那些流亡者、罪犯或者那些相互争夺职位或军事指挥权的人便公开发动反政府叛乱，甚至对他们的国家进行军事远征。各种利益集团相继登台，各派领袖竞相追逐独裁统治，其中某些人拒绝解散国家赐予他们的军队，有些人甚至在没有公众授权的情况下自行组织武装来互相斗争。只要一方占领这座城，敌对一方便发动战争。表面上他们是在攻击自己的对手，实际上是在与国家为敌。他们像对待敌方都城一样攻城：随处所遇之人均遭无情屠杀，有些则因公敌宣告而死亡、放逐或抄没财产；甚至有些人要承受极端的酷刑。

（《内战记》，卷一，前言，2）

在这动荡的数十年间，严重的政治分裂造成国力衰退，但也涌现出一些在西方传统中十分值得纪念的人物，使这一时期成为世代所关注的非凡时代。内战与密谋在个人野心的相互作用下导致罗马共和政体的逐步瓦解，代之以个人统治。现代学者普遍称这一过程为"罗马革命"，它在公元前 48 年发展到一个重要阶段，即恺撒在法萨卢击败庞培和共和派后成为罗马的实际统治者。然而,由于某些他无法控制的因素,恺撒未能完成这一革命。

布鲁图斯:"可敬的人"

恺撒被刺后不久,布鲁图斯就从同谋德基姆斯·布鲁图斯那里收到一封如下来信,信中充满忧虑。恺撒之死并未如他们所期望那样唤起民众的积极反应,因而这些刺杀者开始为自己的生命担忧:

> 让我告诉你我们的现状如何。昨夜,希尔提乌斯(Hirtius)在我家中,他清楚地告诉我安东尼的意图——相当糟糕,万分凶险。安东尼说他不能将我的行省给我,他认为,鉴于当前士兵和民众心中充满激愤,我们中的任何人在罗马都不安全。我想你也意识到这两种说法的虚伪,即如希尔提乌斯所明确指出的,事实就是,他担心如果我们的立场趋于温和,那么这些人就没有机会参与公共事务。
>
> 意识到自身处于如此的困境后,我认为我和其他朋友最好要求组成一个自由使团(Free Commission),以便找到合适的理由离开罗马。希尔提乌斯承诺办妥此事,但是鉴于对我们的无礼和中伤普遍存在,我并不相信他能做到。即使他们答应我们的要求,我想我们很快便会被定为公敌或者列入禁令。
>
> 你可能会征求我的建议。我认为我们必须屈从于命运的安排,离开意大利,到罗德斯或者世界上任何地方谋生。如果运势好转,我们可以返回罗马。如果态势中平,我们将在流放中度日。如果厄运降临,我们

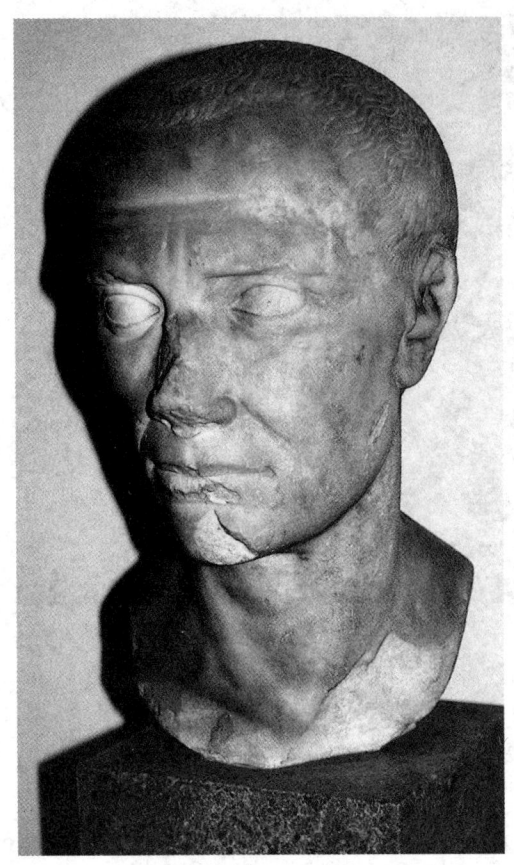

图 3.2　恺撒。(国家考古博物馆[National Archaeological Museum],那不勒斯)

将想方设法自救。你们当中有人可能会感到费解,为什么我们要等到最后时刻而不是立即采取行动。原因是,除了塞克斯图斯·庞培(Sextus Pompeius)和卡埃基利乌斯·巴苏斯(Caecilius Bassus),我们现在无处可依。据我判断,当有关恺撒的消息传出后,他们的力量将得到增强。当我们清楚其兵力达到几何之时,再加入他们也为时不晚。为了你和卡西乌斯我将任你驱遣。希尔提乌斯也要求我这样去做。

请尽快给我答复。希尔提乌斯肯定会在10点前就这些问题给我消息。告诉我见面地点或你希望我到哪里。

通过与希尔提乌斯的最后一次交谈,我认为我们应要求获准在公共卫队的保护下留在罗马。我想他们不会同意,但我们应设法令他们陷于十分招人反感的境地。然而,我想我不应避讳提出任何我认为合理的要求。

(西塞罗,《致友人的信件》[*Letters to His Friends*], 11.1)

由此拉开了一系列灾难性事件的序幕,两年后,即公元前42年,最终以布鲁图斯及其同党在腓力比的死亡告终。虚构的形象终将掩盖真实的布鲁图斯。

数世纪以来,很少有历史人物能像布鲁图斯这样得到如此不同的评价。他个人和他的所为随着不同的时代趋势而受到褒扬抑或谴责。14世纪的但丁(Dante)将他与撒旦(Satan)一同置于地狱最底层。两百年之后的莎士比亚(Shakespeare)不仅复活了布鲁图斯的灵魂,而且把他塑造为一个"可敬的人"——在最为纯洁的动机的驱使下刺杀了恺撒。由于这位诗人在我们当今社会所拥有的崇高声望,他赋予布鲁图斯的这种性格特征已被普遍接受,难以撼动。然而,莎士比亚不是历史学家,布鲁图斯也不是一个"可敬的人"。关于布鲁图斯,有一点是很清楚的。他并不是人们通常所想的刺杀者那种类型的人。真实的布鲁图斯的确具有某些莎翁笔下的布鲁图斯的美德和个性。他是一个富有且受过良好教育的罗马贵族,有教养,品德高尚。西塞罗曾一度激情澎湃地将布鲁图斯描述成罗马年轻一代中最优秀的一个,同时表示他希望布鲁图斯不久将成为这个国家最优秀的人。许多人将布鲁图斯视为"后起之秀",必将跻身于罗马最伟大的领袖者之列。如某学者所描述,布鲁图斯自身也存在诸多矛盾,令人困惑:

布鲁图斯的一生充满了不同寻常与相互矛盾。他主要从事高利贷放款生意。在内战中,庞培的宿敌与他并肩作战。恺撒的朋友与门生密谋反对并杀死他。这个书生遂而成为一个行动派,这个和平爱好者成为战争指挥官。这个法律与共和体制的拥护者在马其顿和小亚细亚僭取特权。他为逃避内战离开意大利,却使自己成为一支与同胞对抗的强大军队的指挥官。

(克拉克[Clarke],《最高贵的罗马人》[*The Noblest Roman*],第72页)

年轻的布鲁图斯,他的母亲及恺撒

布鲁图斯大概生于公元前85年。他的父亲马尔库斯·尤尼乌斯·布鲁图斯在公元前77年因政治原因被处决。因此,布鲁图斯在没有父亲的环境下长大。他的母亲塞尔维利娅(Servilia;幼年便失去双亲)是他一生中最为重要的人,而恺撒大概是塞尔维利娅一生的挚爱。

有传闻称恺撒是布鲁图斯的父亲,但事实上并无依据。这些传闻又用来证实另外一个恶意流言,使人联想到恺撒与塞尔维利娅保持着长期而亲密的关系。事实上,在布鲁图斯出生时,恺撒和塞尔维利娅均14岁左右;据我们所掌握的史料,两人首次传出暧昧关系却是在20余年之后。塞尔维利娅向恺撒示爱时已嫁给年迈的德基姆斯·尤尼乌斯·西拉努斯(Silanus),后者是公元前62年的执政官,塞尔维利娅与他育有3个女儿。西拉努斯大概死于公元前60年,此后,塞尔维利娅似乎更愿意做恺撒的情人而非妻子。

塞尔维利娅是共和国晚期最具影响力的妇女之一。一位杰出的学者如是评价她的能力:

……这些大家族的女儿们凭借自身能力掌握政治权势,所

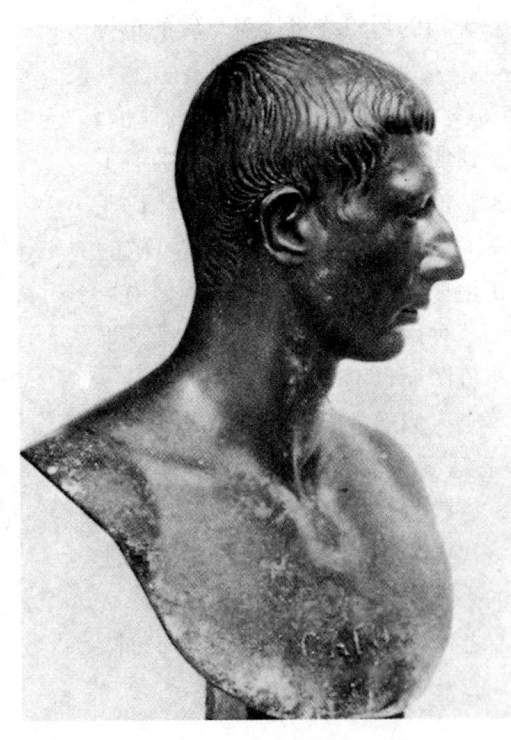

图3.3 小加图。

行使的权力远非众元老所能及。在共和政府的公文措辞与表面运作的幕后，存在多支发挥主导作用的势力，其中最为突出者当属塞尔维利娅，她是小加图的同母异父妹妹、布鲁图斯的母亲，也是恺撒的情妇。

（赛姆［Syme］，《罗马革命》[*The Roman Revolution*]，第12页）

正如以上选段所言，塞尔维利娅也是小加图同母异父的妹妹，而小加图与恺撒是不共戴天的政敌。两人至少从公元前60年代中期起便产生不和，他们的思想见解和个性特征都是全然相反的。此时，罗马上层集团早已分化为两个对立的政治派别，即"贵族派"（optimates）与"平民派"（populares）。对于当时的政客来说，并没有正式意义上的党派或者明确的党派名称（此处的说法主要是为便于描述），只是具有某一相同观点的权贵结成的松散政治同盟。加图是"贵族派"（拉丁文意为"最优者"）的一名领袖，这些保守贵族和他们的追随者希望古老而传统的共和政体能得到延续，并反对任何形式的改革。他们信奉并践行"祖制"（mos maiorum），时常操纵着元老院。

恺撒所属的"平民派"摒弃了或者说从未赞同过古老传统，并意识到变革的必要性。他们认为，借助普通民众和对平民运动的支持，改革可以成功实现。从提比略·格拉古开始，很多人开始意识到，罗马普通民众的愿望虽然已被忽略了数世纪之久，但此后不能对之视而不见。野心勃勃的政客也发现通过利用民众的表决权所能得到的利益，他们将其视为获取政治权力的捷径。新旧秩序之间的斗争随之而来，其终极目标便是控制罗马政府。

两派之间的斗争对罗马产生负面影响。公元前80年代罗马已发生一次内战，另一场内战也即将到来。同时，加图与其同党将恺撒之流视为政治上的异端，精心地保护共和国免遭他们的破坏。

布鲁图斯成年后，他见证了母亲的情人恺撒与他喜爱的舅父加图之间激烈的政治斗争。从情感角度看，他不可能从未受此影响。没有任何证据表明他与恺撒的关系如何亲近。可以肯定的是，恺撒是布鲁图斯人生中十分熟悉的人物，无论是恰逢其时还是有此必要，他都会为布鲁图斯出面斡旋——或许是为讨好塞尔维利娅，抑或出于他对这个年轻人的喜爱。我们必须了解，恺撒的多次婚姻均未养育男性后代，对拥有他那样身份的罗马人来说，不管是个人角度还是政治角度，这都是相当严重的问题。不过，我们不能夸大其辞地认为，他将父爱给予了情人的儿子布鲁图斯。

我们缺乏有力证据确定布鲁图斯就是公元前60年原本要迎娶恺撒独女

尤利娅的人。然而，尤利娅嫁给庞培以维系"前三头同盟"时，这桩婚事遂被取消。该非法同盟系由恺撒、庞培和另一个"平民派"的强大领袖克拉苏于公元前60年组成，三人利用该同盟关系胁迫（有人认为是控制）罗马政府。先前，三人的野心均因贵族的对抗而受到制约。他们受挫后决定共享各自的重要资源。与三头对抗的尝试均遭失败，恺撒于公元前59年出任执政官，从而确保三人为了自己及其支持者的利益能得到他们想要的一切。他还送给塞尔维利娅一颗价值150万狄纳里的大珍珠。这个礼物可能被解释为前述传闻的一个证据，即正是布鲁图斯要迎娶尤利娅，而恺撒在婚事落空后一直试图抚慰塞尔维利娅的"沮丧之情"。不过，这颗珍珠也许只是先前负债累累的恺撒首次赠给情人能表达自己深情的礼物（恺撒恰好收取克莱奥帕特拉的父亲托勒密十二世的数百万狄纳里，以保证后者在埃及的王位）。

即使恺撒的确将布鲁图斯视如己出，却没有任何迹象表明后者报之以同样的感情。据古代一份权威史料称，布鲁图斯对恺撒与母亲的暧昧关系日渐愤恨，多处证据表明他将恺撒视为与他争抢母亲感情的竞争对手。布鲁图斯在理智上清楚恺撒在他生命中的重要性，但在情感上他对恺撒似乎并无任何感情。

理想崇高的布鲁图斯与他的邪恶面

无论恺撒先是作为"三头"之一（当时布鲁图斯大概25岁左右）还是后来作为独裁官，布鲁图斯在思想信念上都不可能认同他为罗马指明的方向。布鲁图斯曾在雅典接受教育，在那里他与老师为友（足以证明其聪明才智），并接受希腊人对专制的蔑视。他在雅典广场（Athenian Agora）看到"诛杀暴君者"哈尔莫底乌斯（Harmodius）和阿里斯托基同（Aristogiton）的造像，二者与布鲁图斯传说中的祖先卢基乌斯·尤尼乌斯·布鲁图斯身处同一时代。这个布鲁图斯在公元前509年奋起反抗结束了罗马的王政时代。据说，他的儿子图谋恢复王政，结果均被他处以极刑。（根据该传说的某种说法，这件事使他死后无嗣，因而没有人来延续血脉，而据传我们的布鲁图斯却是这条血脉的后代！）布鲁图斯的另一位先人塞尔维利乌斯·亚哈拉（Servilius Ahala）在公元前5世纪杀死一名企图实行专制者。这些均被视为维护共和制度的神话，布鲁图斯与其家族因这种传统而倍感自豪。

他的舅父小加图保守的贵族派言论对布鲁图斯的影响日益增强。公元前

58年他随加图前往塞浦路斯，帮助后者将这座岛屿组建为罗马行省。公元前54年，由于"三头"的存在使共和国未来的自由似乎岌岌可危；在此关头，布鲁图斯作为造币团成员发行了带有卢基乌斯·布鲁图斯和亚哈拉的形象及"Libertas"（自由）字样的铸币。

不过，布鲁图斯除了具有崇高理想和共和信念之外，他也有邪恶的一面，这一面似乎与众人称颂的那个布鲁图斯是矛盾的。他对恺撒的最终指控是后者凌驾于法律之上，然而他也曾将自己置于法律之上，因为他曾通过某法案使他在贷给塞浦路斯一座城镇的贷款中收取48%的利息。由于元老院规定的合法利率是12%，布鲁图斯则以不正当手段弥补损失，甚至企图向西塞罗寻求帮助，为此一度造成二人关系紧张。因此，布鲁图斯是一个经营规模很大的放贷者。他的明抢强夺并不符合罗马传统的道德准则，而他却标榜用这些准则来规范自己，同时，这样做也违背了一个对美德著书立说者的哲学信仰。

值得关注的抉择

公元前53年，克拉苏在东方卡莱与帕提亚人（Parthians）作战时阵亡，"前三头同盟"随之瓦解。就在前一年，恺撒的女儿尤利娅死于难产，因而庞培与恺撒失去了最有力的联系纽带。自公元前58年起，恺撒一直待在高卢，变得相当富有，军事实力十分强大。在罗马的庞培对未来无法确定，因此对他与恺撒的关系颇感不适。由于在政治上不知所措，他终于与保守派一同来对抗自己的前盟友。当然，老朋友西塞罗苦口婆心的劝说也促使庞培作出这样的决定。加图也颇具说服力，虽然他相当讨厌庞培，但此时却视之为对抗恺撒最有效的工具。无论恺撒所带来的威胁是真实存在的抑或是想象杜撰的，元老院的贵族派领袖均无法视而不见。因此，庞培执掌军权负责防止恺撒从高卢成功返回罗马。在加图及其集团的鼓动下，罗马政府被迫走向一场灾难性的决战。

内战最终于公元前49年爆发，布鲁图斯面临一场重要抉择。他可以加入庞培，但他知道，公元前77年他的父亲因参与意大利北部一场失败的民众起义被处决，庞培对此事负有责任。布鲁图斯痛恨庞培，甚至公元前52年还攻击他是自由的破坏者。在庞培的对立面，他可以与恺撒结盟，并且恺撒在其事业上曾鼎力相助；然而，恺撒是与他争夺母亲感情的竞争对手。最后，他选择了庞培。

鉴于他对加图的尊重和对"贵族派"的支持，布鲁图斯加入庞培似乎是唯一合理的选择。但是，他并非如人们所想，是一个政治教条主义者。例如，面对众多的联姻选择，布鲁图斯在公元前54年选择了阿皮乌斯·克劳狄的女儿，这一决定着实不可思议。通过这次联姻，相当可怕的"平民派"恶棍、臭名昭著的克罗狄乌斯成为他的叔叔。当恺撒在公元前58年离开罗马前往高卢时，时任保民官的克罗狄乌斯留在罗马为其坐镇。不过，实践证明克罗狄乌斯是个拙劣的执行者，因为他的行为很少能符合其上司的意愿，他的粗俗之举助长了罗马城的政治暴力与混乱。他使有组织的流氓闹事发展到一个新的高度：他带领一群暴徒在罗马街头闲逛，殴打那些反对者和无辜者，破坏公共及私有财产。虽然像西塞罗这样的政敌（和个人对手）才是他的主要目标，但是似乎每个人都是不安全的（他甚至曾威胁庞培）。他的对手必然利用自己的暴徒队伍回击他，其领袖是公元前57年的保民官米罗。这种民众暴乱在公元前52年达到顶峰，克罗狄乌斯被杀，其追随者在元老院为他举行火葬，致使该地付之一炬。克罗狄乌斯的姐姐克罗狄娅（Clodia）是其女性翻版，在西塞罗眼里，这个女人的品行败坏至极，现在却成为布鲁图斯的姑母！因而，这个共和制的传统主义者有意加入到这个有着许多臭名昭著的"平民派"投机主义者的家族中。

不过，阿皮乌斯家族的确曾是古老而著名的显贵家族，所以，对布鲁图斯来说此次联姻也许是有利的。布鲁图斯与岳父相处融洽，曾共同出任吉里契亚财务官。然而，阿皮乌斯行事似乎肆无忌惮。公元前51年他被指控在行省渎职（西塞罗接任他为吉里契亚总督，并对其不端行为大为震惊）以及在竞选监察官时行贿。布鲁图斯出手为岳父辩护，阿皮乌斯得以被判无罪。除了对家庭的忠诚，我们在这里几乎看不到那个"可敬的"布鲁图斯，因为他知道阿皮乌斯的确有罪，并亲眼目睹后者在吉里契亚的某些恶劣行径。布鲁图斯大概担心倘若这一事件被深入追查，那么他自己生意上的一些问题交易（与阿皮乌斯共同任职时进行的交易）会被揭发。他与岳父似乎拥有很多共同"理想"。

当面对他的叔叔克罗狄乌斯时，布鲁图斯却并未表现出任何家族忠诚。事实上，公元前52年克罗狄乌斯被谋杀后，其对手米罗因此遭到审讯，布鲁图斯创作一篇修辞答辩为之辩护，认为米罗是为国除害。布鲁图斯显然把阿皮乌斯（和他自己的）所犯的那种政治错误视为小过失。然而，如果他感到国家遭受威胁，那么他甚至可以宽宥针对其家人的极端行为：在我们考量他对恺撒的所为时应注意到这一点，因为恺撒对他来说也相当于亲人。

布鲁图斯与阿皮乌斯家族的联姻带给他的还有一份人际关系。他的一个妻妹嫁给了他所憎恨的庞培的长子。如此看来，罗马似乎没有哪个家族能与公元前50年代的重要政治人物如此紧密结合在一起。无论布鲁图斯加入这个家族系出于何种考虑，这些因素绝非偶然。在抉择背后，政治前景、财富与威望似乎是比思想观念更为重要的因素。在这方面，布鲁图斯与其他任何有野心的罗马人毫无差别。

当布鲁图斯最终选择加入庞培时，受到这位前敌手的热情欢迎。他站在共和派一边十分令人瞩目，不仅仅因为许多人把他视为自由的捍卫者，还因为他放弃了恺撒转而支持自己之前憎恨且视为暴君的人。庞培对此感到宽慰和满意。布鲁图斯已经做出抉择，现在就要不遗余力地阻止恺撒。

与恺撒的和解

公元前48年，恺撒在法萨卢击垮庞培的军队。后者逃到埃及，虽然托勒密十三世承诺他可安全通行，却在那里被这个年轻法老的代政者所杀（参见第4章）。在胜利后不久，恺撒与布鲁图斯再次紧密结盟。为了塞尔维利娅，恺撒确保布鲁图斯没有受到伤害甚或被杀。他对布鲁图斯似乎并无恶意，也许他认为布鲁图斯在内战中的反对立场只不过是理想被误导的表现。（恺撒大概完全理解布鲁图斯面对塞尔维利娅对恺撒的爱慕时所产生的愤恨之情，因为恺撒自己也是由母亲抚养成人，并且对母亲一直怀有深厚的感情。她去世时恺撒正在高卢，这令他非常痛苦。）恺撒非常信任布鲁图斯，让他在公元前46年出任山南高卢（Cisalpine Gaul）总督，对于阅历颇浅的人来说这是一个位高任重的要职。公元前49年，恺撒就是从这个行省出发跨过卢比孔河进入意大利而发动了内战。因此，该行省在军事上安全无虞，此次任命也具有象征意义。布鲁图斯在那里既保护了恺撒的利益还赢得了高卢人的尊重。恺撒显然计划在未来倚重布鲁图斯。

在布鲁图斯的总督任职期间，他的舅父加图在北非败给恺撒并自杀。布鲁图斯并未

图 3.4　狄纳里币上的庞培头像。

赴宴者：西塞罗招待恺撒

恺撒作为独裁官相当忙碌，通过以下选段我们可以了解他数小时的生活状态，此时距他遇害只有3个月。这种以个人视角去观察恺撒这类人的日常行为的史料相当少见。公元前45年12月的18和19日，恺撒正在坎帕尼亚并拜访了西塞罗在普特奥里（Puteoli）附近的庄园。恺撒在西塞罗的邻居同时也是屋大维（恺撒的最终继承人）的继父腓力（Philippus）家过夜，并单独与其一名主要助手巴尔布斯（Balbus）核对账目。随后，他步行至附近西塞罗的庄园，沐浴后得知有关其友人马穆拉（Mamurra）的一些消息，之后愉快地与西塞罗一同用餐。恺撒和蔼的性情使西塞罗消除警惕，这位忧郁的共和主义者意外发现自己度过了一段愉快的时光。他写信给友人阿提库斯（Atticus）讲述这一经历：

> 令人奇怪的是，如此麻烦的客人竟会留下美好记忆！的确非常愉快。当他在18日晚到达腓力那里时，整座房子已挤满士兵，以致很难找到空余房间供恺撒进餐。足足两千人，只多不少！对次日将发生的事我感到相当不安，但卡西乌斯·巴尔巴（Balba）前来救援并部署岗哨。他们在露天扎营，为住房安排警卫。19日，恺撒在腓力家待到一点钟，不许任何人进入——我想是在与巴尔布斯核对账目。然后，他到海岸散步。近两点时沐浴，同时接到有关马穆拉的消息；他面色未改。涂了油膏后，他前来就餐。他一直在服用催吐剂，因而无拘无束地享受着吃与喝。那的确是美妙丰盛的一餐，不仅味道可口，搭配美观，而且谈话投机——真是一次愉快的晚餐。
>
> 此外，他的随从在其他三间餐厅里受到了丰盛款待。较低微的被释奴和奴隶也得到他们所想的；而对那些较为高雅者我的款待也很入时。总之，我要表现出我知道如何生活。但是，这位客人并不是我要说这类话的人："当你下次路过，一定再来。"一次足矣。我们没有谈到任何要紧的事情，只是畅谈文学。总体来说，他很满意，也很愉快。他说他将在普特奥里停留一天，在巴伊埃（Baiae）一天。
>
> 事情就是这样——这次拜访，或许我应称之为宿营，如我所说，对我来讲相当麻烦，但没有不愉快……
>
> （《致阿提库斯的信》[*Letters to Atticus*]，13.52）

做任何努力去解救加图，令人震惊的是，他甚至对舅父的自杀发出某些贬损言论。恺撒从阿非利加返回后，与布鲁图斯巡游山南高卢，相处十分融洽。至少在此时，种种迹象表明布鲁图斯在极力取悦恺撒。

在应对这些事件时，布鲁图斯似乎并未依照他内心深处的信念行事。如果是强烈的政治信念促使他与杀父仇人联合对抗母亲的情人，那么这样的人一般不会与敌人和解，也不会欣然接受后者赐予的高位。同样，他也不会背弃舅父，因为后者一直是他的榜样，舅父的理想便是他自己的理想。罗马的政治是灵活的政治，罗马的史家时常发现，曾相互为敌的人们之间存在某种与众不同甚至是前后矛盾的关系。但是，布鲁图斯在这一时期所使用的政治手腕像是一个张皇迷失的孩童所为。也许，布鲁图斯的追捧者更多地是看（仍然这样看）他的内在，而不是他的真实表现。

加图之死的影响

布鲁图斯对加图自杀的最初反应十分奇怪。他似乎是为加图的死亡方式而不是死亡本身感到不安。他希望看到加图战死而不是自杀。鉴于布鲁图斯在法萨卢之后的矛盾态度（这种矛盾似乎也激发了他对加图的不满），这一说法相当虚伪。在思想观念上，布鲁图斯并不赞同他信奉斯多噶（Stoic）学说的舅父对理性自杀的看法，但是如果他的确将加图视为榜样，那么他对后者的蔑视可能就是一种自私的反应。恺撒通过对布鲁图斯、西塞罗及很多其他人的宽恕证明了他的宽厚仁慈。布鲁图斯可能认为，恺撒俘获加图后也会宽恕他。庞培死了，共和国摇摇欲坠但仍然是完整的。恺撒不是人们所预料的暴君。在他心中，共和制度得到一次很好的重建机会，而重建过程需要加图。然而，加图自杀了。与此同时，加图也"抛下"布鲁图斯让他自立。看到舅父"背叛"自己并选择"简单的解脱"，布鲁图斯大概只是很气愤。布鲁图斯也可能因未与加图在一起而感到愧疚（加图的亲生儿子陪伴着他）。也许他本能解救他，或者，与他一同战斗到死。

具有讽刺意义的是，布鲁图斯**最终**却称赞舅父的死，在人生的终点效仿他自杀而亡。就在加图自杀后一年内，虽然遭到普遍反对，但布鲁图斯仍然同妻子离婚，之后迎娶加图的女儿同时也是他的表妹伯尔吉娅。当时伯尔吉娅单身寡居，前夫比布鲁斯（Bibulus）是公元前59年恺撒的执政官同僚，也是他的"贵族派"宿敌。伯尔吉娅有三个儿子，只有一个仍在世（也叫比布鲁斯）。伯尔吉娅虽然不算老，但依照罗马的标准她肯定不再年轻。布鲁图斯此次更换配偶不论在政治上还是其他方面似乎都没有任何好处。也许是爱情让他采取这样的做法，但是对于这一轻率之举，似乎真的只有一种解释：

多拉贝拉（Dolabella）——西塞罗忧心忡忡的女婿在法萨卢战役前为他提供建议

罗马内战就像一场混乱的交易，当同一个国家的公民为信念、权利，或者只为赤裸裸的权力、贪欲而斗争死亡，那么内战中就没有真正的赢家。家庭破裂，兄弟间、父子间相互征伐；一旦战争结束，伤口便难以愈合。如上所述，公元前49年的内战爆发时，布鲁图斯不得不在恺撒与庞培之间做出选择，还有无数的其他人也必须面对同样的抉择。虽然西塞罗与恺撒在过去数年中基本维持着友好的关系，但二者一直仍是政敌；西塞罗是庞培的朋友，在推动庞培与恺撒对峙的过程中，身在罗马的西塞罗参与其中某些活动，为促成此事起到决定性作用。因此，当恺撒入侵意大利而庞培率军逃往希腊时，西塞罗除跟随庞培外几乎别无选择。此时，对共和派来说，前景看似惨淡无望，西塞罗唯一的退路就是完全退出政坛——不过，在他收到下文所述信件之前，他也许并不确定他有这样的选择机会。

多拉贝拉是西塞罗的女婿，也是恺撒的一名军官。多拉贝拉正处在两难境地，因为他参与了一场可能置岳父于死地的军事战争。为阻止这种可能性的发生（同时考虑到这种情况将对其婚姻所造成的影响），多拉贝拉给支持庞培的西塞罗寄去这封信。他奉劝西塞罗在决战打响前通过隐退自救，而对于这场战役

多拉贝拉自然相信恺撒会赢。这封信也表明西塞罗已有相当长一段时间未与家人联络，多拉贝拉借机让他了解最新信息。信中还提到，恺撒显然很乐于宽恕西塞罗，这也证实了前文所述二者之间的友好关系。这封信写于公元前48年5月，并从第拉奇乌姆（Dyrrachium）附近恺撒的希腊军营寄出，之后不久庞培在法萨卢战败。

> 多拉贝拉致以西塞罗的问候。
>
> 见信安好。我自己很好，我们的图利娅（Tullia；西塞罗的女儿）也很好。泰伦提娅（Terentia；西塞罗的妻子）的身体一直欠佳，但是现在我可以肯定她已康复。此外，您的家务事一切顺利。
>
> 当我建议您与恺撒、与我共命运，或者至少退出政治舞台隐居，无论何时，如果您认为我是出于党派利益而非您的利益，那么您误解我了。然而，此时正当天平倾向于我们一边的时候，我认为我唯一能考虑的事情就是为您提供建议，作为您的女婿这是我义不容辞的责任。从您的立场出发，我亲爱的西塞罗，您必须接受以下事实，不管您是否同意，您要相信，我的所想与所写均出于对您本人最真切的忠诚与挚爱。
>
> 您了解格奈乌斯·庞培的处境。

不论他的名字与过去所拥有的荣誉，还是他经常引以为豪可托重任的诸国王与民族，均无法保护他。卑微之人尚可全身而退，对他来说却不可能。先被逐出意大利，继而失去西班牙，老兵部队又被俘，现在他只能在遭到封锁的军营中称霸，我想这种耻辱之前从未发生在任何一位罗马将领身上。所以，做一个识时务者，考虑一下他有何可去希望或者我们有何可去恐惧；然后，您将发现做出对您最有利的决定相当容易。有一件事我要恳求您，如果庞培的确在设法摆脱当前险境并率其舰队逃难，请慎重考虑您自己的利益，与自己而非其他人为友。您为您的派别和您所赞同的共和国体制已付出很多。此时此刻，我们应以共和国实际所处的发展阶段而非因循其古老形象来选择立场，从而自觉我们所处的政治真空。

因此，挚爱的西塞罗，倘若最终结果是庞培又被逐出此地而被迫去寻找世界上的其他地区，我希望您能隐退雅典或其他任何您中意的和平区域。如果您决定这样做，请写信告诉我，如果可能的话，以便我能赶往您那里。无论您想从最高统帅那里得到何种特许以维护您的尊严，在恺撒这样的仁慈者这里您都可以轻而易举地得到；但是，我相信我的恳求对恺撒的影响也不是完全微不足道的。

出于对您的信用与仁慈的信任，我希望我遣去的信使能返回并带回您的回信。

（西塞罗,《致友人的信件》,9.9）

不久之后，西塞罗将决定退出政坛。

布鲁图斯开始愈发认同他死去的舅父加图。他与伯尔吉娅的闪婚似乎就是从他自己的角度出发试图与舅父建立起尽可能紧密的关系。这进一步表明加图之死给他带来的损失。

我们还注意到，布鲁图斯与西塞罗的关系较之从前任何时候都更加亲密。出于合理的理由，西塞罗在法萨卢战役发生前不久已经决定退出政坛。随着加图的离去，他大概成为为布鲁图斯展现亟须拯救的共和国观念的人。布鲁图斯建议西塞罗称颂加图，因为他自己所作的颂词收效甚微。就在这一阶段，也就是公元前46至前45年，西塞罗有三部重要哲学著作题献给布鲁图斯。他似乎在布鲁图斯的殷勤和恭维中寻得慰藉，而西塞罗认为布鲁图斯伟大的潜能因内战而夭折。自始至终，恺撒对此保持着非同寻常的隐忍。恺撒批评布鲁图斯写给加图的颂词缺乏文风,这似乎是恺撒向布鲁图斯表达不满的一种隐晦方式。

家庭关系的恶化

虽然布鲁图斯与伯尔吉娅的婚姻可能为他失去加图带来慰藉,但同时引起严重的家庭问题。塞尔维利娅曾公开反对这桩婚事,她与伯尔吉娅经常吵架。与这样的近亲成就婚姻无利可图,而塞尔维利娅十分清楚要给儿子寻求最为有利的联姻。她与恺撒持续不断的友情(恺撒已允许她在内战之后以低价购买其对手的充公地产)无疑加剧了关系的恶化。塞尔维利娅一定将布鲁图斯的这桩婚事视为对恺撒的有意冒犯,这样做只能破坏布鲁图斯的前途。同时,伯尔吉娅对恺撒的仇恨也毋庸置疑。

伯尔吉娅肯定认为恺撒要对加图之死负责,甚至在加图死后,恺撒还在继续谴责加图把他逼向了极端。恺撒的两篇《反加图》(Anti-Catos)直言不讳地回应了西塞罗(和布鲁图斯)对加图的颂词。在伯尔吉娅的前任丈夫比布鲁斯与恺撒共任执政官时,她便开始忍受后者带给他们的羞辱。据史料记载,伯尔吉娅对布鲁图斯的诡秘之举忧心如焚,布鲁图斯才向她透露刺杀恺撒的阴谋(参见下页专栏内容)。她完全有可能是真正阴谋集团之外少数几个获悉这次刺杀行动的人之一,也是唯一的女性与闻者。甚至西塞罗也没有被赋予这样的"特权",因为人们认为他过于年迈、胆怯和谨慎。

布鲁图斯是一个至死也关心家庭的人,为此他还写下一部名为《论义务》(On Duties)的著作,探讨父母与子女的责任,因而,他在母亲与妻子之间一直充当一名艰辛的维和者。

图 3.5 西塞罗(卡皮托利努斯博物馆,罗马)

一个刺杀者的妻子：伯尔吉娅说服布鲁图斯

　　伯尔吉娅是小加图的女儿，也是布鲁图斯的表妹与妻子。据传她是唯一一个与闻刺杀恺撒阴谋的女性。即使此事系由布鲁图斯决定，恐怕她也不会知道这个阴谋。以下选段将有助于加深"可敬的"布鲁图斯的形象——如果他试图将妻子（即便她是加图的女儿）卷入一场如此凶残的犯罪中，他又能怎样的可敬呢？是伯尔吉娅注意到丈夫行为举止的变化，从而促使她逼迫布鲁图斯说出真相。她刺伤自己的大腿以证明她的勇气以及她值得丈夫信任。因此，后世只能对这对相爱如此之深的夫妻表示同情，这份爱使他们在这个孤注一掷的计划中结为同盟。

　　普鲁塔克也记录了这一事件。其中，伯尔吉娅在这个时刻与布鲁图斯的一段私下对话使我们怀疑这一记录的可靠性。况且，伯尔吉娅在刺杀时刻临近时似乎未能稳定情绪。她竟因紧张而昏厥！

　　　　伯尔吉娅……是加图的一个女儿。在她仍然很年轻时，她嫁给了表兄布鲁图斯；不过当时她已是一名寡妇，与第一任丈夫育有一子比布鲁斯。此人后来著有一本小书《布鲁图斯回忆录》(*Memoirs of Brutus*)……伯尔吉娅深爱她的丈夫，不仅本性深厚，而且充满勇气和良知。她并未强迫丈夫透露他的秘密，最后她使自己接受考验。她屏退屋中佣人，拿一把类似理发师用来修剪指甲的小刀，自己在大腿上刺一道深深的伤口。大量流血之后伤口开始剧烈疼痛，并导致阵阵痉挛和高烧。当极其痛苦的她看到布鲁图斯因她而十分悲伤，便对他说："布鲁图斯，我是加图的女儿，我与你成婚不只是要像小妾一样与你分享吃住，而是要成为与你同喜共悲的真正伴侣。我对你并无怨言，但是，对于这类需要向忠义友人倾诉的苦恼，如果你不让我与你分担而是独自承受，那么我拿什么来证明对你的爱呢？我知道，男人认为女人天性太过脆弱，不能托付机密，但是良好的教育以及与杰出男士为伴无疑可以使我们强大许多，至少伯尔吉娅可以宣称，她是加图的女儿和布鲁图斯的妻子。此前我并不知道我这两个福祉如何能帮助我，但是现在我检验了自己并发现我能克服疼痛。"于是，她给他看她的伤口并说明她的所作所为。布鲁图斯极为震惊，他举起双手指向天空，祈祷众神助他成事，证明他是伯尔吉娅这样的妻子当之无愧的丈夫。之后他尽一切所能使妻子恢复健康。

　　　　　　　　　　　　（《布鲁图斯传》，13.2–6）

一方面，他愈发难以成为一个恭顺的儿子，另一方面，也愈发难做一个忠诚的丈夫。塞尔维利娅与恺撒虽然在内战后仍然保持着亲密关系，然而，我们不得不考虑的是，埃及女王克莱奥帕特拉（见第4章）近日已在罗马择定居所，那么恺撒与这位女王的关系在情感和政治上对所有派别又产生了何种影响。

布鲁图斯所面临的诸多问题

公元前44年，布鲁图斯大概将恺撒视为其绝大部分问题的根源所在。恺撒就是他自己失败的提醒者。他没有像加图那样为自己的理想而献身，而是由于加图之死的责任者的宽恕幸存下来。布鲁图斯现在供职于此人，是他让布鲁图斯成为这一年的一名大法官，3年后他还将让他成为执政官。曾身为共和国捍卫者的布鲁图斯现在却为共和国的毁灭者服务，这种相互矛盾的身份对很多人来说都很明显，其中包括布鲁图斯自己。确实具有讽刺意味的是，按照传统说法，布鲁图斯的家族在公元前509年推翻了罗马最后一个王；现在，那个被许多人谴责——无论是否属实——在试图恢复独裁的人仍然是他和他母亲生活的重要部分。无论布鲁图斯去哪里，迎接他的都是爱国主义口号，鞭策他像其先辈那样行动，推翻这个新的"国王"；屋中的"解放者"（Liberator）布鲁图斯和亚哈拉的半身像每天都注视着他；面对这些"传统"的纪念物他不可能无动于衷，他可能采取的任何行动均受到鼓舞。

在布鲁图斯看来，除掉恺撒可能是结束其个人痛苦和恢复共和国最简单也最符合逻辑的方法。在政治上，恺撒出任终身独裁官和关于王的谣传（其他的荣誉和标志也使恺撒凌驾于他人之上）是使此次阴谋付诸实施的决定性因素。恢复共和制度的希望似乎已全部丧失。

在遇刺前6个月，恺撒已经修订遗嘱。遗嘱的条款相当明确，我们知道布鲁图斯并未包括在内。布鲁图斯的同族也是刺杀同谋者之一的德基姆斯·布鲁图斯（是他劝说恺撒出席元老院会议从而导致恺撒3月15日的死亡）甚至位列第二级别继承人。令人奇怪的是，恺撒愿意赐予布鲁图斯高级官位，却在遗嘱中忽视他。也许恺撒此时并不确定他能够信任布鲁图斯。也许他为布鲁图斯的事业所做的一切只是为取悦塞尔维利娅，而后者仍希望恺撒能继续视布鲁图斯为他的"儿子"和可能的继承人。普鲁塔克著作中（《恺撒传》[*Caesar*] 62.5，《安东尼传》[*Antony*] 11.3，《布鲁图斯传》8.1）的某些记述大概能说明恺撒对布鲁图斯的真实看法。有人提醒恺撒，像安东尼这样的人令人怀疑，恺撒却回答："'我所担心的不是那些肥头大耳、面色光亮的人，而是那些面色憔悴、身体瘦弱的人'——这里他指的是布鲁图斯和卡西乌斯，而这两人正是要密谋反对和刺杀他的人。"

如前文所述，除了哲学态度，布鲁图斯是一个贪婪之人。如果他与恺撒合作只是为了最终从二者的关系中获利，那么被排除在恺撒遗嘱之外可能就是促使他采取行动的一个因素。塞尔维利娅或许直接从恺撒口中或许通过其他渠道（她有很大的影响力）获悉，她的儿子在未来的罗马大概无足轻重，并将此事告诉布鲁图斯。恺撒的第一继承人是他的甥外孙屋大维，但是他也指出如果他有儿子，那么这个儿子将成为他的第一继承人。如果布鲁图斯曾视恺撒为"父亲"，那么据遗嘱所称，没有"儿子"能遭到如此辜负。与此同时，克莱奥帕特拉宣称她为恺撒育有一子名为小恺撒（Caesarion），恰逢此时，这对母子就住在罗马，因此必然有人担心这个孩子可能通过某种途径成为恺撒的合法继承人。

塞尔维利娅为她自己也为她的儿子对这一切当然感到失望。不过，她还不至于失望到将"她的生命所爱"置于死地（即使在恺撒被刺死后她仍然保存他所送的礼物）。布鲁图斯却没有这些感情束缚。

卡西乌斯对布鲁图斯的影响

布鲁图斯在他人的有力劝说下才决心刺杀恺撒，尤其是他的妹夫卡西乌斯。卡西乌斯较布鲁图斯年长，阅历也更丰富。他公元前53年随克拉苏到帕提亚参加卡莱战役，但得以逃生。在他们年轻时，卡西乌斯和布鲁图斯就在同一个语法老师门下学习，内战中他们都支持庞培，也都得到恺撒的饶恕。他们此时效忠于恺撒，均被恺撒任命为公元前44年的大法官。二人具有姻亲关系，卡西乌斯娶了布鲁图斯同母异父的妹妹尤尼娅·特尔提娅（Junia Tertia）。因此，刺杀恺撒的两个主谋是塞尔维利娅的儿子和女婿。

卡西乌斯的妻子尤尼娅肯定也憎恨恺撒。父亲在世时，恺撒就与母亲塞尔维利娅有暧昧关系。虽然恺撒后来有机会娶塞尔维利娅为妻，但他却从未这样做。对于恺撒，尤尼娅可能有很多与布鲁图斯相同的负面看法，而卡西乌斯则助长了这种情绪。卡西乌斯从未爱戴恺撒：

但是，憎恨恺撒且生性粗暴的卡西乌斯激起了布鲁图斯的情感并怂恿他行动，而卡西乌斯对恺撒的憎恨是基于个人仇怨而非针对暴君的无私厌恶。据说，布鲁图斯反对独裁官职，卡西乌斯则憎恨独裁官。他对恺撒还有诸多不满，其中之一便是运走狮子一事。这些狮子是卡西乌斯即将就任营造官时得到的，他将它们放在梅伽拉（Megara）。当该城被卡勒努斯（Calenus；恺撒的军官）攻陷后，恺撒却将它们占为己有。据说，它们给梅伽拉带来了灾难，因为在城被攻陷的那一刻，梅伽拉人（Megarian）打开笼子放出它们，希望它们在敌人入城时攻击敌人。然而，相反，那些狮子转而攻击手无寸铁的梅伽拉人，人们惊恐万分地来回奔跑，被撕咬成碎块，其惨相令他们的敌人也不禁心生怜悯。

有人认为卡西乌斯对此事的怨念是他策划阴谋的主要动机，但这种说法过于牵强。早年，卡西乌斯便对所有那类试图主宰其同伴的人抱有特殊的轻蔑与憎恶，并且在幼年时即有表现。当时，他与苏拉的儿子法乌斯图斯（Faustus）在同一所学校。当法乌斯图斯在玩伴中耀武扬威吹嘘父亲的绝对权力时，卡西乌斯跳出来将其痛打一顿。法乌斯图斯的监护人和亲属要将此事提交法庭，但庞培拒绝如此行事，他将两个男孩叫到一起，询问他们所为何事。随即，卡西乌斯说出如下话语："来吧，法乌斯图斯，你有种就告诉庞培你说了什么让我气愤的话，我将再次打得你满地找牙。"……这就是卡西乌斯的性格。

（普鲁塔克，《布鲁图斯传》，8.3–9.3）

卡西乌斯反对恺撒的另一个原因是一个由西塞罗散布的传言，称塞尔维利娅允许恺撒与尤尼娅发生两性关系，而尤尼娅现在是卡西乌斯的妻子！此外，虽然卡西乌斯是公元前44年的大法官之一，但恺撒将高级大法官一职授予经验和功绩逊于他的布鲁图斯，他认为恺撒此举是有意冷落他。事实上，他们所安排的刺杀及"拯救"共和国的时间恰巧与卡西乌斯的儿子被授予"成人托迦"（toga virilis；年满16岁，正式成为成年人）的日期相同，其中的象征意义应令卡西乌斯感到满意。多数阴谋者在出席恺撒即将遇刺的元老院会议前亦曾陪同这个男孩走进罗马广场。仅凭卡西乌斯充满怨恨的个性无法吸引众多"自由的捍卫者"；然而，无论正确与否，许多人认为只有布鲁图斯能"拯救"罗马，因此，与布鲁图斯站在同一阵营，卡西乌斯便找到了报复恺撒所需的工具。

除去政治因素，布鲁图斯和卡西乌斯精心策划的刺杀阴谋也无法摆脱个人动机。深恨母亲情人的布鲁图斯刺伤恺撒下体(阿庇安称是大腿，但部位很近)的事实进一步证明这一攻击系出自个人因素。

刺杀行动

刺杀发生在3月15日元老院的一次会议上，恺撒原本计划会后动身与帕提亚人进行一场重要战役(参见第4章)。由于恺撒将离开罗马相当长一段时间，阴谋者必须尽快采取行动，否则恐怕就再没有机会实施计划。一般认为，谋杀者并未出现在真正的元老院会堂，因为会堂自公元前52年毁于火灾后一直没有重建。这次会议地点是在毗邻庞培剧院(参见第89页的地图10)的一栋综合建筑内。具有讽刺意味的是，该处立有一座庞培造像。有关恺撒之死，普鲁塔克有如下记述：

图3.6 卡西乌斯的支持者于公元前42年发行的狄纳里币，之后不久卡西乌斯即在腓力比战役亡故。币上刻有这个阴谋者的名字和"自由女神"(Libertas)头像。

> 据说，就在遭受攻击之前，恺撒将目光转向庞培的造像，默默祈祷顺遂。恺撒是一个伊壁鸠鲁(Epicurus)学说的信奉者，但此举与之相矛盾；然而，危机时刻——事实的确如此——和可怖事件的紧要关头使他忘却了之前的理性主义观点，充满了直觉和神启式的情感。
>
> 身强体壮的安东尼是恺撒真正的朋友，此刻他正与故意拖延他的布鲁图斯·阿尔比努斯进行冗长的谈话，从而滞留在元老院会场外。恺撒独自走进会场，元老院成员起立向他致敬。布鲁图斯党徒有些在恺撒座椅后坐下，有些则走过去迎上他，佯装他们要支持提里乌斯·基姆贝尔(Tillius Cimber)为其放逐的兄弟所提出的请愿。于是，他们全部加入与他一同请愿，并随同恺撒来到座位。恺撒就座后继续拒绝他们的要求；随着他们的劝说愈发急迫，恺撒开始恼火。提里乌斯遂双手抓住恺撒的托迦并从其颈部拽下。这是进攻的信号。卡斯卡(Casca)率先发起攻击，用匕首刺伤恺撒的颈部。这个伤口并不致命，也不是很深，因为在大胆冒险开始之时发起进攻的这个人意识无比混乱。因此，恺撒得以侧身抓住并握紧匕首。进攻者和遭受攻击者几乎同时大声呼叫——恺撒用拉丁语吼道："卡斯卡，你这个恶棍，你在干什么？"而卡斯卡用希腊语对

图 3.7 恺撒遇刺的实际地点。在图片最后部左侧两个拱门之间的位置仍然可以看见一些凸起的基石,它们即属于恺撒遇害的建筑,这座建筑后身有一条现代高架道路在上面通过。

他的兄弟叫道:"救命,兄弟。"

行动就这样开始,那些未参与阴谋之人对所发生的一切大惊失色,他们不敢跑开,也不敢前去帮助恺撒;他们甚至恐惧得无法出声。不过,那些早已准备进行谋杀的人全部亮出匕首并将恺撒团团围住。无论他转向何方,其所见均是出击的匕首和直指其面部与眼部的冰冷凶器。是以,恺撒被逼四处转身,就像一只落网的野兽,只能承受他们每一个人的毒手;因为他们已经达成共识,所有人均须参与这次献身之举,人人要以恺撒的鲜血寻得刺激。正是由于这一约定,布鲁图斯也向恺撒下身刺下一刀。有人说,恺撒对余者进行反击,四处猛冲以躲避攻击,同时大声呼救;但是,当他看到布鲁图斯拿出匕首时,他用托迦遮住头部栽倒在地。或许只是偶然,或许是被谋杀者拥至那里,恺撒倒在庞培造像的基座上,鲜血布满基座。因此,有人认为是庞培自己导演了这次对敌复仇行动,致使他的对手身负无数伤口倒在他的脚下,痉挛挣扎着……恺撒就这样被刺身亡……

(《恺撒传》,66.1–67.1)

当然,,对于这次谋杀还有其他记述。正如所有针对如此显赫人物的刺杀一样,对于实际发生的具体内容存在许多细节和观点的差异,有时差别极大。

第 3 章 公元前 1 世纪的政治与暴力 89

地图 10 恺撒时期的罗马城。

在苏埃托尼乌斯（《恺撒传》，82.3）的记述中，恺撒临终时对布鲁图斯说出这句著名的遗言："也有你吗，我的孩子？"实际上，狄奥的记载（《罗马史》[Roman History]，44.19.5）可能最接近真实情况，他记述到，恺撒临终前无法做什么或说出什么。

后 果

最终有近60名元老卷入这场阴谋。具有讽刺意味的是，他们与其他元老院成员刚刚立誓要保卫恺撒个人安全。这些人在很大程度上并不是一个刺杀集团。据说，恺撒所中23处伤口只有一处是致命的。这些阴谋者之间的互相攻击似乎多于他们专门针对恺撒的攻击。可以肯定的是，大多数刺杀者对自己的所为迟疑不定，颇感困窘。有资料表明，布鲁图斯虽然能沉着冷静，但他在指定日期前夜仍然焦虑不安，难以安睡。他的妻子伯尔吉娅也无法承受压力，在行动之前变得歇斯底里而昏厥。

起初，西塞罗赞美这次行动是"近乎神明之举"，但后来他称那些阴谋者具有"男人的勇气和儿童的远见"（《致布鲁图斯的信》，5.2.5；《致阿提库斯的信》，14.21）。他们自困于个人仇恨与共和理念的小世界中，从未停下来思考多数罗马人是否认同他们必须除掉恺撒的观点。他们显然并不认同。这些阴谋者对行动以外的事宜少有计划。他们没有军队支持，但应该预料到恺撒的士兵将支持安东尼或他的继承人屋大维（他们最后正是这样做的）。同时，由于布鲁图斯缺乏果断行动，谋杀之后随即出现的任何可能抓住的有利时机一一逝去。由于所有阴谋者的"良好意图"，他们未能确保任何事物，只有即将到来的内战、流血和暴力。

在恺撒统治下，共和制度虽然有所改变，但它可能继续存在。相比较而言，他是一名温和的承担者。他最大的失误在于让太多的敌手活下来。他希望营造一种安全和信任的氛围，所以他没有卫队。阴谋者最大的失误在于——除了谋杀恺撒——让安东

图3.8　为纪念恺撒遇刺发行的钱币。背面刻有"3月15日"（Ides of March）的字样，还有一顶自由之冠和两把匕首。另一面是布鲁图斯像。

尼活下来。布鲁图斯反对其同伙的建议，不主张惩治安东尼，原因无他，只是为了向他在元老院中惊慌恐惧的同僚们保证，他们并未酝酿任何推翻政府的计划。如果有其他人同恺撒一并遭到剪除，那么那些无党派人员将很难相信此次阴谋不是一次政变。由此可能引发全面恐慌。布鲁图斯也许还抱有某种理想主义观念，认为安东尼将认识到这次行动系崇高之举，并能接受刺杀者为共和国的拯救者。对安东尼而言，他看待事情更为实际：恺撒已经死去，下一个可能就是他。出于对自身安全的担忧，他伪装后立即逃走。一年后，正当阴谋者的事业每况愈下时，西塞罗在给布鲁图斯的信中写道："此时此刻，你看到，与他（安东尼）正在进行的斗争多么孤注一掷。如果当时他的生命没有得到宽宥，显然便不会发生这些事情。"（《致布鲁图斯的信》，5.2.5）

困境中的阴谋者

杀死恺撒是相当容易的。这也加深了恺撒自己努力塑造的形象：他并非暴君，而是自由开放社会中的一员，没有人需要为自身安全担忧。那么如何来证明谋杀这样一个人是无可非议的，而且这个人又是罗马大祭司？许多人张皇失措，从一开始对谋杀行为的反应便一片混乱。安东尼在最终意识到他没有任何危险时便恢复正常状态。阴谋者仍在坚持他们的共和体制信念，而安东尼作为执政官，要维护自己的权威。首先，他的怀柔表现令人安心。

在恺撒遇刺两天后，元老院集会并宣布大赦。局面似乎将转入正轨。多数元老对阴谋者表现亲善。作为对安东尼和其他恺撒派（Caesarian）成员的让步，元老院投票通过恺撒生前制定的所有措施均保留下来，不做更改。然而，安东尼坚持为恺撒举行公共葬礼，并公布其遗嘱。共和派认为这一妥协具有潜在危险，但布鲁图斯不顾共和派的反对，急于和解，支持这一提议。元老院随即批准。布鲁图斯落入安东尼的圈套。

公众听闻恺撒的遗嘱内容后，仍然动荡不安。在遗嘱中，恺撒向每位罗马公民留下一小份遗产，第伯河对岸的花园也遗赠给公众。在葬礼上，安东尼巧妙利用群众的不满情绪，使其演变为一场反对阴谋者的全面回应。他们几乎是自发地堆起火葬柴堆，并在广场火化恺撒。然后，他们挥舞着火把，赶往阴谋者的住宅放火。安东尼成功扭转局势。在德基姆斯·布鲁图斯写给布鲁图斯的前述信件中，他所表达的恐惧成为现实。阴谋者因为担忧自身安全而离开罗马，他们希望局势能再次向利于他们的方向转变。事实并非如此。

"后三头同盟"

根据恺撒的遗嘱,他18岁的甥外孙屋大维迅速赶回罗马继承遗产,却使安东尼感到不快。两人彼此十分厌恶对方。他们就像敌手一样互相争斗,致使恺撒派分裂。仍希望"拯救共和国"的西塞罗抓住机会,企图通过支持年轻的屋大维击败经验更为丰富的安东尼,他轻慢地称前者为"男孩"。他认为除掉安东尼后,便可轻松处置这个"男孩"。这已不是西塞罗第一次过分低估对手。

在最初的不和甚至武装冲突后,屋大维和安东尼认识到合作较之斗争更有利。公元前43年,他们暂时搁置分歧,与另一名恺撒派人物雷必达联合组成"后三头同盟"。与恺撒、克拉苏及庞培组成的"前三头同盟"不同,这

图 3.9 罗马广场神圣尤利乌斯神庙(Temple of the Divine Julius;位于中间)遗存。恺撒的遗体就是在带有防护屋顶的祭坛上或者旁边火化的。

个新同盟是合法的。三头控制着罗马政府，并拟列一份公敌宣告名单，西塞罗由于多次不策略的插手各类事务而位列榜首。安东尼不会忘记，西塞罗作为公元前63年的执政官，将参与喀提林阴谋的安东尼继父下令（非法）处决。该阴谋系由名为喀提林的没落贵族领导，他孤注一掷企图推翻罗马政府。在这一事件中，西塞罗自视为"共和国的拯救者"，同时也得到元老院的认同。然而，20年后，是西塞罗自己命悬一线。他还错误地撰写演说猛烈抨击安东尼（演说被称作《反腓力辞》[*Philippics*]，令人想到公元前4世纪德摩斯提尼反对马其顿腓力的演说）。西塞罗被追获并处死。安东尼报复性地将这位伟大演说家的头颅和他用以做出手势的右手展示在广场的演说者讲台（rostrum；见图3.1）上。

腓力比战役与布鲁图斯之死

"后三头同盟"的要务就是惩罚阴谋者。在政治上，刺杀者对其厄运仍不确定，两年后他们也走到尽头。公元前42年，他们在希腊的腓力比战败。卡西乌斯首先自杀。之后，布鲁图斯仿效共和国的殉道者加图，自尽而亡。普鲁塔克对其死亡的描述稍显理想化：

> 之后，他看似相当愉快，同他们[他的同伴]中的每个人——握手，说道，他十分高兴他的朋友无一人对他不忠。他为国家的利益而责备命运；就他所知，他认为自己不论是昨日还是之前都比那些胜利者更幸运，现在同样如此，因为他将因美德而留名，而那些以武力和金钱获取权力之人则无法做到，他们也不能阻止人们去判断，那些摧毁正义与良善的邪恶不公者不应实行统治。他又苦苦恳求他们自救，然后，他退后一段距离，只留两三人陪在身边，其中包括斯特拉托（Strato）。后者曾教他修辞学，一直是其密友。他让斯特拉托站在离他最近的地方，自己双手握住出鞘的剑柄自尽而亡。不过，还有人称，不是布鲁图斯自己而是斯特拉托迫于其坚持而握剑，布鲁图斯倒向剑锋时他避开双眼，力道迅猛使利剑穿过他的胸膛，布鲁图斯立刻死掉。
>
> （《布鲁图斯传》，52.2–5）

这样，"他们所有人中最高贵的罗马人"死了。

布鲁图斯的"神魔"

据普鲁塔克记载,在腓力比战役之前的一天夜里,独处帐中的布鲁图斯因过去两年的各类创伤性事件而精疲力竭,感到阵阵不安,开始产生幻觉。一个可怕的巨大幻影出现并对他讲话:

> [布鲁图斯]当然是清醒的,通过习惯性作为和自我控制,他已将睡眠减至最少。日间他从不上床,夜间只有当其他人均已就寝也不可能处理事务或者讨论问题时他才睡觉。此时,战争已经打响,掌握全局事务管理权的他要将思想集中于未来,他吃过晚饭后小睡片刻,余下时间全部用于处理紧急事务。如果他能组织好手头事务并迅速处理完毕,他会读书直到午夜,此时百夫长和军团将官通常会过来看他。当他打算率军从亚洲跨海而过时,那是一个深夜,他的帐篷灯光朦胧,整座营地一片寂静。正当他考虑某事而沉思时,他似乎听到有人进来。他将目光转向门口,看到一个陌生而不同寻常的身影,巨大而可怖,无声地站在他

图3.10 罗马奥古斯都广场的复仇者马尔斯神庙(Temple of Mars Ultor)。公元前42年,布鲁图斯和阴谋者在腓力比战败后,屋大维为完成誓愿修建了这座神庙。其中陈列有恺撒遗物佩剑。

面前。他冒险去问:"你是谁,是人还是神,你来此目的何在?"这个幻影回答:"布鲁图斯,我是你的神魔。你将在腓力比看到我。"然后布鲁图斯镇定地说:"我会见到你。"

(《布鲁图斯传》,36.3–4)

虽然人们通常会遗忘这一如此戏剧化的情节(在数世纪后这件事为莎翁的创作提供了素材),但是以上引文中有多处符合布鲁图斯的个性。布鲁图斯的确处于极度紧张疲惫的状态。不久前,他的妻子伯尔吉娅身染疾病之后去世,有证据表明她是自杀。因此,伯尔吉娅像她的父亲加图一样,可能在心理上推动了布鲁图斯为自杀做准备。直到此时,布鲁图斯全然沉浸在一个信念中,即他就是共和国最后的捍卫者———一个期待殉道的殉道者,因而他认为自己所遭遇的一切均合乎此理。在约公元前43年7月他写给西塞罗的信中,其意图似乎已经很清楚:

你对我的关心及对我安全的挂怀,我乐于接受,但也并不感到新鲜。你的来信已成惯例,几乎是日常事件,信中言行体现了你对我所处立场的忠诚和尊重。但是,对于你在写给屋大维[恺撒继承人]的信中所说的关于我和我的朋友的话,我深受伤害。你感谢他服务于共和国的态度卑微而恭顺(我不愿写下这些,我们身陷的状态令我感到相当耻辱,但我必须写出),你以此将我们的安全托付于他(必定比任何死亡更糟),但你的态度清楚地说明专制并未铲除,只是更换了专制者。再看看你自己的话,还敢否认这些就是臣民对王的诉求。……我从不是甘为恳求者的人,更有甚者,我将阻止任何期望他人成为其恳求者的人;如果此举无法实现,我将远离那些甘愿为奴之人,并且就我而言我将判定罗马存在于任何有自由可能之处,当你的年龄、荣誉或是他人的美德皆不能削弱你心中生活甜美的感受,那么我将为你和你的朋友感到惋惜。

(《致布鲁图斯的信》,1.16)

当布鲁图斯见到他的"神魔"(据说在腓力比布鲁图斯去世前夜再次显现)时,事实上他似乎是自己在作最后的挣扎。他所认为的"神魔"其实就是他自我存在的一个部分,驱使他去做违背他思想本性的许多事情。这个关于布鲁图斯的故事或许属实,或许只是某些了解其个性矛盾的人捏造出来的,无论怎样,这段叙述仍然能很好地揭露历史上的布鲁图斯的本质。在思想上,他是具有道德规范的人，认为自己能够面对问题；现实中，他的行为却不符合道德准则，无力处理他自己制造的问题所带来的诸多后果：

> 布鲁图斯，我是你的神魔。你将在腓力比看到我。然后布鲁图斯镇定地说："我会见到你。"

恺撒与文化多元论。"稻草人"、"勇士"和"锡匠"——另类的神奇之地：高卢人维尔辛格托里克斯（Vercingetorix）、日耳曼人阿里奥维斯图斯（Ariovistus）、不列颠人（Briton）卡西维劳努斯（Cassivellaunus）

尤利乌斯·恺撒的著作是我们了解当时罗马西部边陲诸民族的唯一第一手资料。较之帝国东半部的居民，居住在该地区的高卢人、日耳曼人和不列颠人远远不为罗马人所熟悉，所受到的评价也普遍不及前者。不幸的是，人们并不了解这些民族的生活方式和习俗，却倾向于以较为排斥的态度看待他们，并且通常选择愈发严厉的方式应对他们，尤其是当后者看似不愿合作或者充满敌意之时。例如，据说恺撒杀死100万高卢人，又俘获100万高卢人。这些数据可能有所夸大，但是它们反映了罗马人对他们视为"未开化"民族的蔑视。

在恺撒执政官任期期满后，即公元前58年，他开始在高卢担任军事指挥官。在50年代余下的几年中，他一直在那里奔波，并且获得他最想要的两种事物：军事荣誉和巨大财富。最终他所征服的区域包括现代法国大部分地区、荷兰、比利时、瑞士和德国的莱茵河（Rhine）西岸地区。恺撒将他这些年的感想写进《高卢战记》（*Gallic Commentaries*），这是一种记述其战事和行动的"战场报告"，措辞充满爱国热忱，富有感染力，但并非完全直言不讳。

恺撒记载了他与高卢人、日耳曼人及不列颠人（公元前55和前54年，罗马人首次到达不列颠人所在岛屿）诸首领的战事，以下引文即是其中部分内容。第一段是关于恺撒最强劲的高卢敌手维尔辛格托里克斯的，他在公元前52年的起义是高卢人争取自由的最后一次尝试。当战斗爆发时，恺撒并不在高卢——由于罗马政治形势恶化，他返回北部意大利。恺撒记述了战斗是如何开始的：

> 这些高卢人……编造谣言说恺撒因骚乱滞留罗马，并称那里的政治冲突十分严重，他不可能返回与军队会合……因为他们在罗马控制下已颇感愤慨，现在他们开始更加自信大胆地策划战争……
>
> 这些讨论以卡尔努特人

(Carnutes；高卢部落）的宣言结束，他们称，他们已准备为共同利益面对一切危险，并将首当其冲发起攻击……当约定日期到来时，卡尔努特人……突袭……科纳布姆（Cenabum），杀死定居于此的罗马人……并劫掠财物……于是……科纳布姆黎明所发生的事情在晚上 8 点之前传到 150 里远的阿尔维尼人（Arverni）境内。

在那里，一名强大的阿尔维尼青年维尔辛格托里克斯效仿卡尔努特人所树立的榜样……维尔辛格托里克斯集合家臣，毫不费力便激起他们的热情，有人正在酝酿计划的消息很快促使其他人拿起武器。他的叔叔……和其他首领试图阻止他，他们认为他的计划风险太大，于是他被驱逐出盖尔戈维亚（Gergovia）。维尔辛格托里克斯并未气馁……他游走于乡间聚集一群流氓和乞丐。有这些人作为支撑，他得以将他所接触的阿尔维尼人争取过来。他号召他们为高卢的自由拿起武器，集合一支强大武装，并成功赶走那些……曾驱逐他的反对者。他被拥立为王……四处派遣使者敦促各部落效忠于他。在很短的时间内，他得到所有……西海岸部落的支持，他们一致选他为最高统帅。凭借这一权力，他命令各部落交出一些人质，并立即按照其详细制定的配额

图 3.11 公元前 48 年发行的罗马狄纳里币。一般认为，币面形象系高卢首领维尔辛格托里克斯。他被俘后于公元前 46 年恺撒凯旋式后被处死。

提供军队，同时，须在规定期限内制造一定数量的武器，其中尤其重视马军装备。他自身精力无限充沛，以严酷惩罚胁迫那些摇摆不定之人。严重叛离事件的惩罚是酷刑和火刑处死，即使只是一个微小的错误，他也会将犯人割除双耳或挖掉一只眼睛，并将其遣送回乡，以警告其他人等他对罪犯所执行的严厉惩戒。

（《高卢战记》[Conquest of Gaul]，7.1, 2, 4）

恺撒回到高卢后，迅速使维尔辛格托里克斯处于防守状态。起义最终以失败告终，这位高卢首领被关入牢狱。维尔辛格托里克斯一直被拘押在罗马，公元前 46 年，他被带到恺撒的凯旋式，之后被处死。

公元前 56 年，即恺撒对战维尔辛格托里克斯的 6 年前，恺撒成功挑战日耳

图 3.12　卢比孔河。现今，罗马古道弗拉米尼乌斯大道（Via Flaminia）横跨河面。这条河成为意大利北部边界，河流以北（照片左侧）即是高卢（山南）。恺撒征服高卢后返回，在此地或附近某处，他跨过卢比孔河致使公元前49年内战爆发。与可证实的史实相比，围绕该事件创作的戏剧使该河流的可视形象更加栩栩如生（但是，注意照片中河堤本身的位置）。据苏埃托尼乌斯所述，恺撒跨过的是"小"桥（《恺撒传》，31.2），那么今天的卢比孔河大概与古代差别不大。

曼国王阿里奥维斯图斯的"权威"，以此在高卢部分地区扩大了他的影响。以下引文是恺撒笔下该国王所表现出的反应。尤其值得一提的是，阿里奥维斯图斯称恺撒的对手已就消灭恺撒事宜与他取得联系，这种说法表明有关罗马政治态势的消息传播范围之广：

阿里奥维斯图斯针对这些要求的答复很少，却在大加谈论自己的优点。他说，他之所以渡过莱茵河并非出于自愿，而是应高卢人之邀。……他在高卢的属地是高卢人自己割让给他的，人质也是自愿交出的……他带数量众多的日耳曼人到高卢是为保护后者的安全，而不是为了侵略；证据就是，他在受到请求时才来，同时只为自卫而战。然而，他先于罗马人来到这里，而罗马人的军队此前从未越过这个行省的边界。恺撒入侵他的属地到底何意？

他说："该国的这一部分是我的行省，就像其另一部分是你们的行省一样。我不会期待你能让我平

第 3 章　公元前 1 世纪的政治与暴力　99

图 3.13　"垂死的高卢人"。公元前 3 世纪复制品,来自小亚细亚帕加马(Pergamum)。它是古代世界最精美的高卢人或凯尔特人造像。罗马人不仅在高卢地区,还在不列颠、意大利北部以及小亚细亚遭遇了不同分支的高卢人。据说,恺撒在高卢期间杀死 100 万高卢人,另外俘获了 100 万高卢人。(卡皮托利努斯博物馆,罗马)

安无虞地突袭你们的领土,你干预我行使我的合法权力也是相当不公的……我怀疑……你在高卢驻留军队的目的是要消灭我。除非你自己离开这个国家,并率你的军队同行,否则我不会视你为'友'[阿里奥维斯图斯曾被罗马称为'友人',而恺撒显然无视这一优待]。事实上,如果我杀了你,将有众多罗马贵族和政客将为此而感激我;我之所以知道此事,是因为他们自己派人来告诉我这些。如果干掉你,我可以让他们所有人成为对我感激不尽的朋友。但是,如果你肯离开,将平静的高卢属地留给我,我将慨然酬答,无论何时,只要你想开战,我将为你效尽全责,无需你亲自行动或承担任何风险。"

恺撒较为详细地解释了他为何不能考虑放弃他的目标……以及他不能承认高卢属于阿里奥维斯图斯而不再属于罗马……如果到达的先后顺序将作为标准,那么,罗马人统治高卢的资格是无可置疑的。如

图 3.14 伦迪尼乌姆（Londinium；罗马时期的伦敦）滨河地区的模型，包括第一座"伦敦桥"。虽然恺撒前往不列颠作战时曾途径该地，但是这座罗马城镇直到公元43年皇帝克劳狄征服不列颠之后才建立起来。

果他们遵守元老院的决议，那么高卢应该独立，因为它虽被征服，但元老院已决定应允许高卢自治。

《高卢战记》，1.44–45

阿里奥维斯图斯对此无动于衷，决定作战。最终，他败给恺撒，落荒而逃，死于公元前54年。

公元前55年，恺撒率军进行罗马对不列颠的第一次远征。这次入侵在政治或军事上并无强烈影响或者紧迫性，但它无疑在罗马引起关注，恺撒也因此获得更多的荣誉。公元前54年，他再次来到不列颠，规模较第一次更为广泛。此次，他遭遇某首领卡西维劳努斯的抵抗，后者最终妥协。恺撒描述了他在不列颠的场景：

当船只靠岸，军营防御得到加固后，恺撒……返回他所来之地。到达那里后，他发现卡西维劳努斯已从各方召集了规模更大的不列颠武装，并且经一致通过将最高统帅权和作战指挥权交给此人。卡西维劳努斯的领地与近海部落之间隔有一条名为泰晤士（Thames）的河流，距海约75罗马里。之前，他与其余部落战争不断，但我军的到来令他们感到恐惧，于是任命他为他们的最高指挥官……

恺撒获悉敌人的作战计划后，率军前往泰晤士河以便进入卡西维劳努斯的领地。该河只有一处可以渡过，并且相当困难。就在此处，他发现一支庞大的敌军武装已在对岸列阵。河岸还用固定在水边的尖锐木柱作为防护，并且……隐于河床之中。恺撒首先派出马军泅渡，然后立即命令步军紧跟其后……敌军战败并逃离河岸。

卡西维劳努斯已放弃一切进行对阵激战的希望。他遣散大部军队，只留下约4000驾战车……倘若我们的马军劫掠和破坏这个国家时过于鲁莽冒进，他将从森林派出所有战车……并发动极其可怕的进攻……因此，恺撒不得不令马军与步军纵队保持联系，并在军团——经常疲于行军——的保护下尽可能使敌方免遭此类烧杀劫掠……

正值这些行动继续进行时，卡西维劳努斯向肯特（Kent）派出使节，命令该地区的四位王……集结所有兵力对水师营发起突袭。当这些部队出现时，罗马人进行突围，不仅没有损失，还杀死大量敌军并俘获……一个贵族出身的领导者。鉴于多次的失败、国家的惨状，最重要的一点是同盟的背叛，卡西维劳努斯得知这次行动的消息后愈发恐慌，他向恺撒遣使以求得降约……于是，恺撒应允卡西维劳努斯求和之请，但要求提供人质，规定不列颠人每年须向罗马政府缴纳贡赋，同时严禁卡西维劳努斯侵扰……特里诺旺特斯人（Trinovantes；受恺撒保护的不列颠人部落）。

（《高卢战记》，5.11, 18–19, 22）

阅读建议

有关布鲁图斯的史料有普鲁塔克的《布鲁图斯传》、《恺撒传》和《安东尼传》，还有苏埃托尼乌斯《十二恺撒传》（*The Twelve Caesars*）中的《恺撒传》。在阿庇安（《内战记》，2—4）、狄奥（《罗马史》，44—47）、维莱伊乌斯·帕特尔库鲁斯（Velleius Paterculus；《罗马史》，2.56-72）以及弗罗鲁斯（Florus）和李维（《摘录》[*Summaries*]）等著作家的著作中也可找到其他一些细节。西塞罗刊布了他同布鲁图斯自公元前43年3月末至7月末的通信，企鹅出版社的译本《西塞罗致友人的信件》（*Cicero's Letters to His Friends*,

1978）第二卷卷末附有这些信件，同时还有其他一些布鲁图斯所收发的信件（13.10-14；11.1-3,17）。西塞罗的几篇对话录也与布鲁图斯有关，尤以《布鲁图斯》为重；西塞罗在演说中也曾提到他，最重要者当属《反腓力辞》。至于现代论著，可参见：M. Clarke, *The Noblest Roman: Marcus Brutus and His Reputation*. Ithaca, N.Y.: Cornell University Press, 1981; T. Africa, "The Mask of the Assassin: A Psycho-Historical Study of M. Junius Brutus," *Journal of Interdisciplinary History* 8 (1978): 599-626。

相关著作包括：C. Meier, *Caesar*. New York: Basic Books, 1996; M. Gelzer, *Caesar: Politician and Stateman*. Cambridge, Mass.: Harvard University Press, 1968; C. Habicht, *Cicero the Politician*. Baltimore: The Johns Hopkins University Press, 1990; A. Everitt, *Cicero: The life and Times of Rome's Greatest Politician*. New York: Random House, 2002（普遍认为此书颇具指导意义）; L. Taylor, *Party Politics in the Age of Caesar*. Berkeley and Los Angeles: University of California Press, 1961; E. Gruen, *The Last Generation of the Roman Republic*. Berkeley and Los Angeles: University of California Press, 1974; M. Beard and M. Crawford, *Rome in the Late Republic*. Ithaca, N.Y.: Cornell University Press, 1985; R. Syme, *Roman Revolution*. Oxford: Oxford Paperbacks, 1960; A. Lintott, *Violence in Republican Rome*. Oxford: Clarendon Press, 1968; *The Constitution of Roman Republic*. New York: Oxford University Press, 1999; F. Millar, *The Crowd in the Rome in the Late Republic*. Ann Arbor: University of Michigan Press, 1998; W. Nippel, *Public Order in Ancient Rome*. Cambridge: Cambridge University Press, 1995; O. Robinson, *The Criminal Law of Ancient Rome*. Baltimore: The Johns Hopkins University Press, 2001。H. 斯卡拉德的著作（*From the Gracchi to Nero*, 5th ed. London: Methuen, 1982）仍是有关这一时期最好的概论性通史作品。

4

共和国的终结

安东尼失去罗马世界
"众王的女王"克莱奥帕特拉；红心王后

克莱奥帕特拉自身的美……并非瞬间即俘获所见之人的那种无与伦比之美。

（普鲁塔克，《安东尼传》，27.2）

布鲁图斯及其同谋的行为不仅改变了他们自己的生活轨迹，而且也改变了其他与恺撒关系密切者的生活，其中最著名的可能是克莱奥帕特拉。她早在4年前便在埃及首次见到恺撒，两人的关系在当时人尽皆知，而这种关系注定成为历史上最为驰名的爱情故事之一。当克莱奥帕特拉的这位情人遭谋杀时，她正住在罗马，此时她成为一个令人不安而且不受欢迎的客人。这位25岁的女王和她年幼的儿子小恺撒均未出现在恺撒的遗嘱中，于是他们率领随员悄然出城，起航开往久违的埃及海岸。她生命中的一个篇章结束了，而另一篇章将很快到来。

克莱奥帕特拉的背景

当恺撒公元前48年第一次抵达埃及时，他正在追击法萨卢战败而逃的庞培。当时，恺撒对克莱奥帕特拉知之甚少，但是他了解她的父亲托勒密十二世奥莱特斯（Auletes），后者诨名"吹奏者"。奥莱特斯能获取王权要归因于罗马的功劳，尤其是庞培和恺撒，正因二者的恩遇才使他得以统治埃及。公元前59年恺撒任执政官期间，为巩固他作为罗马的"朋友和同盟"的地位，这位王付给恺撒和庞培6000塔兰特（价格骇人听闻，相当于数千万美元），才得以保住他在埃及摇摇欲坠的统治。虽然埃及很富有，但奥莱特斯要立即支付如此惊人的款项，便不得不向罗马资本家借款。直到他于公元前51年去世时这笔贷款仍未还清。

具有讽刺意味的是，奥莱特斯的高额赌注收效甚微。埃及人愤恨他为还债而强行新增税收，他们视他为罗马的走狗，是他的亲罗马政策不久前使罗马吞并了托勒密的塞浦路斯。相比于他，他们更支持其他皇室成员。最后，他们将奥莱特斯驱逐出埃及以表达不满，而他的两个女儿产生王位之争。他的另一个女儿克莱奥帕特拉大概同他一起逃到意大利，在那里这个饱受折磨的国王向其恩主寻求帮助。

可以肯定的是，将奥莱特斯与他在埃及的资源永久切断，无论在政治上还是经济上对恺撒（当时在高卢）和庞培来说都没有好处，或者对任何想从他们的行为获利的人来说也没有什么好处。通过私下活动和贿赂，甚至承诺提供两倍于他原初贡献的金额（他似乎还同意罗马投机者荼毒埃及），奥莱特斯获得了他所寻求的支持。公元前55年，罗马通过一次入侵埃及的行动使他重获王位。一位25岁左右的年轻马军统帅马可·安东尼（Mark Antony）在这场军事行动中扮演了重要角色。大概此时，他第一次见到14岁的克莱奥帕特拉。

图4.1 托勒密十二世奥莱特斯，克莱奥帕特拉的父亲。鹰钩鼻是其家族特征，他的女儿也遗传了这一特征（参见图4.2）。

奥莱特斯在几年后去世，此前一直当权。人们通常认为他是一个缺乏能力的统治者（总之，由于他对类似竖笛的乐器十分着迷，因此被称为"管乐吹奏者"），但处于他的位置，奥莱特斯的能力大概也不逊于他者。在埃及，他所受到的非议多与人们痛恨他与罗马关系密切有关。然而，对他而言，奉行独立自主的政策不仅不切实际，同时也颇具风险，能使埃及保持自治的唯一可能就是采取亲罗马的方针。在他可控的范围内，他所奉行的国内外政策表明他的个性相当坚强和果断（他甚至因谋反处死了自己的一个女儿）。精明聪慧的克莱奥帕特拉继承自其父亲的东西远远不只是鹰钩鼻这一突出的家族遗传特征（见图4.2）。在奥莱特斯于公元前51年去世时，克莱奥帕特拉似乎已与他共治埃及，此后，她与她10岁的弟弟同时也是她的丈夫托勒密十三世一起分享王位（托勒密王朝像古代埃及王朝一样，实行族内通婚，女性不能独自统治国家）。

家族斗争

迄至恺撒登陆埃及之时，克莱奥帕特拉与弟弟的关系正处于僵持状态。

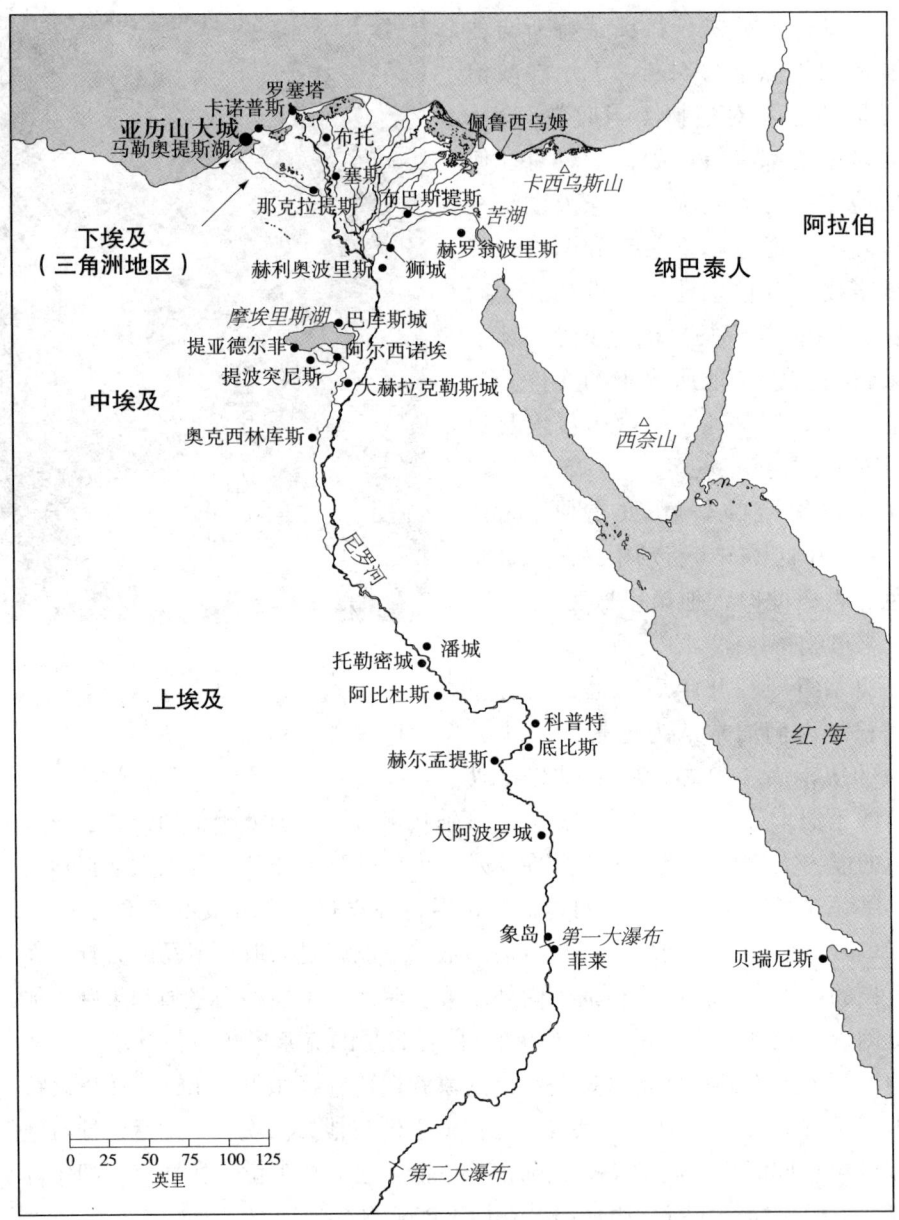

地图11 克莱奥帕特拉时期的埃及。

数月之前,她被驱逐出王国。同样的问题也导致庞培逃离法萨卢在埃及寻求避难时遭谋杀。年幼的托勒密的谋士担心,如果允许庞培在埃及居住,那么他可能会将埃及变成他的行动基地。倘若如此,这个国家将在随之而来的与恺撒的斗争中受到破坏。托勒密正忙于应对克莱奥帕特拉，而后者的军队在距托勒密军队不远的埃及东部边境的佩鲁西乌姆（Pelusium）安营寨扎。他此时的处境一点也不安全（庞培会站在克莱奥帕特拉一边吗？）。此外，据史料记载尼罗河最轻微的一次泛滥却令埃及国内陷入极大困境。他们希望杀死庞培能消除一个威胁，将托勒密置于对恺撒有所助益的位置，并立即结束恺撒在埃及的行动。恺撒将离开埃及，将埃及留给埃及人自己。因此，庞培在佩鲁西乌姆登岸时便遭谋杀（他的妻子和朋友在他的船上无助地看到了这一切）。埃及人阿吉拉斯（Achillas）策划了这次行动，但令人反感的是，刺死庞培的是他以前的军官塞普提米乌斯。

恺撒的想法却不同。虽然庞培已被除掉，但他一直需要资金作为军费，于是他计划利用埃及的财富。当克莱奥帕特拉的父亲已经不能偿还贷款时，恺撒承担起追缴欠款的责任。他通知埃及政府他计划收缴到期的款项，不过他之前已将总额降至一半。其实他可以要求更多，因为托勒密在法萨卢战役之前曾帮助庞培。

恺撒也清楚表明，他作为执政官，希望看到他的"老朋友"托勒密·奥莱特斯的遗嘱能够落实。这意味着他将裁断克莱奥帕特拉与其弟弟之间的不和。恺撒以其官方身份传唤留在军中的托勒密来到亚历山大城。他一定也传唤了克莱奥帕特拉，后者可能也在自己军中。恺撒似乎并未给她提供护卫，因为据普鲁塔克记载，她施计安全到达恺撒身边。这个故事看似很荒唐，但其中可能包含一些事实：

> 克莱奥帕特拉只带一个朋友（西西里人阿波罗多鲁斯［Apollodorus the Sicilian］）随她同行。他们登上一艘小船，在皇宫靠岸时天已转黑。似乎没有其他办法可以使她不受察觉地进入皇宫，所以她伸开四肢完全包裹在一个睡袋中，阿波罗多鲁斯绑好袋子，将它运进恺撒屋内。克莱奥帕特拉的小计谋显得无礼但颇具引诱性，据说这是她俘获恺撒的第一个方面。随着恺撒对她了解的更加深入，他被她的魅力所征服，并安排她和她的弟弟应相互和解，一起分享埃及王位。
>
> （《恺撒传》，49.1–2）

肯定是克莱奥帕特拉的魅力以及她的智慧（她精通八门语言）吸引着日渐老去的恺撒，因为她不像现代人所认为的那样美丽。现存的一些造像说明她的相貌平平。普鲁塔克记述到：

图 4.2 克莱奥帕特拉头像。应是她某次访问罗马期间的非正式形象（未戴王冠），因为在那里佩戴"君王"服饰在政治上并非明智之举。

据我们所知，克莱奥帕特拉自身的美并非瞬间即俘获所见之人的那种无与伦比之美。但是，她的仪态具有令人神魂颠倒的魅力，她的形体与谈吐也极具吸引力，她的言谈举止中渗透着一种特殊的个性力量，令所有与她交往的人着迷。只是倾听她的声音便令人愉悦，像是一种多弦乐器所发出的声音，她用这种声音可以从一种语言转到另一种语言，因此她与外邦人交流时几乎不需要翻译，而是独立与他们交谈……

（《安东尼传》，27.2-3）

恺撒似乎发现，这个21岁的女子雄心勃勃，以她来代替相应的罗马女性倒是一件乐事。虽然恺撒明显被这个不同寻常的女子所吸引，但是他不是欲望失控的笨拙男孩。他只在自己希望被利用的范围内让克莱奥帕特拉利用他。她无疑是恺撒未来对埃及计划的一个部分。无可否认，两人之间具有情感关系（尽管有30岁的年龄差距），但是恺撒仍然已婚，并且有其他情人。

恺撒与克莱奥帕特拉

恺撒在埃及的出现和他对克莱奥帕特拉的偏爱最终导致他与其胞弟的战争，毫不夸张地说，是发生在亚历山大城宫门的战争。恺撒的兵力严重不足，但他坚持度过冬天，直到早春援军到来，公元前47年近3月底时展开决战。此时，停泊在大港（Great Harbor）的埃及舰队多数被烧毁（港区的一处书籍储藏库也失火，由此引出一个错误说法，即亚历山大城的大图书馆［the Great Library of Alexandria］被毁），托勒密的主要谋士或是被杀或是潜逃，而克莱奥帕特拉发现自己已有身孕。她战败的弟弟（此时大约15岁）在企图逃跑时在尼罗河溺亡。埃及的君王被视为神；溺死于尼罗河是一种神圣死法。为了确保不再产生年轻的托勒密复活的传言，恺撒令人疏浚河道直到发现他的尸体。

稳定埃及之后，恺撒承受着来自罗马的压力，因为罗马人要将它吞并为行省。无疑，恺撒很清楚，继续保持克莱奥帕特拉的王位并有机会利用埃及的财富才能更好地实现他的个人抱负。同时，一旦需要，埃及是他理想的庇护所。

在他驻留埃及期间，恺撒让克莱奥帕特拉坐上了王位，并把她嫁给她20岁的兄弟（此举是为遵循托勒密传统，同时也提醒克莱奥帕特拉她不能为所欲为），随后，在克莱奥帕特拉的陪伴下，恺撒风光地巡游尼罗河。这次巡游的军事规模相当壮观，以加强和统一克莱奥帕特拉在埃及全境的地位。巡游使恺撒能够评估这个国家的财富，同时以旅行者的身份参观埃及的迷人景点（吉萨［Giza］金字塔已有近2500年的历史！）。他之所以在埃及停留如此长久，部分是由于他在埃及所遭遇的政治和军事困境，而克莱奥帕特拉的

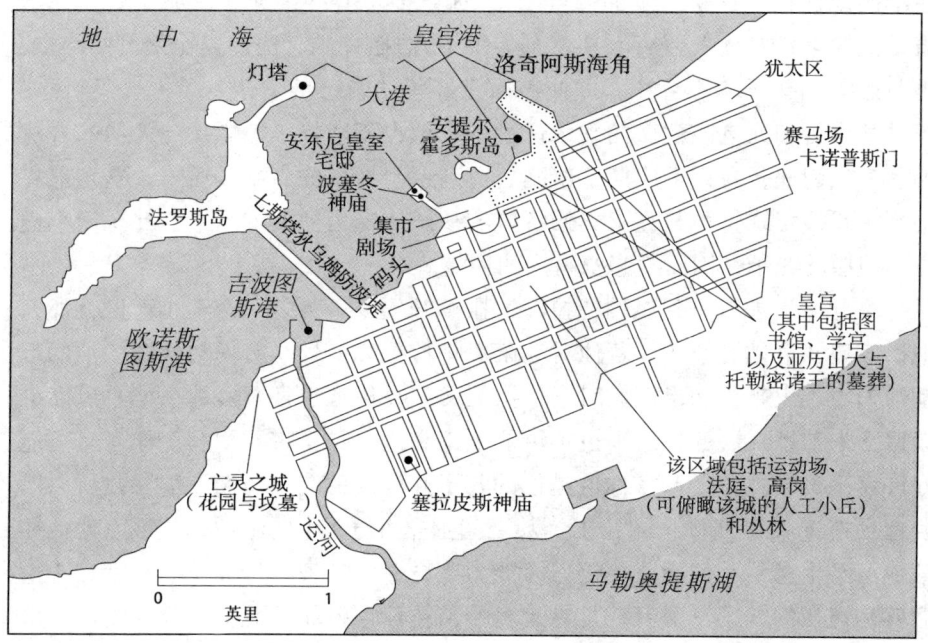

地图12 亚历山大城（虽然大图书馆［Great Library］和学宫据说是"皇宫的一部分"，但其具体位置尚不清楚）。

诱惑则让他在非必要的情况下继续留在那里。他大概在公元前47年6月离开埃及，并留下三个军团驻扎该地。不久之后，克莱奥帕特拉产下一子。

小恺撒之谜

克莱奥帕特拉将她产下的儿子取名为托勒密·恺撒。一般称他为"小恺撒"。他的存在无需质疑，但其父亲的身份引发诸多论战——恺撒可能是或者可能不是他的父亲。持否定观点的一方认为，经历数次婚姻并有无数情人的恺撒只同第一任妻子科尔奈利娅育有一个孩子，即尤利娅。在36年后，即在他53岁时，恺撒再次成为父亲是不可能的。有人认为恺撒没有再生育的能力。他的一生中健康状况并不稳定，尤利娅出生后不久他便身染"四日疟"（quartan fever）。这种病大概使他无法生育。

此外，恺撒没有在他的遗嘱中提及小恺撒，而这份遗嘱是在后者出生前不久修订的。有人会想，如果小恺撒确为恺撒之子，那么他不应被忽略。反对恺撒父亲身份的另一个论据似乎就是恺撒遗嘱中的一个条款（如果传统记述准确地保存了这份文献的内容），即**如果**他将有一个儿子，那么这个孩子将是他的第一继承人。然而，在罗马人眼中，恺撒并未合法迎娶克莱奥帕特拉，她所产下的孩子均不合法。即使恺撒已经承认自己的父亲身份——马可·安东尼某次告知元老院恺撒的确承认过——他也**不能**将小恺撒认定为他的合法继承人。因此，我们不应期待遗嘱会提到这个男孩的名字。后来，安东尼更加不明智，正式将他与克莱奥帕特拉的孩子认定为他的继承人，并认定小恺撒为恺撒的儿子，因而激起罗马人的愤慨。

看起来，如果克莱奥帕特拉在恺撒离开埃及不久之后产下小恺撒，那么恺撒应该知道她已怀孕。若他对克莱奥帕特拉如何怀孕有任何怀疑，他的行动却未表现出来。如果恺撒对小恺撒的父亲身份产生怀疑，那么他不可能继续留下来与她在一起，后来也不可能把她和这个孩子带到罗马。他还有可能允许克莱奥帕特拉公开宣称这是他的儿子并以他的名字命名。恺撒之所以明确地在遗嘱中提到将来的儿子（甚至为这个儿子指明监护人），是因为他相信他已经生育了小恺撒，便仍然有能力生育一个"罗马"儿子。或者，小恺撒就是恺撒的儿子，或者，是克莱奥帕特拉让恺撒相信此事，并证明她比世上最聪明的男人之一还要聪明。

克莱奥帕特拉在罗马

恺撒成功结束在小亚细亚和阿非利加（加图自杀之地）的战争后，于公元前46年7月返回罗马。9月他开始庆祝胜利（不过，较为明智的是，他并未提及对庞培的胜利），其中包括之前的高卢征服。一个凯旋式游行纪念的是亚历山大城战争（Alexandrian War），队伍中包括曾企图夺权的克莱奥帕特拉的妹妹。我们无从知晓克莱奥帕特拉此时是否在罗马。如果不在（从政治角度看，她晚些来到罗马似乎更明智），那么她就是在不久之后抵达。随她而来的有她年轻的弟弟兼丈夫和大量随从人员，小恺撒虽然还是婴儿，出行风险较大，但也随她来到罗马。这个男孩有必要与他的"父亲"待在一起，以抨击任何关于其父亲身份的怀疑。克莱奥帕特拉来访的官方目的是重申她父亲与罗马签订的条约。

虽然恺撒仍然已婚，但他并未隐瞒与克莱奥帕特拉的关系，并在自己的地产中为她提供住房。恺撒广场（Forum of Caesar）系为缓解罗马广场（Roman Forum；恺撒广场和它毗邻）的拥塞情况而建，正值其开放时，在坐落于新广场的维纳斯神庙（参见图4.3）中，恺撒将克莱奥帕特拉的造像置于维纳斯像旁侧，而恺撒的家族即自称是维纳斯的后代。此项荣誉并无先例，这是一名埃及人而非罗马人。当然，此事将产生关于恺撒和这位女王的谣言。同时，此举也可从侧面说明恺撒相信自己就是小恺撒的父亲：维纳斯是恺撒家族之母；伊西斯（Isis）的化身克莱奥帕特拉则是恺撒之子的母亲。

我们并无有关克莱奥帕特拉驻留罗马期间的相关史料（这一缺失令人称奇）。可以肯定的是，她在公元前46年末返回埃及，当时恺撒前往西班牙追击从法萨卢溃逃的庞培派（Pompeian）余党。在恺撒遇刺前几个月，她随恺撒一起回到罗马。以下是西塞罗的一段评论（写于公元前44年6月），大概能体现绝大多数罗马人对他们的这位皇家贵客及其随员的想法：

> 我不喜欢这位女王陛下……当她居住在第伯河对岸的庄园时，女王本人的傲慢使我热血沸腾，甚至不愿再去回忆。因此，我不想与他们有任何瓜葛。他们肯定会认为我没有勇气，或者更可能是认为我没有脾气。"
> （《致阿提库斯的信》，15.15.2）

帕提亚：谜题中的关键部分

　　克莱奥帕特拉待在罗马并不是消极被动的。她对恺撒的某些改革产生了一定影响。他的儒略历（一年有365¼天，其中有一个月为纪念恺撒重新命名为"July"）和公共图书馆系统无疑都是埃及的文化遗产。恺撒的政治方针也无法摆脱这位野心勃勃的年轻女王的影响。他决定与帕提亚重新开战，虽然有强烈的政治和"民族"因素，但有部分原因是他希望提高克莱奥帕特拉在罗马人心中的形象。

　　帕提亚位于罗马边界的东端。正如早年克拉苏已经了解到，这是一片难以征服的土地。公元前53年，克拉苏与其大部军队在卡莱覆灭（参见第3章）。恺撒想再次与帕提亚人开战，罗马人民也希望如此。他们还没有为那次失败复仇，帕提亚人仍然据有他们俘获的军旗。对于在罗马为自己提出的政策而进行的政治论辩，恺撒已颇感厌倦，他无疑更渴望他在战场上所拥有的权威，在那里他的命令能立即得到执行。他已经56岁而且身体欠佳，但是他和克莱奥帕特拉必须通过在帕提亚的冒险获益，这些远远超出他所承担的任何风险。

　　为确保在帕提亚取得成功，恺撒计划利用埃及的财富和战略位置。克莱奥帕特拉也准备为他提供任何他所需要的东西。恺撒刚刚取得终身独裁官地

图4.3　罗马的恺撒广场。右侧的高大廊柱是维纳斯神庙的一部分，恺撒就在这座神庙里安放一尊克莱奥帕特拉像。

图 4.4 克莱奥帕特拉。这尊被认定是克莱奥帕特拉的全身造像位于罗马梵蒂冈。恺撒在维纳斯神庙中安放的克莱奥帕特拉像也许与此相类。

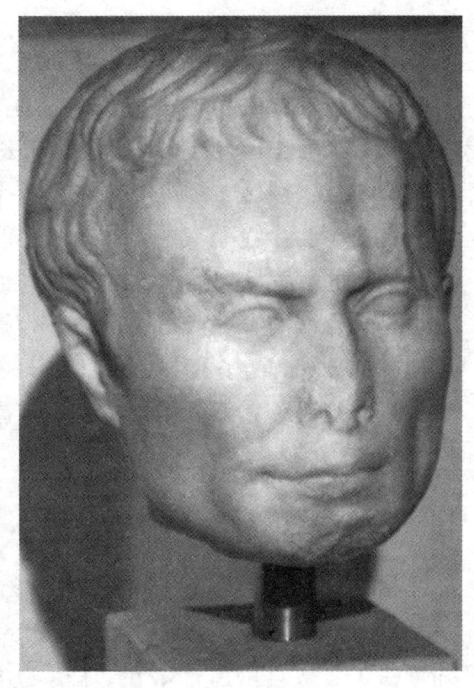

图 4.5 恺撒的小型半身像，相当逼真，应是恺撒末年的形象，可能就在公元前 44 年遇刺前不久。（卡皮托利努斯博物馆蒙特马尔蒂尼分馆，罗马）

位。对帕提亚取得一次成功战役将使他的军事地位无法撼动，也确保他对东方的全面控制。由于克莱奥帕特拉将为帕提亚落败发挥重要作用，因此恺撒希望罗马能逐渐愿意接受她并将埃及视为真正的"朋友"和"同盟"。随着东方与西方的统一，埃及将在罗马的未来中扮演重要角色，甚至可能（当然这是她所希望的）实现伟大恺撒与克莱奥帕特拉之间合法的罗马婚姻。这些想法会使许多罗马人感到不安，他们看到的不仅是独裁官职——或许就是王政（据说，《西比拉预言书》[Sibylline Books]预言只有"王"能击败帕提亚人）——取代共和制，还有亚历山大城取代罗马城。那么，阴谋者决定在恺撒离开罗马前往帕提亚的前几天杀死他并非偶然。

一切成空

如果恺撒仍在世，小恺撒将扮演的角色我们无从得知。据我们所知，恺撒打算带着他18岁的甥外孙屋大维去帕提亚，他在数月前将后者指定为继承人。显然，恺撒希望进一步了解这个年轻人，同时让他在战场上取得军事经验。此举会令克莱奥帕特拉不悦；但是恺撒清楚，如果他遭遇不测，只有一个**成年的**、**罗马的**继承人才能成为他的继任者并有机会活下去。这个继承人也是其合法的家庭成员，因此，恺撒心中似乎有某种王朝继承的思想。无论他的计划如何，它们都在3月15日随他一同破灭。具有讽刺意味的是，屋大维最后消灭了克莱奥帕特拉和小恺撒。

克莱奥帕特拉与安东尼

恺撒死后，克莱奥帕特拉回到埃及，她废黜她的弟弟和共治者托勒密十四世，使3岁的小恺撒成为他的共治者。她仍旧坚持他是恺撒真正的儿子和继承人。罗马世界忙于在"后三头同盟"（安东尼、屋大维、雷必达）和布鲁图斯及其同谋者之间做选择。个人群体也将在即将到来和一系列后续的政治动乱中经受考验。其中包括一名杰出的妇女图利娅，在她的丈夫像许多其他人一样将在不光彩地结束政治生涯后走向生命尽头时，她以自己的行动多次拯救了他（《拉丁铭文集成》[*Corpus Inscriptionum Latinarum*]，6.1527，31670；或《拉丁铭文选辑》，8393）。

后三头和阴谋者均觊觎着埃及的财富。东方大部分地区已加入布鲁图斯与卡西乌斯一方，卡西乌斯现在正向埃及寻求帮助。似乎在没有克莱奥帕特拉的命令下，埃及方面向他派出舰船。克莱奥帕特拉不可能会帮助杀害恺撒的人，并且我们不清楚她会通过这种帮助获取何种利益（也许有一种可能，即为防止卡西乌斯入侵埃及）。这些阴谋者可能会帮助她的对手取代她；何况，一旦小恺撒落入他们手中，他的未来可想而知。同时，克莱奥帕特拉肯定不愿与恺撒认定的继承人屋大维结盟；不过，她了解马可·安东尼，或许了解很深。

克莱奥帕特拉要面对国内的敌对势力，还有阴谋者的威胁和要求，当然还有后三头同盟。她得以幸存的事实足以说明她的狡诈。在腓力比战役之前她似乎正在试图帮助后三头。无论如何，布鲁图斯、卡西乌斯及其同伙的死亡意味着克莱奥帕特拉将有必要与恺撒派打交道,其中安东尼是她的首选。

塔尔苏斯(Tarsus)会议

浮夸的安东尼颇受欢迎,无论在战场、酒桌还是床笫均堪称老手。公元前41年,当他在吉里契亚(Cilicia)的塔尔苏斯会见克莱奥帕特拉时,安东尼42岁。普鲁塔克描述了他的个性:

>……安东尼有着高贵庄严的外表。他的胡须很重,天庭宽阔,鼻似鹰钩,这些特征结合在一起使他看上去勇猛刚毅,与赫拉克勒斯(Hercules)的造像和头像中所表现的相似。事实上,有古代史料称……安东尼的家族……自称是赫拉克勒斯一个儿子的后代,安东尼也愿意相信自己的体格增强了这个传说的说服力,于是他故意通过穿着来展现这一点。每当要面对很多人时,他将托伲压低至髋部,在身侧配一把长剑,再披一件厚斗篷。同样一些"赫拉克勒斯式"(Herculean)的个性使那些过于讲究的人颇为反感——他傲慢的做派,粗俗的言语,喜欢当众饮宴,当他的弟兄进餐时他就坐在他们旁边,或站在一片狼藉的桌旁进食,但这些行为让他自己的队伍因为有他而非常开心,几乎得到全军的崇拜。他对异性的偏爱也展现出其个性中具有吸引力的一面,甚至为他赢得许多人的共鸣,因为他经常帮助那些身陷风流韵事之人,对于他们对自己的善意调侃也很乐于接受。此外,他慷慨的个性与宽宏的行为也体现在他对朋友和士兵的赠予中,在他开始走上谋求权力的道路时,这些行为为他打下了坚实的基础;当他的地位得到稳固后,这些品质也使他的权威向更高的程度发展,甚至在他无数的愚蠢之举危及他的权威时同样如此。

(《安东尼传》,4.1-3)

虽然安东尼有能力,但很明显他不是恺撒。普鲁塔克继续写道:

>事实上,他的个性在本质上很简单,他对于真相理解得很慢。一旦他认识到自己是错的,他会满心忏悔并要向那些他伤害过的人承认错误。每当他惩治冒犯者或伸张正义时均大造声势,人们普遍认为他赠予奖赏要比施行惩罚的尺度更为过分。至于他在交流中喜欢使用的粗话或无礼的戏谑之词,都会自行烟消云散,因为任何人都可以有兴趣回敬他

图 4.6 据信是安东尼的头像。（卡皮托利努斯博物馆蒙特马尔蒂尼分馆，罗马）

的嘲讽，无论他受到嘲笑还是嘲笑他人，对他来说都是一种享受。实际上，恰恰是这种品性通常对他有害无益，因为他不可能相信那些与他随便相处并取笑他的人其真实目的是奉承他。他永远不能理解，某些人是特地接受这种坦率直言的方式，并像使用刺激调料一样来用它掩盖强烈的奉承意味。

（《安东尼传》，24.6–8）

腓力比战役后，屋大维返回意大利，安东尼巡游东方。他一直要利用那里的巨大资源，并重新启动恺撒雄心勃勃的计划，去惩治帕提亚人。正如恺撒在世时一样，埃及在此次战役中的地位仍然至关重要，那么，他很有必要会见克莱奥帕特拉。安东尼之前与恺撒的亲密关系定然导致他与克莱奥帕特拉频繁接触。同时，他不可能对这位魅力非凡的女王无动于衷。他召她前往塔尔苏斯。

克莱奥帕特拉希望消除人们对其忠诚的怀疑（有人指控她帮助过反对恺撒的人），同时也渴望重新开始她与安东尼的友谊，因此，克莱奥帕特拉最终来到塔尔苏斯。然而，这位28岁的女王并无意臣服于这位恺撒的前任副将。她按照自己的时间安排抵达，其做派似乎令安东尼怀疑是他传召她抑或与之相反。以下对于她皇家座舰抵达塔尔苏斯时的情景描述虽然有些夸张，但的确来自目击者的亲眼所见：

……克莱奥帕特拉的座舰镶有紫边，船艉镀金，该船逆居德努斯（Cydnus）河而上，桨手和着长笛乐曲划着银桨，同时还有管乐和里拉琴一同演奏。她自己打扮得像画中的维纳斯，在镀金的阳伞下斜倚而卧，而那些如画中丘比特（Cupid）的男孩站在两侧为她执扇。同样，她那些极为美丽的侍从穿得像涅瑞达斯（Nereids）和格拉科斯（Graces）一样，被安排在舵把和缩帆绳索处。无数焚香散发出的奇香遍布河岸。岸上的观看者,有些自河口开始就在两岸跟着她,有些则从城里出来一睹美景。(《安东尼传》,26.1-3)

安东尼已然娶弗尔维娅为妻(他的第三任妻子),后者是政坛中一位很难对付的女人(详见专栏内容),前任丈夫是臭名昭著的"平民派"恶棍克罗狄乌斯(参见第3章)。然而,安东尼的未来将与克莱奥帕特拉和埃及联

弗尔维娅——公狮中的一头母狮

安东尼的妻子弗尔维娅是一个富有的贵族妇女,她与克莱奥帕特拉无疑棋逢对手。这两个女人均能力非凡,野心勃勃,意志坚强。没有罗马妇女能像弗尔维娅那样在政治上如此活跃,或者说有如此强大的政治影响力。弗尔维娅通过之前的两次婚姻取得经验,其中第一次她嫁给了臭名昭著的克罗狄乌斯。然而,她与安东尼在一起时充分参与到丈夫的事务中,为罗马权威人士的妻子开创了先例。安东尼的事业成为她的事业。她与克罗狄乌斯育有一女(安东尼的继女),她将这个女儿嫁给屋大维以促成"后三头同盟"(后来,当屋大维与弗尔维娅在意大利发生冲突时,他将其女儿"原封不动"地退换给她)。当安东尼在埃及时,她为保护安东尼的利益与屋大维发生战争。弗尔维娅还是头像出现在钱币上的首位罗马妇女。

现存史料对弗尔维娅的叙述持否定和贬低的态度。我们无法辨析其中的形象与真实的人物之间有多少相同之处。

罗马是男性居于主导的社会,因此弗尔维娅在政治上的积极主动被视为令人生厌的品性。西塞罗讨厌她的两个丈夫克罗狄乌斯和安东尼,同时也中伤她。诗人马提亚尔(Martial)对她也大加贬损。由于她参与的是即将落败的事业,因此,在屋大维取胜后她的名誉自然遭到破坏。正如在以下引文中普鲁塔克所示,她被视为另一个削弱和误导安东尼的女人:

不管怎样,[安东尼]现在改变了他的整个生活方式,转变了他对婚姻的观念,并迎娶煽动家克罗狄乌斯的遗孀弗尔维娅。她对纺织或者料理家务毫无兴趣,她也不能满足于驾驭一个对公共生活没有抱负的丈夫:她渴望去驾驭那些驾驭者或者指挥一名最高指挥官。实际上,克莱奥帕特拉应感谢她教会安东尼服从妻子的权威,因为当他遇到克莱奥帕特拉时,他受到良好训练,被调教得习惯接受女人的支配。

(普鲁塔克,《安东尼传》,10.3)

在"后三头同盟"建立时出现的公敌宣告期间,弗尔维娅被她的中伤者描绘成一个极其残忍的人:

> 至于(昆图斯·萨尔维迪埃努斯[Q. Salvidienus])鲁福斯,他有一栋相当气派的宅邸,与弗尔维娅的宅邸毗邻。安东尼的这个妻子曾想把它买下来,但是他不愿出卖。现在,虽然他把房子作为礼物送给她,但是他还是被列入名单。人们把他的头颅送给安东尼,但安东尼说这与他无关,将它送给妻子。弗尔维娅命令将它拴在他的宅邸前面而非广场上的演讲台。

(阿庇安,《内战记》,4.29)

这一段叙述十分详尽,也许是安东尼的辩护者希望为某些流血事件责难弗尔维娅,以此为安东尼开脱。在这一著名片段中,弗尔维娅被描绘成美狄亚(Medea)式的人物,在西塞罗被列入公敌宣告并被处死后,她对西塞罗做出了残忍可怕的报复举动:

> 弗尔维娅甚至令很多人致死,其目的既可以消除她的仇恨又可以攫取他们的财富,在某些情况下,还包括她丈夫都不认识的人;至少在他看见一个人的头颅时会惊叫:"我不认识这个人!"然而,某日当别人将西塞罗的头颅献给他们时(他被追获后,在反抗时被杀),安东尼对它说出许多充满仇恨的责难之词,然后令人将他的头颅放在讲台上,并且位置要比余者显著,以此让人们可以就在这个西塞罗之前经常针对自己发表谴责言论之地看到他,同时还有他的右手以被割下的姿势展示在那里。在带走之前,弗尔维娅把头颅捧在自己手中,对它恶意咒骂并口吐唾沫,之后又将它放在膝盖上,叩开口唇,拉出舌头,用她的发簪刺穿舌头,同时说着很多无情的嘲笑。

(狄奥,《罗马史》,47.2-4)

甚至在去世时,弗尔维娅也没有得到尊重,不过,据记载,安东尼因对她的死负有一定责任而感到有些悔恨:

> 当这些事情发生时,传来弗尔维娅去世的消息。据说她因安东尼的责难而萎靡不振,以致病倒,有人认为她因安东尼的气恼而甘心染病,而安东尼离弃她时她正在生病,当他即将离开时甚至没有去看她。这个失控的女人因自己对克莱奥帕特拉的嫉妒煽动起一场灾难性的战争,她的死似乎对摆脱她的双方来讲都是相当幸运的。然而安东尼因此事十分悲痛,因为他认为在某种程度上是自己导致了她的死亡。

(阿庇安,《内战记》,5.59)

系在一起。无论在政治上，还是在个人关系上，两人一致同意保护对方利益并满足彼此的愿望。不过，安东尼对克莱奥帕特拉的宠爱将以失去东方和罗马的支持为代价。

更多的问题

当克莱奥帕特拉离开塔尔苏斯返回埃及后，安东尼出访叙利亚和犹地亚，继续为他的帕提亚战争做准备。随后，他来到亚历山大城过冬。除了克莱奥帕特拉的诱惑（她将为他怀孕），亚历山大城也是任何东方战争的绝佳行动基地，即如恺撒所看到的一样。

事实证明，安东尼在稳定东方其余地区之前即前往埃及的决定并不明智。丧失理智的他显然忘记了帕提亚人是凶狠可怕的敌人，他们之前已令罗马遭受最为惨痛的一次失败。帕提亚人以入侵罗马帝国之举令安东尼震惊地看到现实。他们并不打算等着他。

安东尼几乎没有时间与克莱奥帕特拉道别。在匆匆离开埃及后，他迅速认识到形势比想象中糟糕。在他的部队中，之前属于反对恺撒派的布鲁图斯和卡西乌斯的一部分武装已加入帕提亚人，几个罗马附属国王也投靠了帕提亚人。似乎还不止这些，当安东尼抵达小亚细亚时，他获悉，他的妻子弗尔维娅和他的兄弟在他不知情的情况下试图在意大利发动反对屋大维的叛乱。他们已被彻底击败。弗尔维娅带着安东尼的母亲逃到希腊与她的丈夫会合，并解释她所做的一切。当然有部分因素是她出于对克莱奥帕特拉的嫉妒，弗尔维娅在安东尼全然关注埃及时，试图挽救安东尼在意大利日渐式微的局面。安东尼并没有被感动，他开始赶往意大利，希望能为东方战事征募新兵，同时也期待与屋大维较量一番。此时的弗尔维娅已然生病，最后死在希腊。

孤独的克莱奥帕特拉

当安东尼在公元前40年初乘船离开时，克莱奥帕特拉意识到自己可能再也见不到他。她为了自己和埃及所苦心经营的一切陷入危机。时过3年多他们才得以重逢。在此期间，克莱奥帕特拉为安东尼生下一对双胞胎，也必定因弗尔维娅的死而受到鼓舞。然而，对于安东尼与屋大维为争夺罗马世界的控制权而逐渐展开的斗争，她的影响是次要的。她的命运与安东尼的命运一样取决于这场斗争的结局。

在这段紧张的日子里,克莱奥帕特拉肯定感觉自己是一个被遗忘的女人。安东尼与屋大维在布伦迪西乌姆简短会晤之后,决定再次忽略他们之间的不和转而合作,"三头同盟"得以继续存在。根据布伦迪西乌姆协议(公元前40年),安东尼与屋大维瓜分了罗马世界。安东尼得到东方,并拥有在意大利募兵的权利,而屋大维获得了西方(West)和伊利里亚(Illyria)。为订立该协议,已是鳏夫的安东尼迎娶屋大维年轻貌美的妹妹奥克塔维娅。

克莱奥帕特拉对这一消息感到震惊。他与奥克塔维娅的联姻是一个巨大威胁,因为这一结合使安东尼与屋大维的关系更为亲近,同时也让他得到了他所渴望的政治权力。对于罗马世界来说,内战的可能性降低了,这个"诡计多端"的东方女王也回归原位。此时,克莱奥帕特拉对安东尼来讲并不重要,奥克塔维娅很快便怀上了安东尼的孩子。

在此期间,安东尼与克莱奥帕特拉之间的联系我们不得而知。克莱奥帕特拉仍然知晓其情人的行动,同时安东尼当然也不可能完全忽视她——至少还有即将到来的与帕提亚人的战争,埃及在这场战争中具有决定性作用。克莱奥帕特拉继续支持安东尼的事业。她甚至为他的朋友希律(Herod)提供庇护。希律在血统上是以土买人(Idumaean;在前一个世纪中,他们被强行皈依犹太教),他之前在犹地亚谋得高位。当叙利亚(Syria)和犹地亚被帕提亚人占领后,克莱奥帕特拉帮助希律来到罗马。公元前40年,他在罗马被安东尼和屋大维封为犹地亚王。克莱奥帕特拉做出此举实属不易,因为她憎恨希律,他此时统治的土地之前曾是托勒密帝国(Ptolemaic Empire)的一部分。然而,就目前情况看,她大概认为自己最好支持希律,再次表明自己的亲罗马姿态。就安东尼而言,他在罗马似乎反对任何不符合克莱奥帕特拉(或他自己)最大利益的提案。

公元前39年末,安东尼和他的新任妻子在雅典定居,很快被视为模范夫妻。在接下来的一年半里,安东尼一直在雅典指挥帕提亚的战役,他更乐于让他手下的将领去作战。此时,他也许惧怕个人的军事失败所带来的政治后果。事实上,战争进行得很顺利。安东尼大概计划及时到达前线以亲自一举击败帕提亚人。相反的是,屋大维在准备不充分的情况下忙于应对庞培的儿子塞克斯图斯·庞培。塞克斯图斯无视对他的安抚政策,成为一个重大威胁。他和他的舰队仍然是一个问题。同时,许多人将他视为现存最后一个共和国体制(Republicanism)的象征。

不情愿的旅行者：船只、骡子与痛苦——贺拉斯的旅行

以下选段是有关从罗马至布伦迪西乌姆为期15天的一次悠闲之旅，此类叙述并不多见，它可以帮助我们了解两千多年前在意大利旅行是什么样子。阿皮乌斯大道是罗马伟大道路网中的第一条道路，诗人贺拉斯与同伴即沿此路而行，其同伴中最为著名者是诗人维吉尔（Vergil）和屋大维的首席外交官麦凯纳斯（Maecenas）。他们与任何有经验的现代旅行者所面对的问题相同：劣质饮用水和食物，肮脏的旅店，令人生厌的人和疲惫的身体。这竟是古代意大利所能提供的最好的旅行！

这次旅行与公元前30年代早期安东尼与屋大维之间的谈判有关，但其具体时间应确定在公元前38年还是公元前37年仍存在争议。如果是前者，那么贺拉斯就只是麦凯纳斯和安东尼的朋友柯克

地图13 贺拉斯到布伦迪西乌姆的行程。

尤斯（Cocceius）前往布伦迪西乌姆的一名旅行随员，这两个人将从那里动身去雅典见安东尼。然而，如果这次旅行发生在公元前37年，那么这一行人员的最终目的地可能是他林敦，安东尼与屋大维将在该地再次续订"三头同盟"。这是篇讽刺作品，贺拉斯的关注点不是政治，而是强调这次旅行消极的一面，并且叙述幽默。地图13中标注了贺拉斯的旅行路线。他并未指明第10晚停留的城镇名称（大概这就是他的聪明之处），但可以肯定的是它应是贺拉斯的出生地维努西亚。

贺拉斯自身无法完全不受那个政治动荡时代的影响。他的父亲是被释奴，尽可能为他提供最好的教育。然而，他在雅典时遇到了布鲁图斯，并且在公元前42年的腓力比战役中和他在一起。结果，他父亲的土地被充公，贺拉斯得到赦免后成为财务官随员。麦凯纳斯注意到他创作诗歌的天赋，而此人除负责外交事务外，还负责组织屋大维的文学圈。这个圈子可能还包括维吉尔、奥维德和普洛派尔提乌斯（Propertius）。贺拉斯也将成为罗马最为耀眼的文学明星之一，同时也是未来皇帝的一位好友。他写下这段作品时，贺拉斯跟随屋大维的时间不过几年：

> 我开始了我的旅行，留下喧嚣繁华的罗马城。我到达小镇阿里基亚（Aricia），在一间小旅店里逗留。我的旅伴是修辞学家赫利奥多鲁斯（Heliodorus），他是当今极为有学识的希腊人。我们从阿里基亚来到阿皮乌斯广场（Forum Appii），那里到处是船夫和贪婪的旅店老板。尽管那些更有精力的旅行者只花一天时间进行这段旅程，但我们较为懒散，花费了不只两天的时间。不过，如果慢些走，在阿皮乌斯大道旅行不会太累。

> 由于阿皮乌斯广场的饮用水相当污秽，我忍受着饥肠辘辘的痛苦，耐心地等待我的同伴用餐。此时，夜色正笼罩大地，天空中繁星点点。奴隶嘲笑船夫，船夫又谩骂奴隶。"停在这！""你载了上百人！""喂，够了！"等到我们付完船费，骡子也拴好后，已过去整整一个小时。湿地中该死的蚊子和青蛙让人无法入睡，而一个船夫和一个乘客饮用了大量劣质葡萄酒，轮流为他们远方的女友献上夜曲。乘客最后精疲力竭睡了过去。懒散的船夫把缰绳拴在岩石上，放骡子去吃草，然后自己背靠在岩石上打起鼾来。天已破晓，我们才注意到这艘船还未移动半步。因此，一个急性子从船里跳出来，然后用柳木棍抽打船夫和骡子的头和腰。最后，我们在10点左右才抵达费罗尼亚（Feronia）水域。我们在那里洗了手和脸并吃些早餐。随后，我们缓慢行进了三里路，

稳健地登上安克苏尔（Anxur）。这个城镇坐落在光亮耀眼的岩壁顶端。杰出的麦凯纳斯和柯克尤斯将在那里与我们会合。他们两人以弥合破裂同盟而著称，因此作为使节派出以处理重要事务。在安克苏尔，我在疼痛的双眼上涂了些黑药膏。麦凯纳斯和柯克尤斯也抵达这里，与他们同来的还有丰泰尤斯·卡皮托（Fonteius Capito），他是一名有教养的绅士，也是安东尼最好的朋友……次日，我们因旅途劳顿在弗尔米埃停下来；我们在卡皮托家用晚餐，在穆勒那（Murena）家过夜。我们盼望着第二天快点到来，因为那天普罗提乌斯（Plotius）、瓦里乌斯（Varius）和维吉尔在锡努埃萨（Sinuessa）与我们会合。世上没有比他们更为了不起的人！也没人比我更加爱戴他们。哦！多少次我们互相拥抱并开怀大笑。只要我仍神智清醒，没有任何东西能让我拿来与一位可心的朋友相比。那天晚上，我们在坎帕尼亚桥附近的一幢小房子里过夜……

次日，我们从那里行至卡普阿。在卡普阿我们将骡子解下鞍辔。麦凯纳斯玩球，而维吉尔和我小憩一会，因为如果眼睛疼痛和消化不良，玩球是很痛苦的。我们从卡普阿来到卡乌狄乌姆（Caudium），在那里柯克尤斯在他储备丰富的庄园里款待了我们，这座庄园座落在城镇和

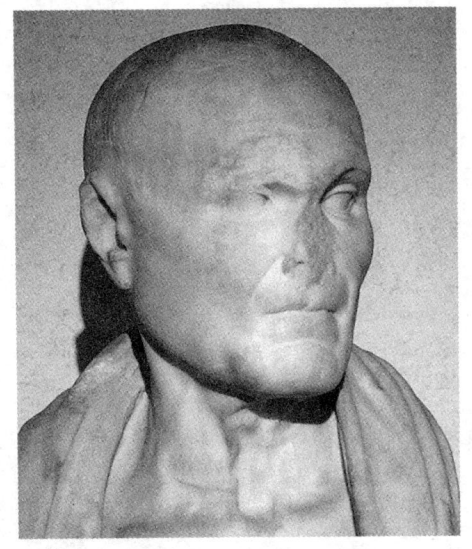

图4.7 一尊诗人胸像，一般认为是维吉尔，即《埃涅阿斯纪》（Aeneid）的作者和贺拉斯的朋友。（卡皮托利努斯博物馆蒙特马尔蒂尼分馆，罗马）

客栈之上的山上……我们在那里愉快用餐。

我们从卡乌狄乌姆直接抵达贝奈温图姆。在这里，过度热情的客栈老板用铁扦烧烤一些骨瘦如柴的鹑禽，却差点烧毁他的整座房子。一些火星从壁炉里落到地板上，火焰穿过古老的厨房迅速蔓延开来，并且向上窜到屋顶。如果你在那里，你将看到饥饿的客人和受惊的奴隶在抢夺食物，人们都试图扑灭这场火。

离开贝奈温图姆没多久，阿普利亚（Apulia）的山峦开始展现在我们的面前，这些对我来说是那么熟

> 悉。这些山脉煎熬在火辣辣的热风中，如果特里维库姆（Trivicum）附近的客栈不接纳我们过夜，我们将无法穿过它们。壁炉里燃烧着潮湿的树枝、树叶及各种东西，因此屋中充斥着刺眼的烟雾。我愚蠢地熬到后半夜等待一个骗人的女孩。我终于睡着时，梦见了维纳斯，弄湿我的寝具。
>
> 次日，我们乘坐马车行进超过24里的路程，然后在一座城中过夜，但这个城的名字我不能在诗中提及。不过，我完全可以给你们一些线索：此地出售在别处最为廉价的商品水，不过这里的面包至少是世上最美味的，那些经验丰富的旅行者通常打包许多条以备旅行之需。其实，卡努西乌姆（Canusium）的面包……有沙砾，该城没有丰富的水源。瓦里乌斯在这里悲伤地离开，留下他哭泣的朋友。
>
> 最后，我们终于到达卢比，但已精疲力竭，因为我们经过了一段长途旅行，阴雨又使旅途更为艰难。次日，天气转好，但通往垂钓之城巴里乌姆（Barium）城墙的路更加难行。我们的下一站是格纳提亚（Gnatia）……最终目的地布伦迪西乌姆，这是这次长途旅行的终点，同时也是我的手稿的终点。
>
> （《讽刺诗集》[Satires], 1.5.1-33, 37-51, 70-97, 104）

公元前38年的后半年，安东尼终于赶往东方，在小亚细亚和叙利亚尽享胜利。然而，三头之间的不和与不信任最终让他在公元前37年回到意大利他林敦。在那里，他与屋大维再次化解不和。"三头同盟"又一次重新确立，安东尼为屋大维与塞克斯图斯·庞培的战争提供舰队。作为回报，屋大维承诺为帕提亚战争提供2万名士兵。

在谈判期间，奥克塔维娅有助于保持气氛的融洽，因为这两个男人的耐心正在消失。奥克塔维娅再次怀孕，在安东尼要求她返回意大利之前，她最远将陪同安东尼东行到希腊。这样做有部分原因是出于她健康的考虑（事实上，奥克塔维娅要照看他们之前的婚姻留下的所有孩子），但是也有克莱奥帕特拉的原因。安东尼一回到叙利亚就将克莱奥帕特拉召至安条克城（Antioch）。显然，安东尼认为他与屋大维的关系已到尽头，在他与奥克塔维娅的婚姻中也得不到其他什么了。然而，他仍憧憬未来，克莱奥帕特拉和埃及是其中不可或缺的部分。克莱奥帕特拉陪他在安条克城过冬。他们将再不分开。

为女王做出的让步

与克莱奥帕特拉和解的代价相当高昂。甚至安东尼的朋友希律也被迫作出让步，她才得以获得塞浦路斯、吉里契亚（在小亚细亚）部分地区、叙利亚以及毗邻岛屿和城市。其中大部分区域此前即属于古老的托勒密帝国，拥有丰富的木材资源，可以用来扩充埃及舰队。这些"赠予"仍是罗马的附属邦国，并不属于安东尼所能给予的东西。安东尼正使埃及变得独一无二，即由一位强大的罗马恩主保护的自治同盟王国。显然，他认为自己可以为了自己的目的随意利用女王及其国家的资源。安东尼并未费神去与奥克塔维娅离婚，而克莱奥帕特拉很快怀上第三个孩子。他们大概按照埃及习俗成婚——若不是作为世俗的配偶，那么就是作为奥西里斯（Osiris；或狄奥尼索斯 [Dionysus]）神与伊西斯神的结合。

安东尼从未在战场上取得恺撒那样的个人成就，因此实现其目标的关键就是战胜帕提亚。亚历山大大帝与安东尼一样自称是赫拉克勒斯的后裔，他征服了帕提亚人的祖先波斯人。因此，势必出现他与安东尼之间的比照，克莱奥帕特拉又对这种比照进行大肆渲染。如果安东尼要让世界信服他强于屋大维，甚至是另一个亚历山大，那么，他必须在战场上展示其能力。在政治和军事上均准备就绪后，他于公元前36年5月从叙利亚动身前往帕提亚。

惨败帕提亚：局势发生转变

毫无疑问，安东尼的军队是迄至当时装备最为精良的武装之一。他于是年年末开始作战（在他做好准备之前冬天即将来临），但最后问题接踵而至。在亚美尼亚取得胜利后，安东尼进军米底（Media），计划围困伟大的财富之城弗拉斯帕（Phraaspa）。然而，当他接近帕提亚帝国（Parthian Empire）的中心时，"盟友"的叛离通敌、敌军的袭击以及恶劣的天气均同时出现，破坏他的计划。这场战争以灾难性的失败而告终。当安东尼率军返回叙利亚时，他的损失已近3万人。在人生最为关键的时刻，他未能达成所愿。他既不是亚历山大也不是恺撒。帕提亚人仍未被征服。安东尼的失败也削弱了自己与屋大维斗争中的地位。此前，他可以凭借自己的军事成功来应对那个缺乏经验的竞争者所占有的任何优势。此时，形势发生逆转。

正当安东尼为他所期待的战胜帕提亚而努力时，屋大维却无力击败心头

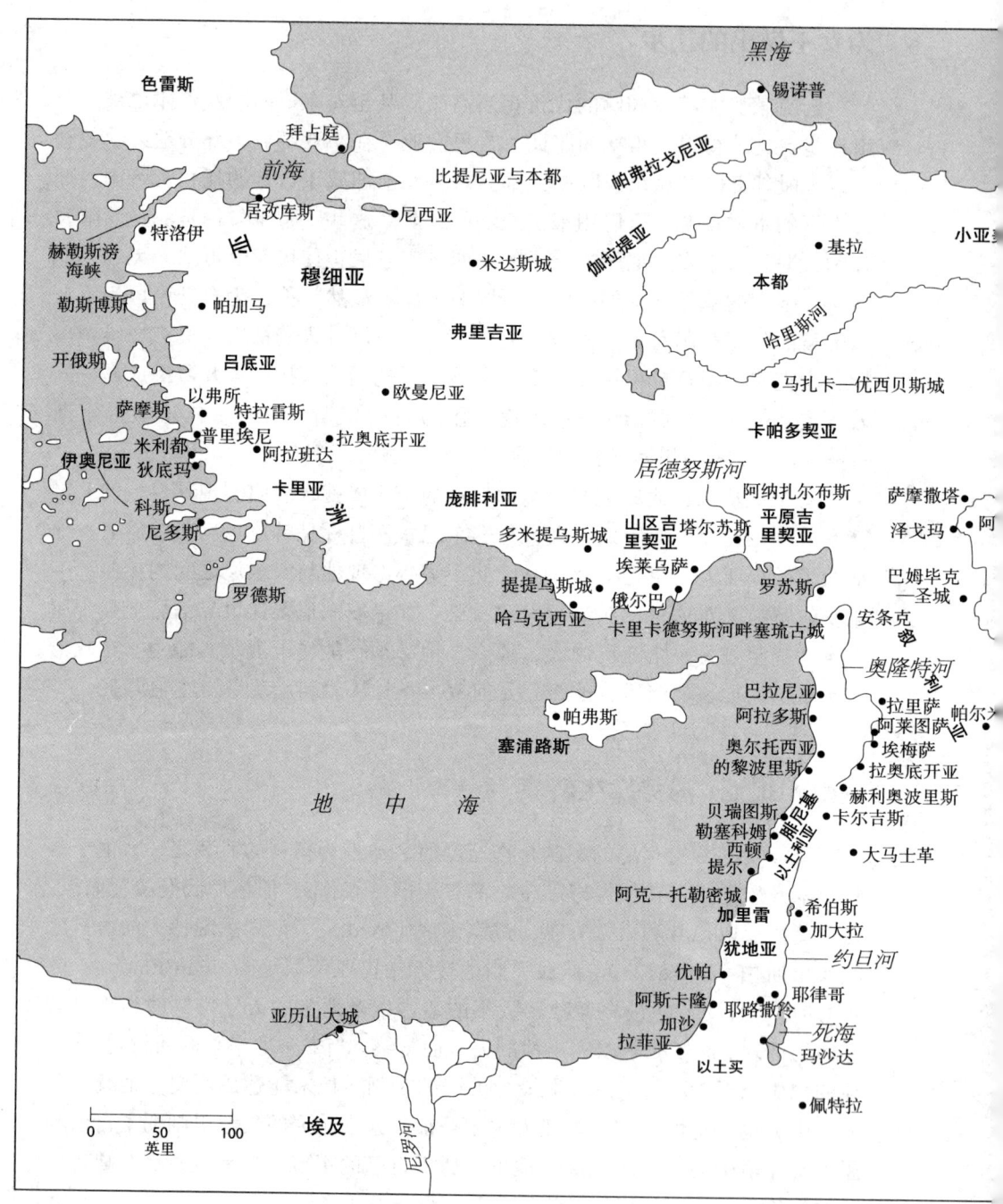

地图 14　帝国东部和帕提亚。

第 4 章 共和国的终结 127

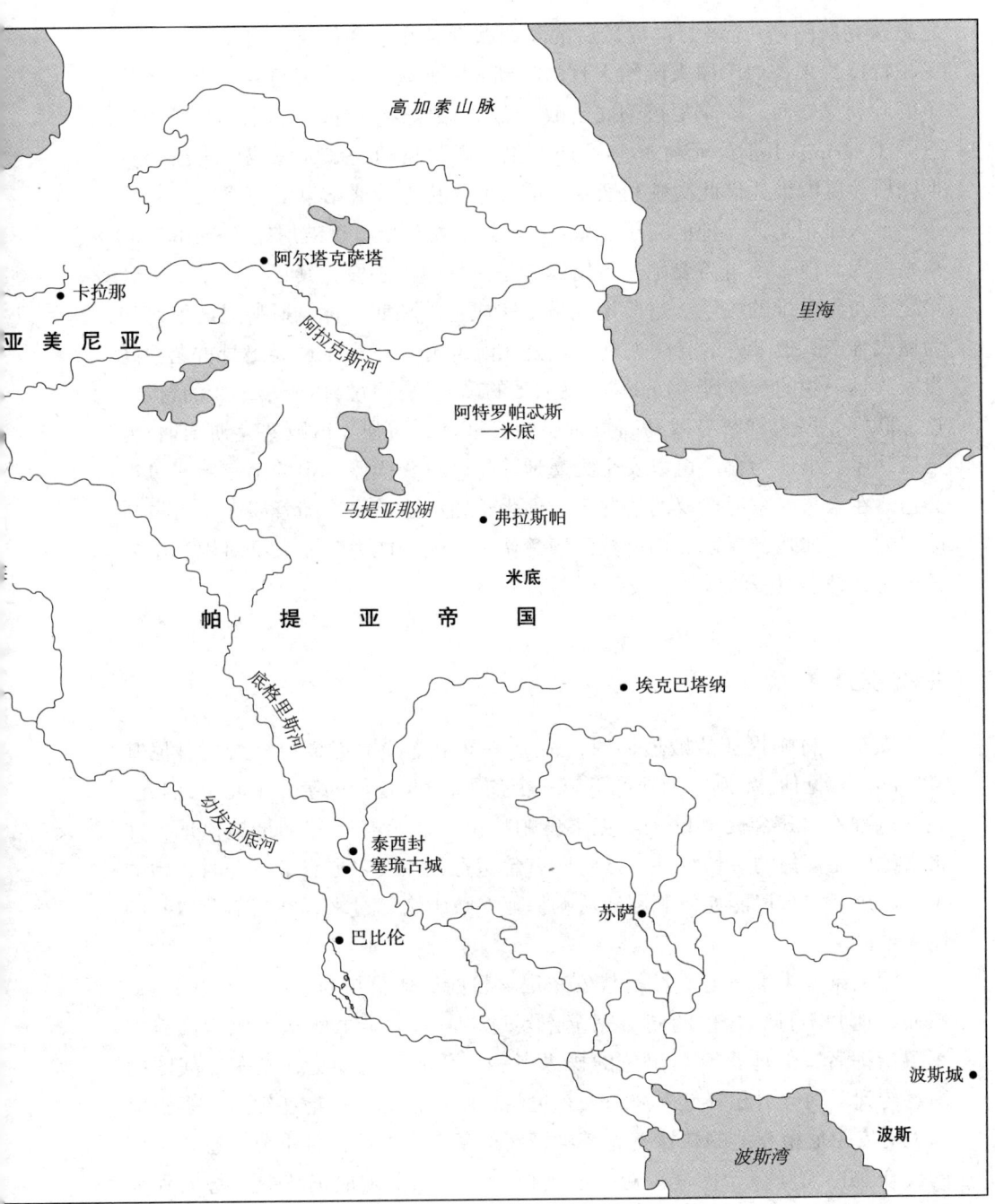

之患塞克斯图斯·庞培，这位最后的共和派叛党几乎令他要去自杀。在克莱奥帕特拉看来，似乎屋大维的末日即将到来，而她与安东尼将要取得这场斗争的胜利。然而，安东尼被彻底击败，而屋大维多年的故交、水军将领阿格里帕（Agrippa）于公元前36年在西西里海岸附近的一场大海战中击溃塞克斯图斯。屋大维凭借此次胜利恢复自信，并宣称他最终结束了内战。

屋大维很早便与他的妻子、塞克斯图斯的姑母斯科里波尼娅（Scribonia）离婚，因为他已不再需要她。该婚姻就是一种政治手段，其目的在于加强庞培之子与屋大维的关系。这段婚姻虽未完成它的预期目标，斯科里波尼娅却为屋大维产下他唯一的骨肉尤利娅。公元前38年，屋大维迎娶出身古老而高贵家族且美貌的李维娅（Livia）。屋大维的确爱她，不过，由于李维娅的背景，这一联姻令屋大维跻身罗马高贵阶层的资格得到增强。击败塞克斯图斯·庞培后，屋大维认为自己可以安全无虞地除掉"三头同盟"中的第三名成员雷必达。在未与安东尼商议的情况下，他强迫雷必达退出。随着屋大维力量与威望的不断加强，克莱奥帕特拉已清楚认识到他的能力。屋大维对她和她的孩子尤其是小恺撒的威胁愈发强烈。

艰难岁月

安东尼自帕提亚战败返回时，命克莱奥帕特拉携资金和补给到腓尼基（Phoenicia）见他。她刚刚为他产下第三个孩子，也是他们的第二个儿子，因此，她的行程不可避免受到耽搁。克莱奥帕特拉于公元前35年初抵达该地，并带来她所能募集的一切物品。她将所有希望寄托在安东尼身上，此时，她的未来取决于安东尼能如何顺利地从帕提亚惨败中恢复过来，并与节节取胜的屋大维抗衡。

屋大维并未准备好直接挑战安东尼。目前，他更想与之维持友好关系。然而，他并不打算让他的同僚完全恢复过来。屋大维虽然从未成为优秀的军事指挥者，但他是一名出色的操纵者和宣传者。他知道，安东尼战败的消息传到罗马会引起轩然大波，安东尼将面临信任危机。他还知道，多数罗马人对安东尼抛弃他的妹妹奥克塔维娅而选择克莱奥帕特拉十分反感。负面的公众舆论无疑将动摇这位对手的地位。不过，安东尼仍然拥有势力强大的支持者，因此他没有必要步步紧逼，或者采取任何行动来抬高自己。屋大维可以保守地将帕提亚的损失完全归咎于克莱奥帕特拉，同时仍然可以攻击安东尼。

至于奥克塔维娅,她仍是一位忠诚的妻子,照看着她与安东尼的孩子(她又为他产下一女)以及弗尔维娅的孩子,并为丈夫及其友人的利益而操劳。此时,她想在安东尼需要的时刻去看望他,并给予支持。屋大维意识到此举具有宣传价值,于是允许她前去,但只是象征性地派去一支武装。这在安东尼看来并非一种积极的姿态,而是一种侮辱:在公元前37年的他林敦会议上,屋大维承诺的是2万人!同时,屋大维有意将安东尼置于不堪一击的境地。安东尼为取得成功而依靠一名异邦女人,结果遭到失败;此时,一位高贵的罗马主妇正赶来拯救他。屋大维很清楚,由于克莱奥帕特拉的原因,安东尼不可能将奥克塔维娅接到东方。不出所料,安东尼指示她将援军——尽管数量极少——派给他并返回罗马。安东尼不想见她。屋大维达到了他所期望的目标。正如普鲁塔克所述:"[奥克塔维娅]毫无意识地给安东尼的声誉造成极大伤害,原因在于,他伤害这样一个女人,理所当然会遭到厌恶。"(《安东尼传,54.2》)

公元前35年春,安东尼和克莱奥帕特拉返回亚历山大城。此后3年,两人一直留在此地(除非有战事)。安东尼认为他之前在帕提亚的失败只是一次挫折,所以仍然打算惩治帕提亚人。不过,仍有其他问题困扰着他。克莱奥帕特拉依旧与犹地亚王希律不和,安东尼不得不适当地疏离自己的朋友去安抚克莱奥帕特拉。塞克斯图斯·庞培也是一个危险分子。他在西西里被阿格里帕击败后,塞克斯图斯逃往东方并在小亚细亚取得小胜。起初,他曾想与安东尼谈判,但是当他得知后者新近的一次失败后,便开始与帕提亚人秘密商谈。安东尼无法承受更多的纷扰。安东尼的一名将领俘获并处死了塞克斯图斯·庞培。剪除塞克斯图斯令屋大维很高兴,他祝贺安东尼消灭了这个叛逆。然而,罗马人不喜欢看到罗马人处死自己人。毕竟塞克斯图斯是庞培的儿子,许多人视他为共和国仅存的最后一丝希望。当时普遍存在一种看法,认为安东尼对塞克斯图斯应区别对待。

对安东尼来说,他在此期间应回到罗马,重新整合他的后盾力量,并澄清他所受到的一切指责。屋大维正忙于伊利里亚的战事,因此安东尼完全可以利用对手不在的时机采取利于自己的行动。他在元老院和意大利仍有很多支持者。不过,他并未动身前往。或许是与帕提亚人重新开战的计划阻碍了他的行动;或许是克莱奥帕特拉对安东尼上次前往罗马后所发生的事情记忆犹新,故而不想让他前去罗马。无论出于何种原因,安东尼最后留在了东方。

安东尼高估自己

公元前34年，安东尼入侵亚美尼亚，拉开了再次发动帕提亚战争的序幕。由于米底王终结了他与帕提亚王之间的同盟关系并承诺援助安东尼，因此后者的胜算大增。克莱奥帕特拉陪同安东尼远征至幼发拉底河（Euphrates River），随后折返亚历山大城。返回途中，她趁机巡视东方领地，并视察几处独立城邦和邦国，其中包括犹地亚。她拜访希律一定是在安东尼的敦促下才得以实现。据传，他们的会面热情友好（当然，有饶舌者称她试图引诱希律，希律则谋划杀害她！），但是他们彼此之间的看法与顾虑的转变却令人怀疑。

是年年末，安东尼从亚美尼亚凯旋。这并不是他所需要的重大胜利，却提高了他的声誉。他利用这次成功大做文章。亚美尼亚王身缚黄金锁链，在亚历山大城的凯旋式中示众。由于仪式不在罗马举行，因此其风格并不是罗马式的。它是在一座希腊化城市举行的希腊化"凯旋式"。安东尼被山呼为征服之神狄奥尼索斯，凯旋回到他的伊西斯克莱奥帕特拉身边。与往常一样，安东尼的行为使罗马人既震惊又困惑。

数日后，在一次壮观的正式庆典上，安东尼宣布克莱奥帕特拉是"众王的女王"（Queen of Kings），承认她曾是现已神化的恺撒之妻；同时宣布小恺撒为"众王之王"（King of Kings），承认他是恺撒的嫡子。据说，安东尼是为了保护恺撒的利益而发表这一最终声明；因为虽然屋大维系恺撒过继之子，但他一直在篡夺恺撒并未打算让他拥有的权力。此外，克莱奥帕特拉与小恺撒（托勒密十五世）将共同统治托勒密帝国，小恺撒仍从属于他的母亲。

克莱奥帕特拉为安东尼所生的三个孩子也被赋予特别头衔和统治区域。两岁的"爱姐妹者"托勒密（Philadelphus）将得到叙利亚和从赫勒斯滂（Hellespont）到幼发拉底河的土地；他六岁的哥哥亚历山大将得到亚美尼亚、帕提亚以及幼发拉底河以东直至印度的所有地区。他们的妹妹小克莱奥帕特拉将得昔兰尼加（Cyrenaica；位于利比亚），可能还有克里特（Crete）。在这个帝国统治阶层的顶部便是安东尼自己。他正扮演着双重角色。在东方希腊，他广受爱戴，饱享安乐。他与克莱奥帕特拉是无可匹敌的一对，能够使埃及和希腊化世界重获罗马到来之前的荣耀。对罗马人来说，安东尼是三头之一，是屋大维的同僚，也是罗马东部帝国的统治者和罗马利益的保护者。普鲁塔克的记述甚为精妙，他称亚历山大城的人"常说安东尼面对罗马人佩戴的是他的悲剧面具，面对他们则佩戴喜剧面具"（《安东尼传》，29.2）。

安东尼对克莱奥帕特拉及其子女的遗赠，即所谓"亚历山大城的赠礼"（Donations of Alexanderia），相当浮夸。他如此慷慨赠予的领土甚至有大部分并未被征服——同时也没有任何能够征服他们的保障。他用其子女所替代的那些统治者是罗马的友邦和盟邦。例如，昔兰尼加自公元前67年起就是罗马的行省。安东尼在安排着那些并不属于他去安排的邦国（States）和君主国的未来。当然，他应该首先与元老院商讨。即使他认为东方最好应由东方人统治，然而根本问题是罗马是否愿意接受克莱奥帕特拉及其家族作为帝国一处广大地区的统治者。如果他认为罗马愿意如此，那么他留在东方的时间过长了。

东方一直是威胁罗马安全的根源所在。苏拉击败本都反叛国王密特里达提后，率领其军团从东方返回，致使罗马爆发公元前80年代的灾难性内战。较为晚近的一次是，当庞培于公元前62年在东方设置行省后宣布他正同其军队返回罗马时，许多人认为他将试图推翻政府。甚至从东方，尤其是犹地亚，传出的救世主预言并未被迷信的社会所忽视。对于他们所听说的有关克莱奥帕特拉的性欲、迷人的天性以及埃及宫廷的奢华等传说，保守的罗马人也摇头叹息。众人自然认为这个女王使安东尼失去了理智，他与他的埃及淫妇正准备纠结东方（Orient）人力向罗马进军！屋大维找到了富有成效的方法引发此类过度狂躁的情绪，安东尼遂被塑造成一个相当堕落的人：

> 由于安东尼的癫狂无法因其野心的满足而消失，便只能通过奢靡与放纵结束。帕提亚远征之后，他对战争心生反感，过着安逸地生活，耽迷痴恋于克莱奥帕特拉，在她高贵的臂弯里休养生息，似乎他的一切都很顺遂。这个埃及女人要求这个迷醉的将领以罗马帝国作为她眷顾他的代价；这个安东尼竟应允她，就像罗马人比帕提亚人更容易被征服。因此，他开始谋求统治权——但不是为他自己，并且不再以私密的方式进行；然而，他忘记了他的国家、他的名字、他的托迦及其官位标志，很快他彻底堕落成为一个恶魔，无论在情感上还是在穿着与装束上。他手中握的是黄金权杖，身侧配一把弯刀；他所穿的紫袍上镶有巨大宝石；只差一顶王冠，否则使他俨然成为一个与女王调情的国王。

（弗罗鲁斯 [Florus]，《罗马史》[Roman History]，2.21.1-3）

积聚中的风暴

公元前34年底，屋大维自伊利里亚返回，并获悉安东尼对克莱奥帕特拉及其子女的安排。起初，他并无任何表示；但就任公元前33年的执政官后，他公然发起攻势。安东尼的"赠予"堪称骇人听闻，是以，屋大维认为自己没有必要再礼让或妥协。同时，他利用自己在伊利里亚的胜利反衬安东尼对帕提亚的失利。两人均有各自的支持者，谴责、反谴责、中伤与非难的混战席卷地中海地区。然而，在过去十年间，安东尼的行为与屋大维不同，是与罗马对立的。这最终成为他身败名裂的祸根。他与克莱奥帕特拉联合也是与罗马对立，维吉尔后来在其史诗《埃涅阿斯纪》中强调了这一点：特洛伊王族埃涅阿斯是维纳斯之子，同时也是恺撒的先祖（因此也是屋大维的先祖），他抛却对非洲女王的爱恋，因此他得以实践自己的宿命，在意大利开创罗马民族。他为罗马的未来而牺牲个人的情感。安东尼并未效仿此举，并且无视奥克塔维娅这位高贵的罗马女子。对安东尼来说，重建托勒密帝国，割让罗马人的领地与财产，看似永久定居于异邦之都——而且这座都城的规模与光辉与罗马城相比有过之而无不及，这些行为都是与罗马对立。

安东尼与屋大维之间的交锋似乎不可避免，于是，安东尼采取措施以防帕提亚人在他远离期间实施突围，随后调动军队启程前往西部。克莱奥帕特拉率其舰队与安东尼会师后，安东尼在罗马亚洲行省的以弗所（Ephesus）过冬。与此同时，他正在集结的武装力量无论以任何标准评价均令人印象深刻：500艘战船（其中200艘来自克莱奥帕特拉），300艘商船，30个军团（约75000人），25000名轻装步军和12000马军。如果罗马元老院能认可这份"赠予"，他大概仍希望可以避免冲突。他也曾两次提出，如果屋大维愿意放弃三头的权力，那么他也可以同样放弃（不管怎样，"后三头同盟"将在公元前33年终止）。他的提议并未带来任何结果。双方仍继续相互指责对方试图毁灭共和国。

公元前32年初，执政官和近三百名元老离开罗马投奔安东尼。此举的原因在于屋大维对他们的朋友发起进一步的攻击，而此时的屋大维出席元老院会议均率卫队同行。有些人认为屋大维与安东尼作战无法取胜，抑或认为安东尼是两害相权其中之轻者。安东尼已没有理由继续维持体面，正式与奥克塔维娅离婚。克莱奥帕特拉已为此刻等待多年，但这次离婚只是疏离了更多的罗马人。

屋大维提供了一份他自称为安东尼遗嘱的文件（依照罗马风俗，应存放在罗马的维斯塔贞尼［Vestal Virgins］处）。他向元老院宣布，这份遗嘱中的条款承认小恺撒为恺撒之子并选定安东尼与克莱奥帕特拉所生子女为继承人。他声称，安东尼还在遗嘱中要求将来葬在埃及。没有人对前两项条款感到惊讶，最后一条则令人出乎意料。没有哪个罗马人会提出这种要求。屋大维对此点进行特殊强调，最终明显取得了预期效果。甚至那些认为屋大维宣读这份遗嘱不合时宜的元老也表示愤慨。

这份存有争议的材料是否确实是安东尼的遗嘱我们不得而知，但的确值得怀疑。安东尼清楚，他不能令他与克莱奥帕特拉的子女成为合法继承人；他也知道，鉴于罗马当时的形势，这份文件并不安全，其中的内容可能会泄露。除非他是一个彻头彻尾的傻瓜，否则他绝对不会对自己的安葬提出如此要求。屋大维可能只是利用有这样一份文件存在的事实而已。

图4.8 屋大维，系此处所述事件发生之时的形象。（卡皮托利努斯博物馆，罗马）

亚克兴战役前夕

当安东尼在东方调动兵力备战时，其备战速度和范围令屋大维忧心忡忡，因为屋大维补给匮乏，不得不采取不受欢迎的征税之法来筹措军费。与此同时，他继续针对克莱奥帕特拉的宣传运动。例如，她与安东尼一同出现在以弗所总部，此举为屋大维提供了丰富的素材。安东尼被指

> ……在其对克莱奥帕特拉的行为举止中还存有大量其他的过分之举：他将帕加马的数座图书馆送给她，其藏书达二十万卷册；在一次有大量客人出席的宴会上，他从自己的位子上站起为她的双脚涂油，显然

是在兑现某种约定或赌注；他允许以弗所人（Ephesian）在他面前以君主之礼敬拜克莱奥帕特拉；正当他坐在审判席审判国王和地方长官时，他多次收到她写在玛瑙或水晶板上的情书，并公开宣读；另一次，当极富声望的罗马一流演说家弗尔尼乌斯（Furnius）正在为某案件辩护时，恰巧克莱奥帕特拉乘轿舆穿过广场，于是安东尼从审判席上跳起，走出法庭，紧握她的轿舆，陪同克莱奥帕特拉继续前行。

（普鲁塔克，《安东尼传》，58.5-6）

此类故事通常并无根据，但是仍然影响到罗马的公众舆论。

在安东尼的多数罗马幕僚看来，克莱奥帕特拉已成为政治及军事上的不利因素，她的存在正破坏他的事业。他们曾不止一次地建议安东尼将克莱奥帕特拉赶走，但他从未采纳。夫妇二人搬到萨摩斯岛（Samos），逗留期间主办了一场盛大的戏剧与音乐赛会。轻松的节庆气氛似乎说明，即使战争的阴云正在聚拢，安东尼却并不在乎——他对胜利胸有成竹。正如普鲁塔克所述："若征服者以如此奢华的节庆来纪念备战，那么他们将如何欢庆胜利呢？"（普鲁塔克，《安东尼传》，56.5）

公元前32年5月，正当大军移师希腊时，安东尼与克莱奥帕特拉也抵达雅典，并将在此过夏。一定是在这个时候，安东尼决定与奥克塔维娅离婚，因为他不希望令雅典人在面对克莱奥帕特拉时不知如何举止得体。此前，安东尼曾与奥克塔维娅居留雅典，后者广受希腊人爱戴。此时，他希望希腊人能同样善待克莱奥帕特拉，而这座城并未令他失望。虽然克莱奥帕特拉幼年时大概曾随父亲在该城避难，但雅典人之前从未接待过一位埃及女王。

安东尼在雅典期间，他的长子同时也是其首要继承人安提鲁斯（Antyllus）前来与之会合。此时安提鲁斯是个十几岁的少年，系弗尔维娅所生，由奥克塔维娅抚养长大。他来后谈及奥克塔维娅对自己的种种关怀。他的出现大煞风景，时刻提醒克莱奥帕特拉要达到目的仍需要克服很大的阻碍。安东尼在意大利的朋友也奉劝他将克莱奥帕特拉送回埃及：

……他们派遣他们当中一位名叫盖米尼乌斯（Geminius）的人去劝说安东尼，不要再袖手旁观，而任由他自己被淘汰出局并被宣布为罗马的敌人。然而，一俟他在希腊登陆，克莱奥帕特拉便怀疑他是为奥克塔维娅做事的代理人。在她的安排下，他受到百般羞辱，晚宴时其座位在最低级的位置，并遭到恶作剧的戏弄。盖米尼乌斯以极大耐性忍受这些羞辱,并等待机会与安东尼交谈。但是,当他被召去说明他此行的原因时,他们正在就座用餐;于是,盖米尼乌斯回答,他将在一个较为郑重的场合再说明来意,不过,无论是郑重场合还是酒宴,他要说一点,这便是,若将克莱奥帕特拉逐回埃及,将一切顺遂。安东尼听到这个回答大发雷霆,但克莱奥帕特拉插话道:"盖米尼乌斯,你做得很好,未受拷打便坦承实情。"无论怎样,盖米尼乌斯数日后便逃回罗马。

(普鲁塔克,《安东尼传》,59.1–3)

公元前32年底,屋大维得以剥夺安东尼曾拥有的一切罗马职权,并接受意大利人的效忠誓言。此时,安东尼被视为一介平民;他的行动不再得到罗马法律的支持。如果他继续在这条路上走下去,他便只是一个以东方女王的兵力威胁罗马未来的海盗头目。尽管如此,屋大维总是担心引发负面影响,便小心谨慎,从未正式向安东尼宣战。当战争宣言最终发出时,其矛头直指克莱奥帕特拉。对于罗马人来说,她便是他们眼中一切邪恶的代表。宣战仪式由屋大维本人执行,因为他是负责宣战的古老祭司团(fetiales)的成员之一。决战将在希腊亚克兴上演。

亚克兴战役

有人认为安东尼进军亚克兴是一次令人费解的失误;通过事后反思,他们责备他没有在其处于优势地位时挥师意大利。他们认为,由于安东尼在希腊坐等屋大维,从而令其对手有时间备战并最终击败自己。然而,没有任何证据表明安东尼曾计划入侵意大利。早在数年前,屋大维在布伦迪西乌姆阻止其登陆时,他便已清楚看到入侵意大利的困难程度。在故土作战没有任何好处。如果意大利惨遭战争蹂躏,安东尼便无法再期待得到其罗马支持者的热情拥戴。此外,由于屋大维控制着伊利里亚,因此从陆路入侵意大利的可能性完全不存在。同时,安东尼的兵力来自东方,如果他过度深入西方地区,其供给将迅速耗尽。刚刚经历帕提亚惨败的他得到教训,不能过度依靠盟友。帕提亚本身仍是心腹之患。为防不测,安东尼自己屯兵于意大利与亚洲之间当属明智的军事策略。

因此,安东尼的计划便是驻军希腊,引屋大维前来。他将横跨亚得里亚海(Adriatic)运送兵力的沉重负担抛给他的对手。他大概认为,这一艰巨

图 4.9　阿格里帕——亚克兴胜利的缔造者。

的任务，加之他庞大的海陆武装所起到的震慑作用，足以威吓屋大维，从而令后者无法顺利集结必需军力与之对抗。安东尼与克莱奥帕特拉一同在希腊静待敌军；而此地已两次成就安东尼取胜——在法萨卢击败庞培和在腓力比战胜那些阴谋者。他没有理由会想到，在这即将结束由恺撒开启的一个时代的第三场交锋中，他不能继续取胜。

安东尼对屋大维的个人军事才能判断准确，虽然有所提高但仍不突出。然而，安东尼本应更加关注屋大维的水师将领阿格里帕，因为后者已为他的朋友策划了一系列胜利，其中最令人瞩目的就是对塞克斯图斯·庞培的决定性胜利。阿格里帕可能是罗马有史以来最为出色的水师将领，正是他使安东尼身陷窘境。直到战役真正在希腊西北海岸的亚克兴打响时，安东尼已经是一名败者。

公元前31年初春，阿格里帕从意大利起航。他设法避开直通希腊的航线，令安东尼措手不及。阿格里帕迅速占领位于希腊西南部的沿海战略基地梅索涅（Methone），切断安东尼通往埃及的补给线。阿格里帕又突袭其他沿海军事基地。安东尼立即陷入没有可靠粮食补给的危险境地，他的舰队从执行首要任务之地撤出，用以满足保卫基地之需，以防阿格里帕突袭。正当安东尼忙于应对之时，屋大维率其主力部队穿过伊利里亚进入希腊。他已经赢得舆论宣传之战；他也要赢得此役。

当屋大维抵达亚克兴时，安东尼和克莱奥帕特拉也从帕特莱（Patrae）进驻于此，并建立大本营。屋大维将军营设在亚克兴的对岸，位于阿姆布拉吉亚湾（Ambracian Gulf）入口的北岸，安东尼的大部分战船停泊在该海湾。屋大维试图对安东尼的舰队发动突然袭击，虽然并未成功，但并无大碍。无处不在的阿格里帕很快巩固海岸并完全控制希腊的西部海域。安东尼的舰队被困于阿姆布拉吉亚湾。

安东尼渐趋绝望。他被团团围困,缺乏食物与补给,而且他并未得到当地希腊人的怜悯,因为后者被迫提供他们本来就匮乏的东西。与此同时,他的对手与意大利之间的交通并未中断,并从当地溪流获取淡水。安东尼所部来自不同民族,开始躁动不安,难以驾驭。夏日的高温、疟疾和痢疾导致其水手数目锐减,弃舰逃离现象开始出现,其中不乏重要人物,这些均对安东尼产生不利影响。整顿军纪的措施未见成效,安东尼也无法促使屋大维应战,因为后者清楚此时他只需等待。

8月末,安东尼试图打破阿格里帕封锁的行动均告失败。部下军官力劝安东尼以陆战做彻底了断,因为安东尼更胜一筹的军事才能和更为强大的军队在陆战中将具有决定性作用。如果考虑到阿格里帕的作战经验和安东尼舰队的现状,海战确属鲁莽之举。有人认为克莱奥帕特拉不会支持陆上作战;此举的后果或是牺牲她的舰队或是将她与安东尼分开,因此她对这个计划不

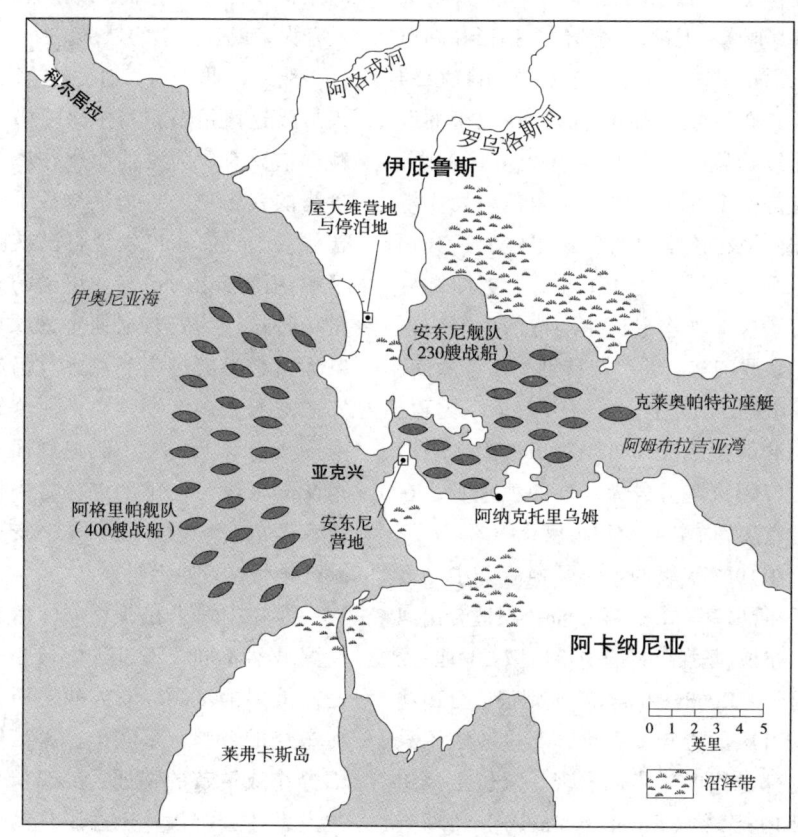

地图 15
亚克兴战役。

从现实和影片中看罗马人 III：克莱奥帕特拉与亚克兴战役

1963年的史诗电影《埃及艳后》远远好于评论界的普遍评价，尤其是其上部。至少，较之1934年由德米尔（C. B. DeMille）执导的同名电影，观众看过前者后能更好地理解当时罗马—埃及历史上的主要人物和事件，而后者虽然至今仍有好评，但具有较强的喜剧因素，不过不是有意为之。1999年霍尔马克（Hallmark）的电视作品试图再度以克莱奥帕特拉为对象，在当时事件的背景下塑造其形象；但是，这部作品拍摄和制作欠佳，几乎被人遗忘。克莱奥帕特拉的最新形象出现在特纳电视网（TNT）的电视连续短剧《恺撒》（2003年6月）中，但只是一个荡妇形象的小角色。如往常一样，她在该剧中的形象比她的马其顿血统和长相（参见第108页）更加奇特美丽。这部剧作本身比期待的要好，再现了某些细节，并引起特别关注。然而，纵观全剧，其恺撒一角（年轻而不秃顶）的表演简化单一，错误百出，塑造的形象类似邻家宅男成为罗马的独裁者，在他与克莱奥帕特拉交往中腐化堕落。

在1963年版的《埃及艳后》中，雷克斯·哈里森（Rex Harrison）很适合出演高大秃顶、坚强机智的中年恺撒。罗迪·麦克道尔（Roddy Mcdowall）则很适合出演软弱可厌的青年屋大维，不过他应该只在这部电影的后半部出现。两位主演伊丽莎白·泰勒（Elizabeth Taylor）和理查德·伯顿（Richard Burton）在戏外的风流韵事引发人们对这部电影的诸多评论，遗憾的是有关安东尼与克莱奥帕特拉的逸闻已先行提供了谈资。我们无需再去论及伊丽莎白·泰勒与克莱奥帕特拉之间缺乏相似的外貌特征。理查德·伯顿也是矮小版的安东尼，不过他的确还原了原始人物的多方面特征，尤其是该人物嗜酒的特点。此外，我们发现，影片中的人物、背景乃至细节或错置、或遗漏、或夸大，或是简单的杜撰。

然而，此处所关注的是影片中亚克兴战役这段情节。其中，阿格里帕以一艘据信载有屋大维的旗舰作诱饵，引诱急躁的安东尼去追击这个敌手，于是扭转战局。当安东尼发现自己被骗入阿格里帕的圈套为时已晚。更糟的是，克莱奥帕特拉认为安东尼遇害，遂乘坐她的巨大黄金游艇逃离亚克兴。仍然活着的安东尼看到她渐渐驶离，便全然不顾自身职责，登上一艘小艇追她而去。他的军队陷入没有主帅的混乱之中，这场战役演变成一场灭顶之灾——安东尼与克莱奥帕特拉开始走向灭亡。

影片中发生在亚克兴的情节与实际情况截然不同，不过其中最令人关注的是对战船的刻画，双方战船照例相互弹射燃烧的弩弹。事实上，火与烟成为大部分作战情节的特征，战船似乎只有先被点燃才会沉没。也许影片制作者是从

图 4.10　在亚克兴战役前数月时间里马可·安东尼发行的军团狄纳里币，币面图案系一艘罗马战船。

《宾虚》中得到的启示，因为后者的战船作战时同样使用了壮观的火球。

遗憾的是，在真正的罗马海战中，使用烟火的证据十分罕见。历史著作家狄奥（Dio）在描述亚克兴战役时的确提到（50.34.1ff.；50.29.4），屋大维的战船将装满木炭和沥青的火罐投向安东尼的舰队。然而，狄奥同时指出，此举完全不合常规，只是一时兴起的想法。直到战斗后期才考虑使用火罐，并且后来只是在绝境冲杀时才会使用。由于战船系木制而成，极为易燃，在通常情况下，船上不允许装载任何易燃材料。在此役中，屋大维必须小心翼翼地将这些燃烧物从附近军营运至船上。狄奥进一步指出，屋大维手下人员只有在已将敌方逼入绝境时才会使用这些燃烧弹，即便如此，也不能保证击中者即是他们所瞄准的目标。事实上，安东尼的部队能够使一些火罐转向，这说明它们系从近距离抛出，而且运行缓慢。此外，火并非一种可与之协作行动的工具，它所产生的毁灭性后果十分恐怖，这样便不可能扑救燃烧的敌船或船上任何有价值的物品。事实上，那些试图扑救者所面临的危险与那些遇难者所遭遇的危险不相上下，因而，双方均有众多人员在不可控的大火中丧生。

我们应得出结论：在《埃及艳后》中亚克兴战役的双方战船在开阔海面上相互投掷燃烧弹的壮丽场面，是绝不可能发生的。再一次强调，好莱坞创造了历史上从不存在的盛大场景。

会感兴趣。安东尼大概完全出于个人因素最终决定进行海战。另一方面，屋大维已经拒绝安东尼此前提出的陆上作战的提议，此时他也没有理由会改变他的作战计划。是安东尼而不是他陷入困境。他也没有理由让自己的军队身陷险境。因此，事实上，留给安东尼的唯一出路便是逃离。从陆路逃跑相当困难，同时，也不可能确保储藏在克莱奥帕特拉的旗舰"安东尼号"（Antonias）上的大量财宝得到安全转移。如此一来，它们将落入屋大维之手。安东尼**不得不**以其舰队进行冒险。他在亚克兴的作战策略不是为取胜而是为逃亡所定。所有非必需（或无用）的船只与装备均被付之一炬。

公元前31年9月2日，安东尼率230艘船只（克莱奥帕特拉原有的200艘船只已减至60艘）驶出阿姆布拉吉亚湾，与屋大维和阿格里帕的400艘战船对抗，但其中有些船只并未配备足够人员。安东尼的舰船上有约20,000兵卒，2000名弓箭手和投石手，而屋大维有近40,000人的军队。双方绝大部分军队成为观战者，在海岸上观看整个进程。

安东尼的舰队行进成半月形编队，安东尼位于右翼，他的高级将领索西乌斯（Sosius）位于左翼。经过精心安排，中路看似薄弱，因为克莱奥帕特拉转载财宝的舰船恰好位于其后。其目的可能是要吸引敌方两翼船队远离中路，从而为克莱奥帕特拉留下余地，扬起船帆并借午后风力逃出。安东尼及舰队余部将甩掉追兵紧随其后。

安东尼这一计划成功与否取决于敌方是否会忽略其船舰上的船帆。准备作战的船只一般不会准备船帆，因为船帆需存放在甲板上，这在海战中是完全没必要的沉重负担。一旦安东尼的船队扬起风帆，阿格里帕的舰队便无法追赶。然而，一些逃兵将安东尼的计划透露给屋大维，阿格里帕便组织舰队阻止对手逃跑。他并未与安东尼交战，而是与之僵持，迫使后者要么退回锚地要么出来应战。虽然军力远逊于对方，但安东尼没有其他选择，只能应战。他再次给屋大维以可乘之机。中路的薄弱战线仍为克莱奥帕特拉提供了逃脱的机会，她成功突围至安全地带。

由于克莱奥帕特拉与其载有财宝的船只已脱离危险，安东尼便转乘另一艘大概比他的旗舰更为快捷的舰艇。他也成功脱逃，但其船队近四分之三的船只或是沉没或是被俘。尽管失去了舰队，但安东尼和克莱奥帕特拉一定仍然认为他们能够赢得这场战争。他们的逃脱也堪称一种成功。然而，安东尼不久便了解到屋大维已取得他绝大部分军团的支持。这大概是亚克兴战役最为严重的后果。此时再没有获胜的希望。

终结即将来临

亚克兴战役之后，克莱奥帕特拉被刻画成抛弃爱人并从战场逃脱以保全自己的自私的东方女王。安东尼则被刻画成被爱迷惑的男人，抛下自己的水师和军队随她而去。这场战役本身也成为决定西部世界命运的斗争，屋大维的形象相应得到颂扬，不久之后他便成为奥古斯都·恺撒。维吉尔在《埃涅阿斯纪》中（8.675–713）赋予亚克兴战役诗性的不朽。

屋大维可能打算立即追击安东尼和克莱奥帕特拉，但他不得不首先重建东部地中海地区的秩序并巩固他的力量。意大利的安全问题面临更为严峻的威胁，因为屋大维的老兵开始抱怨他们没有得到服役酬劳，并迫使屋大维返乡作出承诺。对于屋大维来说，攫取埃及的财富已势在必行。

与此同时，克莱奥帕特拉和安东尼正在埃及努力克服绝望情绪，试图装作若无其事，集结依然巨大的埃及资源去反击屋大维。具有讽刺意味的是，他们还举行庆典作为小恺撒（托勒密十五世）和安东尼之子安提鲁斯（虽然后者只有14岁）时代开始的标志。提升小恺撒的地位说明克莱奥帕特拉决心已定，托勒密王朝在埃及的统治仍将继续，并且已有一名成年男性能够作为国王主宰这个国家的命运。随后她将为此举而追悔，因为对于屋大维来说成年的小恺撒较之未成年时更具威胁性。克莱奥帕特拉将把他送到埃塞俄比亚（Ethiopia），他从此地再向东行进，目的地大概是印度；如果屋大维占领埃及，那么她将在那与小恺撒会合。随着东部世界站在屋大维一边，不再为后者的敌人提供帮助，致使一切出逃或重振的企图均告失败。小恺撒被俘，大概在克莱奥帕特拉死后被处死。安东尼与克莱奥帕特拉所生的三个子女得到宽宥，由奥克塔维娅抚养。

当屋大维开始对埃及发起最后攻击时未遇任何抵抗。叙利亚极力争取获得他的好感，甚至安东尼的故交希律竟然敞开经犹地亚通往埃及边境的大门。屋大维早已接待其锐气尽失的敌手遣来的使者，其中有两次来自克莱奥帕特拉，一次来自安东尼，这表明他们甘愿订立协约。屋大维接受了他们呈送的物品，但并未对他们的提议给予明确答复。其间，屋大维大概承诺克莱奥帕特拉，若处死安东尼，则会保证其安全。迄至7月末，屋大维已进入埃及并抵达亚历山大城远郊。安东尼在一次小规模战斗中凭借其马军取得小胜，但这只是一次精神上的胜利。随之而来的是向屋大维的军队做出收买的承诺以使其离开，同时安东尼提出单独挑战屋大维进行决斗。屋大维的回应则是暗示安东尼应该自杀。

安东尼之死

安东尼已没有选择的余地，他整顿所余军队和水师，准备在8月初进行决战。普鲁塔克曾记载一则不足凭信的轶事，记录了这场战役前夜亚历山大城诡异可怕的气氛：

> 故事发生在那晚的午夜时分，当一切都安静下来，为即将到来的命运而沮丧和恐惧的氛围笼罩着整座城，突然传来一首绝妙的乐曲，似乎来自于包含每种乐器的合奏，曲调和谐，同时还交织着巴库斯信徒（Bacchanals）的叫喊和萨蒂尔狂热的跳跃构成的杂乱呐喊声，好似一群饮酒狂欢者正在离开城市，一边走一边喊叫欢唱。行进路线似乎穿过城市中心直指通往敌营的外城门；在此，这些声音达到高潮，随即消失。那些试图探究这一奇观内涵的人认定，狄奥尼索斯神，也就是安东尼宣称是其后裔并最爱仿效的神，已抛弃他。
>
> （《安东尼传》，75.3–4）

狄奥尼索斯的确已抛弃安东尼，因为战斗再未发生。安东尼的舰队和马军离开他转而投靠屋大维。他的步军四散逃走。屋大维以胜利者的身份开进亚历山大城。至此，"罗马革命"结束。后来，屋大维采用奥古斯都之名并成为罗马首位皇帝之后，他使用该称号命名这个吉利的月份。

安东尼与克莱奥帕特拉生命的最后时刻被赋予太多传奇色彩，我们很难弄清到底发生了什么。情况似乎是，克莱奥帕特拉闻听安东尼失败后，她将自己（连同她的大量财宝）锁在墓中，这个陵墓是依据埃及习俗早已为她准备好的。安东尼误以为克莱奥帕特拉已经自杀，他企图说服他的仆从杀死他，但未遂（仆从厄洛斯［Eros］将刀锋转向自己），于是他自己以剑自戕。不过，在他断气之前克莱奥帕特拉的侍从狄奥美德斯（Diomedes）找到他，并告诉他克莱奥帕特拉仍然活着，希望他能去找她。普鲁塔克对安东尼的弥留时刻有如下记述：

> 当他得知克莱奥帕特拉仍然活着，安东尼急令奴隶抬起他，于是他们用手臂把他抬到墓室门口。即便此时，克莱奥帕特拉也不允许打开门，但她从窗口现身，并放下粗细绳索垂到地面。奴隶用绳索绑紧安东尼，两名女侍帮助女王把他拉上去，这两名侍从是她唯一允许陪同她进入陵墓的人。当时在场者称，安东尼的状况惨不忍睹，浑身是血，在死亡线上垂死挣扎，整个人在空中无助地摇摆，双手伸向克莱奥帕特拉。应付此类情况完全超出一个女人的能力范围，克莱奥帕特拉只有使出浑身解数，双手紧握绳索，脸部肌肉因用力过猛而扭曲，才把他拉上去；地面上的人们则用喊声为她加油，为她分担痛苦。她把他扶起后将他放倒在床上，她撕下自己的衣服覆盖在他的身上，捶胸自残，还把安东尼伤口

流出的鲜血涂在自己脸上。她称他为她的主宰，她的丈夫，她的君王，对安东尼的怜惜几乎使她忘却了自己的不幸。安东尼使她从悲痛中平静下来，要了一杯酒，可能是因为他口渴或是他希望这样能加速死亡。他喝完酒后，劝她赶快考虑自己的安危——如果她能够体面地自保。他告诉她，在恺撒的［屋大维的］所有同伴中，她最多能够相信普洛库莱尤斯（Proculeius）。最后，他乞求她不要为他命运的惨变而悲痛欲绝，而应该为他所赢得的荣耀而感到欣慰，应该记住他已经赢得世上所有人中最伟大的声名和权力，因此，现在作为一名被另一个罗马人征服的罗马人而死，并非羞耻之事。

（《安东尼传》，77.1–4）

讽刺的是，尽管屋大维取得胜利，但安东尼仍将在新秩序中留下印记。通过他与奥克塔维娅的女儿，他成为皇帝克劳狄的外祖父，皇帝卡里古拉的曾外祖父，以及皇帝尼禄的曾曾外祖父。

克莱奥帕特拉之死

据说，当屋大维获悉安东尼死亡的消息时，他饮泣悲叹。随后，他命令普洛库莱尤斯去见克莱奥帕特拉；此人刚好在引文中提过，安东尼建议克莱奥帕特拉信任他。他受命活捉克莱奥帕特拉并保护她的随身财产。普洛库莱尤斯是屋大维的首席外交官兼挚友麦凯纳斯的内兄。麦凯纳斯此人曾参与多次重要事务，其中包括商订公元前40年的布伦迪西乌姆协定。在此事件中，他应为普洛库莱尤斯感到骄傲。普洛库莱尤斯令人佯装和谈——人们可通过墓门上的一处格栅对话——分散克莱奥帕特拉的注意力，他则固定一架梯子攀援而上，然后从克莱奥帕特拉将安东尼拉上去的窗子进入墓中，捉住克莱奥帕特拉。于是，屋大维达成他所期望的一切目标，埃及的财富成为他的个人财产。

图4.11 屋大维于公元前28年发行的狄纳里币，以庆祝"对埃及的占领"（Egypt captured）。图中为背面的鳄鱼图案。

克莱奥帕特拉的精神与气力开始衰弱，

被安置到皇宫,并获准安排安东尼的葬礼。据说,屋大维尽力保证她的安全与舒适;他计划将克莱奥帕特拉及其与安东尼所生子女带到罗马参加他的凯旋式。这种说法大概并不属实,因为如果让克莱奥帕特拉活着,他便得不到任何东西。将她带到罗马可能引起公众的同情,令安东尼的支持者重整旗鼓,玷污对恺撒的追忆,还可能导致与奥克塔维娅的不和。有诸多原因使屋大维绝不可能对她进行处决。他的最佳选择就是不采取任何措施去阻止她自杀,考虑到她的境况,这种了结方式几乎完全可以确定。当屋大维收到克莱奥帕特拉的遗书要求将她葬在安东尼旁边时,他应该感到如释重负,因为他知道这场斗争终于结束,他与安东尼及克莱奥帕特拉的恩怨可以远离罗马掩埋在埃及的漫漫黄沙之中。

克莱奥帕特拉自杀的具体情况并不十分明了,但普鲁塔克记录了其中最为流行的说法,即涉及蝰蛇的传说:

> 据某一种说法,角蝰是与无花果放在一起带给她的,并且藏在篮中的叶子下面,因为克莱奥帕特拉已下令,蛇应该在她没有察觉的情况下停留在她的身上。但是,当她拣出一些无花果时,便看到它,故事进行到此,她说"原来在这",于是赤膊伸出让它去咬。还有说法称,角蝰被小心地封在一个水罐里,她用一支金梭去刺它,从而激怒它,直到它突然冒出来缠在她的手臂上。不过,无人知晓真实的情况,因为还有一个传说称她身上带有毒药,毒药装在一把中空的梳子里,她把它藏在发间。然而,在她身上并未发现红肿或其他任何中毒症状。当然,墓葬中从未发现蝰蛇,不过,据说在房间窗口面向大海一侧的海滩上曾发现某些痕迹,可能即是其踪迹。有人甚至说,在克莱奥帕特拉的手臂上发现有两处几乎不可见的模糊刺痕。屋大维·恺撒本人似乎也相信这一说法,因为当他举行凯旋式时,行进队伍中便有克莱奥帕特拉身缠角蝰的画像。
>
> (《安东尼传》,86.1–3)

克莱奥帕特拉身亡时仅39岁,统治埃及22年。她是托勒密王朝的末世君主,该世系历经近3个世纪之久,可溯自公元前322年,即托勒密一世夺得亚历山大遗体之时,该遗体后葬在埃及亚历山大城,公元前304年托勒密一世称王。普鲁塔克为这位知名女王的一生给出十分恰当的结局,并且这个结局深得莎士比亚的喜爱。她与布鲁图斯一样,英年早逝,并且最终只是成就了屋大维的胜利之路:

信使冲进墓中，发现守卫并未察觉任何不妥之处，但当他们打开门后，便发现克莱奥帕特拉身着紫袍躺在黄金卧榻上，已经死去。在她的两个女仆中，伊拉斯（Iras）躺在她的脚下奄奄一息，而卡尔米安（Charmian）虽然已经摇摇欲坠，几乎无法抬头，却仍在整理环绕在女主人额头上的皇冠。于是，一名守卫愤怒地喊道："卡尔米安，做好了没有？"然后她答道："好了，完全符合系出无数高贵国王的公主身份……"

（《安东尼传》，85.3-4）

阅读建议

普鲁塔克的《恺撒传》和《安东尼传》、苏埃托尼乌斯的《恺撒传》以及狄奥的著作（第51卷通篇）均与本章相关，第3章中提到的其他古代著作家和现代作家也与本章相关。斯特拉波（Strabo）的《地理志》（*Geography*）中也涉及一些细节。约瑟夫斯的《犹太古史》（*Jewish Antiquities*）和《犹太战争》（*Jewish Wars*）包含有关克莱奥帕特拉和安东尼的史料（多数是负面记述），其来源大概主要是大马士革的尼古劳斯（Nicolaus of Damascus），后者系克莱奥帕特拉诸位子女的教师，后成为希律的宫廷史家。哈扎尔（E. Huzar）的著作（*Mark Antony: A Biograhy*. Minneapolis: University of Minnesota Press, 1978）对安东尼进行了全面论述，有关克莱奥帕特拉（或与之相关）的研究包括：M. Grant, *Cleopatra*. New York: Barnes & Noble, rev. ed., 1992（对本书写作十分具有使用价值）；S. Walker & P. Higs (eds.), *Cleopatra of Egypt: From History to Myth*. London: The British Museum Press, 2001; J. Whitehorne, *Cleopatras*. New York: Routledge, 1994; M. Maer, *Signs of Cleopatra: History, Politics, Representation*. New York: Oxford University Press, 1993; L. Foreman, *Cleopatra's Palace: In Search of a Legend*. New York: Random House, 1999。相关著作还有：J-Y. Empereur, *Alexanderia Rediscovered*. New York: George Braziller, 1998; S. Pomeroy, *Women in Hellenistic Egypt from Alexander to Cleopatra*. New York: Schocken Books, 1984; J. Rowlandson (ed.), *Women and Society in Greek and Roman Egypt*. Cambridge: Cambridge University Press, 1998; N. Lewis, *Life in Egypt Under Roman Rule*. Oxford: Clarendon Press, 1983; R. Alston, *Soldier and Society in*

Roman Egypt. New York: Routledge, 1998; D. Shotter, *The Fall of the Roman Republic*. New York: Oxford University Press,1994。

5

早期帝国

纷乱不安的提比略统治时期（公元14—37年）
占星家特拉叙鲁斯

> 据我所知，如今没有哪个民族——无论如何文雅博学、无论如何野蛮无知——不会这样认为：未来之事有征象可供揭示，某些人能够辨识这些征象并在其发生之前预言事件。
> （西塞罗，《论占卜》[*On Divination*]，1.2）

据说，老加图曾谈到他总是惊讶于，占卜者们无论何时在街上相互偶遇擦肩而过，他们竟不会突然爆笑。很明显，加图对那些罗马城中自称拥有洞察未来之能力的人并不怀有敬意。西塞罗称，诗人恩尼乌斯（Ennius）同样对此感到厌恶，并谴责所有那些自诩拥有超凡见识之人：

> 简言之，我无法尊重马尔西（Marsian）占卜者、乡村预言者、竞技场的占星者、伊西斯的祭司，或者解梦者，这些人等并无预卜未来的特殊技能。他们实际上只是一群伪善者、无耻的骗子，无能、疯狂或穷困，即使他们自己无法找到却认定能为他人指明道路。他们预示富有之后便希望得到报酬。让他们从他们预言富有者那里获取酬金、余下的给我吧！
>
> （西塞罗，《论占卜》，1.132）

此类言论通常没有受众，因为有很多人认为预言者、占星者及其他有超凡见识的"专业人士"的意见十分重要，并允许他们调节自己的生活。预言者自己经常对其当事人的轻信表示鄙夷，即如一个传说所示：某人在家中看到一条蛇缠绕在横梁上，他坚信自己所见具有重要意义，故而匆忙找到他的占卜者询问这一征兆的意义。占卜者无动于衷，耸耸肩答道："那不是征兆，如果是横梁缠绕在蛇身上才是……"

正如在其他任何时代一样，总有人愿意去相信，当某种"解释"恰好与他们自己的愿望相符时，甚至十分明智之人有时也会屈服。因此，罗马充斥着预言者、占卜者、先知、卜卦人、哲人、术士、巫师、魔法师及其他人等，他们所从事的活动有受到国家正式批准的庄严之举，也有纯粹的蒙骗行为。尤文纳尔轻蔑地嘲弄说，为了找到答案，有人宁愿"掏出鸽子热气腾腾的肺脏"、"探查雏鸡的胸膛，打开幼犬的内脏"，或"甚至屠杀一个孩子"，有人则通过观察飞鸟、星象、雷与电、喷嚏和梦境来获得见识力。无论对于公共事务还是私人事务，罗马城中无人会因缺乏洞察未来的方法而受挫。

于是，谎言与欺诈有机可乘，政府将多数这些具有"特殊学识"的群体视为不良分子、甚至是危险分子。由于某些人宣称在所有预言领域——无论合法与否——均具备专业技能，因此，各类活动之间的差别变得模糊；如果一个组织遭到质疑，则全体均遭嫌疑。他们的活动可能会受到严格限制，在多数情况下——公元前33年至公元93年间大概有10起案例——所有占卜者均被驱逐出城，有些甚至被处死！然而，在公元4世纪和5世纪基督教皇帝统治之前，似乎没有出现过针对他们的永久禁令。

在依靠未来谋得生计的群体中最令人厌烦的是占星者，尤文纳尔认为这类人十分卑劣：

> 那些占星者所述说的似乎直接援引自阿蒙神（Ammon）所启示的
> 内容，因为德尔菲（Delphi）是沉默不语的，当人类
> 打算了解未来时，所面临的是一片未知……
> 诸如此类的人员会受到信任，如若他们曾在某个偏远之地入狱，
> 手脚被束以枷锁：如若他没有牢狱经历，
> 那么他便没有名望；但是，判至某一岛屿的刑罚、
> 死里逃生幸免于难，会使他获取声名。
> （《讽刺诗》[Satire]，6.553–564）

当西塞罗（《论占卜》，2.97）提出"所有在坎尼丧生的人均有同样的星位吗？"这一问题时，他总结了自己对占星预测的价值的看法。

尽管遭到如此攻击，占星术仍然十分盛行，有些占星者甚至周旋于上层社交圈，对要人产生影响，他们的预言也操纵了某些重大事件。在罗马首位皇帝奥古斯都（公元前31年—公元14年在位）及其继任者提比略（公元14—37年在位）统治期间，此类人尤其引人注目。提比略极易被他们的手段所影响，当时最著名的占星家亚历山大城的特拉叙鲁斯即是提比略的朋友，也是后者有关未来之事最为宠信的顾问。

屋大维成为奥古斯都：元首制的发端

亚克兴战役结束4年后，屋大维走进完全按照他的意愿部署好的元老院，宣布恢复共和国。他甘愿放弃手中大权，再次成为一名平民。不出所料，贵族元老院"拒绝"批准他辞职，授予他半神性的称号"奥古斯都"。屋大维的权力得到正式认可，罗马为自己选择了第一位皇帝。

图 5.1　皇帝奥古斯都。（卢浮宫，巴黎）

奥古斯都一直是一位敏锐的操纵者，他精心为自己挑选头衔和权责，使之完全不具备冒犯嫌疑。他自称元首（Princeps）或第一公民（First Citizen）；他的统治方式是元首制，或第一公民的统治。罗马人曾将元老院的高级成员第一元老（First Senator）称做元老院首席（Princeps Senatus；当时奥古斯都应已获得该职位）。奥古斯都设计的头衔与共和国具有实际联系的头衔如此类似，这充分说明这位年轻皇帝的政治手腕。

虽然共和国的组织机构仍然继续运转，但实际上罗马已转变为君主政体。未经奥古斯都的批准，任何事均无法得到执行。他是监察官和大祭司长，时常出任执政官职，他经常将该职司及其他一些官职交给那些按照他的意愿行事之人，以示宠信。他还掌控共和国最为强大的权力——保民官否决权和代执政官的"至高权"（imperium）。前者使他控制一切立法，后者则使之掌握军队，因为军队要对他宣誓效忠。此外，公民要向皇帝宣誓效忠，并崇拜他的神灵或称"守护灵"（genius），以此作为爱国之举。

奥古斯都最为私密的咨询机构是元首枢密会，其中包括执政官、少数受信任的元老、忠诚的阿格里帕、元首之妻李维娅（她一直是奥古斯都最亲密的知己，他们的婚姻长达53年有余）及其他一些王室家族成员。元老院仍拥有某些威信，但没有任何实际权力。由于元老院能够影响民意，因此，从政治角度来讲，元首的明智之举就是建立一种与元老院亲密协作的表象。不久，这个势力渐趋衰落的机构在很大程度上成为审理叛逆罪的高级法庭。

屋大维虽然出生在罗马城，但他在意大利乡村长大，他的观念传统保守。传统的价值观和道德观、宗教信仰、家族、亲罗马的种族观念在他的改革中均得到重点体现。包括维吉尔、贺拉斯和李维在内的艺术家和著作家均通过他们的技能欣然吹捧这位元首并宣传他的思想（也向他极力陈述其他思想）。奥古斯都设立近卫军（Praetorian Guard），这是一支约4,500人（不过数字有可能翻一倍）的精锐武装，主要职责是保卫皇帝。（有时他们会忘却这一职责，因为近卫军［Praetorians］通常会卷入皇帝的废立行动！）他还在罗马设置第一个常备消防署和警署。

随着和平与繁荣的恢复，在奥古斯都漫长的统治结束之时，帝国公民人口几乎增长了一百万（达到4,937,000），这种现象不足为奇。公元14年，奥古斯都统治41年后，在他的76岁寿诞前夕过世。仍能记得共和国的在世者已寥寥无几。元首制的根基已牢固建立，奥古斯都成为此后所有皇帝的典范。

图5.2　李维娅。（卢浮宫，巴黎）

提比略继位

奥古斯都过世后，他的家族尤利乌斯—克劳狄家族继续统治罗马。由于他与李维娅并无子嗣，而且他前一次婚姻只育有一个女儿尤利娅，最后，奥古斯都不得不选择继子提比略接替他（见表2）。具有讽刺意味的是，尽管李维娅一直为儿子的利益费尽心机，但是，提比略早年并未得宠于奥古斯都，而且被排除在继承权之外。奥古斯都作为帝国的缔造者，是要保证由出身于他自己世系的人来继承大统的。然而，直到最后，他被迫收养续弦之子，唯一的原因就是他是仅存的候选人中最合适的一个；奥古斯都之前认定的每位候选人均告死亡！在当时看来，皇帝的点头称许一定会导致早亡。

奥古斯都的首选继承者是他的外甥马克卢斯，他还将女儿尤利娅许配给他。公元前23年，这位年轻人不幸早亡。随后，他又转向可靠的阿格里帕，并将寡居的尤利娅推给他的老朋友，以此保证在继承人中继续保持尤利乌斯家族的血统。尤利娅很快满足父亲的心愿，生下5个子女——盖尤斯、卢基乌斯、阿格里皮娜、尤利娅和阿格里帕·珀斯图姆斯（Postumus）。其中，盖尤斯和卢基乌斯被指定为最终的继承人。公元前12年，阿格里帕的过世使第

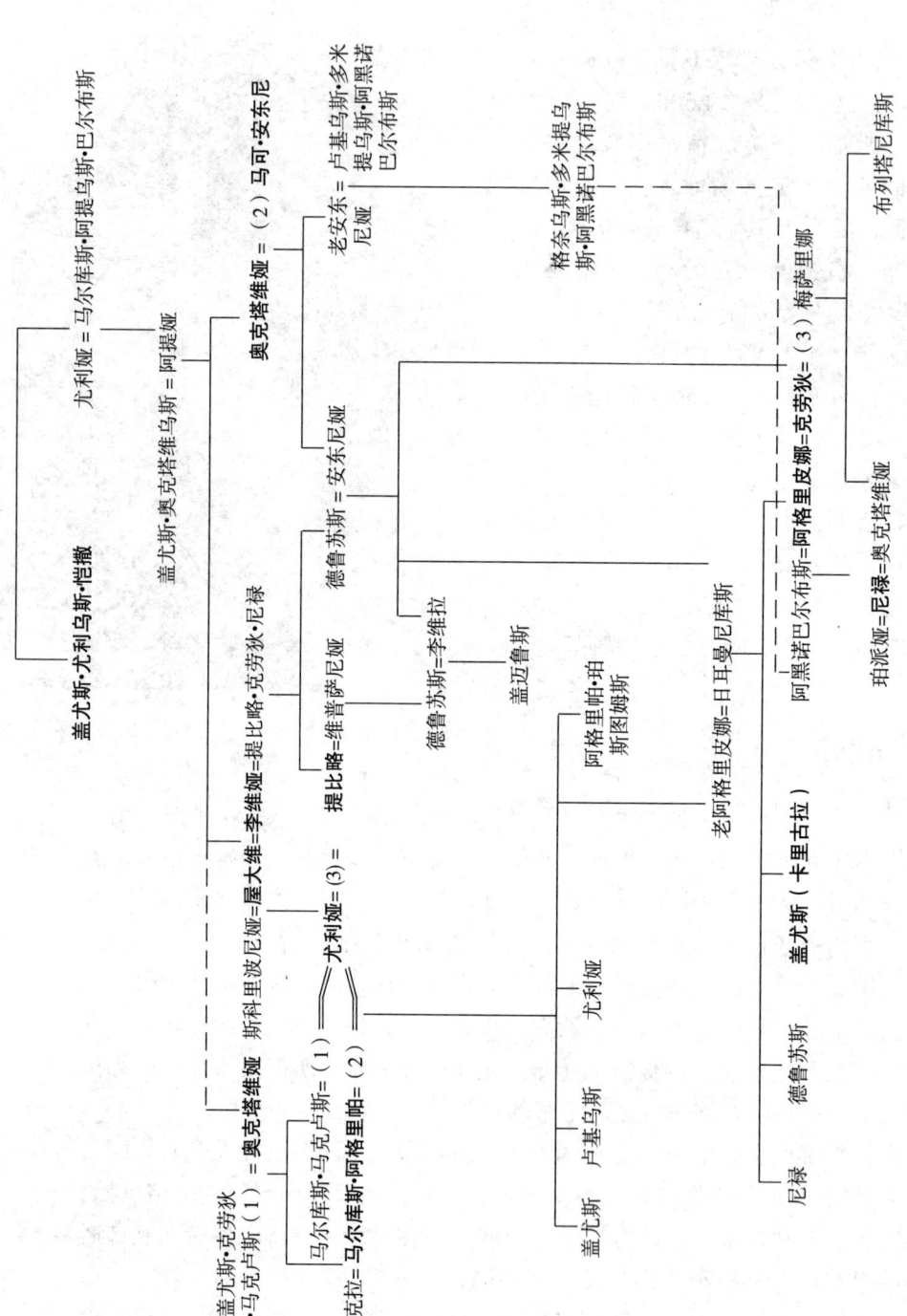

表2 奥古斯都（屋大维）及其家族——尤利乌斯—克劳狄乌斯家族

二位皇位继承者退出历史舞台，但是奥古斯都应该不会过于不安，因为还有女儿的几位子嗣来继承他。同时，他可以扮演充满喜爱之情的祖父角色，监护这些男童的抚养。然而，如果他有任何不测，年幼的盖尤斯和卢基乌斯无法执掌帝国，因此，提比略进入直系继承者名单中。当时，提比略与尤利娅已然成婚，李维娅对此举称赞不已。尤利娅为提比略产下一子，但很快夭折，夫妻关系急剧恶化，使之成为一场彻底失败的婚姻。奥古斯都为自己对提比略的信任感到懊悔。随着盖尤斯和卢基乌斯的不断成长，提比略显然成为一个尽可牺牲的人物，在很多方面都是一个无足轻重者。他的事业似乎已到尽头。然而，对他来说幸运的是，直到公元4年，盖尤斯和卢基乌斯均已夭亡。此时，年迈失望的奥古斯都不得不再次选择提比略。

在这一系列不同寻常的死亡中，值得考察的是李维娅的影响。古代权威著作认为，她至少与其中的几起事件有所牵连，但是并无任何有力证据。如果李维娅在没有引起任何怀疑的前提下导演了这么多起谋杀事件，那么她肯定可以跻身包括任何时代在内的最精明的操纵者之列；平常极具洞察力的奥古斯都则堪称幼稚至极，甚至没有看清她在这些事件中所扮演的角色。（有人说李维娅甚至毒害了奥古斯都！）此外，在几起据称与李维娅有关的死亡事件中，相关情况充分说明他们皆属自然死亡。然而，这些结果当然不会令她不悦；在她已成年的子嗣中，她已在日耳曼边境失去一子德鲁苏斯，现在她自然期待另一个儿子成为罗马皇帝。

图5.3 号称李维娅宅邸（House of Livia）的遗址中保存下来的墙体绘画原图。此即奥古斯都及其家庭在罗马帕拉提乌姆山（Palatine Hill）上的居所；数世纪之后，这里成为一座宏大的皇宫（Imperial Palace）。

特拉叙鲁斯与提比略

在提比略重新得宠于皇帝并被定为继承人之前，他到罗德斯岛隐居。虽然奥古斯都授予他很大权力，但提比略仍然感到未获赏识，与盖尤斯和卢基乌斯相比总觉逊色。他对母亲的操纵感到厌倦，同时也受到他与尤利娅（原本行为不自检点，现在开始变本加厉）悲惨婚姻的折磨，提比略大概认为事情已不可能存在转机。提比略主动流亡在外，大概是希望皇帝能逐渐意识到他对自己的依赖程度有多深。即如阿格里帕请求长期休假离开罗马，以此向不知感激的奥古斯都证明他是多么需要自己（他最终被召回并被定为继承人）。如果这就是提比略的计划，那么他失败了。他的所作所为进一步激怒了奥古斯都。

对提比略来说，在罗德斯岛的时光相当失意，他总是很在意自己在那里的经历。由于在罗马失宠，他在岛上隐居期间几乎无人造访。甚至当地人有时也鄙视这位王子，证据之一就是一位著名学者拒绝为了迎合他而改变演说日程。他自己的尴尬之举使其他人对他的态度也很尴尬，即使有什么事进展顺利，也只是极少数情况。随后，他遇到将改变自己生活的人——当时最伟大的占星家亚历山大城的特拉叙鲁斯。

史料一致认为提比略给予特拉叙鲁斯的身份十分恩宠。两人是亲密的朋友，几乎无人能得到提比略更为深厚的信任。据推测，这位占星家在一次到罗德斯造访提比略庄园时取得了这位未来皇帝的信任。提比略正在竭力寻找一位可供咨考的策士，所以他邀请一个又一个占星者来到他的庄园。该庄园位于一处可俯瞰大海的峭壁之上。很明显，当特拉叙鲁斯首次出现时，岛上占星者的储备数量正急剧减少。史家塔西陀对这次会见给出极为详尽的记述：

> 当他寻求神秘的指引时，提比略将退至屋顶，只带一名强壮的文盲被释奴作为心腹。此人将提比略已决定考察其技能的占星者经过人迹罕至的险峻之地带到他面前，因为房屋悬垂于峭壁之上。随后，在他们下去的路上，如果怀疑他们不可靠或不诚实，这位被释奴即将其推入下面的大海，因此这一秘密活动的告密者无一能够存活。
>
> 特拉叙鲁斯通过这一险峻路径到达提比略面前，在受到询问后，凭借自己对未来事件的巧妙预测——包括提比略即位——给提比略留下深刻印象。随后提比略询问特拉叙鲁斯是否对他自己的星位做过预测。对

当时那一年、那一天它是如何显示的？特拉叙鲁斯测量星辰的位置与距离后，稍作迟疑，随后显出惊恐之状。他看得越多，他的惊愕与恐惧越强烈。随后他大喊他面临一场危急甚至可能是致命的突发事件。提比略抱住他，称赞他对险境的预言，并保证他会逃过此劫。特拉叙鲁斯得以跻身他的密友之列；他的意见均被视为神谕。

（《编年史》，6.21）

虽然提比略的诋毁者宁愿相信二者会面的背景如此复杂，但实际场景也许并非如此具有戏剧性。特拉叙鲁斯到罗德斯是为继续深造。这座岛屿被誉为知识分子中心，学术风气吸引了来自整个地中海地区的希腊人和罗马人。特拉叙鲁斯不仅是一名占星者，也是一位一流的学者，一位对文法学、语言学、柏拉图主义（Platonism）、哲学、魔法及数字命理学感兴趣的博学者。他在知识分子圈内已小有名气，提比略同样时常出入这些演讲和聚集场所，他大概起初就被这位颇具才气的亚历山大人所吸引，因为他们具有共同的兴趣。

最终，特拉叙鲁斯成为提比略的朋友和导师，他对这位未来皇帝影响最深的就在占星学领域。通过他的指导，提比略自己也掌握了这门艺术："他对占星术的笃信使他相信整个世界均由命运掌控。"他对此十分精通，据说他曾预言伽尔巴有一天会统治罗马，后者是公元69年四帝中最短命的一位皇帝。一个更具讽刺意味（也很流行）的故事称提比略是一位专家，能够辨别出一个在梦中向他讨钱的人实际上是在骗他。据说，他下令找到这个人并将其处死！最后，在离开罗马几近8年之后，奥古斯都于公元2年将提比略召回罗马——即如特拉叙鲁斯所预言的那样！

提比略与特拉叙鲁斯在罗马

特拉叙鲁斯跟随提比略回到罗马，他的皇室保护人不仅使他成为公民，应该还负责为他操持了与一名外邦公主的婚姻。提比略返回罗马不久，奥古斯都的外孙、共同继承人卢基乌斯过世。公元4年，另一位继承人盖尤斯也离世早亡。奥古斯都唯一在世的外孙阿格里帕·珀斯图姆斯已被认定不适合继承大统。提比略终于以奥古斯都指定继承人的身份出场，两人的关系得到显著改善。

由于特拉叙鲁斯一直是提比略的随员之一，奥古斯都逐渐与之相熟，他

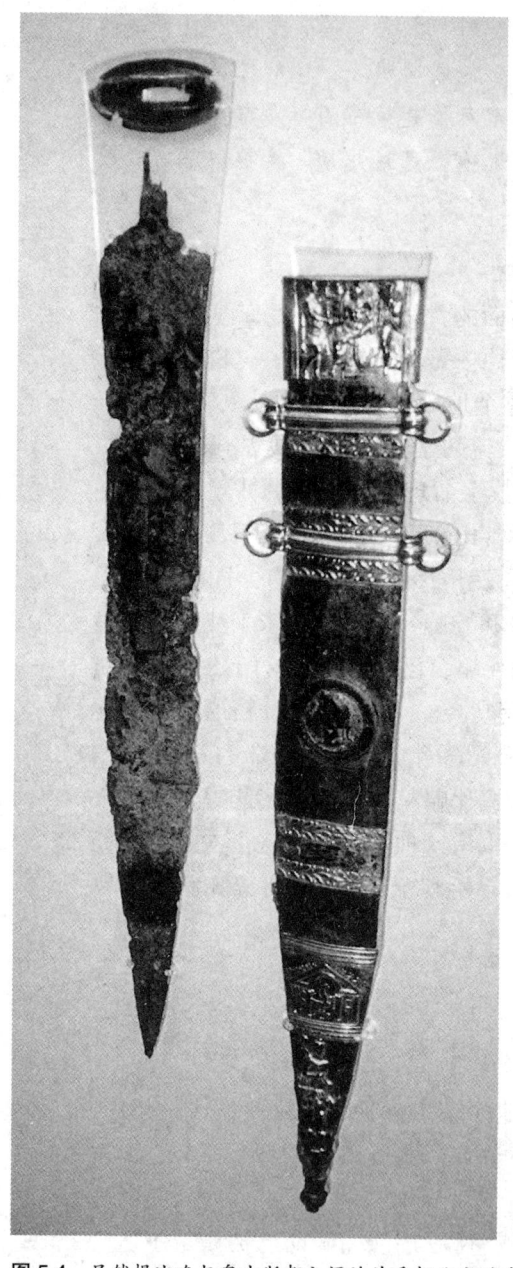

对其意见的倚赖程度大概与提比略相当。这位年迈的皇帝从官方角度限制占星者（即如后来提比略所为），并禁止他们探询任何人的死亡。他还规定私自从事占星术为非法活动。奥古斯都的限制措施明显取得预期效果，至少从表面看来如此。今后，占星者们将告诫他们的助手：

> 你要当众给出你的回答，要谨慎地警告那些前来咨询你的人，你将大声对他们向你询问的问题做出回答，因此他们将不会询问他们不该询问以及不准回答的问题。如果有人问起，要注意对国事或皇帝的生活不予评说；因为这是明令禁止的；我们不应受罪恶的好奇心驱使谈及国家情况；回答有关皇帝命运者将成为理应遭受任何惩罚的不幸者。
>
> （费尔米库斯·马特尔努斯［Firmicus Maternus］，《占星学》［Mathesis］，2.30.3–4）

私下里（主要是由于特拉叙鲁斯），占星术在皇族圈内已被全然接受，享有空前的威信。正如一位现代学者所述：

> 同时，随着公元2年特拉叙鲁

图5.4 虽然提比略与奥古斯都之间的关系起伏变动多年，但前者一直在军事上为后者效忠。图中为公元前15年前后的罗马"提比略剑"（Sword of Tiberius）及剑鞘，来自德国美因茨（Mainz），图案所示是提比略在公元前16—前15年阿尔卑斯（Alpine）战争获胜后将胜利献与奥古斯都。剑鞘顶部的景象是奥古斯都以朱庇特（Jupiter）的姿态从提比略手中接过胜利雕像。该剑鞘大概是为纪念战争之故为一名高级军官所造。（大英博物馆，伦敦）

斯来到罗马，占星术在上层社会产生影响的历史掀开了新的篇章。绅士般的认可并带有些许合理的怀疑论一直是共和国末期的贵族姿态，并且仍为奥古斯都所坚持，然而现在这些已让位于对人与体制不可改变的命运的盲目笃信。

（克拉梅尔［Cramer］，《占星术》［*Astrology*］，95）

奥古斯都作为一名政客一直很清楚占星术对民众、军队、甚至政治稳定所具有的负面影响。这大概就是他毁掉两千本劣等预言书籍的主要原因。然而，他利用自己掌权已被预言——甚至追溯到他的出生——的传说，发行一种带有其星相符号摩羯（Capricorn）的钱币。虽然他一生中一直迷信（据某传说所述，实际上他相信自己胸部和胃部的7颗胎记代表大熊［Great Bear］星座），但大概直到晚年他才允许占星术对他的个人和政治行为产生重大影响。

在特拉叙鲁斯的煽动下，奥古斯都逐渐对这门行当愈加依赖——尤其是在他经历如此之多的阴谋诡计和个人悲剧（刚刚失去他的外孙盖尤斯和卢基乌斯）之后。他似乎认为，他可以借助占星术预测他的所有问题，继承事宜将会变得简单明了。特拉叙鲁斯甚至可能促使这位年迈的君主相信，提比略一直就是命中注定应该继承他的人。最后，奥古斯都迫于无奈做出的选择对他来说大概也是可以接受的——因为这就是星象所示。

随后，奥古斯都不再通过法令对占星术加以定罪，但是他竭力控制对它的滥用，并阻止任何人过于详细地询问有关他自己、其他皇室成员以及国家的相关事宜。他知道他自己的大限之日不会太远，他要压制任何可能导致煽动之举的流言。于是，他在公元11年公布了自己的诞生星位，因为有些对手散布他的伪造星位，预言他将早亡！由于他有关占星（及其他预测技艺）的政策与特拉叙鲁斯出现在宫廷的时间相吻合，所以我们似乎可以确定，后者对这些政策的采纳产生了促进作用。这类措施将有益于特拉叙鲁斯自己在宫廷中的地位，也能遏制业余者和唯利是图的钻营者为从中获利而滥用占星术。

图5.5 带有其星象符号摩羯图案的奥古斯都（在背面）币。

不加约束的咨询的确令罗马皇帝有所恐

特里马尔奇奥（Trimalchio）——讽刺文学中的"业余占星者"

佩特洛尼乌斯是尼禄文学圈内的一名成员，其著作《萨蒂利孔》(Satyricon)讽刺了一位富有的被释奴，他为之取名特里马尔奇奥。这个极端的人所吹嘘的事物中即包括占星学知识。罗马社会有无数像特里马尔奇奥这样的业余钻营者，他们随时随处进行占星预测，但我们掌握的现存史料中对他们几乎未有提及。尽管特里马尔奇奥是一个虚构的人物形象，但是他的行为似乎与现实相去不远。他大概是以佩特洛尼乌斯自己的观察为基础形成的一个复合形象。事件在特里马尔奇奥家的一次盛宴上展开。事件的叙述者正同其他宾客在特里马尔奇奥家令人难忘的餐桌前享受白食、大饱口福，他描述了所发生的一切：

> 我们的掌声过后，下一道菜上来了。实际上，它并没有我们想象那么盛大，但它很新奇，每个人都盯着它。这是一个圆形深盘，周边分布着十二宫（Zodiac）的12个符号。主厨在每个符号上面放置某种切合该主题的美味。白羊宫（Aries of the Ram）上是利马豆；金牛宫（Taurus the bull）上是牛排；双子宫（Twins）上是睾丸和肾脏；巨蟹宫（Cancer the Crab）上是花冠；狮子宫（Leo the Lion）上是阿非利加无花果；室女宫（Virgo the Virgin）上是幼猪的乳房；天秤宫（Libra the Scales）上是一架天平，一侧盘中是果饼，另一侧是糕饼；天蝎宫（Scorpio）上是一只龙虾；人马宫（Sagittarius the Archer）上是一只公牛眼；摩羯宫（Capricorn）上是一条有角的鱼；宝瓶宫（Aquarius the Water-Carrier）上是一只鹅；双鱼宫（Pisces the Fishes）上是两条鲻鱼。中间是衬在一张绿色草皮上的蜂巢……[特里马尔奇奥随即以十二宫菜肴为由头开始表现他的占星天赋。]"对我来说没什么是新鲜的，正像那里那道菜所证明的。现在大家看，这里的天空有12位神驻在其中，却变幻成如此众多的形状。首先，它变成公羊（Ram）。因此，诞生于这一宫的人拥有很多牧群、羊毛，还有顽固的头脑、无耻的态度和尖角。多数学者是这一星座，同样很多傻瓜也属于这一星座。"

我们为我们的占星家的智慧喝彩，然后，他继续道：

"之后，整个天空变成矮小的老公牛（Bull）。因此，固执之人诞生于此时，牧牛者和那些自食其力者也是。然而，在双子宫（Heavenly Twins）之下——手成双、牛共轭，则是那些一派胡言者和见风使舵者。我生于巨蟹宫（Crab），因此我有很多条腿站立支撑，在海陆拥有大量财富，因为巨蟹的步态是两者兼得。这是我没有提早对他发表看法的原因，以免扰乱我的占星。狮子宫（Leo）下诞生贪婪和跋扈之人。室女宫（Virgin）下则诞生柔弱者、逃亡者和可能锒铛入狱者。天秤宫（Scales）下诞生屠夫、香料贩卖者及任何称量事物者。天蝎宫下诞生囚犯和谋杀犯。人马宫（Sagittarius）下诞生注视蔬菜却拿起熏肉的斜视者。摩羯宫下诞生的人身处不幸时会因担忧而生出尖角。宝瓶宫（Water-Carrier）下诞生酒保和愚人。双鱼宫（Fishes）下诞生煎鱼者和在公共场合高谈阔论者。

"因此，星光闪耀的夜空如磨石般运转，总是带来些许麻烦，人们随之诞生或逝去。

"现在，至于你们所看到的这张草皮以及草上的蜂巢，我不会无缘无故去做任何事——中间圆如蛋状的是大地（Mother Earth），她即如蜂巢一般内部包含所有美好的事物。"

"哦，太高明了！"我们一起喊道，同时将手举向天花板……

（《萨蒂利孔》，35，39—40）

惧，在提比略统治期间发生的黎波·德鲁苏斯（Libo Drusus）阴谋中即可见一斑。公元16年，黎波策划阴谋推翻提比略，未果。他违背奥古斯都的法令，在策划过程中咨询占星者、术士、巫师及其他占卜者，并受到他们的恩惠。黎波在阴谋败露后自杀，提比略的敌手为黎波文过饰非，声称皇帝只是打算扳倒他。然而，重要的是，提比略很快将占星者和预卜者逐出罗马（有两名被处死），这证明提比略相信他们系与黎波同谋。他的猜疑还促使他于公元19年清除城中的犹太人以及其他外来宗教的组织成员。他还摧毁了伊西斯崇拜的神庙。

问题的出现

提比略即位时已年过五旬，他是一个孤僻、抑郁、闷闷不乐之人。烦恼很快向他袭来。提比略将奥古斯都奉为神，但由于他的母亲李维娅喜好干涉，提比略认为她要为自己早年的种种挫折负责，因此他迫使她开始进入忧心不安的隐退生活。提比略对元老院虽然不乏礼节，但对其意愿几乎充耳不闻，元老院认为他对自己的真实想法和动机表现得神秘、晦涩、模棱两可，戒心颇深。虽然奥古斯都很可能在其遗嘱中留下遗命杀死年轻的阿格里帕·珀斯

一次"神圣的"失检之举——诱奸帕乌利娜

有一种崇拜在罗马提比略的警戒之下遭到特殊迫害，此即埃及女神伊西斯的崇拜。史家约瑟夫斯在其著作《犹太古史》(*Jewish Antiquities*；18.65-88）中称，他所记载的是引发这位皇帝敌对情绪的特殊事件。这一故事相当难以置信，如果只是考虑到其中部分内容极易使人联想到当时其他流行的传奇故事，那么约瑟夫斯详尽的叙述的确值得我们怀疑。然而，我们不能完全无视他的记述或者否认其中提及的人物对提比略的行为具有某些影响。约瑟夫斯写道：

> 有一位妇人名叫帕乌利娜，由于她出身罗马贵族以及自身的美好德行，因而极受尊敬。她还拥有富有的声名和姣好的外貌，正值女人最富活力的年龄，不过她在生活中仍旧践行良好的操守。她嫁给萨图尔尼努斯（Saturninus），后者的声名完全与她相配。德基乌斯·蒙杜斯（Mundus）是一名当时地位较高的骑士，他爱上了帕乌利娜。他发现她的品质坚定，不为赠礼所动，因为即便他赠给她大量礼物她仍然不屑于他，于是他的感情更加热烈，因此，他居然许诺，如果他能与她同床一次，便给她20万阿提卡（Attic）德拉克马。由于这仍然未能动摇她的决心，他无法忍受自己的恳求未能成功，因此他认为使自己饥饿而亡才是较合时宜的做法，他所遭受的痛苦也将因此而结束。于是，他决定这样死亡，并且开始真正执行他的决定。然而，蒙杜斯有一位名叫伊达（Ida）的被释女奴，被蒙杜斯的父亲释放。她精于各类恶行，不能容忍这位年青人寻死的决定，因为他的意图很明显。她前去找他，用言论激励他，煞有介事地许诺他去想办法，使他重新希望自己可能成功获得与帕乌利娜的亲密关系。他为听到她坚决的请求而感到欣喜，之后她告诉他，为了能得到这个女人她只要求5万德拉克马。这些提议使这位年青人受到鼓舞，她得到了她所要求的金额。然而，她并未采取与之前那些代理人相同的方式行事，因为她感到这个女人决不会屈从于贿赂。不过，伊达获知这位女士十分迷恋伊西斯崇拜，于是她谋划如下计策。她与一些祭司会面，向他们许下种种诺言，其中首先是一笔总计2万5千德拉克马的金钱，而且立即支付，事成之后会支付更高数额。随后，她说明这位年青人对这位女士的强烈渴望，敦促他们用尽各种方法帮助他得到她。金钱的作用足以动摇这些人，他们同意帮忙。其中最年长的一位祭司急忙赶到帕乌利娜家，受到接待后他要

求与她单独对话。这一请求得到许可后,他说阿努比斯(Anubis)神遣他来此;这位神已爱上她,命她前往他处。这恰恰是她最为憧憬的消息。她不但在闺中密友那里为得到阿努比斯这一邀请而自鸣得意,还告诉丈夫她被传召与阿努比斯进餐同床。她的丈夫表示同意,因为他对妻子的贞操绝无怀疑。随后,她真的前往神庙。晚餐过后,到了就寝时间,祭司们关闭祠内的门,灯光也被熄灭。提前藏匿其中的蒙杜斯前来与她寻欢时并未遭到拒绝。的确,她彻夜为他效力服务,认为他就是那位神。在那些已经获悉这一阴谋的祭司开始传言之前,他便离开。清晨,帕乌利娜很早便来找她的丈夫,向他详细描述阿努比斯的神圣显灵,在她的密友面前,她更是装腔作势地谈论他。那些已经注意到事件真相的人听到这些表示怀疑;然而,从另一方面来看,考虑到她的纯洁和社会地位,她们发现不可能不去相信她,于是她们倍感蹊跷。事后两日,蒙杜斯来到她的面前说道:"好啦,帕乌利娜!你确实为我节省了20万德拉克马,你本可以把这些纳入你的财产,然而你却使我竭力请求你所履行的服务得到完美解决。至于你极力轻视蒙杜斯,我并不在意自己的名称,不过,我在意行为带来的快乐,所以,我接受阿努比斯作为我自己的名字。"说完这些他便离开。于是,在她第一次明白他的卑鄙之举后,她撕破自己的长袍;在她向丈夫揭露这一罪恶阴谋后,她请求他不要不去计较,要获得补偿。他转而请求皇帝关注这一事件。提比略通过审查祭司完全了解此事后,用十字架处死他们和伊达,因为这一残忍之事系她所为,是她策划了破坏这位女士名誉的整个阴谋。此外,他夷平神庙,命令将伊西斯造像投入第伯河。提比略认为,蒙杜斯是在激情的影响下犯下罪行,这一事实使他不应遭到更为严厉的处罚,所以他的判决是流放。这些就是伊西斯神庙祭司们的放肆之举。

图姆斯,但很多人因为提比略处死这位尤利娅最后一名子嗣而谴责他。珀斯图姆斯很早即因粗野的行为被流放到一座岛屿,提比略不希望他危及自己精心策划的继承计划。尤利娅在其父过世后不久即在流放中饥渴而亡,她的死应与提比略有更为密切的关系(或者说他并未为防止它的发生而采取任何行动)。

由于提比略自身的个性和俭省以及不喜公共场合,所以民众对他产生厌恶之心,但是他很少试图去改进自己的公众形象。民众普遍喜欢皇侄日耳曼

图5.6 日耳曼尼库斯。（卢浮宫，巴黎）

尼库斯，虽然无论在政治上还是战事上他并非十分胜任，但他们仍将他看做是这位阴郁皇帝的完美替代者。日耳曼尼库斯是提比略已故胞弟德鲁苏斯（卒于公元前9年）之子，同尤利娅与阿格里帕之女老阿格里皮娜（Agrippina the Elder）成婚。由于他的母亲是奥克塔维娅与马可·安东尼之女安东尼娅（Antonia；见表2），所以他具有奥古斯都姐姐奥克塔维娅的血统；通过他与阿格里皮娜的婚姻，他的孩子兼具奥古斯都和奥克塔维娅的血统。同时，他还是李维娅的孙子。奥古斯都发现这一出身十分具有吸引力，因此他明确指出年轻的日耳曼尼库斯应继承提比略，预先做出安排，以使他的血统将来能重掌王权。公众既然对提比略心存厌恶，所以他们宁愿权力更替尽早发生，对年轻的日耳曼尼库斯及其家庭表现出喜爱与关注之情，这使不受欢迎的皇帝倍感不适。不难理解，提比略缘何感到怨愤。

公元19年，日耳曼尼库斯在东方之行途中突然身亡，事态发展达到顶峰。有控诉称，日耳曼尼库斯系为提比略的叙利亚总督格奈乌斯·皮索（Gnaeus Piso）毒害而死，故而对此进行审判，但是皮索在事件得到解决前自杀身亡。此举只是引起阿格里皮娜及其友人怀疑她的丈夫日耳曼尼库斯是遵照提比略吩咐而遭到谋杀的。然而，尽管流言猖獗，但并无有力证据表明提比略与此事有所牵连，甚至没有证据表明日耳曼尼库斯系中毒身亡。尸体随即陈列在安条克城公共广场，即便是提比略极为强硬的诽谤者也承认，凭借尸体的表象，该指控无法得到合理证实。日耳曼尼库斯似乎系自然死亡。

然而，仍有一个有趣的问题值得一提。日耳曼尼库斯相信巫术和魔法，对星宿怀有强烈兴趣（他曾译有一部极具影响力的希腊天文学著作）。这种兴趣应与特拉叙鲁斯具有某种联系，因为后者在日耳曼尼库斯成年之后的大部分时期均能入宫谒见。有关日耳曼尼库斯之死的传统记述（塔西陀，《编年史》，2.69–70）中提到，在其病房的地板和墙壁中曾发现有人形身体、符咒、

尤利娅——多舛不幸的女儿

似乎特拉叙鲁斯也未能预见奥古斯都之女尤利娅在其一生（公元前39年—公元14年）中所遭受的一切不幸。尤利娅被她的父亲当做政治筹码，因此在她进入与提比略的悲惨婚姻之前的11年内，她两度守寡。为回击她令人厌恶的丈夫、她的继母兼婆母李维娅以及她的父亲，尤利娅变得十分放荡，致使奥古斯都被迫指控她通奸，公元前2年将她流放至一座岛屿。后来她获准回到意大利，但她的父亲从未宽恕她，甚至拒绝在家族陵墓中为她安排位置。在流放期间，她获知他的儿子盖尤斯和卢基乌斯夭亡，另外两个孩子阿格里帕·珀斯图姆斯和小尤利娅（Julia the Younger）因行止不端遭到放逐。她与奥古斯都在同一年过世，只是稍晚于后者。在饥饿致死之前，她又发现珀斯图姆斯被处死。总而言之，在尤利娅的一生中，恶劣的时光似乎多于美好的时光，只有悲剧中的人物才会比她遭受更多痛苦。然而，马克罗比乌斯（Macrobius）的这段文字证明了这位女士曾经拥有的魅力与智慧：

> 尤利娅已38岁，如果她足够明智的话，她应该认清她所处的人生阶段正接近老年，但是她习惯性地滥用来自其自身幸运的仁慈和她父亲的纵容。不过，她酷爱文学，拥有相当丰富的学识——在其家中不

图 5.7 尤利娅。（新嘉士伯雕塑馆［The NY Carlsberg Glypotek］，哥本哈根）

> 难获得——同时，在这些才能之外，她还拥有温和的人性与和蔼的性情，所有这些使她得到了极高的尊重；那些清楚其过错之人也对其品质中的矛盾表现表示惊讶。
>
> 她的父亲多次指出她的穿着奢侈、她的同伴声名狼藉，并立即以审慎严肃的言辞敦促她表现得更加撙节自制。不过，与此同时，看到

他众多孙辈以及他们与父亲阿格里帕的相像之处,他由于极为羞愧之故不再对其女儿的德行有任何怀疑。因此,他自认为她的欢乐——即使这些给人留下荡妇的印象——是无可指责……是以,当他与某些友人畅谈时,他曾说,他要忍受两个宠坏的女儿——罗马和尤利娅。

一日,她来到父亲面前,穿着稍微有失庄重。奥古斯都很震惊,但没有做声。翌日,为了取悦他,她以不同方式的衣着故作端庄来问候他。尽管前一日他克制住没有表达自己的感受,但是现在他无法抑制自己的喜悦,说道:"这种装扮更符合奥古斯都之女的身份。"但是尤利娅已有说辞,回答道:"是的,今日我是为满足父亲的眼光而装扮;昨日是为我的丈夫。"

下面是她另一段著名的语录。在一次角斗表演中,李维娅与尤利娅两人随从人员之间的对比引发关注,前者由很多著名的成年人随侍,而后者的座席周围是一些不务正业的年青人。她的父亲寄给尤利娅一封建议信函,吩咐她注意罗马这两名首要女士行为举止的差别,她写下这段简洁的回复:"当我年迈时,我的这些朋友也将变老。"

她的头发在年轻时即开始变白,她经常私下将白发拔掉。一日,她的女仆因其父不期而至而感到意外,她的父亲装作没有看到她女装上的白发,谈论一阵其他事情。随后,他将话题转至年龄问题,询问她最后是宁愿头发灰白还是成为秃头。她回答,对她来说她宁愿头发灰白。她的父亲指责她说谎,说道:"那么你这些女仆为什么如此急切地把你变秃?"

此外,一位认真的朋友试图奉劝她说,她能得到更好的忠告来规划她的生活以符合她父亲简朴的风格,她回复说:"他忘记他是恺撒,但我记得我是恺撒的女儿。"

由于她对委身之举十分随意,有些知道她通奸的人对她的孩子与她的丈夫阿格里帕相像表示惊讶,她对这些人说:"货舱装满时乘客才获准登船……"

(《萨图恩节》[*Saturnalia*], 2.5)

咒语书版及其他巫术物件的残迹,这些是为加速死亡而设计的。如果这些属实(或者只是部分属实),那么很明显有人——很有可能是与该王子发生争执的皮索(或其代理人)——在利用他每况愈下的病情使之几乎是惊吓致死。无论是何种情况,结果对提比略来说并不扫兴。他以一贯的斯多噶方式接受日耳曼尼库斯死亡的消息,并立他的儿子德鲁苏斯为继承人。

特拉叙鲁斯在宫廷的影响

尽管史料中很少提及特拉叙鲁斯，但是他对提比略及其政治的影响可以得到确切的推断，因为自他们在罗德斯岛首次相见之后40年，皇帝仍然依赖于他的意见。没有其他任何人能与提比略保持如此长期亲密的关系，这一关系如此长久的原因大概只是特拉叙鲁斯从未给他的朋友提供怀疑其忠诚的理由。在完全没有特拉叙鲁斯的影响下，没有任何重要行动能擅自决定，例如公元26年提比略永久性地从罗马迁至他喜爱的隐居岛屿卡普里：

> 由于他的占星预卜，他每日与皇帝的私密交谈、他基于自身对人与事物的敏锐评鉴所给出的高明建议不可避免对提比略产生举足轻重的影响。

（克拉梅尔，《占星术》，103）

特拉叙鲁斯虽然对提比略的影响如此强大，但提到他的史料却十分罕见，这恰恰说明有关这一时期的史料来源并不像它们看似那样深入地了解皇帝核心集团的运作方式。如果众所周知提比略最亲密的顾问是一名希腊学者，那么我们无疑能得到更多有关特拉叙鲁斯的信息——多数是负面的。相反，在有关其宫廷地位的几段文字中，他被描述成对皇帝过度行为施加审慎影响的人。对于二者关系——似乎十分清楚——真正的程度和意义却少有提及。

毋庸置疑，特拉叙鲁斯希望通过他与提比略之间的友谊获取利益，他的确已达到目的。他清楚，自己作为一个希腊人，通往高层权力中心的道路是封闭的，但他一直经营与提比略的关系从而获得后者的宠信，因此他依靠提比略的亲善而得势；虽然这种得势是非正式的，但极少有希腊人能在罗马获得这种地位。某一次与奥古斯都相关的事件证明，这位占星者在与其皇室恩主相处中所特有的头脑。奥古斯都即席创作两首希腊诗文，并询问特拉叙鲁斯诗人的身份。特拉叙鲁斯并不识得这些诗句，但是他察觉到需要运用处事之道，于是回答道，他并不认识这位作者，但无论作者是哪一位，其诗作均属上乘。奥古斯都为其友人的机敏而龙颜大悦，放声而笑（苏埃托尼乌斯，《奥古斯都传》，98.4）。

特拉叙鲁斯的运命取决于提比略的运命。那些威胁到皇帝的人对他来说也是威胁：我们可以肯定地说，他利用占星术帮助提比略解决难题，在某种程度上是有利于他们两个人的。很明显，特拉叙鲁斯还通过幕后努力安排他的家族成员与上层罗马人之间的婚姻，旨在使他的后代能继续在宫廷拥有影响和权力，或者至少能在他们新开辟的地点确保无虞。他的女儿嫁给一名罗马骑士卢基乌斯·恩尼乌斯，后者于公元22年因熔化提比略造像用做餐具被控忤逆罪。这一指控似是而非，大概是为损害特拉叙鲁斯之名而捏造的：这明显意味着至少有某些皇帝的敌手清楚他对提比略的重大影响力。提起该诉讼者精于宗教事务，肯定不赞同占星术以及从事该活动的人。值得注意的是，提比略中止了针对恩尼乌斯的诉讼，并蓄意贬谪检举人。此事虽小，但揭示出提比略是否采取迅速果断的行动保护特拉叙鲁斯的女婿并防止对他自己与特拉叙鲁斯亲密关系做任何深入的调查。

特拉叙鲁斯的外孙女恩尼娅·特拉叙拉（Ennia Thrasylla）在宫廷也拥有强大影响力。她的丈夫奈维乌斯·苏托里乌斯·马克罗（Naevius Sutorius Macro）是提比略所信赖的代理人，在其统治末期任近卫军长官。马克罗对提比略后来的继承人卡里古拉来说也是十分有影响力的人物。据说，卡里古拉（正式称谓应是盖尤斯）与恩尼娅关系暧昧。

塞亚努斯——提比略的工作"伙伴"

迄至公元26年，提比略已完全厌倦了元老院、罗马及其人民，还有他令人烦恼的亲属以及各种阴谋诡计。公元23年，他的儿子和继承人德鲁苏斯暴毙，提比略再未能从这一打击中完全恢复。早年，他曾以隐退罗德斯岛来逃避各类问题；现在，他离开都城定居卡普里。卡普里位于那不勒斯海湾（Bay of Naples）的海面上，是提比略喜爱的隐居岛屿，同时也受到特拉叙鲁斯的欣赏。在那里，提比略在与世隔绝中倍感安心无忧，他余生中几乎所有的时光都在那里统治罗马世界。

当提比略离开罗马时，他安排他的朋友卢基乌斯·埃里乌斯·塞亚努斯主管事务，他对后者的信任程度与特拉叙鲁斯相当。然而，提比略没有意识到，塞亚努斯与特拉叙鲁斯不同，他身为近卫军长官，是位不忠的朋友。他利用职位和对皇帝的影响力来增强自己的个人权威。现在看来，塞亚努斯更大程度上是一名权位过高的重臣。在其刚刚步入仕途生涯时，他并未拥有后来所出现的远大抱负，因为他不是贵族，皇室家族拥有众多潜在的继承者人选，他无法预见是什么铺就了他随侍提比略16年的任职之路。不过，塞亚努斯富有野心，善于投机，他总是能试图将事件向有利于自己的方向发展。阿格里帕与他有相似的背景和地位，如若没有过世会成为奥古斯都的继承人，所以他成为塞亚努斯的效仿对象。只要时机出现，成就便使塞亚努斯充满信心，甚至皇位似乎也未超出他的野心。

提比略与塞亚努斯友好关系的渊源到底如何尚不清楚，但在公元14年他继承奥古斯都时已与之熟识。塞亚努斯大概经由他的父亲引见给未来的皇帝，塞亚努斯之父时任近卫军长官，与提比略同样喜好希腊风格；在提比略即位后，塞亚努斯与其父共同担任该职。提比略称塞亚努斯为"我的工作伙伴"，如果他将塞亚努斯看成他忠实父亲的延续，那么他的这种盲目宠信是可以理解的。

特拉叙鲁斯也应与塞亚努斯相识，甚至可能通过对这位长官积极的占星结果增强了皇帝对他的信任。当然，如果特拉叙鲁斯认为塞亚努斯不能在罗马为提比略的利益而认真打理事务，那么他绝不会对迁居卡普里表示赞同。他大概将这位长官看成与自己毫无二致的人：缺乏超越某种位置的晋升资格但是能够利用身边拥有的一切作为资本。同时，如果提比略有任何不测，很多被塞亚努斯看做敌手者也会行动击垮特拉叙鲁斯，因此这位占星家从未过度担心塞亚努斯是否攻击他们。

当提比略身在卡普里时，塞亚努斯逐渐加强自己的地位。先前，他曾设法用自己的警惕性给皇帝留下深刻印象，对很多无辜者进行审判，例如史家克莱穆提乌斯·科尔都斯（Cremutius Cordus）。后者反对塞亚努斯，所受指控前所未闻，系在著作中赞颂布鲁图斯和卡西乌斯。既然皇帝已远离罗马，塞纳努斯于是变本加厉，利用所谓的忤逆审判铲除其他个人和政治异己。这些经常出现的审判使罗马城笼罩在紧张的氛围中。对许多人来说，他们似乎开始经受"恐怖统治"，周围遍布告密者和密探。提比略的诽谤者强调指出，此类审判正是其大部分统治时期的鲜明特征。他的确是一个多疑且惹人嫌恶的人；但是帝国制度本身便孳生不安和异议，没有哪个皇帝的双手不沾血腥。提比略统治时期，虽然无辜者遭遇死亡，而且其中不乏诬告和不实指控，但是并未出现对嫌犯的大规模定罪。提比略自己经常从中调停，有时如果他对证据有疑问，则亲自调查案件细节。当然，特拉叙鲁斯的占星活动帮助他决定罪过与清白的事例也不占少数。然而，这一时期过于严酷，使得这位皇帝在后来的历史上声名狼藉，同时也掩盖了其统治中较为积极的方面。此外还存在大量负面轶事。例如，据说有人向从旁经过的葬礼队伍中的尸体戏谑地大喊，要他告诉奥古斯都的神灵，提比略没有完成前任皇帝向人民遗赠的许

图 5.8 卡普里提比略的朱庇特庄园（Villa Jovis）遗存。

诺。提比略下令将此人处死，告诉他他可以亲自通知奥古斯都他**已经**喊出他的愿望了。另外，一位渔民想要将捕获的一条鲻鱼献给皇帝，便在卡普里的提比略庄园下方未设防的**峭壁上攀爬上来**。提比略为他的意外出现倍感震惊，他下令用鱼生生地摩擦这个人的脸面。这个渔夫大喊他很庆幸自己带来的不是所捕获的螃蟹，于是提比略派人取来螃蟹摩擦他的脸！

在提比略定居卡普里期间，塞亚努斯的权力不断增强。有人说他的权力堪比皇帝本人。尤文纳尔评论道：

> 因此——你希望曾是塞亚努斯？为众人所喜爱，受到奉承，
> 拥有的与他一样多，将某些人任命至高级职位，
> 向某些人授予军团指挥权，以保护者而闻名，
> 保护着那位栖居在卡普里狭窄岩礁上的国君——
> 周围环绕着他的东方预言者和占卜者们？
> （《讽刺诗》，10.90–94）

此前，塞亚努斯曾于公元25年向皇帝之子德鲁苏斯的遗孀李维拉（Livilla）求婚，试图使自己与提比略的关系更进一步。提比略表示反对，他有些意识到这桩婚姻可能被分析理解成他希望塞亚努斯继承他，尤其是塞亚努斯将成为提比略的孙子和可能的继承人小盖迈鲁斯（Gemellus）的继父。

提比略信任塞亚努斯，但是他并不准备将这一显要身份授予拥有他这个社会背景的人身上。此外，也许特拉叙鲁斯在塞亚努斯的星相中并未看到这桩婚姻。

塞亚努斯虽然当时饱受打击，但很快恢复过来，暂时放弃失落的情绪（似乎他最后成功得到他所寻求之事，与李维拉订下婚约）。在提比略动身前往卡普里后，塞亚努斯抓住机会加强攻击那些他认为会阻碍自己实现心愿之人。其中包括日耳曼尼库斯的遗孀阿格里皮娜及其两名年长的儿子尼禄和德鲁苏斯。提比略从未允许阿格里皮娜再婚，以免出现一个有可能危及自身地位的联合；在塞亚努斯的作

图 5.9 老阿格里皮娜。（卢浮宫，巴黎）

用下，疑忌不断加剧，促使多年来提比略与她之间的不良关系进一步恶化。她两个儿子的成熟也令人担忧。

当李维娅仍在世时，阿格里皮娜及其子女可免遭伤害。没有任何证据表明这位老妇人要主动保护他们，实际上李维娅不喜欢阿格里皮娜。不过，她一定有所控制（只要时机适当），因为在公元29年李维娅过世后阿格里皮娜的命运发生了戏剧性的变化。提比略并未返回罗马参加李维娅的葬礼。他不喜欢他的母亲，但是他有可能因特拉叙鲁斯的建议而没有前往罗马。曾有无数占星预言预示，他一旦回到罗马城便会死亡。无论是何种情况，提比略在塞亚努斯的怂恿下，很快开始对阿格里皮娜及其儿子采取行动。她和尼禄被遣往孤岛（她遭到棒打，一只眼睛失明），德鲁苏斯后来被监禁在皇宫的地牢中。迄至公元33年，他们全部离世。特拉叙鲁斯大概在星相中看到了他们的命运；塞亚努斯并没有看到那么长远！

公元31年，塞亚努斯的权力达到顶峰。具有讽刺意味的是，他在这一年终结前即将过世。很明显，正是提比略的弟妹安东尼娅（阿格里皮娜的婆母）写给提比略的书信导致了塞亚努斯的覆灭。安东尼娅看到这位长官监禁了她的两个孙子及其母亲，现在开始担心第三个也是最小的孙子卡里古拉的安全。

图 5.10 安东尼娅头像古币。

焦急的祖母向卡普里的提比略表达了她的担忧。她在信中明确表示,提比略多年来将此人视做最可信任的心腹,但他被这位重臣所利用。如果塞亚努斯即如安东尼娅所指控的,正在密谋剪除卡里古拉,那么提比略本人也无法保证他自己的安全。此外,大约与此同时,卡里古拉的兄长尼禄遭谋杀或被迫自杀。此事主谋尚无法确知,但是提比略后来在其自传中暗示此事系塞亚努斯所为。若事实如此,那么尼禄的死亡一定使提比略确认安东尼娅控诉的真实性。

由于远离罗马和对忠诚的不可把握,提比略很快意识到,他将如此巨大的权力交给塞亚努斯已使自己陷入危险境地。他是否真正确定塞亚努斯能从自己手中夺取王位尚无法确知,但是,由于他自己一贯不受欢迎并且不善联络,提比略需要小心应对。卡里古拉被带至卡普里,名义上是为保证其安全。然而,即使他的母亲和兄长明显是清白的,提比略仍未释放他们,因此他主要考虑的不可能是卡里古拉的安宁。后来发生的事件似乎也可以证明这一点,因为提比略曾不止一次需要他人阻止才未除去这个麻烦的王族子弟。

较为可能的情况是,提比略主要是出于政治因素才保护卡里古拉。在当前这种紧急状况下,他需要他作为他的"同盟"。卡里古拉是日耳曼尼库斯之子,非常受欢迎。如果人们知道塞亚努斯对他的生命产生威胁,他们会做出消极反应。提比略宁愿成为正向力,即叔祖父保护其侄子的儿子免遭诡计多端的长官陷害,而后者也陷害了"不知情"的皇帝。皇帝因许多过失而遭到批判,但现在事情就会变得看似是塞亚努斯而不是提比略要为这些过失负责(其中包括对阿格里皮娜和德鲁苏斯的所为)。提比略虽然年事已高,但并不愚蠢。在强权政治的较量中,他与塞亚努斯仍属旗鼓相当。同时,如果内乱真的爆发并且塞亚努斯被杀,提比略的对手大概会试图推举卡里古拉为皇帝。提比略通过将这位年轻人留在卡普里自己身边,便无需担心这种可能。

提比略经特拉叙鲁斯的孙女婿马克罗寄给元老院一封伪装巧妙的信件,正是这封信最终导致塞亚努斯的垮台。马克罗蒙蔽塞亚努斯使他相信这封信件的内容包括皇帝授予他保民官权力的命令,这正是这位长官一直所期待的。

实际上，信中命令对他实施逮捕。塞亚努斯惊慌失措，无法自保。多年来，人们对他的敌意与憎恶一直有增无减，压抑许久之后终于爆发出来。塞亚努斯被立即处死，他的尸体遭到击打和侮辱。他极为忠实的支持者和阿谀者也被围捕，遭受惩罚。

受审者中有一人名叫马尔库斯·泰伦提乌斯（Terentius），在他对针对自己的指控所作出的回应中，我们能够看到对人性弱点的一种现实主义认识，这种弱点促使像他自己一样的人向塞亚努斯寻求友谊：

>……当其他人都在虚伪地否认与塞亚努斯的友情时，一位名叫马尔库斯·泰伦提乌斯的骑士勇敢地承认这一责难。他对元老院说道："就我的情况，否认这一指控似乎比承认它更有益于我。然而，无论结果如何，我要承认我是塞亚努斯的朋友：我曾寻求他的友情，并乐于维系它。我看到他与其父同任近卫军长官。之后，我看到他处理民政与军政事务。他的同族和姻亲得到公职。塞亚努斯的憎恶意味着危险和恳求宽恕。我不给出实例。就在我自己处于危境时，我要为那些没有参与其最终计划者辩解。因为我们尊敬的不是沃勒锡尼（Vulsinii）的塞亚努斯，而是尤利乌斯—克劳狄家族的成员，提比略啊，他的联姻使他——你未来的继子、你的执政官同僚、你的国务代表——进入该家族。
>
>"我们本不应去评论由你提拔而高于他人者，以及你的原因。诸神赋予你最高控制权，留给我们的只有遵从的荣幸！此外，我们只看到我们眼前的一切：你赋予这个人财富、权力以及好与坏的最大可能性——无人能够否认塞亚努斯拥有这些。探察皇帝隐含的思想和私密计划是禁忌，是冒险，也是毫无必要的广闻博识。元老们，不要想塞亚努斯的末日，而是想想之前的16年……即使是塞亚努斯的被释奴和守门人识得我们，我们都颇感尊贵。你们会问，这一辩护是否不加区别对所有人有效。当然不是。不过，划一道公平的分界线吧！惩处危害国家和皇帝生命的阴谋吧！但是，至于交情及其恩惠，提比略啊，如果我们在你断绝它们的同时也予以断绝，那么这应该为我们开脱，就像它能为你开脱一样。"此番大胆言辞公开表达了每个人的心声，事实证明十分有效，泰伦提乌斯的指控者因其犯罪记录而受到惩罚，并被处死。

（塔西陀，《编年史》，6.8–9）

特拉叙鲁斯在塞亚努斯垮台中的作用

特拉叙鲁斯的孙女婿马克罗在剪除塞亚努斯（他接任此人成为近卫军长官）事件中起到了十分关键的作用，因此，特拉叙鲁斯在颠覆如此危险的劲敌中所发挥的作用一定是至关重要的。提比略孤居于卡普里，大概主要依靠他这位老朋友的指引，而对未来的确定判断应具有压倒一切的重要性。该事件的成功完结只能再次肯定皇帝对特拉叙鲁斯的信任。即便如此，这位占星者一定多次对他自己的幸存机会产生疑虑，塞亚努斯事件使提比略的改变趋于恶化。塞亚努斯的前妻在自杀之前告诉皇帝，她的前夫勾引他的儿媳李维拉，二人毒害了他的儿子德鲁苏斯。孤独沮丧的提比略疯狂酗酒。那些与他关系亲密者无法确定他还能否理智行事，不过，虽然遭到这些个人不幸事件，他的帝国统治仍保持稳定。这大概有部分原因要归功于特拉叙鲁斯的作用，因为提比略明显仍然十分仰赖他的建议。

有传说称，特拉叙鲁斯利用自己颇受宠信的地位，有意为提比略提供虚假的星相，从而遏制提比略做出某些较为错误的决定。有一个故事赞扬特拉叙鲁斯挽救了很多生命，因为即使他知道他年迈的朋友即将过世，他仍旧使皇帝相信自己还有10年寿命。结果就是，皇帝并未急于迫害或处死大量嫌犯。因此，很多人得到赦免，甚至包括提比略最后的继承者、年轻的卡里古拉。

如果特拉叙鲁斯在提比略生命即将终结时"误导"他，那么似乎可以肯定他在过去40年一直这样做，促使他的朋友不会做出可能增强他不受欢迎程度或者危及其生命的决定。同时，他一定曾使皇帝清楚知道其他一些重要事务，敦促他按照他所建议的路线行事。这并不是说特拉叙鲁斯使提比略处于他的控制之下。无论公正与否，是提比略做出决定，但是如果没有首

图 5.11 老年时期的提比略。（卡皮托利努斯博物馆，罗马）

先咨询特拉叙鲁斯,他大概不会做出决定。有时,他们都是错误的,即如在塞亚努斯事件中。

特拉叙鲁斯的末年

特拉叙鲁斯自己也只剩几年时光(他与提比略年龄相仿)。由于马克罗已是近卫军长官,特拉叙鲁斯自己的权力应该有所增强,然而,当他看到他的孙女婿开始与塞亚努斯愈发相像,他将得到何种地位是不得而知的。所能知晓的是,他错误地向提比略保证卡里古拉不会成为皇帝。他一定在试图保护他,使他免遭提比略猜疑。马克罗与恩尼娅·特拉叙拉均是这位年轻王族子弟的忠实拥护者,特拉叙鲁斯

图 5.12 提比略的继任者卡里古拉。(卢浮宫,巴黎)

肯定也希望卡里古拉即位。最后,提比略命卡里古拉与其孙子盖迈鲁斯为共同继承者,很可能是特拉叙鲁斯帮助皇帝做出这一决定。幸运的是,特拉叙鲁斯有生之年没有看到卡里古拉在罗马以及对盖迈鲁斯的所作所为。

特拉叙鲁斯于公元36年离世,几个月后,提比略于次年辞世,享年77岁。当然,我们获知他曾预言自己离世的具体日期和时间。种种迹象表明,特拉叙鲁斯至死一直忠于提比略。据后世传说,他在自己的著作中试图将自己与提比略的残酷行为撇清关系,但这种说法似乎不切实际,不过原因只有一个,即特拉叙鲁斯不敢以书面形式批判提比略。根据传统记述所示,特拉叙鲁斯甚至在死后很长时间仍一直得到高度认可。他的著作主题广泛,在若干世纪中被作为权威著作得到引述,尤文纳尔不屑地表示,即使在他生活的时代,特拉叙鲁斯的著作仍是占星询察的标准规范:

> 这些是你的妻子——就像塔纳魁尔(Tanaquil),一个真正的专家——去咨询的:她的母亲多久后会死于黄疸?
> (很久以前她问过你的死期。)她何时将埋葬

她的姐姐、她的叔父们？她现在的情人会比她多活多久？
迄今为止，她无法理解萨图恩（Saturn）的模糊征兆
或在哪颗星下维纳斯呈现欢乐，
哪些是招损之月，哪些是胜者的季节。
别忘记躲避，当你遇到这些女人中的某个
她们不去握住琥珀珠以防手掌出汗，
而是佩带一本日历直到她几乎无法阅读它。
她本身是位内行，给出而不是接受建议。
如果特拉叙鲁斯的诗文禁止此事，
那么，当她的丈夫前去作战或返回家乡，她将不在他的身旁……

（《讽刺诗》，6.565–567）

特拉叙鲁斯之后

史家塔西陀（《历史》，1.22）轻蔑地回顾提比略的统治，将占星者描述成"对强权不忠、对有志者欺诈的一类人"，但是，正如一位现代评论家所述，"的确，每个时代的绝大多数皇帝对占星术的所言所指或是轻信或是故意表示尊重"（MacMullen, *Enemies*, 139）。特拉叙鲁斯之子、占星家巴尔比鲁斯（Balbillus）继续在宫廷中从事其父所开创的活动，针对未来事件为皇帝克劳狄、尼禄及韦帕芗提出建议。这种伪科学虽然遭到禁止，但在基督教时期的罗马帝国中仍十分盛行，致使圣奥古斯丁（St. Augustine）在《上帝之城》（*City of God*; 5.1）中抱怨道：

> 然而，那些人抛开上帝的意愿，相信星相决定了我们的所为、我们拥有何种物品，或者我们遭受何种不幸，他们必须被清除出宫廷，不仅由真正宗教的信徒、更要由那些选择敬拜任何类型神明的人们（做出），即使他们可能是伪神。因为这种信仰的作用除了说服人们根本不要敬拜或向任何神明祈祷之外还有什么？……此外，如果他们屈从于占星势力，如何还有任何机会留给上帝去对人类行为做出判决，上帝如何成为群星和人类之主（Lord）？

在古代占星批判者喜欢援引的众多流行传说中，有一则是有关比提尼亚王普鲁西亚斯（King Prusias of Bithynia）与汉尼拔的故事。这位年迈的迦太

> **斐罗：来自公元150年的占星资料**
>
> 斐罗的生辰。主宰安东尼努斯·恺撒的第10年，法莫诺斯月（Phamenoth）15至16日之交，夜间第一时。太阳位于双鱼宫（Pisces），木星（Jupiter）和水星（Mercury）位于白羊宫（Aries），土星位于巨蟹宫（Cancer），火星位于狮子宫，金星（Venus）和月亮（Moon）位于宝瓶宫（Aquarius），诞生星位摩羯宫。
>
> （《草纸选辑》[Select Papyri]，卷一，第199号）

基将领在这位王的统治下结束了他的军事生涯，因为一名占卜师发现一个献祭牺牲的内脏不祥，因此这位王阻止汉尼拔进行作战，于是汉尼拔冷冷地质问该王，是希望用一片肉还是用他的统帅经历来为他的命运做赌注。如果提比略听到这个故事，他不会对这种嘲讽一笑置之，因为他脑中肯定知道如何回答汉尼拔。普鲁西亚斯选择了他的"一片肉"；提比略选择了特拉叙鲁斯。

阅读建议

提比略统治时期以及有关特拉叙鲁斯各类活动的古代史料主要有：塔西陀《编年史》（1—6卷）；苏埃托尼乌斯《十二恺撒传·提比略传》；狄奥《罗马史》（57—58卷）。维莱伊乌斯·帕特尔库鲁斯（2.94-131）、约瑟夫斯（《犹太古史》）和斐罗等人的著作也具有一定补益价值。有关提比略的主要参考书目是B.利维克（B. Levick, *Tiberius the Politician*. London: Thames & Hudson, 1976）和R.西格（R. Seager, *Tiberius*. Berkeley, Los Angeles, and London: University of California Press, 1972）的著作。有关占星术，F.克拉梅尔在其著作（*Astrology in Roman Law and Politics* in the *American Philosophical Society Monographs*, No. 37. Philadelphia: American Philosophical Society, 1954）中对特拉叙鲁斯进行全面论述；还有R.麦克马伦（R. MacMullen, *Enemies of the Roman Order: Treason, Unrest, and Alienation in the Empire*. Cambridge, Mass.: Harvard University Press, 1966）的著作；T.巴伦（T. Baron, *Ancient Astrology*. New York: Routledge, 1994）的著作属概论性著作。有关其中重要人物，可参见著作：P. Southern, *Augustus*. New York: Routledge, 1998; A.

Barrett, *Livia: First Lady of Impreial Rome*. New Haven, Conn.: Yale University Press, 2002; E. Bartman, *Portraits of Livia: Imanging the Imperial Woman in Augustan Rome*. Cambridge: Cambridge University Press, 1999。

介绍性的概论著作有：C. Scarre, *Chronicle of the Roman Emperors*. London: Thames & Hudson, 1995; M. Grant, *The Roman Emperors: A Biographical Guide to the Rulers of Imperial Rome, 31 B.C.-A.D. 476*. New York: Scribner, 1985; M. Bunson, *A Dictionary of the Roman Empire*. New York: Oxford Universtiy Press, 1995。另外一些较有价值的研究著作包括：C. Wells, *The Roman Empire*. Cambridge, Mass.: Harvard Universtiy Press, 1995; C. Starr, *The Roman Empire, 27 B.C.-A.D. 476: A Study in Survival*. New York: Oxford Universtiy Press, 1982; M. Rostovtzeff, *Social and Economic History of the Roman Empire,* 2 vols. Oxford: Clarendon Press, 1957; Sandpiper ed., 1998; F. Millar, *The Emperor in the Roman World (31 B.C.-A.D. 337)*. London: Duckworth, 1977; *The Roman Near East 31 B.C.-A.D. 337*. Cambridge, Mass.: Harvard University Press, 1993; A. Garzetti, *From Tiberius to the Antonines: A History of the Roman Empire, A.D. 14-192*. London: Methuen, 1974; E. Luttwak, *The Grand Strategy of the Roman Empire: From the First Century A.D. to the Third*. Baltimore: The John Hopkins University Press, 1979; S. Mattern, *Rome and the Enemy: Imperial Strategy in the Principate*. Berkeley, Los Angeles, and London: University of California Press, 1999; B. Campbell, *Warfare and Society in Imperial Rome, 31 B.C.-A.D. 280*. New York: Routledge, 2002。有关军事方面的专著有：A. Goldworthy, *The Complete Roman Army*. London: Thames & Hudson, 2003; *The Roman Army at War 100 B.C.-A.D. 200*. New York: Oxford University Press, 1996; L. Keppie, *The Making of The Roman Army: From Republic to Empire*. Totowa, N.J.: Barnes & Noble, 1984, G. Webster, *The Roman Imperial Army*. Totowa, N.J.: Barnes & Noble, 1985; Y. Le Bohec, *The Imperial Roman Army*. London: Batsford Books, 1994; B. Campbell, *The Roman Army 31 B.C.-A.D. 337: A Sourcebook*. New York: Routledge, 1994。

6

弗拉维王朝的稳固统治与自然灾害

**维苏威山摧毁庞培城
和赫拉克勒斯城（公元79年8月24日）
幸存者普林尼**

我……从这种信念中为我必死的命运寻得些许慰藉，即整个世界正与我一同逝去，我正随之一同消亡。

（小普林尼，《书信集》，6.20）

若不是经过痛苦不堪的最后几个世纪西部帝国最终覆灭，人们通常不会将灾难与祸患同罗马联系起来；但是，自肇始之初，罗马的特性即在逆境中形成。人们更倾向于相信罗马的成功，然而，相比于此，自然剧变和军事动乱更接近罗马人的真实生活。公元前387年，高卢洗城本有可能导致罗马灭亡；相反，罗马人使之得以重建。公元前216年，坎尼之战的灾难性惨败几乎导致一代人顷刻消亡。

甚至在帝国时期，正当罗马在地中海世界占据统治地位时，公元9年在条顿堡森林发生了"民族悲剧"，3个军团（约15,000人）遭日耳曼人屠戮，此事引起极大关注，并危及罗马安全。6年后，日耳曼尼库斯所部军队恰好发现这些同族死难者的遗骨，从而再次勾起这一灾难所带来的创伤和沮丧：

> 现在，他们处在条顿堡森林附近，据说瓦鲁斯（Varus）及其3支军团曝尸于此。日耳曼尼库斯希望向这些同仁及其统帅作最后告别。每每念及他们的亲友，忆起战争与人类生命的隐患，跟随他的每位士兵顿生悲悯之心……其场景印证了与之相关的可怖联想。瓦鲁斯史无前例的广袤营盘面积宽阔，总部位置突出，证明这是军队全体人员的劳动成果。一堵部分损坏的胸墙和一道颇浅的壕沟说明这里曾是凄惨的残余部队聚集之地。旷野之上白骨累累，尸骨布满人们的逃散之地，堆积在他们曾站立反击之处。那里还有枪矛和马匹肢体的残骸，还有人头挂在树干上。在附近的树丛中有一些奇异的祭坛，日耳曼人在那里屠杀了罗马将领和高级随军将官。
>
> 那些从战场逃生或免遭俘虏者成为这场灾难的幸存者，他们指出那些统帅阵亡之地以及鹰旗（Eagles；罗马军旗）被掠之处……是以，这次屠杀6年之后，一支罗马现役军队来到这里掩埋整整3个军团的死者尸骨。无人知晓他所掩埋的遗骨是属于一名陌生人还是属于他的同伴。但是，在其巨大悲痛中，怀着对敌人高涨的义愤，他们将所有这些看做

利益高于安全：竞技赞助人阿提利乌斯酿成不幸

公元27年，为了在距离罗马城不远的费德奈城举行一场角斗竞技，一个名叫阿提利乌斯的被释奴承包人建造了一座临时竞技场。其主要关注点在于自己的收益，他所建造的设施显然十分脆弱，竟至无法承受观众满场的压力。结果该建筑坍塌，伤亡人数似乎十分令人震惊：据报道，死者达2万人，通常比其他史家更为保守的塔西陀将伤者和亡者的数目定在5万。如果这些数字属实，阿提利乌斯的贪婪促成了一次巨大灾难；更为可悲的是，这本应极易避免。据塔西陀记载：

  当时出现的突发灾难所带来的破坏力相当于一场大战。它于瞬间起始并结束。一个名叫阿提利乌斯的被释奴在费德奈为一次角斗表演着手修建一座竞技场。然而，他既未在坚固地面建起地基，也未将上部木制建筑安全固定。他承揽这一工程并非由于巨大财富或市政抱负，而是为了可鄙的利益。在提比略统治时期十分缺乏娱乐活动的此类表演嗜好者大批涌入，其中包括各个年龄段的男男女女。其数目因该城近邻有所增加，从而加剧了不幸。拥挤不堪的建筑倒塌下来，内外同时下陷，将一大批观众和旁观者猛然摔下或掩埋。

  那些在灾难初起时即死去的人们至少免遭折磨，他们的暴毙使之成为可能。那些受伤严重但仍未死去的人最为可怜，他们知道自己的妻儿也躺在一旁。日间他们可以看到他们，夜晚他们能听到他们的尖叫和呻吟。这一消息引来大批人众，包括悲伤的亲朋、兄弟和父亲们。有些人的亲朋因其他事务远离在外，但这些人也感到恐慌，因为在伤亡人员仍然无法辨明身份时不确定性极易引发焦灼不安。在开始清理残迹时，人们急忙去拥抱亲吻尸体；当面貌特征难以辨认，但相仿的体形与年龄引起错误的身份认定时，他们甚至为之而争吵。

  在此灾难中，有5万人致残或死亡。元老院下令，今后任何资金少于40万塞斯特尔提乌斯的人均不得举行角斗表演，在坚固性得到验证的场地上方可修建竞技场。阿提利乌斯遭放逐。这一灾难之后，上层罗马人立即开放自己的宅院，以提供全面的医疗服务和必需品供给。

（《编年史》，4.62-63）

朋友和同胞弟兄。

（塔西陀,《编年史》, 1.61-62）

在帝国初期，与罗马城相关的最为知名的一次灾难是公元64年的大火。这次火灾是一次重大灾难，但尤利乌斯—克劳狄王朝末帝尼禄（公元54—68年）的恶名却掩盖了一个事实，即火患每天都威胁着都城的公民。如尤文纳尔所记（见第1章），罗马就是一个火患严重之地，就像一个随时等待导引的易燃物。即便如此，直到奥古斯都统治时期（大概是在这位皇帝自己的宅邸遭到焚毁后！），罗马城才拥有第一支常备消防组织。人们一定好奇，火患如此严重的城池为何很晚才出现这种服务组织，但实际上，有一支斗梯分队在其力所能及的范围内活动。

据说，尼禄的前任皇帝克劳狄（公元41—54年）本人曾在不可控制的烈火中被困2个夜晚，这足以使人见识到罗马城要应付的火灾规模有多大。当正式的消防人员、近卫军（Guards）和宫廷役员已无法遏制火情时，克劳狄开始在城中其余人等中召集"自愿者"，他自己端坐后，将成袋的钱币放在自己面前，现场为他们的劳动支付报酬。局部失火大概只是由四邻负责。如果火情完全无法控制，那么即使像克劳狄所采取的措施依然于事无补，因为根本没有任何可能去扑灭火源。这似乎就是公元64年大火中所遭遇的情况。史家塔西陀描述了火势是如何蔓延的：

> 现在，罗马城所经历的最为可怕、最具破坏力的火灾开始爆发。它起于毗邻帕拉提乌姆山和凯利乌斯山（Caelian）的大竞技场（Circus）。在贩卖易燃物品的商铺中首先起火，借助风势，大火迅速蔓延，席卷整个大竞技场区域。那里没有带围墙的宅邸或神庙，或者其他任何可以抑制它的障碍物。首先，大火猛烈席卷地平面空间。随后，它窜上山丘；但转而再次袭击低洼地带。它超出任何防范措施的控制范围之外。这座古城迂回狭窄的街道和不规则的街区均加重了火势的蔓延。
>
> 因受惊而尖叫的妇女、无助的老人与幼童、忙于自我安全的人们、无私帮助病残或等待他们的人、逃命者与逗留者同样均使情况愈发混乱。当人们畏缩停顿，危险的火焰立刻在他们面前迸发或在侧翼包围他们。当他们逃到邻近街区，大火随之而来；事实证明，被视为偏远的地区甚至也被大火笼罩。最后，不知逃往何处或逃避何物的人们聚集在乡间道路上或旷野中。有些人失去了一切，甚至包括他们的日常食物，他们本

可以逃生，但宁愿死去。其他没能营救出钟爱之人的人们亦是如此。无人敢于对抗火焰。努力这样做的举动为更具威胁性的帮派所阻拦。另外，有人公然将火把投入其中，同时喊道他们是奉命行事。也许他们的确收到命令。或者，他们可能只是打算毫无阻碍地实施抢劫。

  尼禄正在安提乌姆（Antium）。在火势接近他位于麦凯纳斯花园（Gardens of Maecenas）与帕拉提乌姆山之间的宅邸时，他才回城。火焰已无法遏制地笼罩了整个帕拉提乌姆山，其中包括他的宫殿。然而，为了安抚无家可归的逃亡民众，他开放马尔斯广场（Field of Mars），其中包括阿格里帕的公共建筑和他自己的花园。尼禄还为穷困大众建造了应急住所。从奥斯提亚及毗邻城镇运来食物，谷物价格也开始降低……截至第6日，巨大的毁坏令肆虐的火焰面临的只有露天空地与空旷天空，大火最终在埃斯奎利努斯山（Esquiline Hill）脚下熄灭。但是，在恐慌消退或希望恢复之前，火情在城中更为空旷的地区再次爆发。此次，人员伤亡很少；但是神庙和观光拱廊的破损更为严重……罗马14个区中只有4个区完好无损。有3个区被夷为平地。其他7个区只余下一些烧焦破败的废墟。遭到破坏的宅邸、街区和神庙不计其数。其中包括年代久远的神祠……此外，损失中还包括无数珍贵的凯旋战利品、希腊艺术杰作和罗马古代天才的原始记录。重建之城的所有光辉均无法阻挡年长一辈对这些不可替代事物的怀念。据记载，火灾起于7月19日，此日即为……高卢人攻占并焚毁该城之日。

  （《编年史》，15.8–41）

  很明显，罗马一直极易遭受此类灾难。在提比略统治的23年时间中，公元27年一场凶猛的火灾使凯利乌斯山的内部建筑遭到破坏，10年后，阿芬提努斯山及与之毗邻的大竞技场部分区域陷入火海。火灾还摧毁了庞培剧院，在广场的维斯塔神庙（Temple of Vesta）附近也曾发生火灾，后来的皇帝克劳狄的宅邸也被焚毁。有史记载的大地震至少有3次，其中最为严重的一次摧毁了小亚细亚地区：

  ……亚洲行省的12座名城因地震而覆灭。其发生时间在夜晚，因而加剧了恐慌和破坏力。此类情况下通常作为避难之处的开阔空地也未能提供脱逃之法，因为地面断裂后吞噬了逃亡者。有传说称，高山下陷，平地高耸空中，废墟中燃起大火。萨尔迪斯（Sardis）损失更为惨重，博得了众多同情。提比略承诺向它提供1000万塞斯特尔提乌斯，并免除5年内缴纳国库（Treasury）或皇帝控制的分支机构的全部税款。破坏程度与所得赔偿次之的是邻西庇路斯的马戈奈西亚（Magnesia-by-Sipylus）。特姆努斯（Temnus）、费拉德尔费斯城（Philadelphia）、爱琴（Aegeae）、阿波罗城（Apollonis）、莫斯提尼（Mostene；马其顿赫卡尼亚人[Hyrcanians]）、希耶罗—恺撒城（Hierocaesarea）、米里纳（Myrina）、开米（Cyme）和特摩鲁斯（Tmolus）诸城也获准免除直接征税。罗马决定派遣一名元老级巡察官负责受难者的恢复事宜。

（塔西陀，《编年史》，2.47）

毋庸置疑，在提比略的继任者、挥霍无度的卡里古拉（公元37—41年）统治期间（据说，他甚至祈祷灾难袭击罗马！），情况未见改观。在克劳狄统治期间，庞培剧院再次被焚，地震将罗马的房屋击垮，并引发大面积恐慌（克劳狄要求，无论罗马何时发生地震，官员须召集集会宣布公休假日，这一要求的目的似乎是将人们从房屋和多层公寓中清出以拯救其生命）；公元53年，弗里吉亚（Phrygia）的阿帕梅城被地震摧毁。

然而，在罗马遭遇的所有灾难中，有一个注定是西方历史上最为难忘的一次灾难。公元79年8月24日，那不勒斯海湾上的一座火山维苏威山喷发。这场灾难的牺牲品有庞培城，该城是一处繁华的农业和商贸中心，拥有约2万居民，此外还有附近一座较小但更为富庶的赫拉克勒斯城。火山喷发的幸存者之一是一位名叫普林尼（小普林尼）的年轻人，在维苏威山爆发时，他与其母亲和舅父生活在一起。后来，普林尼在皇帝图拉真（见第9章）统治时期成为一名政府高级官员，也是当时杰出的著作家。他对火山喷发的目击记录不仅是古代留存下来十分少见的著作来源之一，也是唯一为我们保存下来十分人性化的传说著作，使我们得以了解1900年前一个罗马家庭的成员们如何应对灾难。

弗拉维王朝

火山喷发时，正值罗马第二个王朝弗拉维王朝（Flavians）的成员提图斯当政。公元68年尼禄之死为尤利乌斯—克劳狄家族的统治画上了可耻的句号，由于没有任何嗣子，内战随即爆发。军事将领争权夺利，在尼禄自杀后的一年中，伽尔巴、奥托、维特里乌斯和韦帕芗接连即位，一试身手。公元69年被称为"四帝之年"（The Year of the Four Emperors）。这些皇帝中的最后一位韦帕芗最终夺权并掌控大局，此时，罗马城大部分地区遭到破坏，帝国处于混乱状态。他同他的儿子提图斯和图密善一起建立了弗拉维王朝（公元69—96年）。

事实证明，韦帕芗掌权之后成为一名能干胜任的管理者，使国家恢复秩序，重获资力。起初，他由长子提图斯辅佐，后者于公元70年洗劫耶路撒冷，结束了父亲韦帕芗在尼禄过世时正在进行的犹太战争（Jewish War）。韦帕芗成功遏制分裂因素，重建都城的部分地区，其中大部分已因各类冲突变成废墟，然而正是冲突使他走上权力顶峰。在曾属于尼禄金宫（Golden House）的土地上，他开始建造弗拉维竞技场（Flavian Amphitheater），或称克罗塞乌姆竞技场，该设施拥有5万坐席，将成为帝国最为著名的角斗竞技场。韦帕芗统治10年后，于公元79年去世，提图斯继位。就在此后2个月，维苏威火山爆发。

图6.1　弗拉维王朝（公元69—96年）的创建者韦帕芗。（卡皮托利努斯博物馆，罗马）

一位险些丧命的少年

当维苏威火山喷发时，小普林尼并不在庞培城、赫拉克勒斯城、斯塔比亚（Stabiae）以及任何那不勒斯海湾上遭到摧毁的其他地点。他所在的地点是米塞努姆，位于海湾对面距喷发中心约20英里处。即便如此，他幸存的几率也并不大。其某些行为并非明智之举，但重要的是他最后在正确的时间里做出了正确的事情，并存活了下来。

普林尼在两封著名的书信（《书信集》，6.16，20）中记述了他对火山喷

图 6.2　由韦帕芗及其子修建并题献的克罗塞乌姆竞技场（弗拉维竞技场）。

发的深刻记忆，这两封信是写给他的朋友、帝国时期极为伟大的史家塔西陀的，因为后者要求得到一些资料以帮助自己进行研究。当时距离那个重要的日期已过去大约26年，但普林尼的经历并非容易遗忘之事。尽管可能有多处细节不一致以及一些自夸之处，但如果考虑到当时的情况，从根本上说普林尼的记述总体上是审慎合理的。这大概是我们所能期望的最为精确的事件陈述。两封信共同构成了普林尼一家在那天的活动记录。

普林尼的记述

公元79年夏，普林尼与母亲正在后者的兄弟老普林尼家中生活。老普林尼是罗马位于那不勒斯海湾（见地图16）北海岬米塞努姆舰队的指挥官。小普林尼的父亲（父母似乎离异）已过世，其青少年时期大部分在其舅父家度过。他的舅父是知名的古文物研究者和科学家，创作了大量重要著作，其中包括一部至今尚存、有关自然历史的综合百科全书，他负责监管小普林尼的教育和总体教养。

表面上，8月24日像往常一样开始；不过，普林尼记载，此前已发生多日地震。海湾上无人因此而警醒，因为在坎帕尼亚地区经常出现地震（至今仍是如此）。普林尼的舅父在阳光下无精打采；他冲凉后吃过午饭，便开始

见证历史：约瑟夫斯记录罗马的凯旋

庆祝军队凯旋是罗马城最为壮观荣耀的景象之一。在共和国时期，这是一名罗马将领军事生涯的最高峰，是一切有抱负的贵族所渴求的目标。一般来说，举行凯旋式的条件是在一场针对外族势力的公开宣战战争中取胜，并且敌方至少损失五千人。在元老院要求下，首先进行直接选举，通过选举授权，取胜将领方获准率军入城参加一场令人震撼的展演，炫耀装备、战利品、俘虏，罗马人倾城而出观看这一彰显个人权势的盛况。普鲁塔克（《艾弥利乌斯·保路斯传》[*Aemilius Paulus*]，32—35）记载，公元前167年艾弥利乌斯·保路斯为庆祝他对马其顿最后一位王佩尔修斯的胜利举行了为期3天的凯旋行进仪式，其中他提到一场此类炫耀展示。然而，到帝国时期，以此种方式炫耀个人野心和荣誉属危险之举，凯旋式只留给皇帝及其家族成员。

一场艰难的战争（公元66—73年）在尼禄统治时期即已开始，其中经过公元70年洗劫耶路撒冷和摧毁圣殿（Temple），皇帝韦帕芗与其子、未来的皇帝提图斯为他们对犹太人所取得的

图6.3 罗马提图斯凯旋门（Arch of Titus）内侧浮雕，描绘了在犹太战争取胜后提图斯在凯旋式上骑乘马车的景象。

胜利举行凯旋式。史家约瑟夫斯参加了这一凯旋式，下面即是他所作的目击记录。约瑟夫斯曾是一名犹太祭司和政治领袖，在战争期间为免一死而归顺罗马人，并且如结果所示正确"预言"韦帕芗将登上帝位。耶路撒冷被围时，他站在提图斯一边，甚至呼吁城防守卫者归降罗马人。后来，约瑟夫斯成为罗马公民，很多犹太人同族把他看做叛国者和罗马人的附庸。约瑟夫斯的记述见于他的史作《犹太战争》(The Jewish War; 7.121–157)。由于他总是毫不掩饰地逢迎他的皇家恩主，因此他在此似乎无需再做其他事情，只是简单描述他的所见。尤为令人关注的是，在凯旋行进中当犹太教（Judaism）和圣殿的珍贵遗迹经过时，约瑟夫斯所表现出的"超然"态度（注：参考第5页的罗马广场图和第9页的罗马城区图，以便理解凯旋式沿线所涉及的某些重要地点。）：

> 在凯旋行进选定的日期之前即已发出布告，城中众多人口无人留守家中：人人走出来，尽管只有站立的空间，他们仍然在某处找个位置，以致没有为行进队伍本身留下足够空间通过。
>
> 夜色仍未褪去时，所有士兵已在其军官的指挥下以百人队和纵队为单位出发，并且列队地点不是在上官苑（Upper Palace）宫门周围，而是在伊西斯神庙（Temple of Isis）

附近，因为凯旋将领在那里过夜。刚一破晓，韦帕芗和提图斯便走出来，他们头戴月桂花环，身穿传统紫袍，进入屋大维甬道（Octavian Walks）；元老院、高级职官和骑士已在那里等候他们的到来。柱廊前面已安置一座讲台，台上放置着已为他们准备好的象牙椅。他们前来落座；于是军队开始欢呼，这是一支见证了他们英勇超凡的军队。中心人物未着戎装，身穿丝袍，头戴月桂花环。虽然军队还要继续，但在接受了他们欢呼后，韦帕芗示意安静。全场一片肃静，皇帝从座位上站起，头部大半被斗篷遮住，他开始按惯例进行祈祷，随后，提图斯同样如此行事。祈祷过后，韦帕芗向全体

图6.4　公元70年罗马城一枚奥雷金币的背面图案。该币为纪念韦帕芗和提图斯的胜利与耶路撒冷和圣殿的摧毁而发行。图中刻画了缴获的甲胄和一名被缚的犹太（Jewish）妇女，她可能代表着犹地亚（Judaea；在其下方以拉丁文标示）。

第 6 章　弗拉维王朝的稳固统治与自然灾害　　187

图 6.5　提图斯凯旋门内侧对边的浮雕，描绘的景象是提图斯的凯旋行进队伍，其中包括耶路撒冷圣殿中的七分枝烛台（Menorah）及其他战利品。

集结人员发表简短演说，随即解散军队去用早餐，因为根据惯例凯旋将领要提供早餐；韦帕芗自己退至凯旋门处，该门以一直由此经过的凯旋行进而得名。他们先在那里用餐，然后穿上凯旋礼袍向竖立在门两侧的诸神献祭，最后重新开始他们的凯旋行进，穿过剧院以便人群更好地观看。

　　记载这无数景象的描述不可能尽如人意，人们所能想到的诸多方面均极其壮观，无论是艺术作品或是各种财富抑或是自然珍品；那些命运的宠儿只能单人单次获得的财宝——众多不同人物的无价珍品——全部集中在那一日，展示着罗马帝国的伟大。其中还能见到工匠技艺所及的各种形状的金、银和象牙制品，数量巨大，似乎它们并非运送在行进队伍中，而像一条流动的长河。随波而行的还有帷幔，有些是极为罕见的紫色底纹，有些则带有巴比伦（Babylonian）艺术家刺绣的逼真肖像；载送而过的透明宝石有些镶在金冠上，有些镶嵌在其他衬物上，其数量之大让我们明白之前我们将其视为罕有之物是多么愚蠢。行进队伍中还有罗马诸神的造像，形制巨大，具有真正的艺术价值，每尊造像均用昂贵的原料制成；牵引而过的动物种类繁多，均用特殊的饰物装扮起来。行进队伍中的每样物品均由大批人员护送，他们所着服装染成纯紫色混以金色；那些被选中参加行进的人周身带着大量极为精美、令人称奇的饰物。此外，甚至众多俘虏也并非完全不着装饰：在精巧美丽的外衣下，任何因身体伤害造成的丑相均被掩盖。

不过，最为令人称异的是移动台架结构；当人们用惊喜的眼光观看上面奢华的装备时，其巨大形制的确引发恐慌，因为其中很多是3层甚至4层高，人们无法信任它们的稳固性。许多台架挂有镶金的帘幕，所有结构均由加工精细的象牙和金子构成。很多舞台造型极为生动地刻画了连续的作战阶段。这里看到的是被摧毁的美好乡村，那里则是敌军整体编队遭到屠戮；有人逃亡，有人被俘；巨大的城墙被器械推倒，大型堡垒遭受猛攻，雉堞墙上布满防卫者的城池被彻底摧毁，军队在壁垒内尖叫，整个地点散发着杀戮之气，那些无法坚守的人哀求着举起双手，神庙被火焚毁，房屋在其居住者头顶被拆毁，在彻头彻尾的凄凉与悲惨过后，河流流过的不是耕田，不是向人与动物提供饮水，所经之处是仍在燃烧的乡间。这就是犹太人进行这场战争时便注定使自己要遭受的痛苦；这些建筑的艺术和非凡的技巧当即将这些事件展示给那些没有看到它发生的人们，仿若

图6.5 现代耶路撒冷中一个大型露天模型，表现的是第二圣殿（Second Temple）时期该城的状况。它于公元前70年被提图斯摧毁。图片深处以围墙环绕的区域中间一处高耸结构即为圣殿。

> 身临其境。每座台架上均有一名被攻占城池的统领，形象即如他被擒时一样。随后是很多船只。
>
> 　　随行的大部分战利品均杂乱地堆放在一起，但是相比其余更为突出的是那些在耶路撒冷城圣殿中房获的物品：重达数英担的金桌和同样是金质但构造有别于我们通常所见的灯柱。其中轴被固定在一个基座上，从此处伸出一些纤细的分支，状如三叉戟的尖头，每一处末端被打造成一座灯盏；分支共有7个，代表着犹太人赋予这一数字的荣耀。这些之后带来的是最后一件战利品犹太法（Jewish Law）。接下来是一群人拿着胜利女神（Victory）像，造像均以象牙和金造型。其后，韦帕芗首先骑行而来，之后是提图斯；图密善在旁侧骑行，装扮华丽，他的马看起来也十分堂皇。
>
> 　　行进仪式在朱庇特·卡皮托利努斯神庙（Temple of Jupiter Capitolinus）结束，他们在那里停下来：根据古老的习俗，他们要在那里等到敌军首领的死讯。这就是吉奥拉斯（Gioras）之子西蒙（Simon），他一直在被俘者中间参与行进，现在被套索套住后拖往广场的惯行地点——这是罗马法令规定用来处死那些因其罪行而被判死刑的地点——护送者不断敲打他。当他死亡的消息传来，全场欢呼，献祭开始。当惯行的祈祷结束并得到吉兆显示后，王族回宫（Palace）。他们在皇家餐室招待一些人；至于其余所有人，已在家中准备好丰盛的筵席。罗马城（City of Rome）整日都在庆祝对敌战争的凯旋事宜、内战的结束和憧憬美好未来的开端。

写作。刚过晌午，普林尼的母亲注意到"一片大小与外观异乎寻常的云"从维苏威山的方向飘来，经过海湾向东而去，她叫来兄弟关注此事。老普林尼穿上鞋子，爬到一处有利地点，以便更好地观察这一现象。普林尼写道：

> 　　从那么远的距离看，并不清楚这片云是从哪座山（后来知道是维苏威山）升起；最能说明其总体外观的表达方式就是像一棵金松，因为它在看似树干的支撑下升到极高处，随后分成枝干，我这样想象的原因是，它首先借助气流直接向上，随着压力的减弱变得毫无支撑，或者受制于自身重力，故而展开，并逐渐弥散。有时，它看上去是白色的，有时带有大块斑点和尘垢，随着它所携带的土壤和灰尘的数量而变化。

此时，普林尼的舅父明显仍未看到任何警惕的理由：起初是他作为一名学者的好奇而不是任何官方身份促使他希望更为近距离地去观看。他命人准备一艘小船，甚至邀请他的外甥随他同去。这时，我们得以看到小普林尼审慎的性格，他为了继续自己的功课而拒绝了舅父的提议。大概与他同龄的男孩很少能做出这样的选择，但是，结果证明，这个决定拯救了他的生命！

一名好奇的科学家开始为一次从容调查着手准备，但事态很快陷入严峻境地。正当老普林尼要离开自己的宅院时，他收到一位惊恐万分的妇人发来的紧急求救信息，他认识这位生活在山脚下的妇人，这时他开始意识到真正发生了什么。他立刻命令舰队开始行动，随即登上一艘船亲自指挥营救工作，他知道，在人口密集的沿岸居住区那些庄园和城镇中有很多需要营救的人：

> 他仓促赶往其他人均匆忙离开之地，他将航向直指危险地带。他完全无所畏惧，描述着该现象每一个新的动向和阶段，使之像他正在看到的那样被精确记载下来。火山灰已经开始下落，随着船只的靠近，灰烬变得更加炎热而浓厚，随之而来的少量浮石和被熏黑的石块被火焰烧焦乃至爆裂：之后它们又突然间落入浅水区，海岸因山上的废石残片而壅塞。我的舅父自忖片刻是否应该返回，但是，当舵手向他建议返回时，他却拒绝，告诉舵手命运之神（Fortune）站在勇敢者一边，他们必须赶往斯塔比亚蓬波尼亚努斯（Pomponianus）处。后者因宽阔的海湾（因为海岸逐渐环绕注满海水的内湾蜿蜒迂回）而滞留该处，尚无危险，但很明显危险会随着它的不断扩大而即将临近。因此，蓬波尼亚努斯已经将他的行李装载上船，待逆风减弱便试图遁行。这一风向当然十分有利于我的舅父，因此他能将船靠岸。他拥抱他受到惊吓的朋友，并鼓励他，使之振奋起来，他认为他可以通过自己沉着的表现来平息朋友的恐惧，并令人带他去盥洗室。盥洗之后他躺下来进餐；他十分兴奋，或者他至少做出十分兴奋的样子，这已经很有胆量了。

与此同时，维苏威山上已有多处爆发大片火势和熠熠火焰，其炫目的火光在黑夜中格外耀眼。我的舅父极力缓和同伴的惊恐情绪，不断说明这些只是农夫们恐慌之下遗留下来的篝火，或者是他们遗弃区域中的空房着火。他随即就寝并真正入睡，因为他魁梧的身材使他的呼吸声沉重而响亮，在他门外来往的人们均能听到。

老普林尼不在时，小普林尼仍努力坚持按照常规程序作息。日间的其余

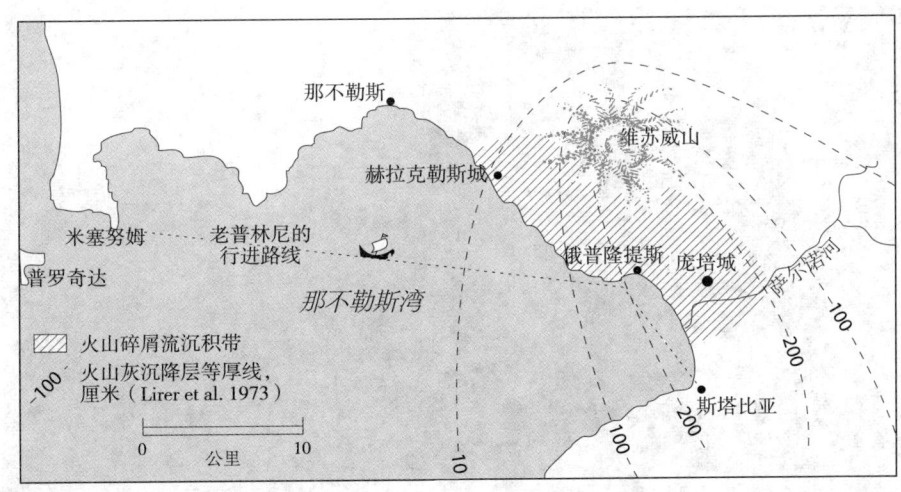

地图16 公元79年8月24日维苏威山及其周围地区。该图是8月24日喷发及其进程的复原。虚线代表浮石和微尘降落的方向和数量,阴影区域代表火山灰流。

时间他仍继续做功课,然后洗浴、用餐、就寝、并开始不甚舒适且断断续续的睡眠。地震仍在继续,在夜间十分强烈,他与母亲需要相互陪伴寻求慰藉。他们在房前的院落中避难,普林尼试图通过总结学业来平息他自己以及母亲的恐惧:"我不知道我是否应该称这种行为是我的勇气还是我的愚蠢(当时我只有17岁),但是我取来一卷李维,就像无事可做一样继续阅读。我甚至继续我一直在做的摘录工作。"

他舅父的一位朋友最近刚从西班牙来到此处,正当经过时看到两人,责备他们的愚蠢之举,称他们应立即逃亡。他的话并未奏效,因为如普林尼所记:带着几近扭曲的高傲情绪,"我沉湎于我的书本"。

普林尼和他的母亲一直在那里待到黎明,但光线不甚明亮,大地仍在颤抖。他们意识到房屋可能在他们头上坍塌,因此他们最后决定离开城里,但这引发了其他问题:

> 一群惊慌失措的人们紧紧尾随我们,他们宁愿放弃自己的想法,听从他人的决定行事(在这种特征下恐惧类似于审慎),于是我们在途中被蜂拥紧追的这些人催促不止。当我们在建筑物的另一边停下来,在该处的非凡经历使我们彻底惊醒。即便地势十分平坦,但按照我们的命令带出的马车开始向不同的方向跑去,甚至当我们将它们用石块固定后仍然无法使之停止不动。我们还发现海水被吞没而去,明显因地震而退去:

图6.7 帝国时期不列颠行省的罗马餐厅复原图。小普林尼在意大利那不勒斯海湾的米塞努姆舅父家中就餐休息的房间应与此相似。

无论怎样,海水从海边撤退,令大量海洋生物滞留在干涸的沙滩上。在向陆侧,一片可怕的乌云被抖动的叉状突发火焰划破,撕裂后又露出巨大火舌,如规模放大的闪电之光。

普林尼舅父的西班牙朋友显然一直就近随行,这时他开始鼓励道:"如果你的舅父仍然活着,他会希望你们两人得救;如果他不在了,他也会希望你们能够幸存。所以,为什么还要拖延逃难?"普林尼和他的母亲不愿离开该地,这是可以理解的,因为他们没有得到有关老普林尼的任何消息,最后,他们仍然犹疑,催促着他们的朋友离开自保。而后,火山喷发最令人惊骇的时刻随即到来:

之后不久,乌云向地面沉落并笼罩海面;它将卡普里完全遮住,使米塞努姆海岬浑然不见。之后,我的母亲哀求、恳求甚至命令我竭尽所能去逃难,因为年轻人也许可以躲避灾难,而她已年迈,行动迟缓,只要她没有拖累我丧命,即使平安无事她也将离去。我拒绝弃她自救,抓住她的手迫使她加快脚步。她不情愿地屈服,抱怨说她在拖累我。火山灰已开始落下,但仍然不是十分浓烈。我环顾四周:我们身后有一片浓密的乌云袭来，如洪水般覆盖大地。我说："趁我们还能看清，马上离开道路，否则我们会在黑暗中被人流撞倒并遭到踩踏。"我们还未及坐下休息，这时黑暗袭来，不是无月或多云之夜的黑暗，而是如同在一间封闭的房间内灯光被熄灭之后的漆黑。你可以听到妇女的尖叫、婴孩的哭号和男人的呼喊；有些在呼叫父母，有些在呼叫他们的子女或妻子，试图通过声音来认出他们。人们为自己及亲人的命运而哀叹，有些人因惧怕垂死状态而祈祷死亡。很多人祈求神助，但宁愿相信再不存在什么诸神，宇宙从此陷入永久黑暗之中。还有人在现实险情中凭空捏造危险：有人声称，米塞努姆的部分地区已崩塌，或者有部分地区起火；虽然他们的谣言不实，但仍发现其他人相信他们。虽然重现一束光，但我们认为这是火势扩散的警戒，而不是日光。然而，火焰仍在较远处；随后黑暗再次来临，灰烬重新开始落下，但这次即如强阵雨般下落。我们间或站起抖落灰尘，否则我们会在其重量下被埋没压垮。要不是我坚信整个世界正与我一同逝去、我也正随之一同消亡，并且从这种信念中为我必死的命运寻得些许慰藉，我能夸言在这些危情面前我没有发出一声呻吟或恐惧的哭喊。

　　最后，黑暗逐渐淡去，消散于浓烟或乌云之中；真正的日光随之而来，太阳也真切地显露出来，但就像日食时一样泛黄。我们惊恐地发现一切都发生了变化，均深埋在雪堆般的灰烬中。我们返回米塞努姆，在那里全心应对我们的身体需要，之后在交替袭来的希望与恐惧之中度过了一个焦虑的夜晚。恐惧仍占上风，因为地震仍在继续，几个歇斯底里的人发出可怖的预言，与之相比，他们自己以及他人所遭受的灾难显得可笑。不过，即使在这时，抛开我们所经历过的以及仍将出现的危险，我和我的母亲仍要等到我舅父的消息后才打算离开。

不幸的是，数日后，普林尼和他的母亲得到的消息并不好：老普林尼遇难身亡。在他到达斯塔比亚的朋友蓬波尼亚努斯那里并安抚众人之后，危情开始加剧；他本可以明智地疏散那些友人并立即撤离。拖延使他付出了生命的代价：

　　此时，通往其（普林尼）房间的中庭已满是掺杂浮石的灰烬，地面也随之升高，如果他继续待在房内，便再也无法出来。他被叫醒后走出来，同蓬波尼亚努斯及屋中其余人等会合，这些人彻夜未眠。他们讨论是该留在室内还是到户外碰运气,因为建筑正随着剧烈震动而摇晃,就像要脱离地基般来回摇摆。然而,在户外,有浮石下落的危险,只不过它们很轻而且多孔;然而,在权衡这些风险后他们选择了后者。就我舅父而言,是一个缘由重于另一个,但对其他人而言,这是畏惧的决定。为了抵御下落物体,他们用布料将枕头系在头顶。

此时,别处已有日光,但他们仍处在黑暗中,比通常任何夜晚更加漆黑,他们点亮火把及各类灯火来驱走黑暗。我的舅父决定前往海岸,实地勘察由海上逃生的可能性,但是他发现海浪依旧汹涌而危险。有人为他在地上铺下被单以便他躺下来,他不断地要喝凉水。随后,火焰和硫黄气味预示着即将到来的火情,这使其他人开始逃生,也使他振奋得站起来。他靠着两名奴隶而站立,之后突然倒下。我猜想,其原因是浓烟阻塞他的气管使他窒息,他的气管天生虚弱、狭窄,经常发炎。当26日重现日光时,即他所见的最后一日之后的两天,人们发现了他的尸体,依然完整无损,衣着整齐,看似深睡而非死亡。

这一灾难发生的消息传到皇帝提图斯那里的时间应该不是很久,罗马城距该地约130英里。很自然地,提图斯大概希望从老普林尼处得到一个完整的报告,因为后者是他的舰队长官也是海湾地区最高级别的官员。一定有公使到米塞努姆寻找他,当他们在小普林尼和他的母亲那里听说他也在失踪人员之列,大概便立即开始发起搜救行动。不过,这只是提图斯所面临诸多难题中较轻微者。

这位皇帝在火山喷发前2个月刚刚即位,现在便遇到如此巨大的危情。成千上万人无家可归,海湾周围丧生者不计其数,多数曝尸于外、无人打理,当然还有遍布各处的劫掠者。提图斯迅速采取行动,向幸存者提供避难场所和援助,最后在那不勒斯附近未遭受巨大损失的一些同级别城池安置这些幸存者。另外又成立一个卸任执政官委员会亲自督管坎帕尼亚的重建事宜。那些在喷发中丧生且无继承人者的财产被集中起来创立一笔基金,用来帮助挖掘和重建庞培城和赫拉克勒斯城。当然,重建工作根本未曾完成。

根据他们的墙壁涂画,我们得知,在喷发过后最初的一些时日中,人们在庞培城通过未被埋没的高大建筑屋顶进入建筑物中。似乎多数是之前的一些居民在寻找家人的尸体以及任何他们能寻回的贵重物品。无疑,有些是劫掠者。赫拉克勒斯城所遭受的破坏十分严重,此类行为毫无意义。

图 6.8 维苏威山和庞培城遗址。

虔诚的基督教徒和犹太教徒将它们比做《圣经》中的所多玛城（Sodom）和俄摩拉城（Gomorrah），很多犹太人将这一毁灭看做神对提图斯洗劫耶路撒冷和摧毁圣殿的报应。在维苏威山周围诸城中，只有斯塔比亚得以完全恢复并持续发展，所达到的繁荣程度甚至超出它在喷发前的状态。至于维苏威山，在很多世纪中仍然是那不勒斯海湾居民的巨大威胁，其最近的一次喷发发生在1944年。

庞培城和赫拉克勒斯城的居民

塞克斯图斯·帕图尔库斯·费里克斯（Sextus Patulcus Felix）是赫拉克勒斯城的一名面包师，维提乌斯兄弟（Vettii；见图6.9和6.10）是庞培城的富商；斯特帕努斯（Stephanus）经营一间洗衣房；诺维里娅·普利米盖尼娅（Novellia Primigenia）在两座城与男人进行性交易，不乏仰慕者。像马尔库斯、鲁福斯、萨比努斯（Sabinus）、曼尼乌斯（Manius）、尤利乌斯和大卫（David；据名字推断，此人或是犹太教徒或是基督徒）这些男孩在任何他们感到满意的地

图 6.9 庞培城维提乌斯兄弟宅邸。

图 6.10 维提乌斯兄弟宅邸中带有装饰的墙壁。

方毫无畏惧地涂画他们的名字，即如孩童经常所为那样。在赫拉克勒斯城郊区，坐落着一处大庄园（现代称之为"草纸庄园"[Villa of the Papyri]），其中充斥着杰出的希腊雕塑作品并拥有一流的哲学书馆，这里大概属于卢基乌斯·卡尔普尔尼乌斯·皮索的后人所有。皮索是公元前1世纪人，系尤利乌斯·恺撒的岳父。

地位或高或低，或富有或贫穷，或与人为奴或身行自由，庞培城和赫拉克勒斯城的居民成为帝国时期罗马社会生活的代表性人物。我们确切知晓其中数百人的名字，因为他们的生命在时间中冻结。在古代历史（或者也许在我们所处时代之前的任何历史时期）中没有一个像公元79年8月24日这样如此完美地为我们保存了当时的瞬间。自1709年一名挖井工人偶然间在赫拉克勒斯城发现剧院至今，我们得以近距离窥探一个存在于1900年前的世界。已碳化的食物仍摆在桌上，大块面包刚刚被一分为二，鸡蛋仍完好无损；天平仍盛放着在那一刻所称量的物品；骰子正等待着主人的下一次投掷；阿塞里那（Asellina）或者她的一个吧女（斯米尔那[Smyrna]、玛利亚[Maria]或艾格勒[Aegle]）将每日收入的一部分零用现金放入抽屉。房屋内布满家具陈设、壁画、造像、马赛克、陶器、个人物品及各种形状和种类的器具。如果不是如此久远前的那一天受灾的那些人，我们对于罗马民间和公共生活所了解的信息量将大幅下降。至少就此而言，我们似乎可以从并非完全消极的角度看待他们的不幸。

两座城的历史

在其毁灭之前，庞培城和赫拉克勒斯城均具有悠久的历史。在数世纪中，希腊人、埃特鲁里亚人和占据坎帕尼亚时间最长的萨姆尼乌姆人均曾在这两座城留下他们的足迹，在公元前1世纪80年代的内战后它们才落入罗马人之手。火山喷发时，广场、会堂、剧院、公共浴场和体育场是庞培城和赫拉克勒斯城的固有特征，前者还拥有一个竞技场（见图6.17）。

庞培城坐落在维苏威山西南5英里处的火山大陆架上，俯瞰萨尔诺河（Sarno River）。它大概是帝国时期一座普通的意大利城镇，不过其公共建筑的规模和数量仍然堪称惊人。最初，这是一座虽不富有但熙攘忙乱的商业中心和港口，形形色色的居民多数从事农业劳作，一小部分从事商业和捕鱼产业。鱼酱和酒是重要的出口商品。在一位布商家的墙上曾发现铭文"Salve

阿庇吉乌斯的罗马美食家指南

在庞培城和赫拉克勒斯城的食品专卖店铺中，有一间属于阿乌鲁斯·弗费鲁斯（Aulus Fuferus）。在被发现时，他的存货有腌制谷物和蔬菜。很明显，他的产品极为丰富，但是较易腐烂的物品早已消逝不见。即便如此，我们仍然很了解罗马人喜欢吃什么以及他们将在临近店铺购买什么。在前面章节中曾提到佩特洛尼乌斯对特里马尔奇奥（他被描述成庞培城的资产拥有者）晚宴的记载，从中我们了解到各类精致菜肴的相关信息。然而，佩特洛尼乌斯只是在诙谐地嘲弄一位富有被释奴用他奢华的餐饮来打动他人的企图，所提供的食物及布置方式也被有意夸大。我们无从知晓这一"文字记载中的晚宴"与罗马人真实烹饪行为的相符程度有多高。帝国时期有一部食谱是有关古代食物更为实用的参考资料，而且内容实事求是，一般认为此书系由阿庇吉乌斯所作。以下即选自他

图6.11 帝国时期罗马不列颠行省的厨房复原图。在帝国境内，阿庇吉乌斯食谱中的许多美食均使用图中所示的器具制成。

《论烹饪》(*Roman Cookery*)一书中所述及的食谱:

烤鸡(Chicken Fronto)

将鸡烤至棕色,放入调味液[鱼酱]与油的混合物中,再加入莳萝、韭葱、香薄荷、绿芫荽等一系列调料;然后[烹制]。熟后取出,放在成品盘上,浇上大量浓稠葡萄汁,撒胡椒粉,随后即可食用。

(6.9.12)

杏炖肉丁(Pork Fricassee with Apricots)

在炖锅中放入油、调味液、酒和以干葱煨制的猪排,加入事先烹制好的猪肩肉块。在烹制所有这些食品时,将胡椒、小茴香、干制薄荷和莳萝捣碎。用蜂蜜、调味液、葡萄干酿制酒、少许醋和一些料酒润湿,并搅拌均匀。加入去核杏肉。将之煮沸直至成熟。用糕饼碎屑使之凝固。撒以胡椒,即可食用。

(4.3.5)

栗子小扁豆(Lentils with Chestnuts)

[将小扁豆煮沸。]取一口炖锅,放入精心清洗过的栗子。加入水和少许食用苏打。放在火上烹制。[同时],将胡椒、小茴香、芫荽子、薄荷、芸香、阿魏根和薄荷油放入研钵;捣碎。用醋润湿,加入蜂蜜和调味液,再用醋搅拌,浇在烹制好的栗子上。加入油,将之煮沸。当它充分沸腾时不断搅动。[混入小扁豆。]品尝一下;若缺少何种味道,则加之。盛入成品盘时,加入上好用油。

(5.2.2)

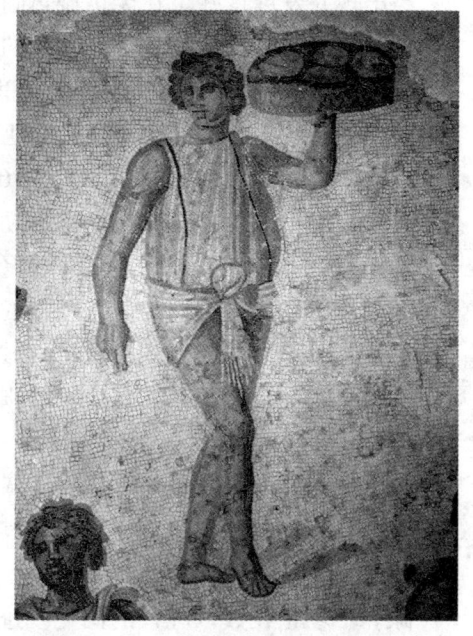

图 6.12 公元 2—3 世纪的迦太基马赛克:准备宴会的仆从。(卢浮宫,巴黎)

玫瑰酒(Rose Wine)

你可以照此制作玫瑰酒:将玫瑰叶剔除白色部分后串起,尽可能多地在酒中浸泡 7 日。7 日后,将玫瑰叶从酒中取出,依照前法再次放入串在一起的新鲜玫瑰叶,在酒中 7 日,然后取出。再次重复,然后取出玫瑰叶,将酒过滤,之后,在饮用时,加入蜂蜜使之成为玫瑰酒。不过,务必使用上好的玫瑰叶,当叶片的露水干涸时……

(1.3.1)

Lucrum"（大致的含义是"为金钱喝彩"），这清楚地表明资本主义的精神已经出现并发展良好。在庞培城热闹狭窄的街道两旁，商铺、货摊、酒馆和公寓林立，那里忙乱的步伐和嘈杂的声音迫使那些有支付能力者住到海岸沿线的庄园（如果他们不是已经在那里居住的话）。通过观察居民多么珍视并装扮他们的花园，就可以清楚知道他们也知道如何消遣。

距离维苏威山另一侧西北坡10英里处，坐落着规模稍小的赫拉克勒斯城，人口约五千人。它位于流向那不勒斯湾诸多小河中的一处海岬上，城墙即止于海岸线。一处直降入海的峭壁（现今距海约1/3英里远）为那些在城区边缘拥有房屋的富有者提供了极佳的景象。那里滩地区域很少，赫拉克勒斯城永远不可能发展成为一座港口大城。有人发现此处是退隐田园之所，赋予它一派繁荣之象，尤其在其残留的剧院、公共浴场和宽敞街路的遗迹中可见一斑；但是其中大部分人口是渔民、工匠和技工。虽然整个遗址只有极少部分得到挖掘，但是这里完全没有庞培城随处可见的营利主义。由于赫拉克勒斯城浓厚坚固的火山覆盖物将该城其余部分（包括遇难者的残骸）封存并使之免遭空气及气候侵袭，事实证明，这要比掩埋庞培城的一层浮石更加难以移除。广场正在数以吨计的固化残迹下等待着手持钻的到来。在之前几个世纪中，对仍被埋在地下的剧院和令人惊叹的"草纸庄园"所进行的勘探和侵掠是通过隧道工程完成的。

来自往昔的声音

这两座古城的人们拥有一种习惯，即通过墙壁铭刻和涂鸦来表达自己的思想，毫不夸张地说，这些刻文数以百计。这对我们来说是幸运的，因为通过这些遥远的声音和想法，这两座古城仍得以保持"鲜活"。这种对罗马生活记录的全面程度令人称奇，其内容几乎超出我们所能想象的范围，这些公民（这里指庞培城公民）精神饱满的本性在其竞选活动中得到了最完美的体现。

西塞罗曾论道，赢得庞培城议事会的一席之地要比进入罗马元老院（Roman Senate）更难。1个世纪之后，这种情况似乎仍未改变。包括妇女和儿童在内的所有人均与选举的宣传活动相关，现存有一千余条铭文与火山喷发湮没庞培城之前数月的竞选活动相关。我们无从知晓，其他意大利自治城是否拥有同样典型的强烈政治爱好，但这些铭文告诉我们许多有关庞培城竞选活动的信息。高级官员"二人团"（duoviri）和"营造官"（aediles）在3月选出，很明显，投票者可自由地公开他们的选择。庞培城的行会或社团尤为迫切地从一位合意的候选人当选来获利，他们在竞选活动中总是扮演积极的角色：

> 金匠一致要求盖尤斯·库斯皮乌斯·庞萨（Cuspius Pansa）当选为营造官……

以及

> 骡夫要求盖尤斯·尤利乌斯·波利比乌斯当选二人团成员（duovir）。

水果商、漂洗工（羊毛工匠）、车匠、木匠、水管工、车夫及其他行业人员也为他们自己的选择而宣传。甚至伊西斯女神的崇拜者也有一位一致选出的候选人。

在选举期间，许多个人行为也使那些专业的广告绘制者忙碌起来。他们的政治智慧被整洁地用红漆涂写（在石灰建筑物的侧面）在其他涂鸦中间，显露出他们的个人偏好：

> 如果正直的生活被看做是可取的，那么卢克莱提乌斯·弗朗托完全应得到该职。

以及

> 盖尼亚里斯（Genialis）要求布鲁提乌斯·巴尔布斯当选为二人团成员。他会保护金库。

有时，针对某一候选人的资格会产生异议，他的朋友和敌手便"在墙壁上"展开斗争：

> 努美里乌斯·巴尔卡（Numerius Barcha），一位好人；我向你呼吁为他投票……

以及

> 努美里乌斯·维尤斯·巴尔卡，愿你一蹶不振！

202 罗马人

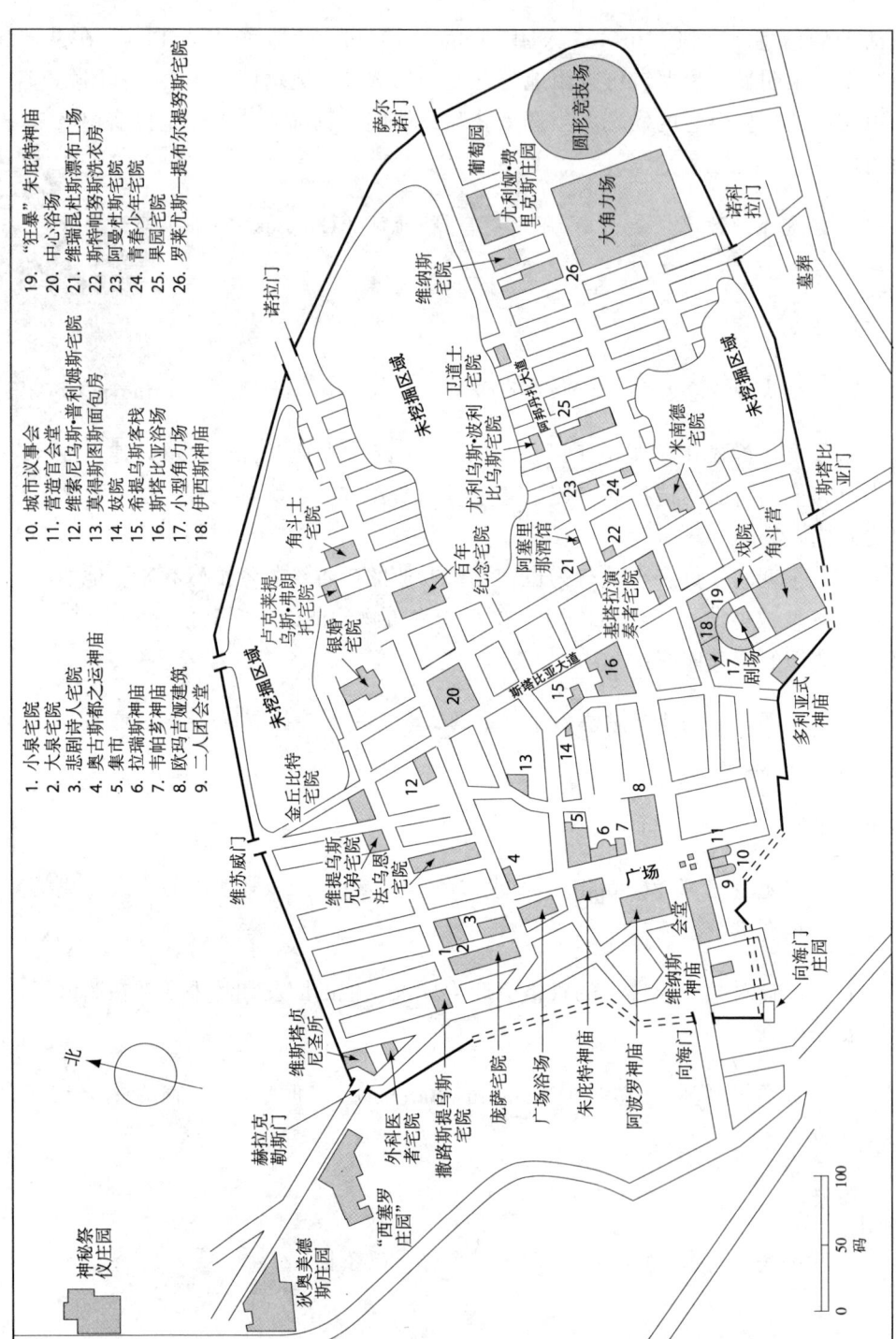

地图 17 庞培城。

倘若有人想肆意破坏他人的竞选文字，他会遭到警戒：

> 他的邻居们要求你选举卢基乌斯·斯塔提乌斯·莱科普图斯（Lucius Statius Receptus）为具有司法权的二人团成员；他是值得当选的。一位邻居艾弥利乌斯·克勒尔写下此文。如果你恶意抹去此文，愿你染病！

尽管妇女被排除在竞选之外，但很明显没有任何规定限制她们表达其政治观点的权利。卡普拉西亚（Caprasia）很可能是出现这条铭文的酒铺的所有者，她坚定地留下她站在哪一方的言论：

> 卡普拉西亚同她的邻居尼姆皮乌斯（Nymphius）请你为竞选营造官职的阿乌卢斯·维提乌斯·费尔姆斯（Aulus Vettius Firmus）投票；他应得该职。

另外一个竞选布告由斯塔提娅（Statia）和佩特洛尼娅（Petronia）发起，这两位妇女推荐马尔库斯·卡塞里乌斯（Casellius）和卢基乌斯·阿尔弗吉乌斯（Alfucius）当选营造官职："愿吾城永远拥有这样的公民！"

在众多铭刻中，肯定有大量文字是出自反对者的玩笑或嘲弄，因为其内容对某候选人的竞选几乎没有任何积极影响：

> 克劳狄的小女友在为他当选二人团成员而努力。

图 6.13
庞培城的一条主路，此路段仍保存完好。

或者

> 为卢基乌斯·珀比狄乌斯·萨比努斯投票；他的祖母为其上次竞选而努力，对结果感到满意。

也不会有很多人记住弗罗鲁斯、弗鲁克图斯（Fructus）及其他所有"宿醉者"支持马尔库斯·克里尼乌斯·瓦提亚（Cerrinius Vatia；除非这是某种风行的年青模范集团），主要是因为此人似乎也得到了"小偷们"的支持。

此类证据说明，政治一直就是政治。更高层次的嘲讽者不在昙花一现的候选人身上浪费言辞，因为后者的承诺随风而逝，相反他们这样表达自己对历史进程的观点：

> 哦，墙壁！我很奇怪你没有因为支持如此众多涂鸦者的愚蠢而倒塌变成废墟。

在城中的墙壁上，我们还可以极为充分地了解庞培城和赫拉克勒斯城的日常生活状况。很明显，在墙壁上记账、发布广告、留下口信和警告、打赌、列出杂货单和张贴各类个人评论与看法是一种普遍行为。当然，如果没有廉价且几乎随处可得的书写材料、电话、计算机及其他现代工具的帮助，我们大概也会更多地利用墙壁来交流信息（我们仍在引领而非迎合多数人对于交

图 6.14 一处罗马街道和店铺的复原图。（伦敦博物馆[Museum of London]）

流方式的口味)。有些古代涂画若涉及债务、约定或其他可能存在争议的事务,便是有意在公共场合于目击者面前刻下的,以使其内容具有法律地位,例如酒馆顾客的累加账单。

尽管无法作为定论,但从如此众多的符号和涂画的存在中或可得出一个有趣的推论,即在中等规模的庞培城和规模较小的赫拉克勒斯城这样的社会中,识字率似乎高得惊人。否则,不会出现这种公私兼存的墙壁"饶舌"。

现存铭文还提供了深入了解公元1世纪罗马生活某些侧面信息的工具。例如,下面一个简短的租赁广告说明,实际上房产拥有者会做多种投资,很多罗马人希望租用而不是购买房屋,甚至在规模较小的社会中多层公寓也很普遍,商业事务经常由奴隶处理:

> 在格奈乌斯·阿莱尤斯·尼吉狄乌斯·马尤斯(Alleius Nigidius Maius)所有的阿里乌斯·伯里奥(Arrius Pollio)街区,有带货摊的店铺、高级二层公寓和一处住宅,自7月15日起租。有意租户可向格奈乌斯·阿莱尤斯·尼吉狄乌斯·马尤斯的奴隶普利姆斯(Primus)提出申请。

很显然,庞培城的竞技场群体十分活跃,公元59年曾与邻城的狂热者发生骚乱。由于坎帕尼亚是早期角斗表演中心,庞培城的竞技场十分壮观,也是现存此类设施中最早的一处实例。有很多铭文与角斗场的活动和角斗士个人有关。下面一段告示出自艾弥利乌斯·克勒尔之手,从他的用笔看出他是一位大忙人。该文内容具有典型性,表明罗马人对待此类事务的轻率态度。广告绘制者的附言(必定是一项匆忙作业,也不是他的最佳作品)为本来正规的清单增添了些许轻率意味:

> 4月8、9、10、11和12日,奥古斯都之子尼禄·恺撒的终生祭司德基姆斯·卢克莱提乌斯·萨特利乌斯·瓦伦斯(Satrius Valens)的20对角斗士与他的儿子德基姆斯·卢克莱提乌斯·瓦伦斯的10对角斗士将在庞培城展开格斗。将有野兽搏斗的详单,还有[为观众设置的]遮篷。艾弥利乌斯·克勒尔[绘制此文],月夜中独自完成。

盗窃显然是当时的一个重要问题,现今亦然。为将作恶者绳之以法,少许奖励或许能够加速追回失窃物:

> 本店丢失一只铜壶。将其送回者酬以65塞斯特尔提乌斯,揭发窃

图 6.15
赫拉克勒斯城俯瞰图,远处背景为维苏威山。自 1982 年起,图片近景处的房间内发掘出大量遇难者残骸。

贼以使我们能够寻回财产者追加 20 塞斯特尔提乌斯。

在另一处的一座客栈有如下文字:"乐趣告诉你:'在这里,你花 1 阿司(as;罗马一种小面值货币)能得到一杯酒,2 阿司可买到一杯好些的酒,4 阿司能买到法勒努斯酒(Falernian)[一种更好的酒]。'"一位不满的顾客诅咒道:"讨厌的客栈主人,在你自己的小便酒里溺死吧!"娼妓广告称:"2 阿司现金,我就是你的。"在一位富人宅邸入口的地板上有一狗型马赛克装饰。"Cave canem"意为"当心狗!"。

庞培城"卫道士宅院"(House of the Moralist)的称谓很是恰当,因为人们不禁会想,命人在其餐厅写下这些文字的人能留住多少朋友:

图 6.16 庞培城莫得斯图斯（Modestus）面包房。

奴隶要清洗并擦干客人的双脚；他务必在长椅的软垫上铺一张亚麻布。

不要向另一个人的妻子投以贪婪的目光或抛送媚眼。

谈话中不得表现粗俗。

克制自己不要发怒或使用不敬言语。如果不能，回你自己的家去。

或许我们不应对此人太过苛刻，因为有些客人的确对其主人寄予厚望。例如，下面这位投宿者给管家留下这段口信来迎接他的清晨巡房：

我的主人，我弄湿了床铺。我坦承我的过失。

但为什么？你问。到处都没有尿壶。

有关盥洗室的这类玩笑似乎十分流行，赫拉克勒斯城"珍宝之家"（House of Gem）是一处相当气派的住所，在其卫生间中，自负的上流社会贵客、皇帝提图斯的医师阿波黎纳里斯（Apollinaris）为他在那里停留的几分舒适时光留下一份有趣但十分庸俗的回忆：

皇帝提图斯的医师阿波黎纳里斯在此大便愉快！

他大概认为自己对其主人开了一个大玩笑，但我们还是希望他没有为自己的大作耽搁很久，他散发灵感的涂画是在维苏威山喷发那个月刻下的。

此外，爱情在墙壁涂画中也占有一席之地。有两人为一名叫伊里斯（Iris）的女孩展开了自尊之战：

> 织工苏克苏斯（Succesus）喜欢客栈主人名叫伊里斯的女奴。她不在意他，但他乞求她的怜悯。他的对手所写。再见。
>
> ［对手回答］只是因为你充满忌妒，不要选择一个看似更英俊的人：一个色狼、风流情种。
>
> ［第一位写手回答］没有更多可说或写的。你爱伊里斯，可她不在乎你。

另一个遭遇失恋的人开始责备爱之女神：

> 沉浸爱河的人，到这来。我想用棍棒打断维纳斯的肋骨并打残女神的腰胯。既然她能刺穿我柔弱的心胸，为何我不能用棍棒打破她的头？

然而，一位自负的士兵弗洛罗尼乌斯（Floronius）似乎没有任何女士纠纷，至少他令我们相信如此：

> 因特殊任务而调派的第7军团（Legion VII）士兵弗洛罗尼乌斯来到此地，女人们并不识得他，除去少数几位，且当场屈从。

两性涂画和淫词秽语也随处可见；实际上，阴茎形象似乎可为任何事物

图 6.17
庞培城的竞技场。

作装饰，从商业符号到门楣甚至灯座。人们几乎可以在任何地点联想到阴茎，因为总有一个或更多的形象出现。

在刚刚开始重新发现庞培城和赫拉克勒斯城时，对赤裸、男根性器（有些甚至配两翼）、正在交媾的夫妇、双性人、同性恋、兽行以及拉丁粗语的普遍描述或提及触犯了18和19世纪欧洲与美国犹太—基督教徒的情感。当代，仍有人对此感到厌恶，这种印象导致人们普遍认为罗马只是一个颓废的社会，沉溺于性交与淫荡。

然而，我们应记得，尤其是庞培城将爱神维纳斯作为他们的保护神，这位女神宽恕一切"爱"的行为。此类表现多数并未描绘当时人类真正的性行为，而是刻画原型主题，十分类似现代的弗洛伊德学说。此外，赤裸和繁殖力是罗马这种古代农业社会演进发展的必需要素。在罗马之后奉行禁欲的西方社会是从此类证据中得出许多负面评价的主要原因。从某种程度上说，在我们自己的社会中也存在很多同样的事情，只不过通常并非如此公开表达而已。虽然如此，可以肯定的一点是，罗马人的的确确享受他们的性事。这些例证足以证明：

福尔图那图斯（Fortunatus），你是心爱的小甜甜，大螺钉。此文出自某个了解你的人之手！

以及

我喜欢留有一簇自然毛发的女孩，没有去发和修剪。
然后你可以从寒冷中完全依偎而入，就像她穿着的一件外套。

此外，一处盥洗室旁的涂画写道：

愿我时时处处对女人就像在这里一样有力！

有关火山喷发

现代对火山喷发的研究、对20世纪80年代在赫拉克勒斯城发现的大量男人、女人、儿童及婴童残骸（在罗马任何历史时期都是极为罕见的发现）的科学验证、还有普林尼的目击描述，使我们得以对火山喷发的各阶段、这两座城如何以及何时被摧毁的情况进行十分详细的复原。迄至公元79年，维

佩特洛尼娅·维塔里斯（Vitalis）案件：法律程序因维苏威山喷发而瘫痪

维苏威山的喷发以中立方式意外终结了在灾难时刻悬而未决的一切法庭判决。在赫拉克勒斯城，一桩长期法律事件在公元79年8月24日仍未得到解决。一位名叫佩特洛尼娅·维塔里斯的被释女奴就拘禁其女儿尤斯塔（Justa）一事起诉其前主人盖尤斯·佩特洛尼乌斯·斯特帕努斯。最初，这位女士胜诉；但她死后，也已过世的盖尤斯·佩特洛尼乌斯的遗孀卡拉托里娅（Calatoria）又试图索回这个女孩。尤斯塔的母亲似乎使之成为一位富有的年轻女士，卡拉托里娅图谋以法律途径谋取女孩的钱财。总括起来，这一复杂事件的各类信息如下所述：

罗马法庭（Roman Court）封印的18块蜡板揭露如下事实：公元62年大地震之前或之后不久，在盖尤斯·佩特洛尼乌斯·斯特帕努斯的住所诞生一名女婴。这名婴儿叫尤斯塔。母亲名为维塔里斯；父名即便知晓也不为外人所知。

维塔里斯身为奴隶为盖尤斯·佩特洛尼乌斯所购买，这大概是他新婚之际献给妻子的礼物。他与一位名叫卡拉托里娅·特米蒂斯（Temidis）的被释女奴成婚，她的名字明显源于赫拉克勒斯城的贵族卡拉托里乌斯（Calatorius）家族，她大概是隶属于该家族的奴隶。盖尤斯·佩特洛尼乌斯是低等中产阶级成员，他娶一名被释女奴为妻并非不合适。

女奴维塔里斯在适当时机获释亦属正常，极有可能是她自己赎身。同时，需向国家缴纳一笔相当于其估算价格百分之五的独立税。维塔里斯使用主人的名字，故此叫做佩特洛尼娅·维塔里斯。女孩尤斯塔得以进入主人家中，虽系非婚生女，但被"当做女儿"抚养。10余年间，一切都很协调，所有人都很和谐幸福。

不过，盖尤斯·佩特洛尼乌斯的子女出生后便不再平静。他的妻子卡拉托里娅同被释女奴佩特洛尼乌斯·维塔里斯之间产生摩擦。争端没有得到解决，嫉妒由此加剧。佩特洛尼乌斯·维塔里斯作为被释女奴不能被限制留在主人家中；她选择离开。她想要一个自己的家，希望经济独立。很明显，她愿意为她的所求而努力工作。但是她的主人及其妻子拒绝交出尤斯塔：她像女儿一样被抚养长大，被他们视若己出。她现已长大，聪颖可人，是家中的宝贝。

佩特洛尼娅·维塔里斯因女儿被夺走而愤愤不平，对盖尤斯·佩特洛尼乌斯提起诉讼。经过大量协商后，案件宣告终结，尤斯塔判给她的母亲，条件是盖尤斯·佩特洛尼乌斯得到尤斯塔童年期和青春期的用餐费用和抚养费用的赔偿。佩特洛尼乌斯·维塔里斯独力生活得很好，所以立即支付赔偿，将女儿接回家中。

对佩特洛尼乌斯·维塔里斯和尤斯塔来说，这种美好的状况过于短暂，因为佩特洛尼娅很快便过世。几乎与此同时，盖尤斯·佩特洛尼乌斯也离世。赫拉克勒斯城这出小人物的戏剧似乎已近尾声。事实并非如此。盖尤斯·佩特洛尼乌斯的遗孀卡拉托里娅起诉要求收回尤斯塔以及她从其母亲处继承的所有财产，理由是尤斯塔是佩特洛尼娅·维塔里斯仍为奴隶时所生，因此尤斯塔也是奴隶。

从证词中看出，佩特洛尼娅似乎已积累了大量财富，相比于女孩本身，卡拉托里娅更感兴趣的是这笔财富。由于奴隶没有财产权，将尤斯塔恢复为奴后，她所拥有的一切将成为其女主人的财产。

尤斯塔开始反抗。

现今，并无有关任何一方可资存证的文献。在罗马奴隶制获得极大发展之前，释放程序相当复杂，一直有法律记录。需在职官面前正式宣布自由，或者刚刚被释者的名字要录入监察官的登记册中，或是主人在其遗嘱中加入一项释放条款。不过，在有大量人口成为奴隶时，繁文缛节便可省略；一封信件甚或在有目击证人的情况下主人口头宣布即被视为满足条件。在释放奴隶维塔里斯时，盖尤斯·佩特洛尼乌斯只是说这位妇女不再受到束缚。虽然按照惯例他仍然是她的主人，但并未留下任何记录显示释放日期。如果是她为自己赎身，维塔里斯也没有收讫。因此，唯一的证据是以据称当时在场的证人的言辞为基础；众所周知，证人是极易被收买的。

该案件呈交给赫拉克勒斯城地方职官处，后者宣称他们没有处理该事件的权限。因此，这一案件被转呈至罗马城市法官法庭或奥古斯都广场的"大法官"（praetor）。传票发出后，证人出庭作证，所有证词均被记录下来。接下来出示支持与反对证据，其间伴随着相互抵消的陈述。一名不利于尤斯塔的证人目不识丁，宣称他曾得到盖尤斯·佩特洛尼乌斯的信任；但是他的证词极其混乱，甚至在专业人士的帮助下仍不能使他的陈述合乎文法规范，更不用说可信度了。不过，他的证词得到采纳。案件陷入困境，一片混乱。

突然出现一名新证人，此人极具权威性，驱散了困惑之气，澄清事实。他的证词有利于尤斯塔。他叫特莱斯弗鲁斯（Telesforus），是服侍盖尤斯·佩特洛尼乌斯多年的工头、管家、干事及管理者。他是被释奴，虽然他仍然为卡拉托里娅服务，但他敢于作证，与她对抗。此外，他借助卡拉托里娅进入盖尤斯·特洛尼乌斯的家中，因为他在其还是女童时任她的教师。他的陈述注重事实，也很严谨。据他说，他还曾处理将尤斯塔归还其母亲的协商。之后，据供认，尤斯塔是在她的母亲获释后出生的。他说，罗马法庭现在应该同样确认此事。

就尤斯塔的案件，罗马法庭并不准备迅速做出决断。法官希望对此事加以"深思熟虑"，以便谨慎评估案件的各个方面。在次年年末开庭期之前……或那之后的年末……或再下一年，不可能做出决定。毕竟法庭已严重烧毁……

通过在任执政官所示，在罗马的供词笔录始于我们认定的75年，又延至76年。公元79年维苏威火山喷发并湮没此案记录，显然，此时仍未见任何决定。我们将永远无法知晓尤斯塔是被释放还是沦为奴隶。

（节选自 J. 戴斯 [J. Deiss]，《赫拉克勒斯城：意大利的地下宝藏》[Herculaneum: Italy's Buried Treasure]，98-100）

苏威山已经沉默了300年左右。就在17年前，该地区刚刚在一次地震中遭受重创，因此，喷发之前的地震自然对当地居民产生了混乱不安的影响；但是这一地区的居民明显对将要发生的事情毫无知觉。地震一直持续不断；8月24日下午1时左右，维苏威山爆发，迸射出一道柱状浮石和灰烬团，升入高空约12英里，普林尼的母亲即注意到这一现象。喷发时并未伴有熔岩，但半个小时后开始出现，随风飘散的岩屑开始大量散落在庞培城。继续向上喷涌浮石和灰烬的烟柱几乎以每小时6英寸的速度增长，17小时之余达9英尺，使天空一片漆黑，也使下面的情况愈发危险（从火山口还迸发出棒球大小甚至更大的岩石）。在积重之下下陷的屋顶开始垮塌。

在11个小时中，情况未见改观；随后，接近午夜时，从火山升起的高耸的烟柱瓦解。赫拉克勒斯城的生活顷刻间均告完结。该城距维苏威火山口4英里，但因风力影响，埋葬其邻城的簇射也猛烈袭击此地。落在赫拉克勒斯城街道上的浮石和火山灰大概不到1英尺。人们似乎开始意识到情况已不像刚刚出现时那样危险。可能有人甚至决定留下来待其结束。然而，烟柱的瓦解带来一次强烈的火山风暴。高处由气体和岩屑组成的"翻滚云团"温度极高（212余华氏度），随之而来的还有较慢但更加灼热的（超过700华氏度）火山物质流，这些覆盖在整个山体轮廓上，引发大量灼热崩落，首轮崩落以飓风的速度（每小时60—190英里）冲向该城。

几分钟之内，夹杂着灰烬和微小岩屑的热云如鼓风般席卷赫拉克勒斯城，人们被击倒在地，或因飞扬的岩屑致死，或是窒息而亡。随即而来的是浓厚的火山碎屑流，城镇逐渐被掩埋，在此过程中保留了（庞培城并非如此）许多遇难者的残骸以及他们猛然灭亡间触目惊心的景象。在之前的几个小时内没有离开的居民再也未能离开，因为有些踌躇者仍然留在那里。

接下来的数小时之内又出现两次巨涌和溢流。截至清晨5点30分，赫拉克勒斯城被湮没。最终，它被覆盖在65—100英尺的表层之下。1个小时后，第4次山体巨涌和溢流爆发并袭击庞培城，使那里余下的一切生命尽皆毁灭。上午8点30分，普林尼和他的母亲正逃离米塞努姆，但在海湾对岸，一切已经结束。第5次和接下来的第6次也是最后一次爆发已经结束。庞培城和赫拉克勒斯城消逝在数以吨计的火山残屑下。当时的诗人马提亚尔后来留下一篇恰当的诗体墓志：

图6.18 维苏威山一位窒息而亡的遇难者铸像。尸体周围曾被坚硬火山岩屑包裹，由于尸身早已腐坏，现将石灰注入腔体内。

　　这是维苏威，昨日到处是葡萄树的绿荫；这里湿淋淋的大桶装满了上好的葡萄；巴库斯（Bacchus）热爱这片山脉胜过尼撒（Nysa）的山丘；在最近的这座山上，萨蒂尔（Satyrs）开始起舞；这［庞培城］是维纳斯的栖息地，比拉栖第梦（Lacedaemon）更令她欢喜；这里［赫拉克勒斯城］因赫拉克勒斯之名而荣耀。一切湮没在火海与哀伤的灰烬中；甚至至高诸神（High Gods）也会希望并未允许它们遭受如此状况。

　　（《隽语集》[Epigrams]，4.44）

图6.19 位于加利福尼亚马利布（Malibu）的J·保罗·盖蒂（J. Paul Getty）博物馆，大体上此处就是复原的赫拉克勒斯城"草纸庄园"。这是现在最为便于人们前来参观的一座真实的"现存"罗马庄园。

美好家园：普林尼对其庄园的描述

尽管通过庞培城、赫拉克勒斯城和斯塔比亚的遗迹我们能够了解罗马庄园的构成特点（如图6.19中美丽的盖蒂博物馆复原建筑图所示），但是没什么能比得上一位当时人物的记述更能帮助我们使盛极一时的宏伟建筑留下的空壳重获生机。我们可以再次借助于小普林尼，他在维苏威山喷发中幸存后一帆风顺，在罗马城附近的海边拥有一座自己的庄园（20世纪80年代发掘）。普林尼在经历维苏威山喷发后又活了34年（公元113年去世），因此，他自己的庄园在外观上与公元79年被摧毁的庄园十分接近，他的记述使我们得以了解其中的生活。普林尼很清楚地表示，他不仅为他的宅邸和土地自豪，也为该地的"和谐"而骄傲，这使他格外享受在家的感觉。尤其值得关注的是，他经常提到庄园及其中的房间设计使之与每日太阳的位置相对应。普林尼的庄园（见图6.20和6.21）使我们感到奢侈华贵，在规模上仅次于当代最为壮观的宅邸，但是按照罗马的标准，他并非一位十分富有或有权势的人物。因此，占有宏大土地面积的普林尼大概仍属于我们现代称之为"富足"者一类。普林尼的记述并不只是一个建筑平面图，还包括许多与罗马个人生活相关的其他细节，颇为有趣，故此，我们在这里将这一部分全部引用如下（《书信集》，2.17）：

你为我如此喜爱我的劳伦提努姆（Laurentine）庄园感到惊讶；但是当你了解它的魅力、优越便利的位置和临海的范围便不会再惊讶。它距离罗马仅17英里，因此你可以整日在城中处理公务，在日落前仍可回到这里。通往这里的道路不止一条，因为劳伦提努姆和奥斯提亚两条大道均通过这里，不过你必须在劳伦提努姆大道14里程碑处转弯，在奥斯提亚大道11里程碑处转弯。来自两个方向的每条进路都有一段沙地路面，因此拖拉马车的牲畜会显得有些艰难缓慢，但在马上会很轻松迅捷。从一处到另一处的景色不断变化；有时狭窄的道路两侧尽是森林，有时道路穿过极为宽阔的草地伸展拓宽，草地上有许多赶在入冬前从山地牧场赶下来的羊群和牛马，在温暖的春日里，它们在草地上茁壮成长。

庄园的房间足以满足我的需要，维护费用并不昂贵。在庄园前方有一处中庭［接见区域］，风格适中，不失体面。之后有两座柱廊，每座均弯曲形成类似字母"D"的形状，合在一起围成一个舒适的小型庭院。每逢风暴天气，这些柱廊就是极佳的掩蔽场所，因为它们的过道有窗户保护［罗马人使用玻璃或云母片，甚或在诸如公寓等较为廉价的住所使用木制百叶窗］，更好的甚至还有悬垂屋顶保护。

与这一区域中间部分相对的是内院，随后是一间十分雅致的餐室，餐室面朝大海，受到轻柔的海浪与远离海岸的风暴残余和缓地冲刷，海岸处有东南风在海上掀起涟漪。该房间每个侧面均有折叠门或与门同样大小的窗，从而在侧面和前面提供三处海景。从房间的前部，你可以转身回看到内院、柱廊、小庭院、另一柱廊、然后是中庭、远处的丛林甚至更远处的山脉。

在餐室的左侧、但从临海一侧向后缩进一些是一间大卧房［"cubiculum"通常译作"卧房"，可以指（通常使用一个限定词）任何类别的房间］，在其旁侧是一间稍小的卧房，带有两扇窗，其中一扇能射入初升朝阳的日光，另一扇则能射入落日的暮光。这第二扇窗远眺大海，但距离较远，因此景色宜人但不夸张。由餐室超出卧房突出部分形成的方角区域光线极强，并且使之显得愈发强烈。该区域作为一处冬季沐浴日光之所,也是我与家人的一处锻炼场所。只要没有带来雨云的风,这里通常无风来袭,在恶劣天气过后,这里仍可使用。

庄园中与这一区域相连的是一间卧房,卧房的墙壁弯曲呈半圆形;借助其中所有的窗户,它能追随日间太阳的运行。这一房间的墙壁中嵌入柜橱或书橱,放置的书籍不仅用来阅读更可用来研究。一条供暖过廊将这间房与一间寝室相连。供暖过廊的地板和墙壁是中空的;它从地板和墙壁中获取温度适宜而且健康的空气,然后将这些空气向各个方向分散供给。

庄园这一侧的其余房间留为奴隶和被释奴所用,不过其中大部分房间很考究,足以留宿访客。

庄园的另一侧是一间雅致的卧房;下一个或者是一处大房间或者是一间简朴的宴会厅,因阳光充足而异常明亮,海景视野开阔。该房间后侧是一间带前厅的卧房,冬夏皆可使用,因为夏季它有高悬的顶篷,冬季它可遮蔽风暴。与此一墙之隔还有一间前厅和卧房。

接下来是宽阔明亮的冷浴室。其中有两个浴盆从相对的两面墙壁伸出,边缘弯曲;形制巨大,主要是考虑到它们与海洋如此接近。与之相邻的有用来施敷浴油的房间、炉火间和过厅。然后是两个小房间,与其说它们奢华,莫如用风雅来形容。与它们毗连的是一座绝妙的暖池,泳者可以从这里向外远眺大海。不远处是一座球场,午后拥有十分温暖的阳光。

此处矗立一座塔楼。第一层有两个房间,塔内还有另外两个房间和一间宴会厅,从宴会厅向外眺望是十分浩渺的海洋、绵长的海岸线以及邻家赏心悦目的庄园。此外,还有一座塔楼,带有一间日升日落

图6.20 普林尼庄园的模型。完全以普林尼的记述为基础,后来,20世纪80年代的发掘表明,此模型与实际遗址之间存在一些差异。(阿什莫尔博物馆[Ashmolean Museum],牛津)

第 6 章 弗拉维王朝的稳固统治与自然灾害 217

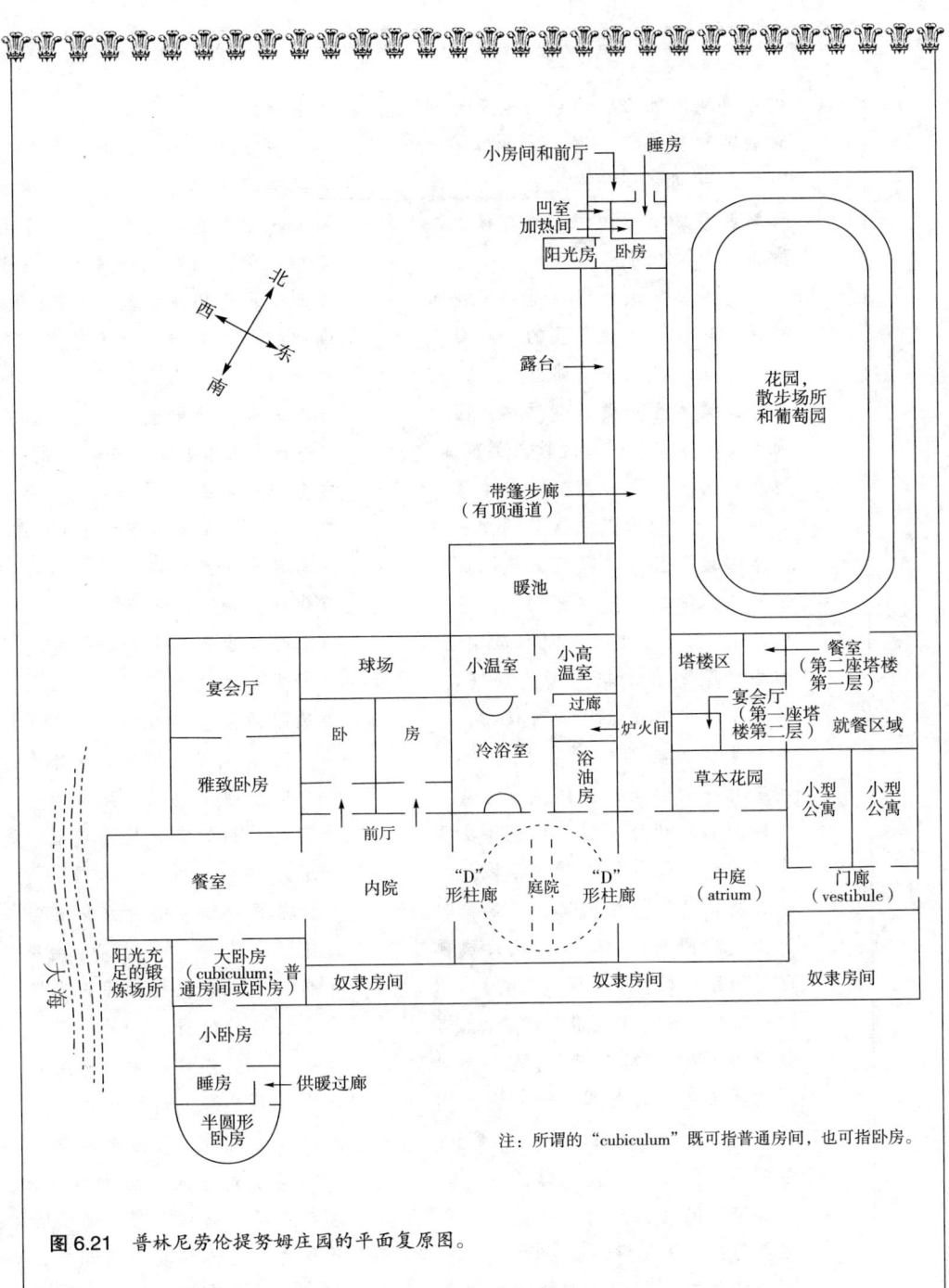

图 6.21 普林尼劳伦提努姆庄园的平面复原图。

均可照亮的卧房。这后面坐落着一间酒窖和谷物贮藏室。这个房间的下方是一间餐室,在这里,你只能听到波涛翻滚的大海咆哮与撞击的微弱而柔和的回声。

这间餐室向外望去是一座花园和散步场所。环绕花园的小路带有狭长花坛,花坛中有常绿灌木,没有常绿灌木之处便是迷迭香,因为灌木在有建筑物遮蔽的地点很茂盛,但在露天、向风和海浪喷溅(尽管距离很远)的地点便枯萎凋零。与小路邻接并且由其环绕的花园内部是一座阴凉的小型葡萄园,园中土壤甚至可以赤足感受它的松软柔顺。园中的桑树和无花果树葱郁繁盛,因为土壤尤其适合这两种植物,不过对于其他类型的树木不甚合适。这里有一间餐室,当然距离海洋有一段距离,却可享受一点也不次于海景的花园景观。与就餐区域后方毗邻的是两座小型公寓,公寓窗口可俯瞰庄园的门廊[小型门厅或前厅]和另一处繁茂的草本花园。

从此处延伸出一道带篷步廊[有屋顶的通道],其长度几乎与公共建筑物的带篷步廊相当。步廊两侧均有窗户,不过在临海一侧数目更多;在花园一侧对面的墙上每隔一处有一扇窗。风轻云淡时,这些窗户全部打开;但是任意一方有微风吹来时,只有无风一侧的窗户可以确保无虞地打开。

在带篷步廊前方是一处散发紫罗兰香气的露台;洒在带篷步廊的阳光反射到这一露台区域,令后者更加温暖,同时,带篷步廊在吸收暖阳时还遮挡住北风的侵袭;因此,步廊的前方温暖而后方凉爽。它同样也阻止了西南风,并将来自任何方向的风力削弱或使之停顿。这是冬季时节这座庄园十分诱人的场所,在夏季更具吸引力;午前,带篷步廊投下的阴影使露台保持凉爽;午后,它与散步小路和花园最为接近的部分仍保持凉爽。随着日间更长或更短,带篷步廊在一处或他处投下更短或更长的阴影。不过,当太阳最为耀眼、位于其屋顶正上方时,带篷步廊本身阳光很少。此外,打开窗户时,西风吹入并环绕四周,因此带篷步廊的空气从不凝重、陈腐或污浊。

在露台和带篷步廊的末端是一处花园公寓——我的最爱;由我自己亲自建造。它包括一间阳光房,其中一侧可俯瞰露台,另一侧可远眺大海,两侧皆可接受日光照射。公寓中有间卧房,通过折叠门可看到带篷柱廊,凭窗可望见海景。穿过中间墙壁是一间十分别致的凹室,它与卧房可通过窗帘和玻璃门的打开与关闭而连接或分隔开来。房中有一个沙发和两把椅子。下面是海洋，后侧是庄园，前方是丛林。你可通过三面窗户分别看到这三种景观，也可以看到一个宏大的全景。

　　与这一凹室毗邻的是一间睡房，用来过夜或小睡。只要不开窗，年青奴隶的话音、澎湃的海浪、强劲的风暴、闪烁的雷电甚至日光均不会穿透这个房间。如此深邃隐蔽的静谧能够形成的原因如下所述：睡房墙壁与花园墙壁之间有一道过廊将二者分隔开来，这道中空的空间吸收了所有声音。与睡房毗邻的是一个加热或炉火间，它通过一扇小玻璃窗散发或保持（就情势所需而定）由中空地板辐射而出的热度。隔壁的小房间带有一个前厅，整个房间面向太阳向外伸出；在下午来临前，它一直能享受上升的太阳发出的温暖光线，只不过接收光线具有一定倾斜角度。当我隐退进入这间公寓，我甚至感觉已远离自己的庄园；在萨图恩节（Saturnalia；每年12月17日为萨图恩神举行的节庆）期间，当家中其他区域回荡着这一季节的欢愉和喝彩声，我非常乐于待在这里；因为在这里我不会打扰家人的欢宴，他们也不会搅扰我的学习。

　　在所有这些极具吸引力的便利设施中，唯一缺乏的就是自来水，但这里有水井，甚或泉水，因为有水流溢出地表。这一段海岸线的自然状况十分独特；无论你在哪里挖掘都会发现可以喷涌而出的水源。虽然接近大海，但水质纯净，甚至丝毫没有盐味。位于旁侧的丛林提供了大量木材。奥斯提亚城［罗马的港口］拥有其余所有必需品储备。实际上，对于一个有节制的人来说，甚至附近的村庄也拥有足够的资源。它与我的庄园仅隔一座庄园，有三座公共浴池，如果偶遇突然到访或极为短暂的逗留，致使庄园加热浴室十分不便，那么这些公共浴池十分便利。

　　其他庄园的屋顶或是群聚一起，或是相互独立，无论你从海上还是从岸边去观察，它们变化多样，十分怡人，点缀着海岸风景，形成一系列城镇的效果。有时，长期的晴好天气使海滩干燥柔软，但是，更为多见的是频繁而猛烈的海浪将海滩变得潮湿而坚固。的确，海中并没有大量高价鱼类，然而有鳎目鱼、上等龙虾或明虾。同时，沿海地区的农产品也很丰富，尤其是牛奶，因为牛群需要饮水或庇荫时便从牧场集结到这里。

　　那么，难道你不同意我有充分理由造访、居住甚至深爱我的田园隐居？如果你不向往它，那么你是个实实在在的"都市人"。我希望你会向往！那么，在我的小庄园中众多具有吸引力的别致之所，又会平添有你陪伴的巨大欢乐。

在火山喷发前不久,一位焦虑的情人在庞培城的墙壁上不自觉地刻下一首诗,在事后看来,该诗文似乎很有预见性:

> 在无尽的时间中没什么能经久不衰。
> 当太阳熠熠闪耀过后,它又回归海平面;
> 此刻正满的圆月开始亏缺。
> 因此,强烈的热爱之情通常如微风般结束。

阅读建议

有关维苏威山喷发的主要史料来源是小普林尼(狄奥在其《罗马史》[66.22.4–23.5]中也有相关评述)。本章中所援引的铭文多数可在 J. 谢尔顿(*As the Romans Did*;第1章曾引用此书)和 N. 刘易斯与 M. 莱因霍尔德(M. Reinhold)的著作(*Roman Civilization: A Sourcebook 2: The Empire*, 3rd ed. New York: Columbia Universtiy Press, 1990)中找到译文。铭文资料基本辑录在《拉丁铭文集成》(*Corpus Inscriptionum Latinarum* [4, 10])和《拉丁铭文选辑》(*Inscriptiones Latinae Selectae*)中。有关古代庞培城和赫拉克勒斯城的著作较多,其中新近著作有:F. Coarelli, (ed.), *Pompeii*. New York: Riverside Book Company, 2002; P. Zanker, *Pompeii: Public and Private Life*. Cambridge, Mass.: Harvard University Press, 1998; A. WallaceHadrill, *Houses and Society in Pompeii and Herculaneum*. Princeton, N.J.: Princeton University Press, 1994; R. Laurence, *Roman Pompeii: Space and Society*. New York: Routledge, 1994。另外可参考:W. Jashemski, *The Guardens of Pompeii, Herculaneum and the Villas Destroyed by Vesuvius*. New Rochelle, N.Y.: Caratzas, 1979; Vol. 2, 1993; W. Jongman, *The Economy and Society of Pompeii*. Philadelphia: John Benjamins, 1988; L. Richardson, *Pompeii: An Architectural History*. Baltimore: The Johns Hopkins University Press, 1988。

其他一些有价值的著作包括:R. Gore, "The Dead Do Tell Tales at Vesuvius," *National Geographic* 165, No.5(May 1984):557-613; J. Deiss, *Herculaneum: Italy's Buried Treasure*. New York: Harper & Row, rev. ed., 1985; *The Town of Hercules: A Buried Treasure Trove*. Malibu, Calif.: The J. Paul Getty Museum, 1995; M. Grant, *Cities of Vesuvius: Pompeii and Herculaneum*.

New York: Penguin Books, 1978。阿庇吉乌斯的《论烹饪》一书有几种译本。相关书籍有：P. Fass, *Around the Roman Table: Food and Feasting in Ancient Rome*. New York: Palgrave Macmillan, 2003; E. Gower, *The Loaded Table: Representations of Food in the Roman Literature*. New York: Oxford University Press, 1993; A. Dalby, *Empire of Pleasures: Luxury and Indulgence in the Roman World*. New York: Routledge, 2002; Dalby & S. Grainger, *The Classical Cookbook*. New York: Oxford University Press, 1996。另外可参考：A. McKay, *Houses, Villas, and Palaces in the Roman World*. Baltimore: The Johns Hopkins University Press, 1998; J. Smith, *Roman Villas: A Study in Social Structure*. New York: Routledge, 1998; J. Anderson, Jr., *Roman Architecture and Society*. Baltimore: The Johns Hopkins University Press, 2002。有关皇帝韦帕芗，见 B. 利维克的著作（*Vespasian*. New York: Routledge, 1999）；有关提图斯，见 B. W. 琼斯的著作（B. W. Jones, *Titus*. London: Croom Helm, 1984）。

7

帝国的黄金时代

公元2世纪的老年人
一位高寿的罗马人斯普里那

为国家奉献青春与壮年是我们的责任，
但最后的岁月却属于我们自己。
（小普林尼，《书信集》，4.23）

"如果让一个人在世界历史长河中选择人们生活最为幸福和繁荣的时代，我想他可能会不假思索地认为，它属于图密善遇刺身亡至康茂德继位间的这个时代。"1776年，爱德华·吉本（Edward Gibbon）在他的《罗马帝国衰亡史》（*Decline and Fall of the Roman Empire*）一书中这样写道。如此夸张之语出自吉本这般境界的史学大家或许令人惊诧，但身处于18世纪启蒙运动的鼎盛时期，在他看来，公元96年至180年间这84年时光所体现的无疑是权力与美德、智慧与力量的完美结合，是一个前无古人后无来者的"黄金时代"：

>罗马帝国的辽阔疆域处于绝对权力的统治之下，而强权统治中处处渗透着仁善与智慧。帝国的军队牢牢控制在四位相继接任的皇帝强力而又温良的手中，他们的性格和威严足以带来应有的震慑。帝国的行政体制在涅尔瓦、图拉真、哈德良和安东尼努斯家族（Antonines）相继统治时期得以精心传承，他们为自己治下实现的自由而欢欣鼓舞，为作为令人称颂的法律的力行者而甚感欣慰……帝王的臣民厚遇匪浅，而这与其君王的成功密不可分，他们为善和美德的追求而由衷自豪，为拥有他们所创造的共同幸福而深感喜悦。
>
>（1.78）

吉本对这个时代激情四溢的评价自然有点言过其实，毕竟它本身存在着诸多问题，但审视这个时代所产生的诸多创造，不可否认这的确是一个繁荣的时代，甚至在某种程度上是值得"黄金时代"这般赞誉的。提图斯在公元81年意外病逝，其弟弟图密善在15年后遇刺身亡，弗拉维王朝宣告结束。此后，罗马便处于多位贤君明主的统治之下，其中几位更是治国安邦的旷世之才。这个时代始于年迈的涅尔瓦（公元96—98年）短暂而又忙碌的统治时期，不过其时尚为孱弱，他不得不面对图密善死后混乱不堪、百废待兴的局面。该时代在图拉真（公元98—117年）和哈德良（公元117—138年）统治时期臻于成熟，在安东尼努斯·皮乌斯（公元138—161年）统治下达到永垂青史的辉煌，而随后在能力卓著但损耗过度的继任者马尔库斯·奥里略（公元161—180年）统治时期开始逐渐衰落。

黄金时代的开始与一位名叫提图斯·维斯特里基乌斯·斯普里那的罗马贵族的"黄金岁月"同步，他虽然年迈却无比杰出，是帝国最值得尊敬和爱戴的年长公民之一。他死于公元105年，享年近80岁。在生命的最后岁月里，斯普里那仍积极投身罗马社会事务，并且贡献卓著，他的一生极其全面深刻而又罕见地展现了罗马社会上层贤士的生活方式和处事习惯。

罗马人的长寿

人们普遍认为古代世界的长寿者寥寥无几，但事实上有足够证据表明情况并非如此。上文所提及的五位皇帝中就有四位年过60（这在古代罗马被视为长寿年龄的起点）。安东尼努斯·皮乌斯作为四位长寿者之一甚至

图7.1 在"黄金时代"，罗马军队的效率亦达到巅峰。在图拉真（公元98—117年）统治时期，有30个军团，近160,000人，总计约400,000人得以武装。上图中所描绘的是一位罗马军团兵士的复原塑像，约属于公元1世纪后半叶。（约克郡博物馆[The Yorkshire Museum]，约克[York]，英国）

活过了70岁。奥古斯都死于75岁，而他的妻子李维娅长寿至86岁（奥古斯都的第一位妻子斯科里波尼娅至少也活过了70岁）。李维娅之子提比略去世时已77岁，而克劳狄被毒害身亡时也已63岁，其母安东尼娅亦活过了60岁。塞涅卡在自杀身亡时可能已超过65岁；西塞罗在被处死前也满63岁，但这与其第一位妻子泰伦提娅相比简直"小巫见大巫"，据说后者活到令人咋舌的103岁。马略这位在共和国期间担任执政官次数最多的人享年70岁，老加图则活到84岁。

上文所举仅仅是年逾60岁的罗马名人政要中的极小部分。若对现存文献和铭文资料稍作梳理，更会有数以百计可兹例证。不可否认的是，对于一个有千年跨度的历史时期而言，这些实例仅是沧海一粟，但囿于资料之鄙陋，

图7.2 （从左至右）皇帝提图斯（公元79—81年在位）、图密善（公元81—96年在位）和图拉真（公元98—117年在位）的半身像。（梵蒂冈博物馆[Vatican Museums]，罗马）

目前我们只能通过姓名记载了解到这千年间人口的百分之一。考虑到如此众多的杰出罗马人年岁均超过六旬，而且其中许多并非因年老而终，我们完全有理由假设，必定有许多目前无从知晓的罗马男女也长寿至此。但是若按比例推算，其时的老龄人口数量显然要远逊于当下。

尽管我们难以确定究竟有多少人能年过六旬，但有关罗马人如何考量人的年岁期限，我们毕竟略知一二。其中最具说服力的证据来自罗马举行世纪赛会（Secular Games）的间隔年限。该赛会作为感恩诸神和祈祷罗马及其子民能长久受佑于神之恩惠的一项活动，标志着一个110年的时段或称"saeculum"的终结，而这也被视做人所能达到的年龄极限。世纪赛会的到来昭示着一个时代的结束和另一新时代的开始。为保持全然的纯洁性，主事祭司需确保任何亲历先前赛会的人均不再经历下一个赛会。因此，当传令官"走遍罗马和意大利的大街小巷"，他们当然能唤起"所有人前往参加这一生中前未所见、后不再来的赛会的热情"（赫罗狄安，《历史》[History]，3.8.10）。

弃婴、奴隶制度、长期的战事、瘟疫以及普遍贫困的生活等因素则导致罗马人的平均寿龄要低于上文所述诸例证所显示的年龄。即便如此，在罗马帝国后期仍约有五分之一的人口能活到55岁，直到18世纪欧洲人的寿龄得到跨越性增长后，这项非凡的数据才被超越。

罗马人对年龄增长的看法

比任何数据都更有说服力的是罗马人自身对高寿生活的看法。西塞罗那篇广为流传、令人振奋、哲理深刻的《论老年》(On Old Age; De Senectute)虽然有些言过其实，但至少能提供一个很好的切入点。西塞罗写作这篇文章时正值62岁，健康状况良好，因此这也算是他对自己晚年岁月的一种慰藉和自嘲。西塞罗在文中选择老加图作为以兹例证的对象颇有意味，因为后者的年龄超出了西塞罗为自己预想的寿龄。老加图是自罗马共和国时期以来最杰出的人物之一，是一位极其成功的将领和元老院成员，曾出任当时罗马所设置的各类最高职务。此外，在他公元前149年以84岁高龄去世之前，不论在政坛还是在著述以及农艺方面他一直都异常活跃，成果颇丰。西塞罗希望老加图的事例能够"减轻我们即将背负或终将到来的重担"，因为在他看来，老加图的长寿带来了智慧、宽容、敬重、威望和满足。

西塞罗对老年理想化的构想无疑使很多人倍感温馨，也的确对当时人们关于老年的看法产生了一定影响。罗马人对退役或年老的态度总体来说是积极的，至少在上层阶级如此。然而，不可否认的是，西塞罗的这般赞誉终究无法掩盖变老的消极影响，不论是对富人还是穷人。对于此类问题的看法则常见于琉善（Lucian；公元2世纪生活于罗马帝国的东部）和尤文纳尔等讽喻著作家笔下。

图7.3 一位老年人塑像（即所谓的"伪塞涅卡像"[Pseudo-Seneca]），约属于公元2世纪。（卢浮宫，巴黎）

图7.4 手捧酒罐的老年妇女像。（卡皮托利努斯博物馆，罗马）

在一篇名为《通往冥界的旅途》（*A Voyage to the Underworld*, 5–6）的讽喻作品中，琉善所刻画的角色包括纺织生命之线的命运女神克洛佗（Clotho），通往冥界亡灵的守护神赫耳墨斯（Hermes，即罗马神墨丘利[Mercury]）和摆渡者卡戎（Charon），通过这些角色他相当尖锐地指出多数人对老年状态的质疑。赫耳墨斯刚刚护送亡灵到达冥界，正在帮助克洛佗和卡戎将其分类运送渡过斯提克斯（Styx）河：

> 赫耳墨斯：克洛佗，你是否想要这个无人悲悼的亡灵？
>
> 克洛佗：无人悲悼？噢，你是说老人吧。当然要。我终究又何必不厌其烦去追问琐碎的陈年往事呢？年过六旬的人，全部登船！怎么了？他们年迈昏聩，没有听到我的话。大概你还需将他们运上船。
>
> 赫耳墨斯：接着！共398人，个个绵软多汁，采摘于熟透了的年老之时。
>
> 克洛佗：不，你可错了，他们像一批风干的葡萄。

生活于公元2世纪的尤文纳尔，在下文所引的诗行中更是淋漓尽致地表达了对老年人的否定看法：

> "赐予我们长寿，噢！朱庇特，赐予我们更多的岁月！"
> 在花季般的青春，你如是祈祷，这苍白无力的欲望
> 仅此一愿。然而年老的病痛
> 如此无情，如此残酷！首先看看你的脸庞，你将看到一张
> 之前那张脸丑陋而难看的漫画形象：皮肤
> 变得粗糙不平，全然暗淡无光，脸颊的皱纹

已悄然爬上，令你宛若
阿非利加极为蛮荒之地的雌性老狒狒。
年轻人各有特点：你比他俊美
或聪慧，而他比你健壮；
但老年人全都一个样，均是同样光秃的头顶，
鼻腔如婴儿般流涕，声音如同其四肢
一样颤抖，用无齿的牙龈咀嚼
食物。对他们来说，这就是悲惨的生活，他们成为
妻子、儿女和自身的负担，令人生厌的情景使
最坚定的争夺遗产谄谀者也连连作呕。
味觉几近丧失，感受不到
酒食的美味，已有经年未有性事——
即使尝试，亦是徒劳：即便为那软弱干瘪的物什
彻夜努力，它依旧永垂不举。
这些无能的老者前景何在？
激情不再，性趣已逝，
今已老矣，难当益壮。
其他机能也在退化：且看这听力。
失聪的双耳，怎能享受音乐的美妙？演出的水平怎能得到他们的欣
赏：最负盛名的独奏者，身着锦袍的合唱团，然而一切都是对牛弹琴。
他们坐进音乐大厅又能如何？
铜管乐队的倾力演奏几乎听而不闻。
报时的奴隶或访客必须
憋足气力高声呐喊，他们才能领会。
随着年龄增长血流稀薄；只有高烧
才能温暖这冰寒之躯，而各种疾病
浩浩荡荡席卷而来……他患了腰胯关节炎，你则坐骨神经痛，
还有人腰酸背痛，全盲者
会嫉妒独眼人。面对着美味佳肴，
若干年前，这个家伙会大快朵颐，——而此时
沉重的双唇只得浅尝辄止，还需他人
喂食于他；如今他们睁开双眼，就像咽着口水的婴儿

在看着母亲走来，她的口中
含满了食物。但比所有身体病痛更糟的
是僵化的思维。他们忘记了自己奴隶的
名字，无法认出昨日共进晚餐的主人，
或者，甚至是自己养育长大的子女。无情的
遗嘱附加条款剥夺了自己骨肉的继承权，
所有的田产都让渡给某个妓女，她们凭借上好的口技
——经过多年在狭窄拱道中的生活——赢得丰厚的回报。
然而，如果他依然神智清晰，更多的痛苦在等待着
这个老人：白发人送黑发人，亲眼看着
自己亲爱的妻子和兄弟的离世，他将看到
装着姊妹骨灰的瓮。若你年至高龄
这便是报应——无尽的痛苦，
黑色的葬礼，悲泣的世界，不断重复的
丧亲之痛萦绕着你凋残的生命。

（《讽刺诗》，10.188–247）

　　罗马时期对老年人的看法有两种观点：一则西塞罗的，一则尤文纳尔与琉善的。当然，每个人都希望前者是正确的，但坦率而言，多数人会发现后者可能更真实地反映出当时年老者的境遇。诸如西塞罗般积极的哲理式的展望当然消解着老年化过程中的忧虑，但与此同时，他们也需有健康、财富、伴侣、尊重以及延续生命意义的诸多活动相伴。在古代世界，这些通常是老年人力所不及的事物，因此他们整个晚年必须尽其所能得到这些。

"卓有成效"的罗马老年人

　　若以所需从事工作的辛勤程度和数量观之，总体而言，生活在罗马的老年人明显要比现今许多年长的公民更为活跃和健康。活至高寿所面临的严峻挑战是其中的因素之一，但或许同样重要的是，社会对六旬以上健康人口所能胜任的工作抱有更为积极的态度。直至近年，现代社会几乎不得不去阻止老龄化进程，甚至使其变得更为复杂。虽然事实并非如此，但是，随着年龄趋老，人们总会情不自禁有过时的感慨。在到达通常所谓的"老年"阶段前，

图7.5 一位罗马高龄老妪,造像相当直观地表现出她的躯体状况。(卡皮托利努斯博物馆,罗马)

图7.6 手提鱼篮的年迈渔夫。(梵蒂冈博物馆,罗马)

他们甚至已经开始有了失势、低效或年老与贡献成反比的感受。青年是受关注的焦点,在工作或其他领域,老年人应为年轻人腾挪出发展空间,这似乎是约定俗成的共识。这种偏见至今依然存在。

罗马的老年人也同样面临着一定的社会压力,但与当下不可同日而语,因为他们通常所参与的社交范围仅是社会的一小部分。例如在帝国时期,罗马法明确规定免除年届六旬的上层贵族对国家所担负的大部分职责。这并不意味着一个人**必须**在此年龄卸任,但小普林尼指出,一个人此时仍然坚守全职工作是极其不妥的:

> 一个有序的人生,特别于老年人而言,如行星间有固定轨道般令人愉悦。一些离经叛道或过度放纵的举动对年轻人来说并非不合时宜,但

> 老年人则应该过安稳平静、循规蹈矩的生活，他们参与公共活动的年龄已经过去，此时的雄心抱负只能让他们变得声名狼藉。
>
> (《书信集》，3.1)

虽然还存在其他一些限制条件，例如，提比略颁布法令规定任何年过六旬的人均不应再生育后代，不过，总体而言，古代世界所制定的年龄准则使人们不必履行一些强制或强加的义务，即不强迫他们离职或宣称他们一无是处。古代罗马当然不是一个工业社会。多数人是农夫，也并不存在如我们所理解的有组织的工作形式。许多工作均由奴隶完成。老年人并未被迫为青年人留出发展空间，因为当时后者的数量并未有当下如此之巨；技艺精湛的工匠仍能尽可能长时间地从事其职业，只有富人才会考虑是否退休，大部分人都会坚持工作直到无力继续为止。工作比效率更为重要。最具代表性的例子便是皇帝韦帕芗对一位工匠的回复。这位工匠告诉韦帕芗说，他有一件机器可代替很多手工劳动力完成分配给他们的任务，但韦帕芗回复他说，机器可能使工作完成得更快一些，但这项工程所雇用的劳力会因此而失业。(苏埃托尼乌斯，《韦帕芗传》，18.1)

就人们的生活而言，罗马社会既不富足也不够舒适。老年人肯定难免成为被挖苦、嘲弄和轻视的对象，罗马文学作品为此提供了充分的实例可资求证，但对于那些能力杰出者而言，他们并无已遭社会淘汰的感受，在家庭或各种社会事务方面总会有其用武之地。由于古时读书群体规模微小，书籍昂贵且在普通大众中间并不流行，因此，老年人也被视为知识和智慧的宝库，他们所扮演的社会角色同现代工业社会相去甚远。然而，确实存在的问题在于，对那些失去自理能力的老年人又该如何对待？毫无疑问，有些因无人照料而死去，这无论从宗教还是世俗角度考虑均令人担忧。多数都会有家庭成员照顾(通常为法律规定的义务)直至生命结束，这也是生儿育女的首要原因。此外，据我们所知，还有一些古时的"福利项目"来帮助老人和穷人。在罗马城，通常会提供一些谷物救济和免费公餐。当然，由于罗马社会是一个男权社会，老年妇女较男人更为脆弱和无助。不过，当时社会显然也采取一些措施以确保老年妇女得到照料。出嫁时准备嫁妆的部分原因也在于防止年老寡居时老无所依。

不慎摔伤的维尔吉尼乌斯·鲁福斯和良心发现的多米提乌斯

在老年阶段所面临的诸多严峻问题中，身体健康问题无疑最为严重。随着年龄逐渐增加，身体状况开始恶化，诸多病痛随之而来，反应变得迟钝，骨质开始疏松。有些老人能够幸免于严重而致命的身体疾病，但并非所有人都能如此幸运，随年老而来的诸多困难也为其自身及周围亲人带来痛苦。维尔吉尼乌斯·鲁福斯是知名罗马贵族，曾有机会执掌王权，身体一直比较健康，却在83岁高龄时不慎摔倒。最为悲惨的是，如此微小的一次意外竟使得维尔吉尼乌斯的余生十分痛苦。公元97年，在涅尔瓦统治期间，小普林尼曾赞扬这位伟大的长者兼他的密友，并描述了他最后的苦痛岁月：

> 罗马已有多年没有像维尔吉尼乌斯·鲁福斯公共葬礼这样值得纪念的盛大场景。他是罗马极其伟大卓著的公民之一，也堪称一位幸运者。在三十年功成名就的政治生涯后，他在有生之年看到自己名垂青史，因此，他是其荣誉的亲身见证者。他三次身居执政官之职，曾获得至高荣耀，仅仅缺少皇权，因为他拒绝接受。他的美德曾遭到某些皇帝的质疑和憎恨，但他逃过追捕并幸存下来，看到一位真正贤明温良的统治者安全即位；因此，他似乎是为了我们刚刚见证的公葬礼遇而幸免于难。他享年83岁高龄，直到不久于世前才退休，深受我们所有人的爱戴，他健康状况良好，只是双手有些颤抖，并无大碍。然而，大限已至时，死亡过程却如此缓慢而痛苦；不过，我们唯有钦佩他面对死亡的方式。他第三次当选执政官后，正在练习向皇帝致辞感谢时，由于在当时年高望重，他有机会拿走一本厚重的书籍，但因书籍过重而不慎从其手中滑落。他弯腰去捡时，由于地板光滑，立足不稳，他摔倒在地，乃至大腿骨折。断骨接合状况不佳，而且由于年事已高，根本无法痊愈……他以高寿之龄载誉而终，甚至包括那些他曾拒绝的荣誉；留给我们的是对一名老一辈巨擘的追思和对其离去的惋叹。

（《书信集》，2.1）

小普林尼还提到（《书信集》，8.18）一名粗鄙老者多米提乌斯·图鲁斯（Tullus）的事例，此人全然不同于维尔吉尼乌斯，属于老年极坏的类型。他虽然跛脚，却甚是富有，在世时，他完全不关心一直任劳任怨精心照料他及其与前夫所生子女的贤良妻子。然而，临终时，多米提乌斯却令所有人感到吃惊，其中也包括小普林尼，因为他在遗嘱中将其

> 巨额遗产留给了他的妻子和其他家庭成员。事实证明，死后的多米提乌斯要比生前任何时候更好，这也促使小普林尼得出结论，"男人的遗嘱是其品性的'镜子'"这种广为流传的说法并不准确。

特殊例证：军职人员

那些适合并希望保持活跃状态的年迈公民仍在继续，而且似乎没有什么工作完全超出其能力范围。至少对老年人来说，罗马军队是再好不过的一个例证，因为有大量实例表明老年人参与作战是普遍存在的现象，即使这并不符合常规。道格拉斯·麦克阿瑟（Douglas MacArthur）将军"老兵永存……"的演说也许在古代世界更为贴切。在罗马共和国的大部分时期中，兵役征召的最高年龄是46岁，但事实上有很多士兵超过入伍的年龄上限后仍继续顺利服役。在罗马帝国时期，作为战争中罗马军团的支柱，百人队队长年龄已达五旬和六旬者并不罕见。事实上，有文献资料证明，高级百夫长的一般年龄为60岁（例如：尤文纳尔，《讽刺诗》，14.193）。百夫长佩特洛尼乌斯·福尔图那图斯的生涯在史料中有详细记载。当他结束长达46年的军旅生涯时至少已63岁。首席百夫长负责罗马要塞工事并在罗马军团指挥系统中居于第三位，由该职擢升的营地长官（Camp prefect）通常均在生命几近尾声时还在任职。马尔库斯·奥里略·亚历山大在72岁高龄身亡时仍然身居该职，当然对他这类人来说，这也是其戎马生涯的顶峰。

在罗马军团中服役的老兵为数甚多，他们有时是自愿的，有时并非如此。例如在公元14年潘诺尼亚（Pannonia）和日耳曼行省发生的兵变中，有些老兵已服役达30年甚至更久，他们"头发花白，老态龙钟"（塔西陀，《编年史》1.17–18）。他们早该领得俸禄告老还乡，但国家却仅仅因为经济原因对此熟视无睹。不管怎样，他们仍然继续履行其军事职责与职能。倘若没有人明令强迫退役，很多老兵都自愿待在军队中，因为他们认为那里更舒适。

我们仍有不计其数的例子来证明皇帝、君王或将领在其老年时仍冲锋陷阵。罗马的盟友、帕加马国王阿塔鲁斯一世（Attalus I）在72岁高龄时仍身临"第二次马其顿战争"；罗马最棘手的敌人汉尼拔直到六旬中期时一直参与军事活动，享年70岁的罗马老执政官马略亦是如此。皇帝伽尔巴在公元69年镇

乌米迪娅·喀德拉提拉：一位生活放纵的祖母的感情

乌米迪娅·喀德拉提拉并非某些人所称的具有代表性的祖母。其所做所为的主要原因似乎是无聊，但在人们看来，这些行为对如此高龄且有地位的妇女而言并不合适。虽然她选择追求自己颇存争议的生活方式，并接受公众针对此事的指责，但是，她并不希望与其相依为命的孙子步自己的后尘。她十分谨慎地避免让他知道自己过度不检的行为。正因如此，她死后赢得了年轻孙儿喀德拉图斯（Quadratus）的朋友小普林尼的赞赏：

乌米迪娅·喀德拉提拉去世，享年近79岁，直到患病之前，她一直充满激情和活力，拥有妇女少有的良好状态和结实的身体素质。她走后留下一份极佳的遗嘱：他的孙儿将继承三分之二的财产，而孙女继承剩余的三分之一。对于后者，我所知甚少，但她的孙儿却是我的密友。他是一位优秀的年轻人，对即使是毫无亲戚关系的人也会示以亲情般的关怀。起初，尽管相貌出众，他仍在少年和青年初期保持童贞之身；随后在将近24岁时结婚成家，若他的祈愿能够实现，也将成为父亲。他住在祖母家中，虽然对祖母骄奢淫逸的生活方式表示恭顺，却努力恪行节俭。他的祖母俸养着一个由笑剧演员组成的剧团，而且对他们的纵容态度与她的地位身份极不相符，但喀德拉图斯从未在剧院或是家中观看过他们的表演，而她也并未坚持如此。有次在她请我前去指导其孙儿的教育时，她告诉我说，作为一个女人，她有大把的慵懒闲暇时间去打发，因此她喜欢通过玩棋或观看笑剧来娱乐自己，但在她做这些事情之前，她总是让喀德拉图斯离开去工作：我认为这正体现了她对孙子的尊重与爱。

下面这件事相信不仅让我感到意外，也会令你们大吃一惊。上次祭司赛会（Sacerdotal Games）以笑剧表演开场，当我们一起离开剧院时，喀德拉图斯告诉我："你是否知道今天是我第一次观看我祖母的舞者表演？"她的孙子这样说着；但与此同时却有很多与喀德拉提拉毫无关系的人纷纷涌向剧场，他们激动地欢跳鼓掌，随着歌声模仿这位女士的每一个动作，向她表达着他们的喜爱和尊重，尽管"尊重"一词用来形容他们的奉承之举稍有不适。如今，这些受雇喝彩者仅能得到微薄的遗赠作为酬劳，并且这些是来自不曾观看其表演的财产继承人……我很高兴能够见证这位逝者所表现的亲情并向这位优秀的年青人表达敬意。

（《书信集》，7.24）

图 7.7 一尊精美的罗马老年妇女小铜像,约成于公元 1 世纪。(卢浮宫,巴黎)

图 7.8 罗马老年男子像。(梵蒂冈博物馆,罗马)

压叛臣奥托、保护皇权的战争中身亡时已 72 岁。图拉真年过六旬因中风而亡,其时正在帝国东方亲临战事。塞普提米乌斯·塞维鲁在公元 211 年以 65 岁高龄死于英格兰的约克,当时也正指挥部署兵力反对苏格兰人(Scots)。因此,罗马军队中肯定一直有六旬以上的老兵服役。当然,他们不会被委以重任,除非能力卓著,并有实战经验而非理论商讨证明他们能够胜任。那些仍能作战者与其同龄人一起在编队中站位,当然不会部署他们在战斗中首当其冲,这是留给年轻士兵的任务。其他老兵则能成功完成分配给他们的任何任务:诸如进言献策、鼓舞同胞、守卫补给或策划进攻。罗马人似乎并非我们这般武断地以年龄大小分配任务轻重。每个人都能各尽其才,做出应有贡献,这也是他们的职责所在。

我们还应述及赛车手,不过他们的数量不多,身为"年长公民"时仍然在大竞技场(Great Circus)参赛。很少有职业能如战车竞赛这般依赖于反应、

一个无名鬼魂

每个人都喜欢听健康有益的神鬼故事，罗马人也不例外。他们对神灵的信仰中存有幽默的一面，在诸如普劳图斯的《鬼宅》(The Haunted House) 等作品中有所体现，但与此同时其观念也存在极其严肃的一面。有相当一部分罗马人相信有鬼魂存在，其中许多甚至受过良好的教育。特别是老人总会担心过世时身体得不到适当的处理，这是一个非常恐怖的设想，因为他们认为如果没有最后的葬仪，他们的灵魂便会漫无目的地游荡而永世不得安宁。小普林尼是当时最为博学的人之一，但很显然他也深深困扰于鬼魂的问题。在一封写给朋友的信中，他尝试去理性对待这个问题，但事实证明他并未如愿。在此过程中，他讲述了一段关于一位名叫阿提诺多鲁斯 (Athenodorus) 的哲学家（如下所述，这位哲学家的兴奋点异常之高）与一个无名老者的鬼魂之间的故事：

> 现在要想想接下来我所讲的故事，正如我所听到的一样，是否会不太……引人入胜或……恐怖万分。在雅典有一座宏大的豪宅，因对居住其中之人不祥而被称做鬼宅。每当夜深人静之时，都会听到铁器的叮当声，倘若你仔细听，还会听到铁链的哗啦声，起初离得很远，但随后越来越近。之后会出现一个老者的鬼魂，肮脏而消瘦，长长的头发和胡须散乱地随风飘浮，双腿缚有脚镣，扣在双腕的铁链不停晃动。可怜的居住者只能在恐惧中惊慌地度过整个夜晚；久不能寐令人疾病缠身，随着恐惧的加深最终导致死亡，因为即使日间幽灵不在，夜间的情景也会在脑海中驱之不散，故此，即使是惊悚的情景消失了，恐惧仍会一直萦绕。于是，这座宅院终被废弃，空空如也，全然留给了那个鬼魂；不过，仍挂牌出售或招租，以待他日寻得并不知晓其中隐情者前来。

> 哲学家阿提诺多鲁斯来到雅典时看到该消息。低廉的价格引起他极大的兴趣，经过几番询问后他了解到其中蹊跷；但这并未影响他租房的热情。当夜幕降临后，他吩咐仆人在房屋前部为他铺好卧榻，并要来笺注本、笔和油灯。他令所有仆人都待在内室，自己则全神贯注于写作，目不转睛，手不离本，以便没有闲暇去想他所听到的鬼魅之事或任何幻象。起初，万籁俱寂，但随后铁器的叮当声和铁链的哗啦声渐渐响起。他并未抬头，也没有停止写作，而是努力控制自己的意识屏蔽这些声响。但声音越来越大也越来越近，近至门口并到了房间里。他环顾四周，看见并认出了别人曾描述过的这个鬼魂。

> 它站在那里并向他招手,仿佛是在召唤他。阿提诺多鲁斯接着示意让他稍等片刻,然后又埋头写作,然而不久便听到那铁链已在他头顶上空哗哗作响。于是他再次抬头环顾,看到那鬼魂仍在向他招手,所以这次他毫不迟疑地拿起油灯跟随其后。那鬼魂移动缓慢,仿佛因铁链而负担过重,但当它转弯进入庭院时却突然消失,只留下他一个人。于是他捡起一些草木树叶记下这个地点。第二天,他前往地方行政官那里,建议他们下令挖掘此处。结果,他们在该处发现了用铁链束缚的白骨,其尸体早因土壤作用和年代久远而全然腐化,骨头也被铁链腐蚀。这些尸骨被收好后,经公共仪式入土安葬,在阴魂得到妥善安置后,再未出现在宅中。
>
> (《书信集》, 7.27)

技巧和力量,同时,这些人能够继续参与竞争便已证明其能力,甚至步入老年也无妨(见第10章)。

斯普里那的老年

提图斯·维斯特里基乌斯·斯普里那约出生于提比略统治时期的公元25年,一生历经12朝皇帝,同时也辅佐了12位皇帝。在被称为"四帝之年"的公元69年,他曾支持皇帝奥托问鼎王权,当时他已年过四旬,声名显赫。斯普里那成功守住普拉肯提亚(Placentia)城,但他的努力无法阻止维特里乌斯最终战胜奥托,而后者为免落入敌军之手选择自杀身亡。经过维特里乌斯的短暂统治,斯普里那在弗拉维王朝得到赏识。他在韦帕芗统治时曾担任执政官一职。

在韦帕芗次子图密善统治时期,斯普里那虽然已到隐退年龄,但他仍然未显疲态。后来,涅尔瓦为他树立一座凯旋像,以表彰其在日耳曼行省取得的军事胜利。斯普里那参与日耳曼战事的具体时间无法确定,但可能距立像时间并不久远,否则造像及其荣誉便无太大意义。

在图密善统治后期,斯普里那同当时其他声名卓著、享有威望的政要一样,为不断出错的皇帝及其统治深感忧虑。当图密善遇刺身亡,涅尔瓦由元老院拥戴而立之后,新任皇帝对斯普里那赏识有加,将其视为自己极有价值的幕僚。除上文提到为他树立凯旋像外，涅尔瓦还使其得以第二次出任执政官一职。有人将此次任命视为粉饰之举，然而皇帝此时已年近八旬，他不可能授予斯普里那一个"粉饰的"执政官之职而不为自己的统治"粉饰"一番。涅尔瓦希望使罗马回到图密善高压统治前的"流金岁月"（good old days）。他任命诸如斯普里那这样亲历那个时代且声名卓著的人，这些人与他同龄且令他感到十分称心。涅尔瓦对斯普里那"谄媚般"的赏识更体现在他还为后者之子树立一座造像（为斯普里那树立凯旋像的同时），因为后者亡于父亲在日耳曼统兵打仗期间。

图 7.9 带有皇帝涅尔瓦（公元96—98年在位）头像的钱币，发行于涅尔瓦66岁前后。

斯普里那一定曾预见到涅尔瓦所要面临的麻烦。涅尔瓦堪称"黄金时代"诸帝中最为逊色者；作为元老院成员，他没有任何来自军队的支持，而这种缺失使他的统治举步维艰、难以为继。他不得不收养当时军中最具威望的将领图拉真为继承人，而后者在公元98年，即涅尔瓦统治两年后便继位。

斯普里那的最后七年在图拉真统治时期渡过。图拉真是西班牙人，系罗马第一位非意大利籍皇帝。作为一位罕有的统治者，图拉真同时得到元老院与军队的衷心支持，在长达19年的统治期内，他应付自己所面临的大部分国内及军队问题绰绰有余。他扩大了罗马帝国的原有疆域界限，而罗马此后的疆域再未达到他统治时期所能控制的范围。（见地图18）

图拉真当然不可能忽视能够辅佐他的那些威望甚高、资深年长的罗马政要。同涅尔瓦一样，他也将斯普里那纳为自己的智囊，并使其第三次（也是最后一次）荣登执政官之位，足以表明他对斯普里那的推崇与敬重。正是在图拉真统治时期，小普林尼得以与斯普里那共度数日，并记下他对这位老友所行所为的印象。通过小普林尼的记述，我们得以了解这位年迈的罗马贵族如何度过他的时光。在"黄金时代"，斯普里那的生活方式与先前一样井然有序。对他来说，旧时西塞罗对老年生活的设想便是现实。我们读到的这段记述正是他77岁时的情景，他显然不同于常人眼中的老人那般耳目昏聩。他精力充沛、手脚灵活、积极乐观，好像没有什么事他无法胜任并做好，他也为不同年龄段的人树立了极好的榜样。据我们所知，在亚平宁山脚下气候温和的图斯卡纳（Tuscany）地区和在夏季意大利北部科莫湖（Lake Como）湖

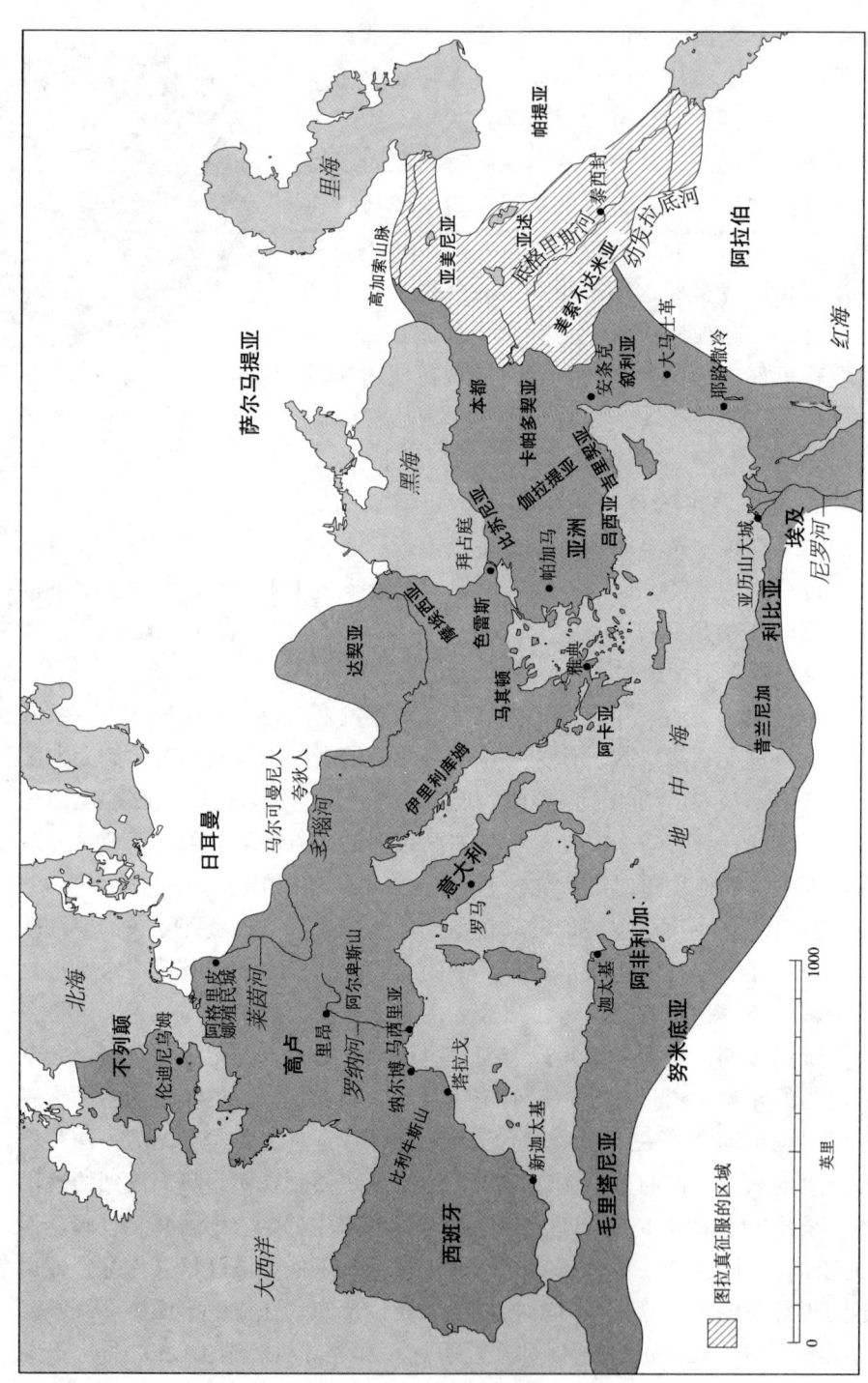

地图 18 图拉真离世时的罗马帝国（公元 117 年）。

在罗马不列颠行省边区庆生：克劳狄娅·塞维拉向友人发出邀请

有时我们可能会恍惚于罗马帝国的疆域究竟有多大。它在皇帝图拉真的统治下达到极盛，覆盖范围从今天的苏格兰（Scotland）到伊朗（Iran）。如此辽阔的疆域必定需要戍守，通常我们很少有机会深入了解那些边疆前哨的士兵生活，对其妻子的了解更是寥寥。如此，下面这封刻写于一块薄木板的信件便是一份久违的惊喜。它发现于英格兰北部罗马要塞温都兰达（Vindolanda），是一位名叫克劳狄娅·塞维拉的妇女在公元100年前后发出的生日邀请函；据我们推测，她的丈夫系当时不列颠行省北部另一要塞的军官。收信人苏尔皮基娅·雷必狄娜（Sulpicia Lepidina）是温都兰达（即诺森布里亚的切斯特霍尔姆［Chesterholm in

图 7.10 罗马不列颠行省哈德良长墙沿线的豪斯戴德（Housesteads）要塞模型。此类边防前哨站是很多军官妻子的居地，如克劳狄娅·塞维拉和苏尔皮基娅·雷必狄娜等。（大英博物馆，伦敦）

图 7.11 克劳迪娅·塞维拉发给苏尔皮基娅·雷必狄娜的书信原件。位于木板右下角的信末附言倘若出自克劳迪娅本人之手，那么它将是目前所存最早由妇女书写的拉丁文字。（大英博物馆，伦敦）

图7.12 罗马不列颠行省家居布置复原图。克劳迪娅·塞维拉和苏尔皮基娅·雷必狄娜大概对此类情景十分熟悉。（伦敦博物馆）

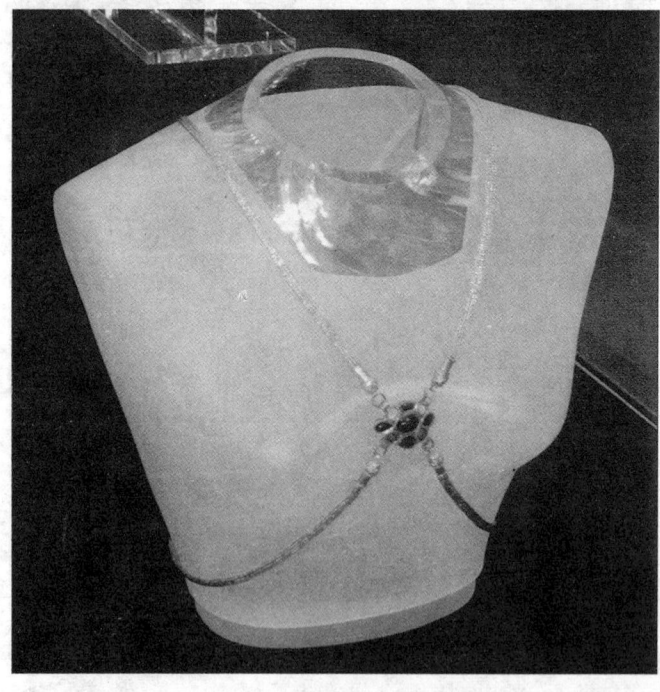

图7.13 这条精美的黄金饰链大概属于一位生活在罗马不列颠的妇女。在饰链后侧是一个带有皇帝格拉提安（Gratian；公元367—383年）金币的环扣。该饰链系发现于英国的霍克森宝藏（Hoxne Treasure）中的一件物品。（大英博物馆，伦敦）

Northumbria]）一名军队指挥官弗拉维乌斯·克利亚里斯（Flavius Cerialis）的妻子。不列颠自公元43年皇帝克劳狄入侵之后并入罗马版图，而在写这封信的时候，苏尔皮基亚·雷必狄娜所生活的温都兰达正是当时不列颠北部边防线斯坦尼门（Stanegate）大路沿线的要塞（后成为哈德良长墙[Hadrian's Wall]的一部分）之一。

由于只有军官才能获准结婚，故此，跟随他们前往驻地的妻子通常孤独无伴。她们很少有机会前去拜访朋友或亲戚，当地的妇女又并非合适的同伴。对于塞维拉和雷必狄娜而言，生日邀请定是烦闷枯燥生活中一次难得的放松调节的机会（塞维拉称其朋友为"姐妹"）。约公元100或105年前后（这封信写成后不久）罗马人暂时放弃苏格兰南部地区并夷平或烧毁大量要塞，该地区艰苦的生活状况便可见一斑；这些行动的原因可能是敌军来犯的压力所致，或者是当时帝国撤军至英格兰岛内陆的决策使然。这封以及其他发现于温都兰达的信件同时说明当时罗马不列颠的驿递十分高效。书信内容如下：

克劳狄娅·塞维拉向朋友雷必狄娜致以问候：

我的姐妹，在九月之望（Ides）前的第三天[9月11日]，因我的庆生之日，我诚挚地邀请你以确定你能前来，若你能来，你的出现定会使我的生日更加愉悦。请代我向克利亚里斯问好。埃里乌斯和犬子也向你[？]致意。

信中这部分内容似乎是由主人口授别人代为刻写，因其字迹看似专业，但在下方角落所加的信末附言却略显"拙劣"，可能出自塞维拉之手。如果此种推测属实，那么塞维拉为我们留下了目前所知由妇女书写的拉丁文字中最早的例证：

我的姐妹，我将翘首以待。再见了，姐妹，我最亲爱的人，希望你一切如意，致礼！

（温都兰达[Vindolanda], inv. No 85/87[Bowman and Thomas 1987, no.5]）

畔，有所谓的罗马"退隐群体"，因此，像斯普里那这样的人当然还有很多。斯普里那始终遵循着一套日常习惯，而这很可能也是他能保持良好状态的主要原因：

每日清晨拂晓后，他卧床一小时，然后吩咐仆人帮他穿鞋，之后外出散步3里以锻炼身体和思维。如果有朋友与他一同前往，他会与之进行很严肃的交谈，而如果是他独自一人，则手持一本书并大声诵读，有时虽有朋友在场，只要不反对他也会如此。之后，他会坐下来，继续读书，或者与朋友交谈，他更倾向于后者；此后，他便乘坐马车外出，或由妻子（妇女的典范）陪伴，或由朋友陪伴。……乘车行驶7里后他会再散步1里,随后再次坐下来,或回到房间开始写作,他坚持用希腊语和拉丁语写作抒情诗,成就斐然;这些诗行因其睿智、优雅、精美而备受赞誉,其魅力也因作者的得体更显突出。午后过半(冬季如此,夏季则会提前1小时),便有人唤他前去沐浴,他首先宽衣解带,若适逢无风的日子,他会在日光下小走片刻,随后还会兴致勃勃地抛扔小球几许,这也是他防止衰老的另一种锻炼方式。洗浴过后直至晚餐前,他会躺在床上小憩片刻,并伴有轻微柔和的朗读声。与此同时,他的朋友们也可选择此种方式休息,或选择其他方式,总之各遂其愿、自由支配。随后,晚餐盛在风格古朴的银盘中奉上,简单朴素却也是精心准备;他也有很多科林斯式的青铜器可供使用,对于此类物品他虽未痴迷收藏,但也是爱慕有加。晚餐期间通常会有喜剧演出以为助兴,宴饮之乐也因此平添诸多文学气息,深夜方才散去,即便夏季也是如此,从未有人在如此欢愉的交往中稍感冗长。

(小普林尼,《书信集》,3.1)

在普林尼造访约两年后,斯普里那去世。他见证了帝国的兴衰浮沉并在其中坚守度过。坦白而言,很少有罗马人能自始至终经历比这更为丰富的人生:

对于一个官居首品、统领军队、只要适合于己便全然为国家奉献自我的人而言,以这样的方式老去是最为恰当之举。

(小普林尼,《书信集》,4.23)

图 7.14
意大利北部的科莫湖,是罗马富有的老年人退隐后的首选之地。

庇提昂（Python）与伊庇吉蒂拉（Epicydilla）的金婚纪念

倘若一个章节中所谈论的都是可冠之以"黄金般的"话题，那么在其中加入这一段来自公元1世纪的墓志铭文似乎再恰当不过，因为它见证着来自罗马帝国东部希腊岛屿萨索斯（Thasos）的一对夫妇的金婚纪念：

> 希克西乌斯（Hicesius）之子庇提昂为自己与妻子，伊庇吉德斯（Epicydes）之女伊庇吉蒂拉，竖立此碑。他18岁时与15岁的她结为连理，50年来他们共同信守承诺，他们……生而幸福，死而美满。

（H. W. 普莱凯特［H. W. Pleket］，《铭文II：希腊世界社会史文献》[*Epigraphica II: Texts on the Social History of the Greek World*]，no.10，Leiden，1969）

罗马浴场：琉善洗浴记

在谈到斯普里那的日常惯例时，小普林尼对他之于洗浴的偏好记述甚详。每一个罗马人，不仅仅是老年人，都极其喜欢洗浴和置身其中的感觉。浴场对每一座宅院或小镇而言都不可或缺；有些是仅供邻里间使用的街坊浴场，正如塞涅卡在第1章中以幽默笔调所描述的，或许稍显简陋；有些则是规模甚大的浴场综合结构，公元4世纪在罗马建成的戴克里先浴场（Baths of Diocletian）便是其中之一。该浴场建筑面积达百万平方英尺，能同时容纳2000人，内部包括大型泳池以及若干热水、温水和冷水浴室。在这些设施中，罗马人还可以享受按摩和桑拿；也可以进行锻炼、社交、洽谈生意以及许多其他事情，当然其中不乏不甚光彩之事。

在下文中，本章曾引述过的著作家琉善为我们留下了现存关于罗马浴场极为详尽的介绍，此外，在罗马城、庞培城、尤其是英国的巴斯（Bath）发现的大型实体浴场遗存，均有助于我们还原罗马浴场的昔日情景。琉善这样写道（《浴场》[*The Baths*]，5-8）：

> 入口高耸，有一段宽阔的台阶，平缓而不陡峭，以方便顾客登入。首先进入一间宽敞的中厅，为奴隶和仆从提供了足够的空间。中厅左侧是为休闲娱乐而设的房间，因此精致而明亮，且多为单人房间，相对

图 7.15
英国巴斯罗马浴场中的"大水池"遗存。该遗存以及在此地发现的其他设施是现存古罗马浴场综合结构的完美例证。

图 7.16
微温池(或称"Tepid"),位于巴斯"大水池"东侧。

于浴场建筑而言修饰十分考究。与这些房间相连的是一间会客室,其规模比浴场中常见的其他房间都大一些,但接待富人时甚为必要。接下来是两间宽大的更衣室,两室中间有一个光线明亮的挑高大厅,其中有三个冷水泳池。房间由拉哥尼亚(Laconian)大理石镶嵌装饰,并有两座白色的大理石造像……

走过这间大厅,便进入到一间狭长的大房间,房屋两端呈环形,温度渐暖,但不会令你突感燥热。

图 7.17
巴斯的半圆形温水池,大概专为治疗所用。位于"大水池"东侧,与"微温池"相邻。

图 7.18
巴斯的"冷水浴室"(Frigidarium),位于"大水池"西侧的综合结构中。

沿此房间向前右首是一光线明亮的房间,特别适于涂油按摩。房屋的两端都设有出入口并用弗里吉亚(Phrygian)大理石装饰,以便从锻炼区域进入此处。与此相邻的又是一处大房间,为浴场中最精美的一间,其设计颇具人性化,或坐或立让人倍感惬意,置身其中不禁让人流连忘返,丝毫不觉时光匆匆。此处从屋顶到地面均用弗里吉亚大理石装饰,显得光艳无比。

之后,你将进入一间以努米底

> 亚（Numidian）大理石镶饰的长廊，其中充满热气。长廊的另一头通向一间十分美妙的房间，光线明亮，紫色的装饰风格尽显辉煌。该房间内含三个热水浴池。待洗浴结束后，你不必原路返回。相反，你可马上通过一间微温的小房间进入冷却室。
>
> 每一房间均有大量阳光射入。此外，每间房的高度均比例适中，长宽搭配得当……冷却室位于整个建筑的北侧，而需要大量加热的房间则位于南侧、东侧和西侧……
>
> 整座建筑还包括两处卫生间和很多出入口，同时有两个计时装置，即一个大水钟和一个日晷。

阅读建议

在古典文献中，西塞罗的《论老年》(*De Senectute*) 是最为著名的资料，但小普林尼的《书信集》中也包含很多关于老年人的真实描述，参见：R. Kebric, "Aging in Pliny's Letters: A View from the Second Century A.D.," *Gerontologist* 23（1983）: 538-545。以下著作集中论述了这一主题：T. Parkin, *Old Age in the Roman World: A Cultural and Social History*. Baltimore: The Johns Hopkins University Press, 2002; M. Harlow and R. Lawrence, *Growing Up and Growing Old in Ancient Rome*. New York: Routledge, 2001。出版较早的著作有：T. Falkner and J. de Luce, *Old Age in Greek and Latin Literature*. Albany: SUNY Press, 1989。关于皇帝图密善、图拉真以及哈德良的著作，见以下著作：P. Southern, *Domitian: Tragic Tyrant*. Bloomington: Indiana University Press, 1997; J. Bennett, *Trajan: Optimus Princeps*. New York: Routledge, 1997; A. Birley, *Hadrian: The Restless Emperor*. New York: Routledge, 1997。关于罗马不列颠的相关著作，P. 萨尔韦的两部著作（P. Salway, *The Oxford Illustrated History of Roman Britain*; *A History of Roman Britain*. New York: Oxford University Press, 1993 and 1997）是必备的参考书目；关于温都兰达的信件，A. 鲍曼（A. Bowman, *The Roman Writing Tablets: From Vindolanda*. London: British Museum, 1983）在其著作中辑录了此类信件；另外可参见：Bowman, *Life and Letters on the Roman Frontier*. 1994。关于罗马浴场，G. 费根的著作（G. Fagan, *Bathing in Public in the Roman World*. Ann Arbor: University of Michigan Press, 1999）是必备参考书目。

8

帝国与军队

塞普提米乌斯与塞维鲁王朝（公元193—235年）
叙利亚籍皇后尤利娅·多姆娜

皇帝所到之处，便是罗马所在之地。

（赫罗狄安，《历史》，1.6.5）

公元180年，随着马尔库斯·奥里略统治的结束，罗马帝国在图拉真、哈德良和安东尼努斯·皮乌斯统治下的繁荣和辉煌也告衰落，此后蛮族人、瘟疫以及其他问题开始侵蚀帝国，而继任者奥里略残暴的儿子康茂德毁灭性的统治无疑为这一系列问题雪上加霜。最终，随着康茂德在公元192年末惨遭暗杀身亡，帝国已走到崩溃的边缘。

在随之而起的内战中，塞普提米乌斯·塞维鲁恢复秩序，建立了一个军事王朝，并成为罗马第一位出身于阿非利加的皇帝。在他获得这些丰功伟业的同时，始终辅佐相伴的是其叙利亚籍的妻子尤利娅·多姆娜。在塞维鲁和他们的儿子卡拉卡拉统治时期，这位皇后获得了之前任何一个罗马妇女都无可比拟的地位和影响力。尤利娅这种传统在其胞妹和外甥女身上得到很好的传承，二者在她死后，继续辅佐幼主，摄政整个帝国，历史上很少有这样一个时期能目睹妇女掌握如此之大的权力。

尤利娅·多姆娜的身世

尤利娅·多姆娜来自叙利亚南部城市埃梅萨（Emesa），约出生于公元160年。她与塞普提米乌斯·塞维鲁的第一次邂逅大约在公元180至182年间，其时她正在叙利亚暂住。她的父亲尤利乌斯·巴西亚努斯（Bassianus）是埃拉伽巴尔（Elagabal）神的一位高级祭司，该神圣所位于埃梅萨的城市中心。塞普提米乌斯似乎与巴西亚努斯颇为熟识，因为后者是一位重要人物，任何罗马将领都会寻求与之亲善相处。尤利娅·多姆娜和妹妹尤利娅·麦萨（多姆娜和麦萨两者都是闪语人名）都是埃拉伽巴尔神的狂热信徒。埃拉伽巴尔意即"山之神"，在罗马帝国东部世界被视为太阳神，即"先祖太阳神埃拉伽巴尔"，并在埃梅萨以圆锥形黑石的形态受到崇拜。

在遇到尤利娅·多姆娜时，塞普提米乌斯已与一位同是阿非利加人的女子成婚。随着与巴西亚努斯及其女儿渐为熟识，他听说多姆娜的天宫图预示着有朝一日她会与一位国王成婚。此类传闻并非不可能，因为任何占星家都很清楚埃梅萨埃拉伽巴尔神的高级祭司之女肯定能寻得佳婿，甚至可能是一位国王；巴西亚努斯便紧紧"抓住"女儿的这般吉相，以此作为吸引优秀求婚者的有力招牌。抛开星相不谈，尤利娅·多姆娜与任何男人的结合对后者来说都可能是一种吉兆。

考虑到塞普提米乌斯的抱负以及对占星的兴趣，他当然不会对尤利娅的吉相漠然视之（巴西亚努斯应有推波助澜的作用）。作为一个极端迷信的人，一些梦示和其他征象也使塞普提米乌斯深信自己注定会成为罗马的皇帝。事实上，尤利娅本人及其吉相给他的印象相当深刻，因此，当他的妻子在几年后过世后，正在统治高卢的他便急件一封送至叙利亚，迫不及待地提出结婚请求。尤利娅欣然接受并前往高卢，并于公元187年夏天在卢格杜努姆（Lugdunum；即里昂）与塞普提米乌斯成婚。起初他们可能用希腊语交流，但考虑到其身份，多姆娜一定也懂得一些拉丁语。这样，尤利娅的星相与他的征兆联系在一起，塞普提米乌斯有朝一日成为罗马皇帝的梦想自然与日俱增。事实上，这个梦想不到六年便成为现实。

与尤利娅成婚前：塞普提米乌斯的早期政治生涯

这位身材矮小但非常健壮的将领将在公元193年成为罗马第21位皇帝，他的身世经历与其前任均不相同。尽管自图拉真为帝起，罗马人已经习惯于帝国的最高权力掌握在来自地方行省人手中，但塞普提米乌斯却是第一位来自阿非利加行省的皇帝。尽管他自身已全然罗马化，但对于当时的欧洲或意大利来说，他同尤利娅一样，来自仍较为陌生而神秘之地。作为一名闪族人（Semite），他能成为罗马皇帝的事实也正体现出罗马帝国的巨大转变。

塞普提米乌斯出生在罗马阿非利加行省黎波里塔尼亚（Tripolitania）地区一个古老而伟大的城市大莱普提斯（Leptis/Lepcis Magna），并在那里长大。他出身富有的望族家庭。他的祖父曾是显要公民，尽管他的父亲盖塔（该名字很少见于贵族，起初用于奴隶）平庸无闻，但家中其他成员均是罗马元老院成员。他所居住的城市大莱普提斯如汉尼拔的迦太基一样亦为腓尼基人（Phoenicians）所建，因此有着悠久的历史渊源。尽管被视为罗马阿非利加行省的一部分以及同盟者由来已久，但大莱普提斯直到图拉真统治时才被授予殖民城（colonia）地位，其所有居民才获得罗马公民权。它虽脱去迦

图 8.1　尤利娅·多姆娜。（卢浮宫，巴黎）

太基式（Punic）的外壳并具备罗马帝国都市应有的繁华气象，但迦太基传统、文化和语言在其内部仍然鲜活。塞普提米乌斯本人无疑能讲并阅读布匿语，而他的拉丁语和希腊语大概不可避免地带有阿非利加口音（据传说，在他成为罗马皇帝后，他的妹妹来到罗马，但她不会说拉丁语，这使他甚感难堪，于是将其送回阿非利加）。他十七岁离开家乡，动身前往罗马完成学业并开始仕宦生涯，此前，他与家乡其他公民一样，在很大程度上仅仅只是一个身着罗马托迦的迦太基式阿非利加人。

塞普提米乌斯的早期政治生涯与马尔库斯·奥里略和康茂德的统治时期相当。到达罗马后不久，他便被授予元老级别，但直到公元169年以法定年龄担任财务官时才进入元老院。他曾在撒丁、阿非利加和西班牙担任低级官职，随着这些经历，他与诸多罗马政要的接触也逐渐增多。在其统治时期所表现出来的旺盛的精力、较强的行政能力和非凡的创造力等特点此时已有所体现。占星术、梦示和其他征兆继续向他昭示着他的帝王前景。当然，此类传说多为杜撰，以宣传为用，但不可否认的是，对塞维鲁此类人而言，对这些征兆的深信不疑是促使其获得成功的巨大推动力。

塞普提米乌斯对自己的严格要求和对日渐增长之权力的严肃态度在一个故事中可见一斑。公元174年他以阿非利加行省总督（系其同族）副将的身份重回家乡。当他以公务身份在街上徒步行走时，一位平民身份的老朋友未能控制自己冲上前去抱住他。塞普提米乌斯命人将其痛打一番，并发表声明，平民不得以这样有失庄重的方式拥抱一位罗马人的副将。

公元180年，35岁的塞普提米乌斯前往东方叙利亚，担任其时为叙利亚总督、后为皇帝的佩尔提那克斯麾下的三个军团指挥官之一。当然，也正是在此地，他与多姆娜得以邂逅相识。他利用职务之便或是闲暇时间也常常前往安条克城，该城是帝国东部仅次于亚历山大城的大城。他能够亲自了解居住在世界上这一地区的居民状况。此地距罗马与其死敌帕提亚的边境线幼发拉底河畔仅100英里，他成为皇帝后曾对帕提亚发动战争。在位于安条克城和埃梅萨之间的阿帕梅城，塞普提米乌斯的远大理想再次得到激励，因为当他前去卜问"贝尔"宙斯（Zeus Belos）神谕时，神的回答（无论何种原因）是引述自史诗《伊利亚特》（*Illiad*）中描述阿伽门农王（King Agamemnon）的一段话。

公元182年，康茂德的姐姐卢吉拉（Lucilla）对弟弟的刺杀行动失败，这不可避免地影响到塞普提米乌斯的政治生涯，因为其中一些同谋者与叙利亚的渊源颇深，并且在7年前就曾反叛过康茂德的父亲马尔库斯·奥里略的统治。在随之而来的政治动荡中，佩尔提那克斯身为卢吉拉丈夫（也是叙利亚人）的密友而被革职，被迫退休。此后不久，塞普提米乌斯也被革职，其中原因尚不清楚，但至少与他和佩尔提那克斯过从甚密有关。在此后数年中，塞普提米乌斯不得已在雅典度过其大部分闲暇时光，他在那里听习讲座，学习宗教，并游览诸多名胜古迹。由于政治气候的变化，塞普提米乌斯重新得到任命，并得以晋升。公元187年，他已在高卢担任其政治生涯中的第一个总督之职。也正是在同年，他与尤利娅完婚。

一个年轻家族的奋斗

与塞普提米乌斯婚后不久，尤利娅便怀有身孕，并于来年在里昂产下一子，名为巴西亚努斯（他以绰号卡拉卡拉而闻名，该绰号源自他乐于穿着的高卢斗篷）。塞普提米乌斯的第一次婚姻以无子而终，此时已年过40的他肯定非常渴望成为一名父亲。在公元189年塞普提米乌斯与他的新家庭返回罗马不久，尤利娅为其再添一子，取名盖塔。由于塞普提米乌斯受命任是年西西里行省总督，因此尤利娅未经太多的休息恢复，便不得不与两位幼子随丈夫一同前往。

虽然身处西西里，但康茂德在罗马所面临的堆积如山的问题以及未卜的前途均令尤利娅坐卧不安，因为她不得不考虑丈夫的前途。对占星术的信赖（据说塞普提米乌斯在西西里向占星家询问皇位时遇到一些小麻烦）于她而言只不过是一种心理安慰而已，她必然意识到世界上所有这些正面的占星征兆都无法阻止一位疯狂皇帝的愤怒。仅为一点看似无足轻重的原因，一位埃

图8.2　塞普提米乌斯·塞维鲁。(大英博物馆，伦敦)

梅萨的熟人（或许是亲戚）惨遭灭口。此外还有其他一些处决。

塞维鲁和尤利娅都预感到即将到来的暴风雨，这位新近得子的父亲甚至在公元190年担任一个月的执政官一职，但该任命随即终止。塞维鲁正值中年，并有声名显赫的少妻和嗷嗷待哺的幼子，在阿非利加之外的所有财产不过是罗马的一间房屋和意大利乡野的一块农场，因此他的懈怠令人怀疑是否出于自愿，然而，后来的事实证明，这时保持低调再好不过。塞普提米乌斯解甲归田的状态约持续一年后，同是阿非利加人的艾弥利乌斯·拉埃图斯（Laetus）成为康茂德的近卫军长官，塞普提米乌斯的时运开始发生戏剧性的逆转。

公元191年，在拉埃图斯的安排下，塞维鲁被任命为上潘诺尼亚（Upper Pannonia）行省总督，该行省握有意大利附近地区最强大的罗马兵力。鉴于塞普提米乌斯缺乏行政与军事指挥经验，因此，从行政管理角度此项任命并不合常理。除了塞维鲁之外，其他受到拉埃图斯信任的人均被委以要职，其中多数为阿非利加人（其中包括他的弟弟，名为盖塔），似乎正是准备颠覆康茂德统治的前奏。康茂德最终被此前塞维鲁在叙利亚任职时的长官佩尔提那克斯取而代之。此时的塞普提米乌斯尚未在整个局势中扮演重要角色，但由于抢得先机，他已跻身于正确的政治集团。他和妻子尤利娅的前程取决于他的恩主能否成功推翻康茂德的统治。

佩尔提那克斯称帝

佩尔提那克斯也是受到康茂德的恩典重回政坛。他于公元185年被召回并以总督身份赴不列颠镇压该地叛军。公元188年，他受任阿非利加行省总督一职，经过一个艰难的任期，于公元189年回到罗马，被任命为罗马的城市长官（Prefect of the City）。康茂德显然对他颇为满意，在公元192年与之共同担任执政官一职。

在塞普提米乌斯被委以潘诺尼亚行省之重任时，佩尔提那克斯大概已经开始了篡权夺位的计划。此项任命似乎与他们同在叙利亚的任职经历有关。若非如此，佩尔提那克斯必定在公元192年初期就已加入拉埃图斯的阵营。至于塞普提米乌斯与其他被拉埃图斯委以重任的人是否自开始就知道此项计划，属另外一个问题，但他们一定心存疑虑。在事发之前他们很清楚，因为若有任何差池他们均会起到关键作用。康茂德被暗杀身亡后，佩尔提那克斯在12月31日午夜被近卫军拥立为帝，而在次日凌晨拂晓前便得到元老院认可。

图8.3 扮演赫拉克勒斯的康茂德。（卡皮托利努斯博物馆，罗马）

在康茂德的死讯传来并经证实后，塞普提米乌斯旋即举行献祭，并号令军队对新任皇帝宣誓效忠。显然，他此时的政治前景一片光明。尤利娅的妹夫（后为塞普提米乌斯效力）在佩尔提那克斯手下身肩重任，负责保护罗马粮食供应安全运达奥斯提亚港，这一事实进一步说明阿非利加—叙利亚关系网在当时的政治事件中发挥重要作用。塞普提米乌斯仍继续统领多瑙河（Danube）军团，也正是借此要职，他踏上了迈向罗马皇帝宝座的宽阔大道。

尽管有着极为丰富的军事和政治经验，但事实证明，佩尔提那克斯还是无法应付康茂德死后所面临的诸多问题。他逐渐失去拉埃图斯的支持，当公元193年3月28日他被谋反的近卫军暗杀时，拉埃图斯并未阻止。在称帝仅仅87天后，这位年近七旬的罗马皇帝的生命走到尽头。显然，塞普提米乌斯已经意识到潜在的问题，并已做好准备干政承袭。据史家赫罗狄安记载，他当日向军队宣布佩尔提那克斯为新任皇帝后，便得一梦，预示他将很快取而

图 8.4 佩尔提那克斯。（大英博物馆，伦敦）

代之。六个月之后塞维鲁便**成为**皇帝。恐怕他自己的占星家也未曾意料到他荣登宝座会如此神速。

军事王朝：塞维鲁称帝

在佩尔提那克斯身遭暗杀后不久，近卫军因自身对王座显而易见的控制力而利令智昏，上演拍卖帝国的闹剧，年过六旬的元老院成员狄底乌斯·尤利亚努斯竟出资购买，玷污了自己悠久而杰出的政治生涯。此举成为极其恶劣之先例，近卫军操纵权力的经验为之后的"皇帝拥立者"所利用。现在只要价钱合理，下注正确，罗马的"奥古斯都"在帝国随处皆可拥戴。然而，尤利亚努斯黄袍加身旋即引发公众不满，军队的主要将领也为皇位争执不休，从而加速了他的垮台。在这些将领中，塞普提米乌斯距罗马城最近。在他确保妻子尤利娅和孩子们能够安然无恙后，公元193年4月9日，塞普提米乌斯在卡尔努恩图姆（Carnuntum）以佩尔提那克斯复仇者的身份令士兵拥立他为罗马皇帝，并挥师进军仅700罗马里之遥的都城。尤利娅·多姆娜这位埃梅萨埃拉伽巴尔神高级祭司的女儿，也即将成为罗马皇后。

塞普提米乌斯大军逼近之时，元老院紧急废黜尤利亚努斯，随后宣布塞普提米乌斯为皇帝。尤利亚努斯在买得皇位66天后，于6月1日在皇宫中被一位士兵所杀。他的钱财似乎本应有更为合理的花销方式。塞普提米乌斯未经任何激战便夺得罗马城。

塞普提米乌斯毫不犹豫严惩杀害佩尔提那克斯的凶手，并宣布解散早无忠诚可言的近卫军，结束了这支主要由意大利籍士兵组成的精英兵团长达200年的历史。随后他招募自己麾下的老兵重新组建一支禁军（Guard），其数量双倍于先前的近卫军。6月9日他身着便服率军和平进入罗马。据亲历此事的历史学家狄奥记载（74.1.4），此次进城庆祝仪式是"我所经历最为盛大壮观的景象",但据另一则史料记载,新皇帝驾临罗马城所带来的只是憎恨和恐惧(《帝王史·塞维鲁篇》[*Augustan History: Severus*],7.1–3)。就此事而言,似乎后者更为真实一些。尽管塞普提米乌斯直到公元197年才平定叛乱、稳定王位,但毫无疑问,罗马帝国最后一个主要王朝塞维鲁王朝建立的根基此时已然稳固。

艰难的开端

　　星象的确无比眷顾尤利娅·多姆娜。于她这种地位的女人而言,也许嫁给一个小国王已是幸运之极,但她所嫁之人竟是一位皇帝。不过她根本无暇回味自己的福祉。先前的三位皇帝在半年之内均遇刺身亡,而塞普提米乌斯的政治经验远不及他们。此时正需要令人振奋的全新星象。

　　凭着对占星术的深信不疑,这对帝王夫妇开始在身边广罗术士为其进言献策;而他们同提比略一样,自身也兼通此道。然而,佩尔提那克斯和狄底乌斯·尤利亚努斯可能也曾得到有关其前程的有利星相。他们双双被杀,其星相也遭遗忘。塞普提米乌斯必须避免这种错误。

　　这位新任皇帝与其短命的前任有两点不同。他更为年轻,不到五十(有一个年轻的妻子和家庭),同时他手握重兵。前者具有某些作用,但后者至关重要。佩尔提那克斯和狄底乌斯·尤利亚努斯均没有军队支持,导致统治难以为继。他们也不能控制近卫军。塞普提米乌斯进军罗马时如临敌阵,经常有武装人员随侍左右。当他解散原有近卫军时,他不仅杜绝后者在罗马对任何事件进行干预的能力,而且将其全部成员永久逐离罗马城。重新组建的禁军将意大利人完全排除在外,他们依赖并且忠诚于他。他也深谙当时的政治规则。不能取悦军队(意即经常性的现金嘉奖)的皇帝是不能长久的。塞普提米乌斯心中总是将军队的利益放在首位;作为回报,军队忠诚地支持他及其后继者。

　　现在塞普提米乌斯面临的另一棘手问题是他能否赢得全部军队支持。毕竟还有其他将领手握重兵足以与他抗衡,威胁皇位。早些时候,塞维鲁得以稳住其中一位将领,这便是克罗狄乌斯·阿尔比努斯。后者同样来自阿非利加,执掌不列颠兵权。在塞普提米乌斯进军罗马推翻狄底乌斯·尤利亚努斯继任皇位之前,他便授予阿尔比努斯"恺撒"之衔,暗示后者将成为他的继承者。阿尔比努斯接受此项荣誉并于不列颠按兵不动。后来,当塞普提米乌斯在罗马宣布登基之后，发行的钱币上同时刻有塞普提米乌斯和阿尔比努斯的名字，而两人也同时被指定为公元194年的执政官。

当时，刻有尤利娅·多姆娜之名的货币也有发行，以纪念女神维纳斯。维纳斯系尤利乌斯家族的神圣先祖，她的形象加强了这一新的统治家族与尤利乌斯·恺撒及奥古斯都之间的联系。恺撒先前曾在自己广场的维纳斯神庙前竖立克莱奥帕特拉像，在某种程度上向世人昭示她将母仪一个全新罗马，也许与此同理，同样来自于东方的尤利娅·多姆娜此时也正暗暗努力扮演这个角色。当然，后来她所获得的头衔和荣誉毫无疑问证明了这一点。

对塞普提米乌斯而言，最大的威胁来自于佩斯坎尼乌斯·尼格尔。尼格尔在佩尔提那克斯死后于安条克城被拥立为帝，获得大部分东方行省的支持。他的军事力量不足以同塞普提米乌斯相抗衡，但是作为一名意大利籍将领，尼格尔拥有来自罗马旧贵族和平民阶层的大力支持。因此，塞普提米乌斯尽一切可能暗中削弱尼格尔并加强自己的力量。他竭力向罗马人展示自己才是佩尔提那克斯的合法继承人，为遇刺身亡的前任皇帝举行盛大国葬，将其神化，并自称"皇帝恺撒·卢基乌斯·塞普提米乌斯·塞维鲁·佩尔提那克斯·奥古斯都"（Imperator Caesar L. Septimius Severus Pertinax Augustus）。为取悦元老院，他许诺不会处死任何元老院成员。对于骚动兵卒，他如往常一样通过大量赠予的方式笼络其为自己效力。因此，在不到一个月的时间里，塞普提米乌斯得以迅速稳定罗马局势，从而能安心地离开罗马前去平定尼格尔。

皇后尤利娅

关于尤利娅在这段敏感时期的活动，史书并无记载。不过，在丈夫夺取罗马城并正式宣布为帝后不久，她便与儿女入住皇宫。此举本身也是一种积极举措，说明一切正常而稳定。尤利娅家族的其他成员，尤其是她的妹妹尤利娅·麦萨，也与她同住，而她的妹夫此时也已经成为塞维鲁的得力干将。

可以肯定的是，其他一些与尤利娅相关或是与其家族有关的叙利亚人，在确保新政权得以延续的过程中发挥关键作用。叙利亚从未像现在这般处于受益于罗马的地位，因此，当时肯定有势力在运作暗中破坏佩斯坎尼乌斯·尼格尔在东方的影响力，其主要力量即在埃梅萨。毫无疑问，这些势力对塞普提米乌斯取得最终胜利功不可没。倘若对局势没有十足的把握和信心，塞普提米乌斯不可能如此迅速离开罗马及家人（其策略之一便是捉拿尼格尔的孩子）。尤利娅的家族关系为这份自信提供了保证，同时还有塞普提米乌斯对尤利娅星相的笃信所带来的自信。

塞普提米乌斯先前曾得到征兆预示佩斯坎尼乌斯·尼格尔的败亡。朱庇特神庙的一位祭司曾梦到一位"黑人"强行来到皇帝营前并被处死。由于"尼格尔"在拉丁语中意即"黑色的"，佩斯坎尼乌斯·尼格尔便无可置疑地被认定为梦中的那位"黑人"，而这也预示着他最终的命运。（有趣的是，尤利娅的名讳之一"多姆娜"似乎应与阿拉伯语意为"黑色"的名词有关联。倘若如此，那么发现此处巧合意义者却不得不费尽心思一探究竟，找出为何皇帝之妻与其死敌的名字拥有同种特性。）考虑到当时的迷信心理，这一征兆毫无疑问将会给塞普提米乌斯的军队以积极的心理暗示，即尼格尔的败亡早已命中注定。

图 8.5 带有尤利娅·多姆娜妹妹尤利娅·麦萨头像的钱币。

佩斯坎尼乌斯·尼格尔于公元194年死于安条克城附近，塞普提米乌斯随后便全面控制东部帝国。按照他的行事惯例，对该地区的所有要职他均委以亲信把持。一直渴望追随丈夫左右的尤利娅·多姆娜此时与丈夫会合，一同凯旋巡游叙利亚。皇帝与皇后均远离都城并能在东方安全停留许久，这一事实足以说明塞普提米乌斯的皇位此时已十分稳固。毫无疑问，以皇帝身份故地重游定会带给他莫大的满足，但他的目的绝不仅在于让叙利亚的臣民一睹皇帝容颜。在叙利亚停留期间使他得以重建12年前在此服役时所结交的社会人脉网络。虽然这些人此时已是他的臣民，但是，在刚刚经历与尼格尔的内战而仍未稳固的地区，这些关系对于他巩固自己的统治尤为重要。

对于尤利娅而言，此次驾临是自当初远嫁塞普提米乌斯之后的首次返乡，埃梅萨对她的欢迎仪式一定盛大无比。这也是她迄至此时最为重大的政治盛典。由于她的家族系出皇室，我们无法确知有多少东方君王与其家族具有姻亲关系。尤利娅亲临叙利亚就是为这个新生的政权赢得支持，同时也有助于消除当时仍然存在的诸多不安因素。有关她嫁入皇家的星象传说得到验证，并且迅速传播。许多人因此而深信，的确是命运赐予她皇后之身。对于东部帝国而言，这位叙利亚籍的皇后是统一和希望的象征。西部帝国将视她为出身于阿非利加的皇帝有益的东方伙伴。

尤利娅随夫跨过幼发拉底河进行征战，此战大大扩展了帝国的东部边境,她也因此获得"军营之母"(mater castrorum; Mother of the Camp)的称号。显然,塞普提米乌斯想让军队和罗马看到他的妻子也积极投身于帝国大业。就政治而言,更为重要的是,最后一位受人尊敬的贤帝马尔库斯·奥里略也曾授予妻子相同的称号。塞普提米乌斯自称"神圣马尔库斯·皮乌斯之子"(Son of the deified Marcus Pius),以使自己与马尔库斯·奥里略联系起来,从而进一步将自己的皇位继承合法化。此外,他与尤利娅年仅7岁的儿子巴西亚努斯(卡拉卡拉)被重新定名为"马尔库斯·奥里略·安东尼努斯"(Marcus Aurelius Antoninus),并被指定为"恺撒"。塞普提米乌斯和尤利娅正准备肃清他们走向家族王朝的最后一个障碍,即已没有利用价值的克罗狄乌斯·阿尔比努斯。

克罗狄乌斯·阿尔比努斯之死

由于塞普提米乌斯于公元195年在幼发拉底河畔所取得的一系列胜利,罗马城为之竖立一座以他命名的凯旋门。此外,这些战役使他得以借共同对敌之机整编尼格尔的军队。此番对美索不达米亚地区的进军与胜利的确稳固并扩大了帝国的东部边界,但同时对荣誉的追求也是其动机之一。这些胜利使他与图拉真的东方战争联系在一起,甚至联想到具有传奇色彩的亚历山大大帝的光辉业绩。

在帝国东部的一系列行动均以胜利告终后,塞普提米乌斯便将注意力转移到最后一个对手克罗狄乌斯·阿尔比努斯身上。此前他已开始考虑如何能更好地铲除这位西部帝国的伙伴,后者早已没有利用价值,却俨然以皇帝自居,当然罗马必定有人对其举动有所忌惮。有一种说法认为,塞普提米乌斯派遣密使前往不列颠刺杀或毒死阿尔比努斯,但此类暗杀把戏可能是负面宣传的结果。面对此类情况,塞普提米乌斯和尤利娅夫妇定会求助于占星。他们应该已经知晓阿尔比努斯的星相,而他们的行动也主要依赖于占星术的指导。在军事实力绝对占优的情况下,他完全没有必要冒险去刺杀对手。阿尔比努斯周围肯定也是戒备森严。塞普提米乌斯会静观事态发展。直到公元195年,事态变得明朗,阿尔比努斯将势力范围扩大到高卢地区,随后宣布称帝。

内战重启在罗马民众中间定会产生负面影响。据狄奥记载(在第10章中有所引述),竞技场(Circus)的观众对罗马人之间即将展开的又一场旷日持久的内战表示反感,这正是指塞普提米乌斯与克罗狄乌斯·阿尔比努斯之间的战争。这场战争始于公元195年12月中旬,直到公元197年阿尔比努斯败亡,罗马人才等到内战结束。具有讽刺意味的是,阿尔比努斯兵败并被杀于高卢里昂,这正是塞普提米乌斯早年就任总督并与尤利娅成婚之地,也是卡拉卡拉的出生地。难怪在塞维鲁王朝的传述中会提及这位皇帝当年统治里昂时所得梦示,预示其将成为皇帝并统治整个世界。塞普提米乌斯将这位前任恺撒的头颅带回罗马,悬在杆头示众。

图8.6 克罗狄乌斯·阿尔比努斯。(印第安纳大学艺术博物馆,布鲁明顿[Bloomington],印第安纳)

铁腕皇帝

在与阿尔比努斯作战过程中,塞普提米乌斯行经潘诺尼亚、诺里库姆(Noricum)、莱提亚(Raetia)、日耳曼以及高卢等欧洲行省。击败阿尔比努斯后,他将这些昔日易于生乱的行省均委以亲信控制,随后便返回正在等待其归来的罗马城。此段时期内,尤利娅可能一直坐镇罗马城,以防生乱,同时,她的代理人随时搜集可疑者的动向信息(和星相信息)。现在大局已定,稳操皇权的塞普提米乌斯便开始惩治阿尔比努斯的支持者及其他不受信任者。随后,他完全无视先前不处决元老院成员的许诺(他将该法令的建议者放逐),处决29名元老并剥夺其财产,其中一位竟是佩尔提那克斯的岳丈!处决者中很多与阿非利加有所渊源,这也明确显示阿非利加背景并不能确保无虞或是受到赏识。尽管占星术于塞普提米乌斯与尤利娅而言至关重要,但他们显然不愿别人借此问及他们的前程。正如奥古斯都和提比略曾采取严厉措施镇压私下占卜问询一样,这对帝王夫妇也如此效仿并一直警惕此种"危险的好奇心"。

塞普提米乌斯将自己与康茂德紧密联系在一起的举动令当时很多罗马人甚感意外。然而,考虑到此举使他同康茂德一样成为马尔库斯·奥里略的"儿子"，这种政治策略便不失为明智之举。他下令神化康茂德，甚至不惜美化这位怪异皇帝的诸多不端之举。出于显而易见的原因，先前对其"兄弟"的丑化形象即遭禁止。塞普提米乌斯早已看清，只要能令军队满意，他不仅可以如此行事，而且可以做到任何自己想做的事情。正是有鉴于此，这位精明的皇帝为军队施行近百年来的首次大幅加薪，并打破自奥古斯都时期便明令禁止的军规，允许士兵在服役期间结婚或未婚同居。随着军事王朝的根基稳固建立，塞维鲁再一次将目光投向东方，此时帕提亚人已准备重新开战。

尤利娅与塞普提米乌斯：再次莅临东方

塞普提米乌斯在尤利娅与子嗣的陪同下再次东征。对尤利娅而言，此次东行虽然系因战争迫在眉睫，但这也是她内心翘首企盼之事。她在罗马的日子显然并不舒适惬意，因为那里对她来讲仍是异乡。她的语言、生活习惯和宗教信仰等等诸多方面均是东方的。自她仓促离开埃梅萨奔赴高卢远嫁塞普提米乌斯以来，仅仅13年。除去上次东行期间，她不得不努力适应"欧罗巴"的生活方式。她的密友和忠心的仆人多数是叙利亚人。作为生命中最为重要的一部分，她忠心信仰埃拉伽巴尔神，但该信仰对大多数西部帝国的罗马人来说仍很陌生。这位神的圣所也远在罗马的千里之外；因此，无论是对尤利娅，还是她的妹妹，甚至是其他家庭成员而言，任何朝圣的机会都是期盼已久且弥足珍贵的。

尤利娅对东方世界的熟悉程度，不论是她的家族关系与友人，还是语言背景和宗教知识，均对丈夫的远征有重要作用，这在前次东方战争中已有所体现。在许多非军事事务中，尤利娅是塞普提米乌斯最为得力的智囊。此外，作为皇后、未来皇帝的母亲和"军营之母"，她随军出战能激励需要鼓舞士气的兵卒勇往直前。之前没有一位皇后能如尤利娅一样如此贴近军队，也没有一位皇后能在军中拥有如此影响力。这正是塞普提米乌斯所希望看到的。

塞普提米乌斯似乎也意识到，在战争期间让皇室随军出征或许更能保证他们的安全。他的长期远离对尤利娅和孩子来说颇具危险性，尤其是在皇室生活中阴谋总是如影随形。然而，这位出身于阿非利加的皇帝丝毫不会为长期远离罗马而担忧。经过图拉真、哈德良和马尔库斯·奥里略的统治之后，罗马城的人早已习惯身处海外的皇帝遥控处理各种政务。在塞普提米乌斯看来，他与家人所在之处便是王廷所在之地，也是王廷处理事务之所。在此后的5年中，王廷便在东方。

从帕提亚到埃及

在与帕提亚人的战争中，塞普提米乌斯取得全胜。他从叙利亚挥师东进，以摧枯拉朽之势攻入美索不达米亚地区，顺幼发拉底河而下攻陷巴比伦，而后跨底格里斯河（Tigris River）洗劫帕提亚都城泰西封（Ctesiphon）。对于塞普提米乌斯和尤利娅来说，这绝对是一次值得纪念的胜利，它不仅为进一步稳固统治增加了筹码，也为新生政权赢得了声誉。这次胜利使人们不禁想起皇帝图拉真（此时被塞普提米乌斯称为高祖父）在公元115年的帕提亚大捷，塞普提米乌斯的辉煌成就显然已能与罗马这位最伟大的皇帝之一并驾齐驱。他于公元198年1月28日宣布自己大胜帕提亚，而图拉真在一百年前的这一天即位称帝，此事绝非巧合。塞普提米乌斯像一位合法继承者一样，以图拉真首次使用的称号"帕提库斯·马克西姆斯"（Parthicus Maximus）为自己命名。此外，他更是效仿当年"父亲"马尔库斯·奥里略在康茂德年仅15岁时擢其共同为帝的做法，授予自己9岁的儿子卡拉卡拉"奥古斯都"之名，授盖塔以"恺撒"之名。

正如图拉真一样，塞普提米乌斯也发现据守泰西封并不可能。该城位于东方偏远之地，难以维系。他兼并美索不达米亚北部地区为一个行省（该行省此前在图拉真统治时期曾短暂存在）。至于美索不达米亚其余大部分地区，虽然能够控制，但无法长期占有。最后，塞普提米乌斯只得沿底格里斯河北上回撤。途中，他试图攻取强悍的沙漠之城哈特拉（Hatra），因为此前它曾支持佩斯坎尼乌斯·尼格尔，并将对美索不达米亚地区的罗马军队形成巨大威胁。图拉真也曾攻打该城，但兵败而归；也许塞普提米乌斯攻城的首要目的在于赢得威望，即抓住在图拉真失败之地赢取胜利的时机。至于最后他是否攻克哈特拉目前尚不十分清楚，不过，后来在该地出现罗马驻军的情况或许说明塞普提米乌斯是该地第一位驻军安排者。无论如何，此时东方行省取得前所未有的稳固局面。

次年大部分时间，塞普提米乌斯都忙于整顿叙利亚和边防疆界，原有的叙利亚行省被一分为二。当然他在妻子尤利娅的故乡埃梅萨肯定停留多日；

可想而知，尤利娅的许多亲族得以加官晋爵，尤利娅的外甥女尤利娅·索埃米娅斯的丈夫便是其中之一，被委任于阿帕梅城。该地也是当年塞普提米乌斯曾卜问过的宙斯神谕所所在地，而今身为帝王的他再次前来卜问。然而，此次与上次不同，他得到的神谕来自欧里庇得斯（Euripides）的诗行，预示其后继者的前景黯淡。显然，面对地位较低的问询者时，神谕往往更为慷慨。在此期间，罗马多年的同盟、伟大的沙漠城市帕尔米拉似乎也正式成为帝国的一部分。

随后，皇帝一家起驾前往犹太人的圣地巴勒斯坦（Palestine），据说塞普提米乌斯对后者颇有好感。之后，他们来到埃及，这里不仅与这位皇帝的故乡阿非利加毗邻，而且悠久的历史和宗教也深深吸引着他。塞普提米乌斯显然未能接受他所祈望的教育，因此他总是以学习者自居。尤利娅也是如此，对各种事物怀有浓厚的兴趣，尤其是哲学和宗教。似乎很少有统治者与妻子能在政治或其他诸多方面如此志趣相投，并能共同分享。在埃及，塞普提米乌斯和尤利娅完全沉浸于这个学人和游者的天堂，尽享其乐。塞普提米乌斯此时显然深受痛风和关节炎的折磨，但他对任何参观的热情丝毫未减。

作为塞拉皮斯（Serapis）神（该神的祭仪起源于埃及托勒密王朝时期）虔诚的宗教信徒，塞普提米乌斯有生以来第一次得以拜访该神在亚历山大城的大神庙。正如马可·安东尼被埃及人视做狄奥尼索斯一样，此时很多人也将他们的皇帝看做塞拉皮斯神的化身。塞普提米乌斯的形象也不免具有这位神的诸多特征。塞普提米乌斯和尤利娅对占星术、迷信和神秘之学的兴趣使他们眼中的埃及人无比神秘、魔幻（甚至恐怖），如同当今许多初学者的印象一样；这便激起这对夫妇探寻其一切"秘密"的强烈愿望。在亚历山大城逗留期间，塞普提米乌斯封闭了亚历山大大帝的陵寝。此举是出于某些特殊原因还是由于迷信恐惧（或两者兼有）尚不清楚。无论是对于王位觊觎者还是皇帝来说，亚历山大都是值得崇拜效仿的偶像。佩斯坎尼乌斯·尼格尔不久前自称亚历山大再世，而征服了美索不达米亚的塞普提米乌斯与图拉真一样，当然希望与之进行比拟。此时，或是完全实现这种比附认同，或是采取措施防止任何人有此奢念，均系最好时机。亚历山大的形象到此终告作古。（具有讽刺意味的是，当时陪在父母身边的卡拉卡拉将旧事重提，并将自己与这位传说中的王者相比。）

另外值得一提的是，在前往亚历山大城途中，塞普提米乌斯在佩鲁西乌姆的庞培墓前祭奠牺牲。哈德良驾临埃及时也曾如此，并为其重修陵墓，但

不平学子的家书

在塞普提米乌斯和尤利娅造访埃及期间，居住在该地的一位名叫阿里昂的父亲收到一封疏忘已久的儿子所寄来的信件。这位儿子背井离乡去外地求学，但具体地点不详。从信中内容来看，其学业由于经济原因已告停止（或尚未开始），因为阿里昂若不能带来儿子的学费，那么这位年轻人的老师对他是否前来也不甚关心。这已是儿子的第五封家书，此时他已甚感绝望（显然，老师已准备离开）。他责怨父亲甚至不关心自己安康与否，而信中字里行间也透露着他的思乡之情。此类信件说明，虽然时过千年，但家庭生活古今同理：

> 多尼斯（Thonis）向父亲大人阿里昂问安！儿每日首要之事便是为您祈祷，并于现住寒舍中先祖众神面前祈愿，愿您及家人如意发达。然今已五次去信，除却一次回函，别无他信，既无关爱之语，又不前来探望；您曾向我许诺"我马上来"，但至今并未前来探询先生是否照顾我。先生几乎每日亲自询问你的消息道："难道他还不来？"儿只能说"来"。谨请尽量早日前来，以便在先生尚有心于此之时教授于我。倘若当日父亲伴儿同来，儿已受先生教诲早矣。在您前来之时，请记得儿一直以来所言之事。尽快前来，以免先生远走乡野。向每位亲友及深爱我们的人代问安好。也请向我的诸位先生致意。就此搁笔，父亲大人。敬祝父亲年年顺遂，即如我所祈祷之愿。愿家中兄弟免遭凶眼毒光。记得照顾我们的鸽子。

（《草纸选辑》[Select Papyri]，卷一，第133号；《埃及希腊文献集》[Sammelbuch]，6262）

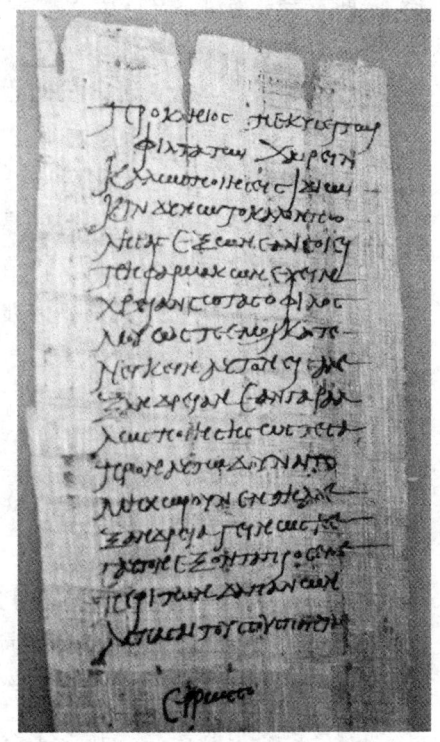

图 8.7 以希腊文书写于草纸上的信件，发现于埃及亚历山大城。该书信保存完好，以上求学的儿子写给阿里昂的家书可能与此较为相似。

对塞普提米乌斯而言，此番祭奠似乎意义更大。当年首先举剑刺杀庞培的人便叫"塞普提米乌斯"。我们无法确知塞普提米乌斯·塞维鲁与刺杀者是否有血亲关系，但的确有传述称该刺杀者的后代会为他的所作所为而遭受诅咒。因此，这位颇为迷信的皇帝认为自己有必要与被刺者进行友好和解。此外，庞培还是塞普提米乌斯的"父亲"马尔库斯·奥里略的先祖，这样，庞培自然也成为塞普提米乌斯的先祖。

返回罗马

在公务处理完毕并造访诸多遗址后，皇帝一家于公元200年8月过后便离开埃及渡海前往叙利亚，在安条克城逗留一年左右。公元202年初，他们返回罗马，在4月9日庆祝"十年"（decennalia）纪念日，即其统治第十个年头的开始。

这场庆典盛大无比，同时也是对塞普提米乌斯、尤利娅及其子嗣离开罗马5年后安全返回的感恩之举。此外，"十年"（decennalia）纪念日仅比皇帝57岁生日早2天，也仅比皇长子卡拉卡拉的14岁生日晚5天。

更为这场庆典锦上添花的是，卡拉卡拉与塞普提米乌斯的近卫军长官普劳提亚努斯之女举行大婚。普劳提亚努斯系大莱普提斯人，与皇帝的母亲同族，此时已权倾朝野，其势力涉足帝国统治机构的方方面面。亲身经历此番庆典的历史学家狄奥这样写道：

> 在即位十年之际，塞维鲁向近卫军士兵赏赐与他统治年限相同的金币，所有民众均可获得谷物救济。对此番慷慨赏赐，他甚感自豪，事实上此前从未有皇帝能一次给予全民如此之巨的赏赐；为此所耗数额总计达2亿塞斯特尔提乌斯。塞维鲁之子安东尼努斯（卡拉卡拉）和普劳提亚努斯之女普劳提拉（Plautilla）的大婚仪式也同时举行。普劳提亚努斯为女儿准备的嫁妆极其丰厚，足以满足50位皇族女子的嫁妆总和。我们亲眼目睹这些嫁妆途经广场运至皇宫。我们所有人都参加了宴会，宴会既有皇家风范，又不乏异域风格……与此同时，为庆祝塞普提米乌斯的荣归、他即位以来的第一个十周年以及他取得的辉煌成就，人们举行各类表演仪式。在这些表演中，普劳提亚努斯资助的60头野猪在号令开始后相互撕斗，还有……很多其他野兽……被杀……这次节庆持续

7天，在此期间，每天都会有100头动物被宰杀助兴。
（《罗马史》，76.1.1–5）

阿非利加：塞普提米乌斯和尤利娅荣归故里

大概在罗马为期7天的盛大庆典结束之前，塞普提米乌斯（由于"Septimius"系从意为"第七"的拉丁语"septimus"转化而来，他总是对数字7青睐有加）就已经开始筹备另一次远巡，即荣归他的故乡阿非利加。按照其平日作风，他很快便携尤利娅、卡拉卡拉及其新妻、小儿子盖塔以及普劳提亚努斯动身上路。一直忠心耿耿追随塞普提米乌斯的弟弟盖塔（人们会想，他面对自己被置身皇位继承人之外作何感想）以及其他一些在塞维鲁王朝中担任要职的亲戚也可能随驾前往。除哈德良外，此前并未有其他罗马皇帝驾临阿非利加。现在，至少自汉尼拔以来，她最为优秀的后代正以奥古斯都的身份荣归故里。

显然，皇帝夫妇此番远巡的重心是驾临大莱普提斯，塞普提米乌斯阔别此地已近30年的光景。这座自豪的城市几近沸腾，人们用雕像和献礼来颂扬塞维鲁的祖先以及他与这座城的特殊关系，为塞普提米乌斯、他的家族（由于塞普提米乌斯现已自称为马尔库斯·奥里略之子，那些称颂其父母者必定在官方引发某些窘境）以及该地几乎所有与其有密切关系的人带去荣耀，其中包括他的第一任同乡妻子。莱普提斯人甚至称自己为"塞普提米乌斯族人"（Septimiani）。作为回报，皇帝授予该城"意大利权"（ius Italicum），即给予其意大利城市地位，并免除赋税。此外，他着手兴建新的广场和会堂，大概还有一座规模甚大的巴库斯和赫拉克勒斯（Heracles）神庙，只是前两者直到他死后方告竣工。其他新建和重建计划也得以启动。

公元202年，他们很可能就在大莱普提斯过冬。至于尤利娅对此作何想法，我们仅能猜测而已。在整个罗马世界中，很少有人能亲历如此众多地点；尤利娅在成婚15年后，终于来到丈夫位于北非的故乡。她对此番旅途必定期盼已久。迦太基和其他遗址早已成为罗马历史和著作中广为流传的一部分，作为一个好学者，她必定难掩好奇，前去探访游历。

返回罗马

公元203年年中前后,皇帝一行从阿非利加返回罗马,罗马为之举行盛大欢迎仪式,显然也恰逢在广场为塞普提米乌斯修建的巨大凯旋门的奉献仪式。此后,尤利娅与丈夫在国都生活近5年,这是他们在此居住时间最长久的一次,当然也是最后一次。

在他们到达国都时,世纪赛会(Secular Games)的准备工作可能已在进行。此前,该赛会在罗马历史上总共举行过6次。第7次(事实证明也是最后一次)将于公元204年6月举行。作为110年才举办一次的盛会,它的到来显然令塞普提米乌斯欣喜不已,他大概作为祭司团成员监督各类庆典仪式。由于他对数字7的偏好,这第7次赛会得以在其统治期间举行的事实对他有着非凡的象征意义。这位皇帝深信,这次赛会的到来将代表着一个旧时代的

图 8.8 罗马广场上的塞普提米乌斯·塞维鲁凯旋门(献于公元203年)。

结束和一个更辉煌的新时代的开始。塞普提米乌斯与儿子在为期3日（此后7日为比赛日）的祈祷和祭仪中尽职尽责，而皇后尤利娅也尽其所能，积极参与。她与其他109位夫人以圣餐纪念女神朱诺和狄安娜（Diana），其中大部分为元老院成员的妻子，尤利娅的外甥女尤利娅·索埃米娅斯也在其中。

更具象征意义的是，新时代的第一年公元205年，塞普提米乌斯与尤利娅的儿子共同出任执政官职。此外，这也是尤利娅的强敌普劳提亚努斯在世的最后一年。

尤利娅与普劳提亚努斯

普劳提亚努斯对尤利娅的毁谤由来已久。他作为塞普提米乌斯的同族和儿时伙伴，自公元193年以来不论其中几番宦海沉浮一直追随塞普提米乌斯左右。自公元197年任禁军长官（Prefect of the Guard）以来，他的权力迅速膨胀，竟达到与皇帝平分秋色的地步。即使是当年提比略统治时期的塞亚努斯（见第5章）与其相比也黯然失色。普劳提亚努斯对待塞普提米乌斯轻慢无礼，时常诽谤和贬低尤利娅，即使是在塞普提米乌斯面前也毫无顾忌。尤利娅对他痛恨至极，但仍然畏惧三分。关于他对这位不幸皇后的阴谋诋毁，狄奥这样记载道：

> 普劳提亚努斯在各个方面均压制皇帝，气焰嚣张，甚至经常对尤利娅·奥古斯塔（Augusta）极端无礼；他对她憎恶至极，也经常在塞维鲁面前极力诋毁她。他常常调查尤利娅的行为，并通过拷问贵族妇女来搜集对她不利的信息。正因如此，尤利娅开始学习哲学，由智者伴随度日。
> （《罗马史》，75.15.6–7）

尤利娅身边逐渐形成一个文人智士的朋友"圈"，不过可能并无正规活动，只是一些在罗马经常造访其装饰入时的会客厅的朋友。尤利娅的聪慧好学毋庸置疑；当她不能陪在丈夫身边，她便乐于以才学之士为伴。"智者"菲洛斯特拉图斯（Philostratus）称她为"哲学家"（并曾写给她一封长信），而尤利娅也曾鼓励他为术士提亚那的阿波罗尼乌斯（Apollonius of Tyana）作传。至于后者的传奇事迹（多为杜撰），大概是她早年与丈夫在提亚那（在小亚细亚）时便已熟知。

关于尤利娅不守妇道的传言大概多数源自普劳提亚努斯的造谣中伤。至

272　罗马人

地图 19　公元 211 年的罗马帝国。

图 8.9 帕拉提乌姆山皇宫内的一处大型周柱廊和喷泉区域遗址。皇宫系塞普提米乌斯与尤利娅·多姆娜以及先前诸帝的居所。

于此时她与年近六旬的丈夫之间的关系不得而知。塞普提米乌斯深受痛风或关节炎所带来的病痛之苦,常需借助轿舆行动。他此番留在罗马如此之久的原因之一大概便是其身体状态每况愈下,不过狄奥明确记载,此时的他仍然保持着旺盛的活力。尽管我们对尤利娅的年龄无法确知,但无论如何她要比丈夫年轻许多。记载中的塞普提米乌斯同年轻人一样,相当狂野(甚至被指有通奸行为);不过,作为皇帝的塞普提米乌斯对通奸者的惩罚十分严厉。尽管普劳提亚努斯极力诽谤其妻子尤利娅有不检行为,但塞普提米乌斯并未做出任何反应,这说明他并未信以为真。由于无处不在的禁军长官在监视着自己的一举一动,尤利娅也深知自己不能给丈夫任何把柄怀疑自己。她在丈夫死后可能有情人,但塞普提米乌斯在世时,并无任何证据表明他曾怀疑妻子,或她的叙利亚家族及其朋友。

普劳提亚努斯也深受卡拉卡拉的憎恨。这位年轻的皇帝与母亲关系甚好,对于自己在14岁时便被迫与令人生厌的禁军长官之女成婚颇为不满,对该女子也充满怨恨(尤利娅显然也对这桩婚姻不满)。朝野之上似乎无人能够参透,普劳提亚努斯(据敌对史料中的各类描述,其形象丑陋、肥胖、贪吃、卑鄙、淫荡、变态、可憎)如何能屡屡对他们和皇帝失礼却免遭惩罚。毫无疑问,狡猾的禁军长官深谙如何利用塞普提米乌斯的迷信情结,并不失时机地伪造一些有利星象,但对他与皇帝之间特殊关系的真实原因似乎能在赫罗狄安的记述（3.10.6）中找到答案，据传言两人在阿非利加时为"同性恋"。如果此言属实，那么普劳提亚努斯在这一关系中似乎占主导地位。

正是在皇室最近的这次阿非利加之行期间，普劳提亚努斯首次身陷事端。塞普提米乌斯显然不希望在家乡大莱普提斯看到过多的普劳提亚努斯造像，更加令他气恼的是，这位长官将其造像置于皇帝家族群像之中。作为莱普提斯最伟大的后代，塞普提米乌斯不想同任何人分享这份荣耀。最后，普劳提亚努斯的造像被拆毁。当然，尤利娅利用丈夫的不满，有意夸大禁军长官越权的恶行。

当时再未发生任何其他事情，但憎恨普劳提亚努斯的人都第一次意识到此人的保护层开始出现裂痕。完全可以肯定的是，他们在无伤自身的前提下尽可能夸大其恶行。塞普提米乌斯的兄弟盖塔也曾饱受普劳提亚努斯的诽谤，他在公元204年临终前，将他对这位肆无忌惮的长官所知的一切告知皇帝。此后，塞普提米乌斯对普劳提亚努斯的态度彻底转变。此前，盖塔显然不敢进言，或者是皇帝不愿听信其言。盖塔的临终告白无疑对这位迷信的皇帝影响至深。

公元205年1月，在年轻的卡拉卡拉当然也包括尤利娅的精心策划下，普劳提亚努斯的垮台之日最终来临。在卡拉卡拉的安排下，塞普提米乌斯得到消息称普劳提亚努斯阴谋暗杀他们父子。1月22日，正当皇帝、尤利娅及其他王族成员落座进餐时，精心捏造的证据开始上演。具有讽刺意味的是，当晚用餐过后将举行宫廷庆典纪念故去先祖。由于塞普提米乌斯不久前刚刚梦见阿尔比努斯仍然活着并想方设法杀死自己，于是他开始相信有关普劳提亚努斯的传言，后者受召入宫。卡拉卡拉严防普劳提亚努斯采取自卫行动，夺去这位长官的佩剑，用拳头猛击对方，直到塞普提米乌斯勒令停止以免令其致死。然而未及塞普提米乌斯采取任何行动，卡拉卡拉便命令近旁卫士将普劳提亚努斯杀死。狄奥对随后发生之事如此记述：

> 有人用力拔下［普劳提亚努斯］的一撮胡须，拿到相邻而坐的尤利娅和普劳提拉［普劳提亚努斯之女，卡拉卡拉之妻］面前，在二者尚未听闻此事时，说道："瞧瞧你们的普劳提亚努斯吧。"此话令二人悲喜各异。此人曾在我们这个时代权倾朝野，竟至较皇帝本人更令人畏惧担忧，此人亦曾看到更加远大的希望，但此时已死于自己女婿之手，抛尸街头；直到后来塞维鲁下令后，才入殓埋葬。

(《罗马史》，76.4.4–5）

尤利娅和普劳提拉这对相互鄙视的冤家恰好一起听到普劳提亚努斯的死讯，这似乎系尤利娅事先安排所为。这不仅表明尤利娅直接参与了此次阴谋，还说明她极其希望这对父女能同时为他们对自己和儿子所带来的苦痛而付出代价。普劳提拉很快即遭放逐，在卡拉卡拉后来成为唯一统治者时被处死。塞普提米乌斯召集元老院，并对所发生的一切给出官方说辞。普劳提亚努斯的大批亲信立即被处死，但此事所带来的影响仍继续存在一段时间。据说塞普提米乌斯曾在一封信中如此评说此人："我如此深爱此人，乃至我祈祷先他而去。"而如今这位皇帝却以典型的官方口吻解释此事。

普劳提亚努斯死后，塞普提米乌斯擢升朋友帕皮尼亚努斯（Papinian）为两位禁军长官之一。此次任命说明叙利亚一系仍位高权重，牢牢把持着帝国的上层统治。帕皮尼亚努斯本非军人出身，而是一名法学家，大概自塞普提米乌斯政治生涯早年便追随其左右，并逐渐跻身统治高层。塞普提米乌斯虽然并未将自己划归法律制约范围内，但他却一直对帝国内部的管理秩序和对民众的公平执法格外重视。没有统治者能比他更具耐心或更加身体力行地期望看到自己的臣民可以得到公正对待。不过，政敌当然不在此列。对于他们而言，皇帝的震慑力足够强大，自其即位以来对众多可疑者的频繁审判便是明证。塞普提米乌斯需要利用帕皮尼亚努斯的法律专长帮助他理解现有的罗马法条文，同时也帮他制定适于当前形势的新法律。当然，尤利娅也积极投身于丈夫的这项法律政策之中。协助帕皮尼亚努斯的是另一位叙利亚人，年轻的法学家乌尔皮安（Ulpian），他也积极投身于公元3世纪早期的法理学浪潮中，并与帕皮尼亚努斯齐名，成为后世景仰的古代法律大家。

塞普提米乌斯戎马一生、居无定所，这些年在罗马的生活对他是极大的挑战。狄奥（76.17.1–3）曾记载皇帝为自己制定的日常安排，其中包括锻炼、政务、休息、洗浴和用膳，考虑到他的年龄和健康状况，这些活动说明他仍具有相当活力。他通常与两个儿子共进午餐，晚餐则与儿子、尤利娅及其他密友同用。他还要参加元老院会议和大量审判。在他统治期间启动了多项建设或修复工程，其中一些仍需他亲自过问。在此期间，他大概撰写了《自传》（Autobiography），但并未传世。

虽然史料并未提及尤利娅在此期间的活动，但据传她两个儿子的所作所为相当可耻，其不端品行令父母蒙羞。卡拉卡拉和盖塔自幼便互争对抗，而今这种较量变成仇恨。此外，塞普提米乌斯还要应付意大利的强盗（见专栏

拜比乌斯·马克利努斯：秃顶者死刑案件

秃顶的负面社会影响是任何社会任何年龄段的男人（和某些女人）都难以避免的问题。无论秃顶者或逐渐变秃者对此想法如何，有一点得到普遍认可，即此种经历并不致命。至少秃顶这个自然过程本身并非如此。不过，对于一位名叫拜比乌斯·马克利努斯的罗马元老而言，严重的秃顶成为他致命的缺陷。正是秃顶（及其着装）使其硬生生地被怀疑为一起试图反叛塞维鲁阴谋的参与者。作为罗马元老和整个事件过程的目击者，历史著作家狄奥对此事有详细记载。从中我们也可看到此事事发异常突然，同时塞普提米乌斯由此在元老院中所激起的恐慌情绪也非比寻常。如果事实并非十分悲惨，狄奥的记述中不乏些许幽默成分，例如他摸摸自己的头以确定自己的头发是否仍在。

在普劳提亚努斯死后，很多人相继受到盘查；若其行为被判定为谋反，则被处死。告密者随处可见，有些人甚至在塞普提米乌斯知晓其受到宣判以前便被处死，拜比乌斯便是一例。狄奥认为对拜比乌斯的控告荒谬无比，并深知他是无辜的，但是正如其他元老一样，他明白自己最好不要站在马克利努斯一边。据狄奥记述，当时一位名叫阿普洛尼亚努斯的亚洲行省总督被缺席宣判，原因据说是其乳母曾梦到他会成为皇帝。指控阿普洛尼亚努斯一案在搜集证据（以严刑拷问得来）的过程中，曾问及一位目击者是否有其他人知道此梦。狄奥写道：

……除了其他一些事情，受讯男子曾提及："我看到一位秃顶的元老在偷窥。"闻听此言，我们［狄奥和其他元老］深感自己处境堪忧；尽管此人并未说出、塞维鲁也未写出任何人的名字，但人人惊惶失措，即使是那些从未造访阿普洛尼亚努斯宅邸的人，不仅是秃顶者，甚至是那些前额稍秃者，均自觉恐惧。此时，除了那些头发异常浓密者，没有人能十分轻松，不过我们都环顾四周，将目光投向那些不甚幸运者，并有低语声传来："是某某。""不，是某某。"尽管显得有些滑稽，但我不想掩饰自己此时的行为。我惊慌之余不禁真的抬手去摸头顶以确定自己是否留有头发。当时在场的许多人也都有此举动。我们的目光逐渐小心翼翼地停留在那些或多或少有些秃顶的元老身上，似乎这样可以将我们自身的危险转化给他们；就这样过了一阵，这时来人继续念道所提及的秃顶者身着紫边托迦。随着这一细节的披露，我们将目光转向拜比乌斯·马克利努斯，因为他当时正担任营造官并完全秃顶。于是，他起身上前,说道:"他若当时看见的是我,此时肯定能认出我。"我们对此举表示赞同后,告密者被带上来,马克利努斯则侧立一旁。这位告密者沉默良久,环顾众人以找到他能够认出之人,但最终在令人极难觉察的点头示意后,他指出马克利努斯即是该人。这样,马克利努斯因秃头偷窥而被定罪,随后被带出元老院议事厅时,为自己的不幸而嗟叹。经过广场时,他拒绝继续前行,坚持在原地与子女四人道别,并讲出这番感人至深的话:"我的孩子们,唯有一事令我深感悲伤,那便是我将抛下你们而去。"随后,他被砍头处死,此时塞维鲁甚至对他被宣判一事毫无所知。

(《罗马史》,76.8–9.2)

强盗布拉:非同一般的贼

塞普提米乌斯在严厉镇压私仇与政敌的同时,也需要应付一些不法之徒。塞维鲁解散了先前由意大利籍兵源组成的近卫军,此举显然也为他带来新的问题。许多被遣散者(颜面尽失)落草为寇,威胁意大利乡野地区的安全。在其他地区,当年塞普提米乌斯在击败佩斯坎尼乌斯·尼格尔后仍留在东方期间,曾有一队骑手得以接近他。为首者看似一名军团长官,他向塞普提米乌斯问好,并上前吻面致意,随后绝尘而去。塞普提米乌斯后来得知此人名叫克劳狄,是一个活跃于犹地亚和叙利亚地区的强盗。显然,他想亲睹龙颜,或是为了展示自己的无畏胆量。他从未被抓获落网。

对塞普提米乌斯而言,这些匪徒当中最令人头疼的是布拉。此人在落网处决前显然已成为深受追捧的民间英雄,甚至有些皇室被释奴也逃离去投奔他。塞普提米乌斯当然藐视服侍自己的被释奴,但他们宁愿放弃舒适的生活而选择为寇的做法值得怀疑。那些投奔布拉的人可能在意大利乡间经营皇室地产。以下引文详细记载了这些匪徒的活动:

> 此时有位叫布拉的意大利人聚集起一支约六百人的土匪团伙,他们竟然在皇帝脚下有重兵把守的意大利持续为患两年之久。原因在于,尽管有很多人对其进行追捕,尽管塞维鲁对其事件倍加关注,但他向来神出鬼没,令追捕一次次落空,无功而返,这一切要归功于他的聪明狡黠和不惜重金的贿赂。另外,

> 他熟悉每一位从罗马城出发的人员和每一位在布伦迪西乌姆入港的人员信息，他不仅知道其身份和人数，还知道他们所携带的物品及多寡。针对其中多数人，他只是劫取部分随身物品，便立刻放行，但他会将工匠扣留一段时间以利用他们的技艺，之后放行时会以礼物相赠。某次，他的两名手下被擒后将被送去喂食野兽，于是他假扮其所在区域的长官前去造访狱所看守，伪称需要如此这般类型的人员，以此方法他使二人得以保全。曾有一名百夫长前来剿匪，于是他假扮为其他人面见此人，指责自己，并许诺如果百夫长随他前往，他会将盗贼交给他。这样，以带此人去见"费里克斯"（Felix；意为"幸运"，此为其另一别名）为托辞，他将其引入一条丛林环绕的小路，随后便轻而易举将其制伏。稍后，他穿上官服，就座法官席，召来这位百夫长，命人剃光其部分头发，并对他说道："给你的主人捎个信：'喂饱你的奴隶，以免他们变成强盗。'"实际上，布拉的追随者中有大量皇室被释奴，其中有些能得到微薄的薪酬，其他则完全没有任何回报。塞维鲁获悉种种事件后，想到自己虽在不列颠取胜，在意大利却无法与一名草寇匹敌，不禁大怒；最终，他从护卫中选出一位军团将官，命其率众多马军前往，并威胁后者，倘若不能活捉此贼，必受重罚。于是，这位将官在得知布拉与另一男子的妻子有染后，通过这位丈夫说服该女子帮助他们，并许诺事后豁免。结果，这位强盗在一处岩洞中熟睡时被捉拿归案。当禁军长官帕皮尼亚努斯问他，"你缘何为寇？"他答道："你又为何做长官？"后来，经正式宣判，他被扔给野兽餐食而死，其匪帮随即分裂，由此，他对这六百人众的凝聚力可见一斑。
>
> （狄奥，《罗马史》，76.10.1–7）

内容），后者的神出鬼没令习惯于速战取胜的皇帝不知所措。难怪他开始将目光转向不列颠。近期发生的叛乱为他御驾亲征提供了充分理由，也恰好使他寻得一种脱离他在罗马所面临的个人问题和政治问题的出路。塞普提米乌斯如同以往所为，委任亲信把持各个要职。帕皮尼亚努斯等人随驾同行。公元208年，63岁的皇帝离开罗马，率重兵进军不列颠，旨在（并不现实）征服不列颠全境。尤利娅再一次随同丈夫和儿子出征。

塞普提米乌斯身亡不列颠

对不列颠的远征将是这位皇帝的最后一次军事行动。塞普提米乌斯此前曾命人在皇宫的天花板上绘出他出生时的星象（当然是经过重新排列的，以免他人识破玄机于自己不利），因此，他必定已经针对远征的结局做出占星预测。不过，塞普提米乌斯和尤利娅均不需占卜即知他将要死去。况且，预料的征兆已经出现。

看来很清楚的是，塞普提米乌斯携妻儿前往不列颠是为献身沙场，以免在罗马正常地病逝而终。据传，他拒绝不列颠人起初求和的企图，以使自己能亲自征服他们。他也希望战争和军纪能磨练两个儿子，使其能担当大任。事实并非如此。卡拉卡拉甚至试图在不列颠加速父亲的死亡，而且竟是在军队面前将父亲杀死！塞普提米乌斯主要针对他的愚蠢之举责备于他，但并未采取其他行动（或许他的星象并未预示自己会死于儿子之手）。尤利娅对卡拉卡拉此举的态度史无记载，只能推测。然而，这对父母很清楚皇位继承已成问题，而且他们必定会想起康茂德继承父亲马尔库斯·奥里略之后的残暴无道。

塞普提米乌斯在苏格兰前线度过了自己的余生。尤利娅的大部分时间似乎都在约克的罗马总署中度过。狄奥曾记载一则关于她的轶事，她在签订临时停战协定后会见喀勒多尼亚人（Caledonian）的首领夫人。她曾听说不列颠妇女性生活自由（暗示她自己忠于丈夫？）的传说，显然受此好奇心驱使，她向这位同伴问及此事，于是得到一段斯巴达式的回复：

> ……据说喀勒多尼亚人阿尔甘图柯克苏斯（Argentocoxus）的妻子对尤利娅·奥古斯塔的回答十分机智。签订协议之后，皇后挪揄她与不列颠的男子自由交媾之事，她回答道："我们只是采取了比你们罗马女人更好的方式来满足本能需求；因为我们公开地与最优秀的人交媾，而你们却令自己私下里被最卑鄙的人所勾引。"这便是不列颠妇女的反驳之词。
>
> （《罗马史》，76.16.5）

公元211年2月4日，塞普提米乌斯·塞维鲁在不列颠约克病逝，距其66岁寿辰仅余2个月。尤利娅在其最后的日子里大概一直陪伴左右，原因只是为了防止他身遭卡拉卡拉毒害。在临终前，塞普提米乌斯为儿子们留下这段遗言："要和睦融洽，富足士兵，轻视其他任何人。"他死后被火化，骨

图 8.10 塞普提米乌斯位于约克（公元 211 年他便死于此处）的总署建筑遗存和壁画。在中世纪时期的约克，这些位于一座教堂的地穴中。右侧是塞普提米乌斯时期总署的复原模型。

灰装在紫色瓮中被尤利娅和儿子带回罗马，安葬于哈德良墓（Mausoleum of Hadrian）。

尤利娅与卡拉卡拉

卡拉卡拉显然对父亲遗言中的"轻视"一语遵从有加，对曾追随其父但他却不看好的人，开始了有组织的"轻视"之举。禁军长官帕皮尼亚努斯遂遭免职。然而，他最为轻视者当属胞弟盖塔，甚至在离开不列颠以前便已试图剪除他。在约克时，尤利娅曾努力使兄弟两人握手言和，但她所取得的成果仅是暂时的和解。卡拉卡拉意欲独自称帝；返回罗马后，两兄弟及其幕僚间的较量仍在持续。某次，在父亲的诸位谋士和忧心如焚的母亲面前，他们二人试图平分帝国天下。赫罗狄安利用此事，借尤利娅之口发表如下言论：

"我的儿子，你们已经找到划分陆地与海洋的办法；你们说横亘大陆之间的黑海（Pontic Sea）是个障碍。但你们的母亲呢？你们打算如何来划分她呢？我该如何去想象自己这不幸的躯体遭到规划与分割？好，先杀了我吧，然后你们各自得到一份我分裂的躯体，带到你们的疆土上埋葬。这样我便能连同土地与海洋一起在你们之间瓜分。"说完这

图 8.11 塞普提米乌斯与尤利娅的次子盖塔,在卡拉卡拉的授意下遭到谋杀,死于母亲怀中。(卢浮宫,巴黎)

些后,她开始抽泣继而失声痛哭。随后,她伸开双臂挽住二人,将他们拥入怀中,尽力使二人和解。每个人都为之动情,议事会无果而终。该提议被搁置,兄弟俩各自回到自己的寝宫。

(《历史》,3.3.8–9)

最终,卡拉卡拉在12月26日亲自动手处理,命人杀死盖塔。狄奥以戏剧性的笔调记述了这一幕:

> 安东尼努斯[卡拉卡拉]诱骗母亲同时召集他们各自单独前往她的寓所,以使他们达成和解。于是盖塔被说服和他一同走进去;但当他们进入之后,一些安东尼努斯事先授意好的百夫长全部冲进来,击倒盖塔,后者见状跑向母亲,拢住她的颈项,紧贴在她的胸前,嚎啕大喊:"生养我的妈妈,生养我的妈妈,救命!我要被杀了!"于是,就这样被欺骗的她,眼看着儿子以极其不敬的方式在自己的怀中丧生,宛若在其过世时又回到那个当年曾怀胎孕育他的地方;由于她身上布满了他的鲜血,竟使她未曾意识到自己的手臂受伤。然而,虽然她的儿子年纪轻轻(只有22岁零9个月)便惨遭如此不幸,她却被禁止为其哀悼或哭泣,相反,她被强迫要欢心大笑,好像身临某种莫大的福祉;她言谈、举止和穿着颜色的变化都受到严密监视。这位奥古斯塔,曾经的皇后、现在的皇太后,甚至在私下都不能为如此巨大的不幸而流泪。

(《罗马史》,77.2.2–6)

据信,塞普提米乌斯能够容忍卡拉卡拉的暴虐习性是由于他爱自己的儿子胜于江山社稷。尤利娅必定也是如此。次子遭长子谋害惨死于自己怀中的场景就是一场噩梦,世上有此经历的母亲少之又少。尽管狄奥记载说她生活在对卡拉卡拉的恐惧之中,但事实似乎与此相反。正是她以母亲的慈爱之手帮助平庸的卡拉卡拉稳定了短暂的统治。或许她意识到卡拉卡拉精神失常,需要她的帮助。或许她早已通过星象预知这一切,因此坦然接受。再清楚不过的是,她并未离弃卡拉卡拉,对他的爱似乎并未减少(他是她此时唯一的所有),而且尽其所能辅佐他。母子间的这种亲密关系无疑孳生出各类乱伦关系的流言。狄奥的想法或许有失公允,但他认为尤利娅如此尽心尽力扶持儿子的唯一原因在于她想维持自己先前的权力,以免自己遭到排挤,无法插手政治生活。对于卡拉卡拉在位期间尤利娅和这位儿子的关系,狄奥给出如下记述:

> 此外,他继续以血腥、非法之举和挥霍无度来玷污自身。不论是在这些还是其他事务中,他都毫不在意自己的母亲,而后者为他提出很多高明的建议。然而,他任命她去接收诉状并处理两种语言的信件,仅有十分重要的事件除外,同时,在他写给元老院的信中,他通常以高度赞扬的口吻将她的名字与自己以及军团的名字共同列出,以示她一切都好。难道我还需提及她就像先前皇帝一样广纳一切博学贤达之士吗?然而,当她将更多的精力转向与这些智者进行哲学研究时,他却坚持宣称自己除了生活必需别无所求,并自夸自己所谓过极度节俭生活的能力;不过,没有任何陆地或海洋或空中的东西我们没有定期供奉给他,不论是私人赠礼还是公共授予。
>
> (《罗马史》,77.18.2-3)

尤利娅的封号此时扩大为"奥古斯都、军营、元老院以及国家之母"

图8.12 卡拉卡拉。此副怒容是其性格的真实写照。(卡皮托利努斯博物馆,罗马)

（Mother of our Augustus and the Camp and the Senate and the Country）。此前从未有任何一位奥古斯塔能享有此般荣誉。即便如此，她仍然不是皇帝，对于卡拉卡拉在谋害盖塔后下令处死的两万名知名男女（其中包括帕皮尼亚努斯），或是对于卡拉卡拉试图清除有关盖塔一切信息的做法，她均无能为力。据称，卡拉卡拉还处死一位马尔库斯·奥里略已经年迈的女儿，原因是她曾在盖塔死后陪尤利娅一起落泪。

卡拉卡拉的统治到公元217年4月结束，在此期间乏善可陈。狄奥并非他的追捧者，他为这位皇帝留下这样一段有趣的评论：

> 安东尼努斯［卡拉卡拉］与三个民族有关；但他不具备其中任何一个民族的任何美德，反而集所有这些民族的缺点于一身；高卢（他的出生之地）的多变、懦弱与鲁莽，阿非利加（其父亲的故乡）的严厉与残暴，叙利亚（其母系血统）的诡诈，均是他的品性。
>
> （《罗马史》, 77.6.1a）

卡拉卡拉统治期间最值得提及的事件当数他在公元212年授予罗马帝国境内所有自由民以公民权一事。这项决策的实际影响也是现代学者激烈争论的一个话题，对此举是削弱还是加强帝国统治的说法各执一词。罗马公民的法律特权在此前多年里已被大大削弱，不过，对于那些从未享受此类特权的人而言，此项举措似乎意义深远。作为一种身份的象征，公民权的授予可以使其受众更有"归属"感，因而有利于帝国内部的统一融合。然而，狄奥认为卡拉卡拉的授权之举只是一种敛财方法。从实际角度而言，由于某些税种只对公民征收，此举势必会使帝国收入大幅增加，从而使卡拉卡拉能够用津贴取悦他赖以维持统治的军队。卡拉卡拉用于军队的开支十分庞大，下面引自狄奥的一段轶闻（77.10.4）便可印证。据说，尤利娅斥责他为士兵的花费过多，并说道："我们再无其他税收来源，不论是正当还是不正当的……"对此，卡拉卡拉举剑答道："放宽心，母亲：只要我们有此在手，就不会无钱可用。"显然他有足够资金用以修建宏伟的卡拉卡拉浴场（Baths of Caracalla），其遗存至今在罗马仍然可见。

卡拉卡拉遇刺

卡拉卡拉在东方与帕提亚人作战时遇刺身亡。尤利娅随他远至安条克城，并留在该地负责处理各类信件，只选出较为重要者传给卡拉卡拉。据说，她负责此类事务期间，曾收到来自罗马的一封密信，信中告发卡拉卡拉的禁军长官马克里努斯。据该传说所述，一位阿非利加预言者曾宣称，此时随卡拉卡拉征战的马克里努斯与其子正阴谋篡权。正是这份官报延迟送抵卡拉卡拉处造成致命后果，因为马克里努斯同时也收到消息称他即将身陷险境（另一种不太戏剧性的说法是，马克里努斯截获了向卡拉卡拉告发他的密信）。马克里努斯决定，他自己必须抢先下手，秘密部署刺杀皇帝的计划；由于没有任何证据显示马克里努斯的确犯有任何罪过，因此其目的是为自保。公元217年4月8日，卡拉卡拉因腹痛正在路边方便时，遭马克里努斯手下谋杀。由于刺杀者旋即便被杀人灭口，军队不知道皇帝之死系马克里努斯所为，遂拥立他为帝。

尤利娅之死

尤利娅在儿子死后不久便离世。她在安条克城接到儿子的死讯。由于对马克里努斯的痛恨与恐惧，她显然有意自杀，但当新皇帝对她以礼相待时，她改变计划，开始出言辱骂儿子的这位继任者：

> 这样，随侍她的皇家随员和禁军卫队并未变动，新皇帝又向她寄予一份友好的信息（尽管他已听说她的言论），她便鼓起勇气，抛开寻死的念头，并未向他作任何回复，开始和身边的士兵私通……
>
> （狄奥，《罗马史》，78.23.2–3）

由于她的通奸行为，马克里努斯最终命她离开安条克城。不久，她便死于绝食和由乳癌引起的并发症，享年大概已过五旬。狄奥记载道：

> ……他命她尽快离开安条克城，去任何她想去的地方。此外，她听闻罗马有关其子的传言后，已不再有活下去的念头，而是想通过绝食的方式尽快离世；不过有人说她长期罹患乳癌，因而早已病入膏肓。
>
> （《罗马史》，78.23.6）

最后，狄奥利用一段文字回顾了尤利娅不平凡的一生（她后来被神化），并以此进行训导；由于此种评论通常用于知名男子过世之时，故此该评论本身便令人深思：

总之，这位女子出身民间进而荣登高位，在丈夫统治期间由于普劳提亚努斯生活极为不幸，目睹次子被刺死于自己怀中，在长子在世时自始至终对其心存怨恚［她的行为与狄奥的论断不符］，最终却收到他惨遭暗杀之噩耗，在其有生之年便丧权垮台从而走向自我毁灭的道路。因而，鉴于她的历程，没有一位手握大权的人可被视做幸福之人，除非他们拥有生命中自然而真正的快乐，以及纯粹而长久的福祉。这便是尤利娅的命运。她的尸体被运往罗马并安葬在盖尤斯和卢基乌斯的墓葬中。不过，她和盖塔的遗骨后来均被妹妹麦萨移至安东尼努斯的葬区。

（78.24.1–3）

尤利娅之后塞维鲁家族的复兴：尤利娅·麦萨和她的女儿

尤利娅的死亡并不代表着塞维鲁王朝的灭亡和塞维鲁家族女性的强大影响的终结。马克里努斯这位阿非利加摩尔人（Afrian Moor）是第一位非元老出身的皇帝，从未获得他所需要的支持，能力（和资金）的缺乏使他最终失去了军队的忠诚。在尤利娅·多姆娜的妹妹尤利娅·麦萨的精心策划下，他的统治最终垮台。

麦萨的丈夫曾先后在塞普提米乌斯和卡拉卡拉手下得到重用，她作为皇后的妹妹，无论在朝廷（她住在皇宫中）还是在战场上均是常客。从她后来专横跋扈的个性来看，她在超过25年的时间中对皇室家族的影响必定相当重大。既然她的丈夫、姐姐和皇帝卡拉卡拉均已离世，她只得回到叙利亚的埃梅萨。然而，她并不打算安于现状。现在，她大显身手的时机到了。

麦萨带着她寡居女儿尤利娅·索埃米娅斯的儿子瓦里乌斯·阿维图斯（Avitus）来到马克里努斯已生不满的军队中，宣称她这位14岁的外孙为卡拉卡拉的私生子，也是合法的皇位继承人。这个年轻人先前已是埃梅萨太阳神埃拉伽巴尔（Sun-God Elagabal）的祭司，不久他便更名埃拉伽巴卢斯，从而更能体现他与这位神祇的密切联系。他被军队（受到金钱的刺激）拥立为帝，公元218年6月马克里努斯兵败后在安条克城被处死。在马克里努斯14个月的短暂统治后，塞维鲁家族再次夺得王权。

甚至罗马对埃拉伽巴卢斯称帝也始料未及。作为罗马历史上第一位有易装癖的同性恋皇帝，这位古怪的少年举止异常，外表女性化，着装怪异，致使公众对他深恶痛绝。他对埃拉伽巴尔神的狂热崇拜使这种状况雪上加霜：

图 8.13 埃拉伽巴卢斯。（卡皮托利努斯博物馆，罗马） **图 8.14** 尤利娅·马麦娅。（卢浮宫，巴黎）

他将这位在埃梅萨以锥形黑石之型受到崇拜的神祇引入罗马，并奉之为帝国官方神明。埃拉伽巴卢斯的母亲索埃米娅斯为了在幕后弄权，纵容儿子的荒唐之举；但她的母亲尤利娅·麦萨随即便向她证明谁才是帝国真正的掌控者。

由于担心军队可能很快会反叛这位离经叛道的皇帝，麦萨说服（或强迫）他收养他13岁的表弟塞维鲁·亚历山大，后者是她另一位女儿尤利娅·马麦娅的儿子。据说塞维鲁·亚历山大几乎毫无缺点，因而受到爱戴，对埃拉伽巴卢斯构成巨大威胁。于是这位皇帝便与母亲尤利娅·索埃米娅斯决定除掉后患，她们的阴谋却被尤利娅·麦萨和马麦娅识破，后者最终于公元前222年3月授意禁军（当然少不了赏赐）将埃拉伽巴卢斯和索埃米娅斯谋杀。

塞维鲁家族统治的终结

年迈的尤利娅·麦萨大概在次年离世。她的女儿马麦娅很快便取代她，继续着塞维鲁王朝的女权"统治"。她对敌手毫不手软。她年轻的儿子虽讨

图 8.15 塞维鲁·亚历山大。（卢浮宫，巴黎）

人喜欢但无力挑起帝国统治大任，不过，在她的审慎辅佐下，其统治维持13年之久。公元235年3月21日，由于军队不满塞维鲁家族颐指气使的女性和软弱无能的皇帝，当马麦娅母子在日耳曼美因茨附近随军时，军队哗变将二人谋杀。阿非利加—叙利亚籍皇帝的统治终告结束。在历史上，很少有女性能如塞维鲁王朝来自埃梅萨的几位尤利娅一样曾掌握如此巨大的权力，享有如此高的威望。

随着塞维鲁王朝的结束，罗马历史开始进入最为纷繁混乱的"兵营皇帝"时期（公元235—284年）。塞维鲁王朝诸帝对军队的厚爱不可避免地导致这一时期大部分皇帝由军队选出。50年间竟然出现20余位皇帝，其中有许多直接在军营（"兵营皇帝"时期亦由此得名）中由其士兵拥戴而成。直到这类不受欢迎的皇帝当中最后一位戴克里先统治之时，帝国才恢复秩序。

奥莱里亚努斯俘虏一位王后：帕尔米拉的泽诺比娅

在"兵营皇帝"时期，一位名叫奥莱里亚努斯的马军长官称帝，自公元270年至275年共统治六载。倘若没有身遭暗杀，他可能会使罗马摆脱混乱无序的状态。正因如此，他获得了"罗马世界恢复者"（Restorer of the Roman World）的称号。奥莱里亚努斯在帝国境内平定叛乱，将蛮族人逐出意大利和多瑙河地区，稳定东方局势，恢复对帝国西部的控制权。在此过程中，他遭遇并击败叙利亚帕尔米拉王后泽诺比娅。后者是当时远近闻名的女子，在传奇与东方神秘色彩的渲染下，她被称做（并非如此）克莱奥帕特拉的后裔和继承者。她和丈夫曾是罗马对抗波斯人的有力同盟。自她的丈夫在公元267年遇刺身亡后，她与罗马

图8.16 带有奥莱里亚努斯像的奥雷金币。

人分道扬镳,并占领埃及和小亚细亚大部分地区。奥莱里亚努斯于公元272年击败并俘虏泽诺比娅,次年灭掉帕尔米拉。

以下引文是现存有关泽诺比娅个性特点最为详尽完备的记录。然而,它出自《帝王史》(Augustan History; Scriptores Historiae Augustae),该史料本身毫无批判力,对于其中所述的书信、对话、仪表容貌等需谨慎对待。不过,毕竟其中包含大量与她相关的信息。尽管有失精准,但从引文中可看到人们所期望的泽诺比娅形象以及她对该时代的影响:

……泽诺比娅……吹嘘自己属于克莱奥帕特拉和托勒密家族,在丈夫奥戴纳图斯(Odaenathus)死后便开始肩挑帝国重任;而且……她以儿子的名义掌控统治权,从而僭取王权……统治时间远远超出一位女性所能承受之力。这位高傲的女人扮演着独裁者的角色……最后勉强为奥莱里亚努斯所征服,并被后者带至凯旋式示众,屈服于罗马的统治。

现存一封奥莱里亚努斯的信件中曾提及当时已被俘的这个女人。当时有人指责他作为极其勇武的男人竟然在凯旋式中展示一个女人,似乎将她看做一名将领,于是他写信给元老院和罗马人民,以如下理由为自己辩驳:"我听闻……有人责备我,称我将泽诺比娅带至凯旋式的举动有失男子气概。但事实上倘若这些责难我的人知道她是怎样一个女人,是多么富有韬略、运筹帷幄,多么严于治军、慷慨大方,多么铁面无私,他们都会对我百般赞誉。我甚至可以说,正是因为她的所作所为,奥戴纳图斯才能击败波斯人(Persians)……此外,我需补充的是,正是由于这个女人在东方民族甚至包括埃及人中所激起的恐惧,不论是阿拉伯人(Arabs)还是萨拉克尼人(Saracens)或是亚美尼亚人(Armenians)均不曾起兵反抗她的统治。倘若不是我深知她在东方为自己或其儿女维系皇权也为罗马帝国的稳定做出重要贡献,我绝不会宽恕于她。因此,让这些吹毛求疵者将他们口中的恶言留给自己吧。如果打败一个女人并将其带至凯旋式不合时宜,他们又如何评说伽利埃努斯(Gallienus,公元263—268年在位)呢?她正是无视后者使自己的帝国运转良好。他们又如何看待神圣克劳狄(Deified Claudius,即克劳狄二世，公元268—270年在位）这位受人敬畏和赞誉的领袖呢？他因忙于同哥特人作战，便容忍她执掌王权，抑或据说，这完全是有意为之的明智之举，其目的在于，当她卫戍帝国的东部边防时，他自己便可以全力以赴完成手中之事。"此番说辞反映出奥莱里亚努斯对泽诺比娅的看法。

据说，她异常节欲，若非为怀孕生子之故，她甚至不与丈夫同房……她的生活极尽奢华。她受到的崇敬膜拜更近于波斯人的方式，进餐方式与波斯国王相同；但是她参加公众集会时却展现出罗马皇帝的做派，佩戴头盔，腰束紫色饰带，饰带下缘悬挂宝石，中部以珠宝扣紧，而非一般妇女所使用的饰针，并且她经常将双臂裸露在外。她面色黝黑，双目深邃，炯然异常，神采飞扬，美艳绝伦。她的牙齿亮白，以致很多人以为她口镶珍珠。她声音洪亮，宛若男声。她在必要时严苛若暴君，良心发现时则温善如贤帝。她慷慨而有节，积蓄财富之道远非妇人之举。她使用马车而非女子所乘的轿子，通常骑马前行；据说她经常同马前卒步行3、4里。她同西班牙人（Spaniard）一样热衷于打猎。她经常与麾下将领对饮小酌，不过有时她也会克制戒饮；她还陪同波斯人和亚美尼亚人对饮，不过仅

图8.17　带有泽诺比娅像的钱币，实属罕见。

是为了压倒对方。在宴会上她多用金器或镶以宝石的器皿，其中甚至不乏克莱奥帕特拉所用之物。她的仆从多是年迈的宦官，很少使用侍女。她令儿子讲拉丁语，以致他们实际上只是偶尔讲希腊语，使用起来困难重重。她自己并不十分精通拉丁语，但她能够克服羞怯之心用它交流；同时，她的埃及语讲得十分流利。她熟知亚历山大城和东方（Orient）的历史，据说她还曾撰写过一部简史；然而对于罗马历史，她阅读相关的希腊文著述。

当她被奥莱里亚努斯俘虏后，后者命人将她带来面见自己，随后对她说道："泽诺比娅，你何以胆敢对罗马皇帝傲慢无礼？"据说，她回答道："我知道你的确是一位罗马皇帝，因为你取得胜利，但是伽利埃努斯和……其他人我永远不会视之为皇帝……如果土地供给允许，我渴望成为皇权的分享者。"于是，她出现在凯旋式中，规模盛大，甚

至罗马人也从未经历过如此壮观的游行。居于首位的她周身珠光宝气，饰物的重量使她不堪负重。此外，她双手和双脚的镣铐均为金制，甚至颈项上也戴着一条金链，并由一名波斯小丑负重。奥莱里亚努斯免她一死，据说此后她如同罗马主妇一样，和孩子们在一处获赠的地产中生活……至今该处仍被称做泽诺比娅……

（《帝王史·三十僭主（泽诺比亚）》（Augustan History, Thirty Tyrants [Zenobia]），30.1-27）

阅读建议

本章主要史料来源是狄奥的《罗马史》（主要是第74—80卷）、赫罗狄安的《历史》（History，主要是第2—6卷）以及《帝王史》（Augustan History，或称"帝王史诸著者"[Scriptores Historiae Augustae]，帝王包括塞维鲁、卡拉卡拉、盖塔、埃拉伽巴卢斯、塞维鲁·亚历山大）。狄奥与赫罗狄安都是塞维鲁王朝的亲历者，但狄奥作为一名罗马元老阅历丰富，因而其记述相对而言较为可信。他的叙述中也包括很多关于尤利娅·多姆娜和其他几位尤利娅的资料。《帝王史》所述多为中伤诽谤之语，因此要谨慎对待。关于几位尤利娅的其他信息则多来自于钱币和铭文，使用不甚便捷。迄今最好的现代论著是A.伯利的著作（A. Birley, Septimius Severus: The African Emperor. New Haven, Conn.: Yale University Press, rev.ed., 1989），对本书研究非常有用。M.格兰特的著作（M. Grant, The Severans: The Changed Roman Empire. New York: Routledge, 1996）也颇有价值。塞维鲁王朝的妇女研究论著良莠不齐，G.特顿（G. Turton, The Syrian Princesses: The Women Who Ruled Rome A.D. 193-235. London: Cassell,1974）在文中表明其目的在于激起人们的兴趣。其他涉及妇女问题的论著有：J. Balsdon, Roman Women: Their History and Habits. London: Bodley Head, reprint, 1963, 150-164; S.Perowne, The Caesar's Wives. London: Hodder & Stoughton, 1974, Part 3。关于妇女的概论性著作参见：E. Fantham et al., Women in the Classical World: Image and Text. New York: Oxford University Press, 1994; J. Grubbs, Women and the Law in the Roman Empire: A Source book on Marriage, Divorce, and Widowhood.

New York: Routledge, 2002; R. Bauman, *Women and Politics in Ancient Rome*. New York: Routledge, 1992; M. Lefkowitz and M. Fant, *Women's Life in Greece & Rome: A Source Book in Translation,* 2nd ed. Baltimore: The Johns Hopkins University Press, 1992; and J. Gardner, *Women in Roman Law and Society*. London: Croom Helm, 1986。关于性研究的主要参考书目有:J. Hallett and M. Skinner (eds.) , *Roman Sexualities*. Princeton, N.J.: Princeton University Press, 1997; and C. Willams, *Roman Homosexuality: Ideologies of Masculinity in Classical Antiquity*. New York: Oxford University Press, 1999。有关法律参见: O.Tellegen-Couperus, *A Short History of Roman Law*. New York: Routledge, 1995; D.Johnston, *Roman Law in Context*. Cambridge: Cambridge University Press, 1999; R. Bauman, *Crime and Punishment in Ancient Rome*. New York: Routledge, 1996; B.W. Frier & T. A. J. McGinn, *A Casebook on Roman Family Law*. New York: Oxford University Press, 2003 [an American Philological Association Book]。其他相关论著有: M. Grant, *The Antonines: The Roman Empire in Transition*. New York: Routledge, 1993; T. Honoré, *Emperors and Lawyers: With a Palingenesia of Third Century Imperial Rescripts 193-205 A.D.,* 2nd ed. New York: Oxford University Press, 1994; S. Raven, *Rome in Africa*. New York: Routledge, rev.ed., 1993; D.Cherry, *Frontier and Society in Roman North Africa*. New York: Oxford University Press, 1998。

9

危机与基督徒

困境中的帝国
殉道者维比娅·佩尔佩图瓦

除了极其冗长又有些颓废的仪式,我别无所获。
（小普林尼对于基督教的描写。《书信集》,10.96）

"兵营皇帝"时期以戴克里先在公元284年即位而告终。他本是来自达尔马提亚（Dalmatian）的一介农夫，借助行伍军阶而飞黄腾达。他为乱世帝国带来了新的导向，以君主制（Dominate）取代了自奥古斯都开始但业已瘫痪的元首制；他作为君主（Dominus; Lord）也将罗马变成具有极权倾向的自治国家。在他所创立的四帝共治体制（四位统治者体制）中，他作为高级"奥古斯都"统治帝国东部的半壁江山，一名共治"奥古斯都"则统领西部。每位"奥古斯都"都有一名"恺撒"或储君（junior emperor）辅佐，以保证地方稳定和皇权的有序继承。在适当时候，"奥古斯都"会由其"恺撒"取代，并选出自己的"恺撒"。

在塞维鲁王朝统治时期罗马公民已深受束缚，在四帝共治体制下，他们可能越加深刻地体会到自己存在的目的似乎只是纳税，并奉献出自己的子孙去抵御边防线上似乎无休无止的侵袭以保卫帝国。此时的困境也助长了针对基督徒的宗教恐慌。在过去的两百多年里，由于基督徒颇受排斥，迫害事件时有发生。第一次帝国范围内的宗教迫害发生在"兵营皇帝"时期，后来在戴克里先统治下的东部帝国迫害活动愈演愈烈。直到公元313年君士坦丁颁布"米兰敕令"宣布全面宗教自由后，这些活动才告平息，基督教很快成为国教。有很多人为这一胜利献出了生命，维比娅·佩尔佩图瓦便是其中一位，在她殉道前还有很多需要记述。

基督教与罗马

起先，多数罗马人并未对基督徒和犹太人作以区别认识，在克劳狄统治时期，这位皇帝将"犹太人"驱逐出罗马城，据称原因是他们以基督名义引发一系列风波。显然，罗马当局已将基督徒视为不安分子。

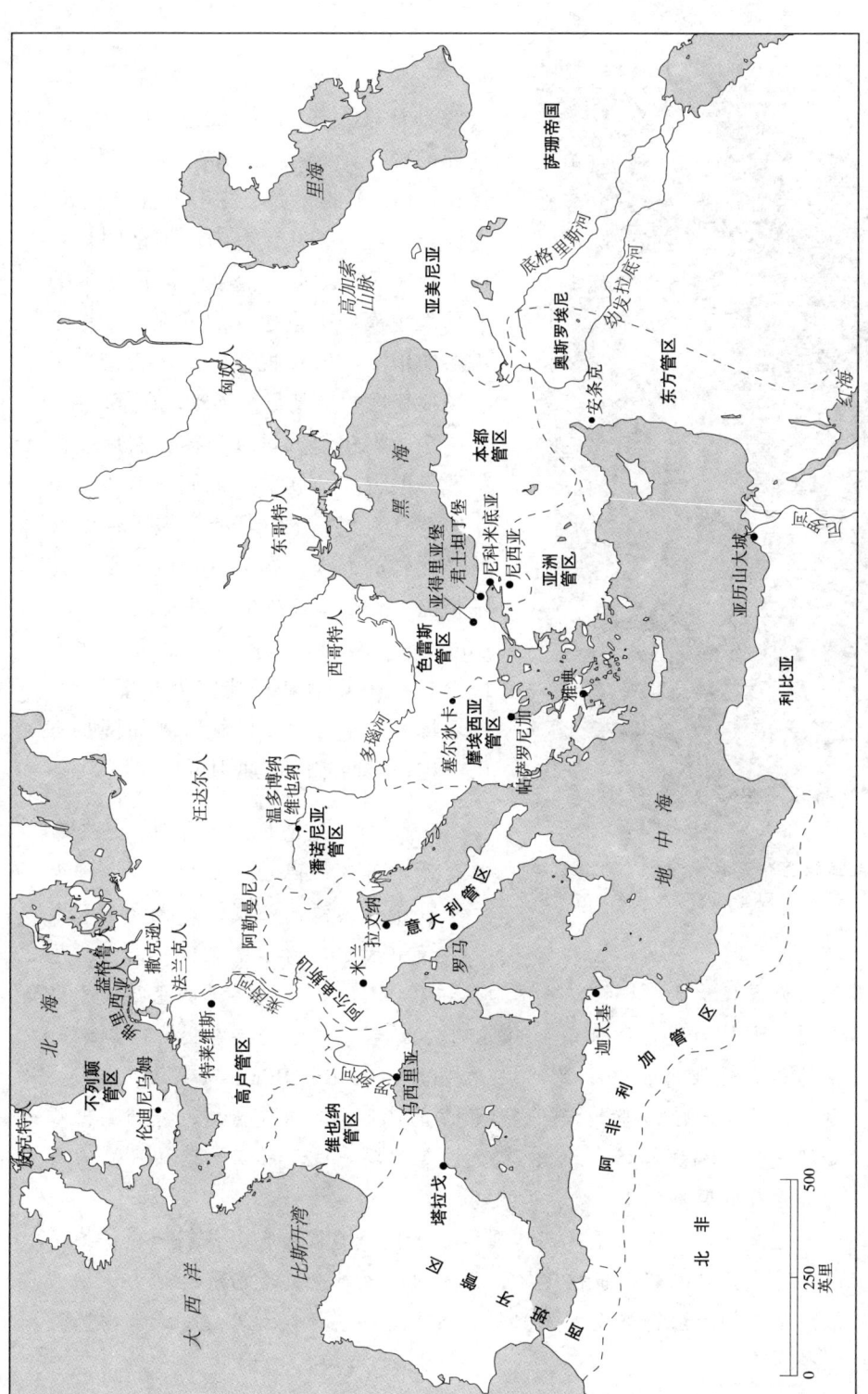

地图 20 后期罗马帝国（公元 4 世纪）。戴克里先的改革将帝国疆域划分为 12 个大型管理区域，称作 "管区"（diocese），每个区域由一名主事管理。这种分配方式使四帝共治者在各自所辖区域拥有更大的控制权。西部的帝都分别位于米兰（Milan）和特莱维斯（Treves）；在东部则是帖撒罗尼加（Thessalonica）和戴克里先皇居住的尼科米底亚（Nicomedia）。后来，君士坦丁于公元 330 年在君士坦丁堡定都。

迄至尼禄统治时期，大部分罗马人对基督教大概仍然知之甚少。然而，尼禄的确试图将公元64年罗马"大火"（Great Fire）的罪责归咎于该教派成员。根据传统记述，并无有力证据证明是尼禄纵火；不过，由于他早已甚嚣尘上的罗马大规模城市重建计划，很多人将矛头指向他。为转移视线，他精心策划了一场报复性的反基督徒活动。在都城中，他尽全力聚集起大量基督徒，然后以极其残忍的方式"惩罚"他们。他似乎使一些罗马人相信，这场极具毁灭性但又具净化性的大火，在某种程度上是在为基督徒一直以来宣称的"新王国"（New Kingdom）的到来做准备。然而，普通民众显然不相信基督徒应为此事负责，并对惨死于尼禄手下的牺牲者而惋叹不已，这在塔西陀的记述中可见一斑：

图9.1 这组造像据信是戴克里先（右首第二位？）及其共治者，现位于威尼斯的圣马可（St. Mark）教堂。

> 然而无论是人力资源，还是帝王的宽宏，或是诸神的平息，都无法消除恶意的怀疑，即大火系有人策划而起。为了压制这一谣言，尼禄只好寻找替罪羊，极其残忍地惩罚那些臭名昭著的堕落的基督徒（当时对他们较为流行的称谓）。他们的创始者，基督，早在提比略统治时期即被犹地亚总督蓬提乌斯·庇拉图斯（Pontius Pilatus）处死。不过，尽管遇此暂时性的挫折，但这种极度的迷信思想再度传播，范围不仅限于犹地亚（祸根起始之地），甚至扩散到罗马城。一切堕落和可耻的行为都在都城聚集孳生。

首先，尼禄逮捕了伏法认罪的基督徒。随后，根据他们所提供的信息，另有大批基督徒也被定罪，只不过其反社会的罪名要远远大于纵火罪。他们的死法也被设计成闹剧表演。这些人身披野兽皮，或被狗撕咬而食，或被钉死在十字架上，或被制成人肉火把在入夜后点燃照明。尼禄将自己的花园作为这些惨状上演的场地，并在大竞技场（Circus）进行展示，他在这里混于人群中，或是扮作御者站在马车上。抛开基督徒自身的罪愆，尽管这种残忍的惩罚亦属罪有应得，但这些受害者还是令人怜悯惋叹。因为他们给人感觉是死于一个残忍者之手，而绝非国家利益使然。

（《编年史》，15.44）

艰辛与不幸：一例弑母案件——尼禄杀害阿格里皮娜

基督徒并不是尼禄冲冠一怒所波及的第一个对象。虽然他对他们的迫害行为足以配得上《启示录》（Apocalypse of John）中的邪恶数字"666"（13:18）以及他的"野兽"形象（17:8）；不过，早在公元59年，他就已表现出一些后来为人们所熟知的乖戾倾向，他的母亲阿格里皮娜也很快便认识到这点。由于长期处在导师及首要智囊塞涅卡与近卫军长官布鲁斯（Burrus）的监视之下，尼禄的多数叛逆行为在某种程度上似乎是旨在对抗或抵制其过分干政的母亲阿格里皮娜的影响。她一直试图操纵他，因此尼禄愈发将她视为过分且危险的人物。

社会一直将弑母罪视为穷凶极恶之罪。尼禄对此显然毫不在意，至少最初如此；他所忧虑的问题是如何去做，即如何才能不引起怀疑和公愤。据苏埃托尼乌斯所载（《尼禄传》，34），尼禄最初曾三次尝试毒死她，但阿格里皮娜对儿子的阴谋有所觉察而事先服用解毒药。既然此法并未奏效，他又设计令阿格里皮娜卧房的天花板塌落，以使其在熟睡中被杀，但因事前有人通风报信，令她逃过一劫。据传，他的下一个计划是在佯装与母亲和好后，利用一艘会沉没的可折叠船只使她溺水而亡（或者被挤压在船舱中）。尼禄病态的初衷几乎逐渐淡去，开始演变成一出喜剧事件，讲述一位软弱无能的儿子如何努力摆脱专横的母亲。苏埃托尼乌斯在其传记中经常记载恶意中伤或是不负责任的逸闻趣事，倘若没有塔西陀的记述，我们或许会将其有关尼禄种种尝试的记述当做饶有趣味的虚构杜撰而不予采纳，但塔西陀这位帝国时期最伟大的历史著作家对此有某些相同记述，尤其是有关可折叠船只一事。塔西陀出生于尼禄统治期间，对于各种有关这位皇帝及其弑母的传说，塔西陀在其成长过程中必定耳熟能详，他绝非尼禄的崇拜者；

图9.2 尼禄的母亲小阿格里皮娜（Agrippina the Younger）。（卡皮托利努斯博物馆蒙特马尔蒂尼分馆，罗马）

因此能够在评判尼禄时不带阿谀之词或传说（正如他对多数皇帝一样）；在他的记述（《编年史》，14.3–9）中，有些部分似乎稍显荒谬，但其主要特点必定更为接近于真实情况。

> 然而，最终他得出结论，无论阿格里皮娜在哪儿，他都无法忍受。他决定杀了她。他唯一犹豫的是使用毒药、匕首还是其他暴力方式。毒药是首选，但自从布列塔尼库斯（Britannicus；前任皇帝克劳狄之子，尼禄的继兄）被毒死后，死在皇帝餐桌旁在外人看来已绝非偶然事件。然而，她自身的可耻之心使她对各种阴谋异常警觉，收买其仆从似乎不可行。此外，她以解毒剂为防范措施来增强身体抵抗力。任何人都无法不被察觉地刺杀她。同时还有另外一种风险，即选出的刺客在执行其骇人指令时会退缩不前。
>
> 然而，奴隶出身而时任米塞努姆舰队长官的阿尼克图斯（Anicetus）献出一策。他是尼禄幼年时的老师，与阿格里皮娜相互仇视。此时，他声称可建造一艘船只，船体的一部分在海中可逐渐松落，致使阿格里皮娜在毫无预警下落水。阿尼克图斯强调说没有什么能比在海上更加变幻莫测；如果是海难将她带走，谁又会不可理喻地指责人力所为而非风暴与海水？此外，当她死后，皇帝会以神庙、祭坛及其他公开纪念物奉献给她，以尽孝道。
>
> 这条妙计得到青睐。由于尼禄按惯例会参加在巴伊埃举行的米涅尔瓦（Minerva）庆典，时机也再好不过。于是他诱使母亲前往，并一再宣称："父母的脾气必须得到宽容"以及"人应该迎合他们的感受"。此举意在公开树立他们重归于好的印象，也要对阿格里皮娜产生同样的效应。因为女人生来愿意轻信喜讯〔塔西陀如是强调〕。
>
> 当她从安提乌姆抵达此地时，尼禄在海岸迎接她。他伸长双臂以拥抱向她表示欢迎，随后带她前往位于米塞努姆海岬与巴伊埃水域间

的行宫巴乌里（Bauli）。那里停靠着一些船只。其中一艘比余者要奢华许多，这显然是他对母亲的另一项恭维之举，因为后者已经习惯于乘坐配备帝国水师的战船出行。随后她受邀出去用餐。阴谋也将在夜幕掩护下在船上执行。不过，据说一名告密者走漏了风声；阿格里皮娜无法决定是否应该相信传言，于是选择轿子作为前往巴伊埃的工具。

在那里，尼禄的殷勤之举令阿格里皮娜逐渐放松警惕。他亲切地接待她，并让她坐在自己身边以示尊敬。宴会持续很长时间。他们谈论各类事情；尼禄显得天真而又亲密——或许在心底严阵以待。当她离开时，他为她送行，凝视着她的双眼并上前拥抱。这大概是其伪装的最后一步，抑或是面对行将赴死的母亲投去最后一眼时，甚至是尼禄的残忍之心也不禁黯然神伤。

然而，似乎上天决意要揭露这一阴谋。当夜万籁俱寂，繁星闪烁，海上风平浪静。船只开动上路。阿格里皮娜由她的两位朋友相伴。其中之一克莱佩雷尤斯·伽卢斯（Crepereius Gallus）站在舵柄附近。另外一位阿克罗尼亚（Acerronia）在正在休憩的女主人足畔俯身，愉快地谈论着尼禄的懊悔之举及其母影响力的重建。这时信号传来。在铅锤的重压之下，顶篷陷落。克莱佩雷尤斯被压倒，当场毙命。阿格里皮娜和阿克罗尼亚因她们所坐长椅的凸起一侧而幸免于难，长椅恰好足够坚固以支撑重压。此外，船体得到稳定。

在一片混乱之中，参与密谋者受阻于许多并不知情者。不过，一些桨手随后想出计策，试图通过将其重量集中在船体一侧以颠覆船身。然而，他们花费很久来协调执行此项临时计划，同时又有其他人在相反方向增加重量。这样船体得以缓慢沉入水中。阿克罗尼亚开始不明智地大喊："我是阿格里皮娜！救命，救救皇帝的母亲！"于是桅杆、船桨及其他恰好可用的船上设备纷纷向她袭来，最终被击打而亡。阿格里皮娜本人一直静默不言，以免被人认出。尽管有伤在身——她肩部受伤，她仍然一直游泳直到接近某些帆船。它们将她带至卢克里努斯（Lucrine）湖，并从那里被带回家中。

此时，阿格里皮娜意识到此番邀请和特殊礼遇都是阴谋，船的塌陷也早有预谋。坍塌始自顶部，宛若舞台设计一般。海岸就在附近，海上并无风浪，也并未触礁。阿克罗尼亚的死和自己的受伤也令人怀疑。阿格里皮娜认为逃避阴谋的唯一方法便是对此佯装不知。她派出被释奴阿格里努斯（Agerinus）通知她的儿子，得佑于神的仁慈和自己的幸运，她得以在一场大难中幸存然而，信使又强调，尽管尼禄会为母亲的危险经历而挂怀，但他务必不要费心前来探望，因为此时她需要的是休息。同时，虽然她表面毫不在意，但她仔细照料着自己的伤势和身体状况……

尼禄正在等待阴谋得逞的信息，却传来消息称她只受轻伤而终得逃脱，甚至险些对其策划者身份确定无疑。他吓得半死，坚持说她随时都可能前来。"她可能武装她的奴隶！她可能煽动军队，或是进入元老院或公民大会，并以我使她沉船受伤并杀害她朋友的理由而控告我！我该怎么办才能自救？"布鲁斯［近卫军长官］和塞涅卡［哲学家，尼禄的老师］能帮他吗？他们是否参与此项阴谋不得而知。不过，他们立刻被叫醒并得令觐见。

两人很久没有开口。他们不想劝阻然后遭到拒绝。他们可能意识到事情已发展到无可挽回的地步，尼禄必须对阿格里皮娜先下手为强，否则便是一死。最终，塞涅卡斗胆转向布鲁斯并问他是否应命令军队去杀她。他回答道近卫军效忠于整个皇室家族和对日耳曼尼库斯［阿格里皮娜是日耳曼尼库斯的女儿：见图表2］的怀念；他们不会对他的后代有任何不敬之举。他说，阿尼克图斯应该履行他的诺言。阿尼克图斯毫不犹豫地主动执行此事。闻听此言，尼禄大喊这是他执政的第一天，而这意义非凡的礼物来自于一位被释奴！"快去！"他说道："带上审慎听令之人！"

阿格里皮娜的信使到来。尼禄得知后，带头导演了一场虚构的罪行。当阿格里努斯转达口信时，尼禄将一把剑掷向他的脚下，并命人将其逮捕，即如他现场被擒一样。这样他可以佯称他的母亲阴谋危及皇帝生命，东窗事发后羞愧自杀。

其间阿格里皮娜的危险经历已然传出。人们认为此事系出意外。听到消息后，人们跑到海滩，并爬上筑堤或附近的渔船。有人尽可能远地涉入水中，或是挥舞双手。整个海岸上回荡着恸哭声、祈祷声以及各种嘈杂的询问声和无知的回答声。大批民众点亮火把聚集起来。得知她安全无恙时，他们开始欢呼。

不过，一列恐吓性的武装纵队前来驱散了他们。阿尼克图斯围住她的宅邸并破门而入。他将阻拦其去路的奴隶全部逮捕，并来到她的卧房门口。有些仆人站在这里，其余已被此次闯入之举吓跑。在其灯光昏暗的房间中，只有一名侍女与她一同等待。由于没人从儿子那里前来，甚至是阿格里努斯也没有，因此她愈发惊恐。如果事情进展顺利，便不应有如此极度不祥的孤离，随后突然传来喧闹声。她的侍女也

个人资料（请务必完整填写并回传）

姓名 _____ □先生/□女士

Email _____ 生日_____年___月___日

固定电话 _____-_____ 手机 _____

单位 _____ 职业 _____

地址 _____

_____

QQ/MSN _____ 邮编 _____

读者调查表

您从哪本书得到这张卡片的？_____

您从哪里购得本书的？_____

您的阅读方向？_____

_____

您还希望我们出版或引进哪类书？_____

_____

您的意见或建议？_____

_____

_____

如何加入后浪读书俱乐部？

1. 拨打热线010-64072833-824，向客服人员登记您的信息。
2. 发短信至13911401220，我们将回电登记您的信息。
3. 将此信息登记表传真至：010-64018116
4. 登陆网站：www.hinabook.com，点击右上角"注册"，填写会员信息登记表。
5. 邮寄至：北京市东城区朝阳门内大街137号 世界图书出版公司北京公司 后浪出版咨询（北京）有限责任公司 邮编：100010

欢迎登陆后浪出版公司官方直营店 http://bjhlts.tmall.com
服务邮箱 buy@hinabook.com 服务电话 13366573072 010-57499090

欢迎加入后浪读书俱乐部　www.hinabook.com

- 加入我们，可以得到定期的新书信息、电子读书报、活动信息、后浪小礼物、购书优惠券、作者签名书籍和海报、毛边书等等。

- 俱乐部将从每月新增会员中抽取 3 名赠送当月最新出版的书籍一本。

- 会员书评投稿如获纸媒发表将有机会获得后浪新书 1 本。

- 欢迎登陆 http://www.hinabook.com 和 www.pmovie.com 了解更多活动信息。

＊本活动最终解释权归后浪出版咨询（北京）有限责任公司所有

不见了。阿格里皮娜喊道:"你也要离我而去吗?"随后她看到阿尼克图斯。他身后是一位水师长官和副将……"如果你们前来看望我,"她说道,"你们可以报告说我好多了。但如果你们是刺客,我知道我儿子与此无关。他不会下令杀死母亲。"刺杀者们紧紧围住她的床榻。那位长官首先用短棒击打她的头部。接着,当副将正拔剑结束她的性命时,她指着自己的子宫部位大喊:"往这刺吧!"她在不断袭来的击打中死去。

至此,各类记述相互一致。有人补充道,尼禄检查了母亲的尸首,并对其身材大加赞赏;但这种说法受到质疑。当夜她便在一条餐宴的长椅上被火化,仪式极为简单。尼禄统治期间,她的坟墓并未被加土或用藩篱围起,不过后来其家族成员在通往米塞努姆路边的一处高地为她修建了一座简朴的陵寝,那里有俯瞰海湾的尤利乌斯·恺撒的宅邸……

最终,尼禄发现自己无法像他预想的那样对这骇人听闻的行为泰然处之。很多学者都认为尼禄的弑母之举是其生命的转折点,而尼禄为人所熟知的残忍、粗野、肥胖以及极端的性情均与此直接相关。

图 9.3 罗马"马梅蒂诺"(Mamertine)监狱(毗邻罗马广场)中的死牢,据基督教传统观点,此处为圣徒彼得和保罗的囚禁之地,并在这里感化狱卒皈依基督教。现今此地系为木匠圣若瑟教堂(Church of S. Giuseppe dei Falegnami)的一部分。(早期曾因于该狱所有努米底亚的朱古达[Jugurtha]和喀提林之流。)

图 9.4　皇帝尼禄。公元 68 年自杀，时年 32 岁。曾于公元 64 年在罗马施行对基督徒的第一次迫害。（卡皮托利努斯博物馆，罗马）

尽管公元 64 年尼禄对基督徒的迫害堪称悲惨，但仅是一桩小型事件，范围仅限于罗马城。然而，由于它是针对基督徒的第一次官方暴力行为，而且传统观点认为圣徒彼得和保罗之死与此有关，因此它成为至今仍令人印象深刻的迫害行动。深具讽刺意味的是，此后更大规模的迫害活动均不及此次广为人知，其中有些甚至发生在比尼禄更为开明贤能的皇帝统治时期。

对待基督徒之态度：官方及其他诸等

尽管现今人们对罗马人之于基督徒饿虎捕食般的搜拿已有固定看法，但或许罗马人要比当下多数社会更能容忍其他宗教习俗。事实似乎证明，在正常情况下，基督徒无需为自己的安危担忧。当然，适当保持低调不失为明智之举。罗马当局总是对可能威胁现有秩序的活动保持警觉，尤其是那些煽动民众并以救世主自居的活动。作为一神教信徒，基督徒对罗马宗教源生的多神论并未怀有同样的宽容之心。他们否认传统神祇并拒绝参与皇帝崇拜活动。他们的行为被视为叛逆、反社会、秘密且危险之举。他们刻意使自身孤离于他人，引来诸多否定的目光，促使不安的统治者视其为煽动分子和帝国的威胁。时机一到，极其坚定的信仰者便会受到惩罚。

在公元 2 世纪初帝国在和平时期对基督徒的政策可通过小普林尼与皇帝图拉真之间的通信得到最好的证明。小普林尼时任黑海地区比提尼亚—本都行省的总督（公元 111—113 年），他经常就其行省事务写信给图拉真，未经皇帝许可他从未擅自处理任何棘手事务。当他对自己应如何处理基督徒而陷入困境时，他写道：

陛下，我的习惯是将我所面临的难题均向您咨询，因为没人能比您更加有能力解决我的疑虑,并衬托出我的无知。

我从未亲临对基督徒的审查。因此,我不了解通常对他们的惩罚尺度到底如何,也茫然于启动调查有何依据,以及应进行到何种程度。我根本无法确定是否该以年龄为标准对他们作任何区分,或是不论长幼一视同仁;对那些放弃信仰的人是否应予宽大处理,或是,只要曾经皈依基督教,即使宣布放弃也于事无补;是否即便清白无辜者仅仅因基督徒这个名称便应受罚,或是应该注重他们在此名义下所犯的罪行?

目前,对于被指控为基督徒而移交给我的人,我均以这一方针执行。我询问他们本人是否为基督徒,如果他们承认如此,我会再三重复质问,警告他们将受到的惩罚。如果他们一再坚持,我便下令将其带出处死;因为,无论他们的自承之举属何种性质,我坚信他们的顽固和冥顽不化就该受到惩罚。这些狂热的信徒中也不乏罗马公民。我将他们罗列在册,送至罗马审判。

既然我已开始处理这一时有发生的问题,罪状开始变得广泛而多样。现流传一本匿名手册,其中列有大量受控者名字。在这些人当中,我认为,只要他们否认自己现在或曾经是基督徒,随我重复祈神致辞,向您的造像(为此目的我令人将您的造像同诸神造像一同移到法庭)奉酒和焚香,并辱骂基督之名,便可予以释放:我知道,任何真正的基督徒均不能被说服去做以上任何一项行为。

图 9.5 基督教在犹地亚以一个犹太教派形式开始出现。图中所示为约旦河(Jordan River),传统所认为的圣徒约翰受耶稣施洗之地即位于附近。

图9.6 耶路撒冷的一片丛林，现今被信徒认定为"客西马尼园"（Garden of Gethsemane），耶稣在此地遭出卖而被捕。（《马太福音》[Matthew]，26: 36–57）

其他那些告密者向我揭发名字的人先是承认罪名，继而又否认；他们说，早在两年多以前，有的甚至在20年前就已不再是基督徒。他们与其他人一样向您及诸神的造像致敬，并辱骂基督之名。他们还声称，自己所有的罪责与过失加起来也不过如此：他们定期在某固定日期的拂晓前会面，每人如敬神一样轮流诵诗赞美基督，并立誓（并非为任何犯罪目的）戒除偷盗、抢劫、通奸行为，不违背诚信，受召归还定金时不予以否认。在此仪式之后，他们按惯例散去，稍后集合以食用普通、无害的食物；不过，事实上，自我在您授意下颁布法令禁止所有政治团体后，他们已经停止此类活动。这使我决意认为，通过刑讯向被他们称为执事的两位女奴寻得真相极为必要。除了极其冗长又有些颓废的仪式，我别无所获。

因此，我推迟了进一步审讯，急忙向您咨询。我觉得该问题似乎需要您的格外关注，尤其考虑到涉及人数之众；因为大量人众正待审判，其中包括各个年龄段和各个社会阶层的男男女女，而且这似乎还在继续。不仅是城镇，村庄和乡野地区也因与这种邪恶崇拜相关而受到影响。然而，我认为它仍然有可能得到控制，并向更好的结局疏导，因为毫无疑问人们已开始聚集在几乎全然废弃很久的神庙中；渐已消失的圣仪也重新举行，用于祭祀的牺牲肉食到处有售，不过到目前为止很少看到有人去买。从这些可以很容易推断出，倘若有忏悔的机会，会有很多人能够改过自新。

（《书信集》，10.96）

普林尼的记述颇具启发性，其原因很多。他对如何处理这一教派成员的不熟悉可以表明，迄至当时，帝国（尼禄除外）对甄别基督徒进行惩处的事务并未有太多关注。此外，很清楚的是，被指控为基督徒的人仍有很多机会进行否认（显然有很多人面对惩罚时的确提出否认）。事实上，普林尼几乎暗示，那些遭受惩罚者受罚的原因主要在于他们的固执而非他们的信仰。由于普林尼将基督教与图拉真针对政治团体的禁令联系起来，可见基督教在本质上被视为政治问题。指控某人为基督徒成为一种有利可图的行为，那些希望在个人、政治或经济上获益的人（当然其中不乏真正害怕者）便不负责任地对基督徒和非基督徒进行指控。

图9.7 在罗马梵蒂冈公墓挖掘出的通往"圣彼得墓"（Tomb of St. Peter）的入口。

普林尼也向我们描述了当时基督徒真正的信仰和惯例，尤其是他们的道德价值观念。尽管他认为"颓废的仪式"能够得到控制，但由于牵涉如此众多的生命，因而他请示皇帝以求对策。他提到的废弃神庙（他说他在对此问题进行补救）可能说明当时精神缺失的现状，从而使越来越多的人转而尝试基督教等新的信仰。此外，令人印象深刻的是他对于获取基督教相关信息的关注。普林尼没有拷问罗马公民的合法权力，但对奴隶完全可以，他在信中所述的两位女执事便是一例。

图拉真在回复普林尼所述问题的信中写道：

我亲爱的普林尼，在你对受控为基督徒者的案件审查中，你所遵循的程序是正确的，因为不可能将普遍法则定为不变之成法。这些人务必

活埋：误入歧途的维斯塔贞尼科尔奈利娅

基督徒所挑战的罗马宗教传统已经历数世纪之久，最终这种新信仰能取得胜利的确令人称奇。然而，基督教的繁荣发展离不开自希腊化时代以来便不断加剧的战争以及社会和经济灾难交织的大环境。传统宗教未能减轻这些灾难，令很多人陷入精神空虚。尝试体验不同崇拜和哲学思想的行为渐趋盛行，并在一段时间内持续升温。基督教所给予的如此之多——永生，需求却如此之少，既不需要金钱、也不需要文化学识，超越一切社会阶层，并以一位新近被害的现实人物作为核心形象。这种新型信仰在逐渐为其所替代的旧有宗教中适当汲取某些通俗因素，对帝国内的大部分人来说变得不可抗拒。基督徒愿意为信仰而死的事实显然也格外令人赞赏。

在古老的罗马宗教组织中，易于接受基督教的便是维斯塔贞尼。她们是灶神维斯塔的女祭司，负责举行维斯塔圣仪，保护罗马永恒之光不灭。除其他职能，她们还负责保管罗马杰出人士（如恺撒和安东尼）交给她们的遗嘱。在罗马帝国早期，图密善的首席贞尼是科尔奈利

图9.8 在一场宴会中由罗马首席祭司大祭司长（Pontifix Maximus）陪同的一群维斯塔贞尼。（卡皮托利努斯博物馆蒙特马尔蒂尼分馆，罗马）。

娅。她与其他一些祭司同伴似乎不满自己的独身誓言。不幸的是，她们对自己的非法行为不够谨慎。图密善在公元83年将其中三位处死，最终在公元90年对科尔奈利娅也施以惩罚：

> 针对维斯塔贞尼的不贞之举，他[图密善]经过较其父亲和兄长更为认真的调查之后，以处死违法者为开端，后来又采取传统的惩罚方式。这样，尽管他允许奥库拉塔（Oculata）姐妹和瓦罗尼拉（Varronilla）可以选择死法，并将其情人放逐，他后来还是下令活埋首席贞尼科尔奈利娅——在其第一次审判中无罪释放，但很久之后重又被捕并判刑，并下令将其情人在集会场（Comitium）乱棍打死。
>
> （苏埃托尼乌斯，《图密善传》，8.3–4）

尽管对科尔奈利娅并无更多专门记述，但通过古代著作家对维斯塔贞尼的普遍描述，我们得以了解关于其生平和去世的些许情况。对于将被选出服务女神的科尔奈利娅而言，她

> ……依照法律必须满六岁且不超过十岁。父母均需健在。她不能有语言缺陷或听力问题，或因任何身体缺陷造成容貌不端。……父母双方且任意一个均不可曾经为奴，或是从事低贱职业……

> 维斯塔贞尼一经选出，即被护送前往维斯塔神庙，交给"大祭司"（pontifices），她便立即脱离父亲的控制，无需释放仪式，也不会丧失公民权利，同时，她有权确立遗嘱……
>
> （阿乌鲁斯·盖里乌斯[Gellius]，《阿提卡之夜》[Attic Night]，12.1–3, 5, 9）

正如上文所引，科尔奈利娅与其同伴作为女祭司居住在位于罗马广场的维斯塔贞尼圣所（House of the Vestal Virgins）。对她们的条件要求相当清楚：

> 这些女祭司必须保持贞洁之身，三十年不得婚嫁，奉献牺牲并根据法令负责举行其他宗教祭仪。在第一个十年期间她们须学习这些祭仪；在第二个十年她们负责举行这些祭仪；余下十年她们须教授其他人。三十年期满之后，并无法令禁止她们丢下头巾及其他祭司服役标识而嫁人。然而，只有极少数人选择此种方式，在其余生中，她们的生活既不令人羡慕，也不快乐。因此，鉴于这些少数人的不幸命运，其余贞尼选择继续为女神服务直到生命终结，此后"大祭司"会另行任命新的贞尼接替逝者的位置。
>
> （哈利卡纳索斯的狄奥尼西奥斯[Dionysius of Halicarnassus]，《罗马古代》[Roman Antiquities]，2.67）

> 维斯塔贞尼大受尊崇。她们乘轿出行，行人为防止受到严厉惩罚而为其让路。如果一位正送去处决的罪犯恰逢维斯塔贞尼经过，则可得到豁免。尽管有如此地位和威望，倘若有贞尼误入歧途，特别是首席维斯塔贞尼（科尔奈利娅似乎不止一次被逮捕），则传统程序如下：
>
> > 如因小错，贞尼受鞭笞惩罚，有时大祭司长会在阴暗之处直接鞭打罪犯肉身，只覆盖一层幕帘。不过，违背自己保持贞洁誓言者，则被活埋于科林门（Colline gate）附近。这里有一处小土丘沿城墙内缘延伸一段距离。……之下建有一座小屋，有阶梯从上方通往下方。屋内放有带罩的长榻，点亮的灯，以及一小部分生活必需品，诸如面包，一碗水，牛奶和油，仿佛她们将通过饥饿的方式来摧残自己曾奉献于宗教最崇高仪式的生命，并以此来宽恕自己的罪行。此后，受罚者本人被放在担架上，并罩上覆盖物，用绳索捆牢，以便外界无法听到其内传来的任何哭喊声，这样被抬着穿过广场。那里的所有人都静默不语，并为担架让道，随后一言不发地跟着，心情极度沮丧。没有比这更为骇人的景象，也没有任何一天能比此时更能让这个城市显得悲情忧郁。当担架到达目的地后，随从解开覆盖物的绳索。随后，最高祭司双手伸向天空，诵念某些神秘的祈祷语，之后执行致命行动，完全被遮住的犯罪者被带上来，安置在通往小屋的阶梯。此后，他转过脸，其他祭司随其如此，她下去后收起阶梯，又有大量泥土扔入小屋的入口，将其掩埋，使该处与其余土丘达到同样的高度。这便是对那些违背贞洁誓言者的惩罚。
>
> （普鲁塔克，《努玛传》，10.4-7）

不再受到调查；如果他们被告发并且指控证明属实，则需受到惩罚，但若有任何人否认自己为基督徒，并以向我们的神明祈福来表明他们不是，则无论其先前行为如何令人生疑，均应因他们的悔改之心而得到宽恕。不过，流传的匿名小册子不应再作为指控的依据。它们开启极端恶劣之先例，与我们的时代精神极不相符。

（小普林尼，《书信集》，10.97）

从信中所述推断，图拉真似乎并未对基督徒给予太多关注。他赞同小普林尼的做法，但很明显他不想耗费国家资源去追查他们，也不希望自己的臣民视自己为迫害者。对于空穴来风的控告他不予考虑，反而更倾向于宽恕已经悔改的基督徒。他的意见似乎是听其自然，除非迫不得已才采取行动。大概有很多罗马人将此视做一项开明政策，但基督徒除外。大约85年之后，德尔图良对图拉真的立场作出如下夸张而又略带蔑视之意的回应，这似乎代表着多数基督徒的心声：

> 图拉真回复普林尼说基督徒不应受到追捕，但是，倘若他们受控被带上法庭，则应受到惩罚。这是多么矛盾和令人费解的决定！他说基督徒不应被追捕，意即他们是无辜的，然而他又坚持他们应受到惩罚，意即他们有罪。他宽恕他们，他迫害他们；他无视他们，他关注他们。你为什么用自己的决定自欺欺人？如果你谴责他们，为何又不追捕他们？如果你不追捕他们，为何又不开释他们？……事实上，你宣判一位被带上法庭的人有罪，尽管没人想追捕他，我认为，一个人应受惩罚不是因为犯罪行为，而是因为他被捕，尽管对他们的追捕已遭禁止。

（《护教》[*Apology*]，2.7–9）

世界变迁与宗教狂热

在德尔图良发出自己的反对之声时，对基督教持否定态度的普遍印象已更加严重。马尔库斯·奥里略任期内持续存在的生命危机在心怀恐惧的民众中激起了宗教狂热情绪，他们认为基督徒的行为冒犯了他们的神祇，必须受到惩罚。其教派成员不可避免地成为替罪羊，奥里略本人对基督教也并无好感，他认为帝国的动荡无序与他们的信仰和行为有一定关系。来自北非的修辞学家弗朗托对奥里略的想法起到了推波助澜的作用，他曾是后者的老师，后来二人成为密友，他这样谴责基督徒极其卑劣的宗教习俗：

> 在社会渣滓和因缺乏性生活而极易受害的轻信妇人中，他们聚集起一些无知者。这完全是由邪恶的阴谋者组成的一群乌合之众，他们在夜间集会、例行斋戒和野蛮的会餐中碰头……以进行亵渎神灵的祭祀；作为见不得光的秘密团体，他们在公共场合保持沉默，在黑暗的角落里喋喋不休。他们蔑视神庙，将其视做坟墓，他们对神祇吐痰，嘲笑我们的圣仪……他们蔑视政治机构和王权，半裸身体游荡……他们对眼前的酷刑嗤之以鼻，却害怕未来那些不确定的惩罚，他们恐惧死后的再一次死亡，却对现在要面临的死亡毫无畏惧！对他们而言，来生幸福的缥缈希

图 9.9 基督徒李维娅·普利米提瓦（Livia Primitiva）的石棺浮雕，约成于公元 3 世纪早期，由其姊妹在罗马祭献。虽然图形多有残破，不过其中值得注意的是浮雕包括基督教的主要象征，如处于中心位置的牧羊人和他的羊群，左首的鱼以及右首的锚。希腊文中的鱼（ἰχθύς）系"耶稣基督，上帝之子，救世主"（Jesus Christ, Son of God, Savior）的缩写，锚则代表拯救和希望。（卢浮宫，巴黎）

望使恐惧得到缓解……他们随处分享某种迷乱宗教，混乱地互称兄弟姐妹，这样，即使正常的性交关系也因这神圣称谓的使用而变成乱伦……任何人若宣称他们所尊崇的是一位因过受罚处死的普通人和木制的死亡十字架……他们便向这些无可救药的邪恶之人提供了十分适宜的信仰对象，使他们只是信奉自己应当信仰的。

随后，弗朗托进一步对基督徒的入会仪式和集会作出如下毫无根据的评述：

有关其皈依入会的传说正如其昭著的臭名一样令人反感。一名婴儿裹在生面团里用来蒙蔽虔诚者，并被放在正接受入会仪式者的身旁。入会者须击打面团表面，在他看来击打并无伤害，但他以这种方式使婴儿致死，只是伤口不为他所见。多么可憎的行为！他们狼吞虎咽地舔食婴儿的血，贪婪地撕解他的肢体，然后为此献祭的牺牲者盟誓，立誓相互为此共犯罪行缄口沉默……在神圣节日，他们聚在一起欢宴，并带上他

马尔库斯·奥里略的日常生活：王子感冒

尽管当今很多基督徒都会认为，在基督教的早期发展过程中任何对其发起迫害的人都疯狂、荒谬而又愚昧，但马尔库斯·奥里略的书信却证明情况并非如此。对公元177年发生在里昂广为人知的宗教迫害，奥里略持赞同态度。然而，在他24岁看望父母时曾写给老师、也是其终生朋友的弗朗托这样一封书信，其中体现了马尔库斯的勤奋、幽默感、良好的秉性以及对家人和朋友的爱。这封信也因其中包含的典型的人文关怀而颇具启迪意味。然而，作为皇帝的他要面对瘟疫、蛮族人的威胁以及公众反对基督徒的呼声。个人虔诚的宗教信仰以及弗朗托偏激的谴责最终使马尔库斯得出结论，基督徒应为帝国所面临的困境负有一定责任。

这位未来的罗马世界的统治者写道：

> 我们一切安好。由于事先准备了一些点心，我从早上3点到8点一直学习功课。在8点到9点之间，我仅穿着拖鞋惬意地在卧室前来回踱步。随后，我穿上靴子和短披风（因为有人通知我们要如此着装）前去向父亲问早安。我们都动身前去打猎，并做出英勇之举。有人亲口告诉我们猎得野猪，但我们却未能亲眼目睹。然而，我们的确爬上一座十分险峻的山。下午返回家中。
>
> 我又重新捧起书本。脱掉靴子和披风后，我在躺椅上待了将近两个小时。我在阅读加图的演说词《论普尔克拉的财产》(On the Property of Pulchra)，以及另一篇他弹劾保民官的演说词。"嗨，"你对手下的奴隶说，"以最快的速度去阿波罗书馆[在帕拉提乌姆山上，与皇宫相邻]为我取来这些演说词。"你派出他将是徒劳的，因为这些卷册在我手中！因此你不得不去讨好提比略书馆[也位于帕拉提乌姆山]的馆员。你大概会给他一些小费（我回城后，他将与我分享）。
>
> 在我仔细读完这些演说词后，我写出一些东西，但较为拙劣，只适于题献给水或火……
>
> 我似乎有点着凉；不知是因清晨穿着拖鞋散步的缘故还是由于写作得太差。我的确经常鼻塞，但今天我流的鼻涕非比寻常。因此，我打算在头上涂点油然后睡觉。今天我也不打算再给我的灯盏中添油，因为骑马和喷嚏已使我全身困乏。再见了，我最亲爱、最可爱的老师，我对你的思念（我敢这样说！）要远甚于罗马城。

（弗朗托，《书信集》[Letters]，4.5）

们的子女、姐妹和母亲，男女老少各色人等。酒足饭饱之后，宴会气氛高涨，迷醉兴奋激起酒后乱伦的淫欲，拴在灯下的狗因抛来的小块食物远在所拴绳索的范围之外而被吸引得向前猛冲。曝光一切的灯光令人不安，遂被熄灭，而在不知羞耻的黑暗中，他们随意放纵地相互拥抱，如果实际上并非如此，所有人共谋一同陷入乱伦境地……

（米努吉乌斯·费里克斯［Minucius Felix］中所记的弗朗托著作片段。《奥克塔维乌斯》［Octavius］，8.4–9.7）

由一位受信任的朋友口中听到此类诽谤之语，一向理性的马尔库斯·奥里略自然被说服，对基督徒形成极其恶劣的印象。不过，此时仍然没有大范围的迫害活动，反对该教派的举动多属地方性行为，并不协调一致。公元177年在高卢里昂的确发生一起极其残忍的迫害行动。

维比娅·佩尔佩图瓦殉难

在基督教早期历史中，最令人称道的事件之一便是公元203年3月7日22岁的维比娅·佩尔佩图瓦在迦太基殉难。经审理被判定为基督徒后，她被处以在竞技场中直面野兽之刑罚。此事发生在为塞普提米乌斯·塞维鲁的幼子盖塔庆生而举行的赛会期间。其时，塞普提米乌斯及其一家正在阿非利加行省的大莱普提斯。时任迦太基代理长官的希拉里亚努斯（Hilarianus）大概希望在这一天能够吸引皇帝的关注，便以此展现他对诸如佩尔佩图瓦及其基督徒同伙这类帝国的潜在敌人保持着警惕。塞普提米乌斯似乎并未注意到，他也没理由关注此事。

并无证据表明塞普提米乌斯本人对基督徒怀有任何恶意。他自己是一名塞拉皮斯神的忠实信徒，妻子尤利娅信奉埃拉伽巴尔神，他们在生活中一定曾因其宗教信仰而遭受某些偏见。基督教著作家德尔图良与塞普提米乌斯一样也来自阿非利加，在他的记述中（《致斯卡普拉》［Scapula］，4.5–6）可以看出，塞普提米乌斯的确曾出面保护上层基督徒免遭愤怒的暴民侵害，随侍他的一名医师（可能为他治疗痛风或关节炎）也是一位终生基督徒。他还提到，公元188年当塞普提米乌斯在里昂统治高卢时，尤利娅曾为卡拉卡拉雇佣一名基督徒乳母。当时距发生在里昂的基督徒大迫害仅过去十年时间。因此，塞普提米乌斯一家对基督徒相当熟悉，并与其中某些人颇为熟识。塞维鲁王朝的几位继任皇帝对基督徒也是同情有加。

然而，众所周知，塞普提米乌斯向来对任何关乎帝国安危的潜在威胁均不遗余力地镇压，同时，自图拉真以来，帝国对如何处理顽固的基督徒已经形成官方政策。他的个人感情与基督徒在法律上得到何种对待毫无关联。佩尔佩图瓦之死只是例行公事，对于公元200年即在他巡视埃及不久后发生在该地的迫害行动，这位皇帝显然也作如是观。

佩尔佩图瓦的个人轶事

与在该时期为信仰而殉难的其他基督徒相比，维比娅·佩尔佩图瓦殉难之所以格外引人关注的原因在于，她对自己生命最后时光的自述仍留存于今。该自述出自一篇名为《圣佩尔佩图瓦和费里基塔斯的殉难》(The Martyrdom of Saints Perpetua and Felicitas)的文稿中，后者来自《殉难基督徒行传》(Acts of the Christian Martyrs)。

佩尔佩图瓦生于阿非利加图布尔波（Thuburbo）城，出身世家，通过其自述来看，她显然受过良好教育。据说，她的真实经历与其所遗自述（不过我们需对某些后世编订者所做文字润色处存疑）相差无几；由于其文风直白简洁，这份自述的真实性得到普遍认同。

当维比娅被捕时，她虽然刚刚皈依基督教，但已完全倾心于此，因为她的热诚远远超出人们对一位新信徒的期许。父亲竭力劝她否认自己的信仰；但她的两位兄弟之一也是皈依不久的新信徒，她的母亲对此心怀同情。据说她是新婚不久，但奇怪的是她并未在自述中提及丈夫。在拘押期间，她一直照料着一位婴儿。

维比娅与其他几名年纪相仿的基督徒一同被捕。显然，他们同属于一个团体，除了佩尔佩图瓦，至少还有其他四位成员：两位名为萨图尔尼努斯和塞昆杜鲁斯（Secundulus）的年轻男子，一位名为雷沃卡图斯（Revocatus）的男奴，一位名为费里基塔斯（Felicitas）的女奴（通常被认为是佩尔佩图瓦的私人仆从）。传统观点认为，费里基塔斯有孕在身，并在狱中产下婴儿。该团体的领导者是另一位名叫萨图鲁斯（Saturus）的男子，当其成员被捕时他并不在场，但后来自愿投案。佩尔佩图瓦和其他人如何被捕一事尚不清楚。或许是他们年轻气盛，疏于审慎，引起当地统治者本不必要的关注。不论案情如何，他们此时都成为盖塔庆生赛会上竞技场中的展品。

维比娅在自述开始便描写入狱后父亲如何竭力说服她放弃基督教。她说，他是如此"愤怒于'基督徒'这个词"，乃至于她以为他要"将我的双眼抠出来"。这位父亲显然是一位对女儿充满深情且忧心挂怀的家长，不忍看到倔强的女儿受控于危险的宗教信仰。面对父亲意在动摇自己决心的恳求，维比娅将其视做魔鬼（Devil）之言，为自己能与之对抗而感到得意。

在父亲无功而返离开之后，维比娅如释重负，并为此后几日看不到他而感激主。在此期间，她与朋友们一起接受施洗，随后便被捕入狱。佩尔佩图瓦描述了此后发生的事情：

> 几天后我们便被捕入狱；我害怕至极，因为先前从未在这样的黑洞中呆过。这是多么艰难的一段时光！由于人数众多，高温令人窒息；还有兵卒的敲诈勒索；更为糟糕的是，我在那里因担心孩子而痛苦不堪。
>
> 不久，特尔提乌斯（Tertius）和蓬波尼乌斯（Pomponius）两位神赐的执事尽力关照我们，他们买通士卒允许我们前往狱中条件较好的牢室休息几个小时，以使我们重新振作。随后每人离开地牢自行活动。我为孩子喂奶，他已经因饥饿而虚弱不堪。我焦虑地与母亲提起孩子的事情，又努力安慰我的弟弟，并将孩子托付给他们。看到他们为我而遭受痛苦，我也难受不安。这样的磨难我忍受了数日。之后，我获准让我的孩子与我待在狱中。由于无需为孩子而担忧和焦虑，我立刻如释重负，恢复健康。我的监牢突然变成官殿，比其他任何地方都让我神往。
>
> （3.4–9）

通过以上段落可知，维比娅的父亲没有陪同妻子和儿子（维比娅信仰基督教的弟弟）前去探监似乎说明女儿此种行为令他深感不齿。维比娅提及的两位执事自然对这些年轻教友的困境格外关心，并出资打点狱卒令他们能得到特殊待遇。或许也正是这两位执事将维比娅的儿子带给她哺乳，因为孩子似乎并未与她的家人住在一起。倘若如此，她就没必要将孩子托付给她的母亲和弟弟。最终，她得以与儿子待在一起。

两位执事对狱中的维比娅及其教友的援助颇具矛盾之处，令人费解。倘若此时即如某些人所说，罗马官方仅仅因为他们身为基督徒便加以拘押，为何这两位执事以及维比娅信仰基督教的弟弟能够获准来去自如地探监？如果说他们对自己的基督徒身份保密有加，只有入教者知晓，这显然不太现实。单是他们对狱中基督徒所表现出的关爱就足以引起官府对其身份的怀疑。显然，没人在意他们。佩尔佩图瓦及其他入狱教友不同于认识他们的基督徒的唯一区别就在于前者是新近才皈依基督教，这也必定是他们被捕的原因。他们作为一个团体均被捕入狱，并且他们与其领导者（令他们皈依基督教）均在拒绝放弃信仰后被处决。

在此案中所执行的官方诉讼程序系遵循一项据称由塞普提米乌斯·塞维鲁颁布的法令，该法令宣布禁止任何人皈依基督教。由于没有充分证据表明塞维鲁曾颁布过这样一项法令，因此也可以说是当地行政官员为阻止基督教势力的扩大而自行决断实施这样一项政策。迦太基的希拉里亚努斯似乎便是如此。

维比娅继续这样写道：

> 几天后，有谣言盛传我们将被审讯。父亲也火急火燎地从城中赶来看我，希望能说服我。
>
> "女儿啊，"他说，"可怜可怜这满头白发，可怜可怜你的父亲吧，如果我值得你这样称呼，如果我对你的宠爱胜过你所有的兄弟，如果我曾将你养育到如此青春年华。不要抛弃我而令我备受他人指责。想想你的兄弟们，想想你的母亲和姨母，想想你的孩子，你走之后他的生命将难以为继。放弃你的自尊吧！你会毁了我们所有人！如果你有任何不测，我们任何一个都不可能再畅所欲言。"
>
> 这便是我父亲出于对我的深爱而说出的一番话，他亲吻着我的手，跪倒在我面前。双眼含泪的他不再待我为女儿而是一位女人。看在父亲的份上，我深感歉意，因为在我所有的亲人中，只有他会为我的遭遇而悲伤。
>
> 我极力安慰他说："在被告席上一切都会按照神的旨意进行；希望你要相信我们没有被抛弃，而是都处于他的掌控之中。"
>
> 随着他的离开，我陷入巨大悲痛。
>
> （5.1–6）

似乎没有哪个女儿能有一位比这更关心自己的父亲（不过他的行为不免也有部分原因系出于自私）；他自己说他对她的爱要甚于儿子们，这对古代世界的父亲来说极不寻常。显然，他认为不是宗教信念而是自尊心支配着女儿的行为。当时很少有人会有不同想法。她为一个"堕落的崇拜"而殉难在人们看来毫无意义并且有失体面。

维比娅父亲的一席话可能会令很多人感动至深。对她来说,这只不过是魔鬼最后一次劝诫她的企图,对她没有丝毫影响。她继续这样写道:

> 一天,我们正在吃早餐时,突然被催促前去接受审讯。我们来到法庭,消息迅速传开,法庭附近的居民纷纷前来,很快就聚集起一大群人。我们走上被告席。其他所有人被审问时都承认自己的罪行。随后轮到我时,父亲带着我的儿子出现了,他将我拉下台阶,说道:"执行献祭吧——权当为了你的孩子!"
>
> 长官希拉里亚努斯作为前任总督米努吉乌斯·提米尼亚努斯(Timiniannus)的继任者也获得了司法权,他对我说道:"可怜可怜你满头白发的父亲;可怜可怜你尚在襁褓的儿子。为诸帝[指塞普提米乌斯、卡拉卡拉和盖塔]的福祉奉献牺牲吧"。
>
> "我不,"我回绝道。
>
> "你是基督徒吗?"希拉里亚努斯说。
>
> 我于是说:"是的,我是。"
>
> 父亲仍坚持要尽力劝我,希拉里亚努斯命人将他推倒在地并且棍棒相加。我为父亲而悲伤,仿佛是我自己被打一样。我也为他可悲的老年而难过。
>
> 随后,希拉里亚努斯对我们所有人通过审判:我们被判处喂食野兽;我们兴高采烈地回到狱中。我的孩子已习惯母乳喂养,并与我待在狱中。于是我请执事蓬波尼乌斯直接去父亲那里要回孩子。但父亲拒绝将孩子给他。不过,蒙上帝保佑,孩子不再想吃母乳,而我也没有任何炎症;这样,我如释重负,不再为孩子及任何乳房不适而焦虑。

(6.1–8)

正如维比娅父亲曾指出的,她赴死的意愿中掺杂着很多的自尊。在上述引文中,她似乎对"很多人"聚集观看她和教友的审判深感自得。她父亲仍然试图劝说她,甚至抱着她的幼子(没有任何解释说明他何以得到婴儿,以及为何维比娅的母亲或兄弟均未再出现)。她固执的拒绝导致父亲受辱并遭受身体摧残。她说她为此深感自责,但她没有任何行动。即使是职官希拉里亚努斯也多次给她改变想法的机会,这种官方做法似乎与图拉真所阐述的基督徒政策极为吻合。她是一位有身份的少妇,他更希望能避免对她判刑。然而,她却在围观的众人面前自豪地回答他的问题:"你是基督徒吗?""是的,我

家务事：卡尔普尔尼娅（Calpurnia）作为孤儿、妻子、侄女和孙女

关于罗马时代日常家庭生活的洞见较为稀少，维比娅·佩尔佩图瓦与父亲的关系当然在诸多方面具有启迪作用，不过针对这一具体事例，不免令人紧张。一位名为卡尔普尔尼娅的年轻妇女从侧面为我们补充了很多与此相关的信息，即在一个罗马家庭中诸多个体的交互影响；只是她生活在公元2世纪，且社会地位要高于佩尔佩图瓦。卡尔普尔尼娅是小普林尼（文中他处多有引述）的妻子，通过普林尼和她及其姑母、祖父的通信交流，我们了解到很多信息，如关于丈夫与妻子的关系，对女方亲属的关心，以及一位女婿如何处理与女方亲戚的关系。当然，由于卡尔普尔尼娅已是普林尼第三任妻子，故此他对最后一种事务的"谋略"已了然于胸。此外，他自童年时期便与她的家庭相熟，卡尔普尔尼娅的祖父卡尔普尔尼乌斯·法巴图斯（Fabatus）是一位通过个人努力而业有所成的富人，他负责管理普林尼在出生地科穆姆（Comum；即今意大利北部地区的科莫）的田产。

普林尼和卡尔普尔尼娅的年龄差距较大（通过下文所引普林尼的记述，她似乎还不满20岁），但这在罗马人中并不罕见；普林尼暗示，最初为便宜行事而结成的婚姻最终收获了爱情。卡尔普尔尼娅是一个孤儿，她的姑母和爷爷（她父亲的姊妹和父亲）当然将他们的朋友普林尼视做能为其提供良好条件并照顾她的如意伴侣。并非所有罗马的家庭关系均如这个家庭一般如此富有同情心，但值得注意的是这与我们自己对家庭关系的看法如出一辙。

不幸的是，普林尼和他年轻的妻子因流产而膝下无子（见下文）。卡尔普尔尼娅后来可能陪同普林尼前往比提尼亚—本都（在罗马帝国东部）赴任，因为皇帝图拉真任命他前去管理此地（约公元110年）。然而，当她祖父意外去世时，她不得不返回意大利陪伴姑母。由于普林尼不久便离世而去（约公元113年），卡尔普尔尼娅再也没能见到丈夫。

以下是出自普林尼书信的数封信件，按时间先后顺序排列。请留意收信人姓名的相似性及其阳性与阴性的对应名称，这是罗马家庭内部取名的惯例。

致卡尔普尔尼娅·希斯普拉（Hispulla）——普林尼妻子的姑母《书信集》,4.19）

您是家庭亲情的楷模，深爱着您卓越而虔诚的兄弟，即如他对您的爱一样；您深爱他的女儿视如己出，代替了她所失去的父亲，于她而言，您已不仅仅是一位姑母。我知道，如果您听到她已证明自己没有辜负父亲、祖父和您的消息，您一定会感到欣慰无比。她不仅天赋异禀，而且是一位极其细心的家庭

主妇，她对我的挚爱便是其美德的最佳体现。此外，这种爱已经激起她对文学的兴趣：她收藏我的著作抄本并反复诵读，甚至用心记住。当她知道我要前去法庭辩论时，她心急如焚，而当其结束时她又兴高采烈！（她安排人随时通知她我所受到的评价和赞赏，以及案件中我所赢得的判决。）当我在朗读时，她坐在不远的帘子后，沉醉于每一个赞赏之词。她甚至将我的诗行赋曲，伴着手中的里拉吟唱，无需任何乐师教授而完全由爱——最好的教师——而生。

所有这些使我完全有理由希望我们共同的幸福可以天长地久，并且与日俱增，因为她并非爱我的年龄和容貌，这些会逐渐变老衰残，她爱的是我追求声誉的抱负；由您亲手抚养并在您的教导下训练出来的人不会有其他杂念，在您的陪伴下她看到的只有纯洁和高尚的事物，在您的指点下她努力学习如何爱我。因为您像女儿一样尊敬我的母亲，自我少年时期就给予我指导和鼓励；您总是说我应该成为这样一个男人，就像现在我的妻子眼中这样。请接收我们共同的谢意，因为您使我们成为百里挑一的天作之合。

致卡尔普尔尼娅——他的妻子（6.7）

你说你因我的离开而痛苦万分，

图 9.10 与卡尔普尔尼娅及其丈夫小普林尼同时代的一位罗马妇女雕像。（卡皮托利努斯博物馆，罗马）

没有我在身边你唯一的慰藉便是手捧我的著作，经常将它们放在身侧我的位置上。我很乐于想到你思念我并用此种慰藉得到安慰。我也总是在读你的来信，一遍一遍地仿若初见，但这只能燃起我对你更强烈的思念之火。若你的来信对我尚且如此珍贵，你可以想象有你相伴我会多么欣喜；尽量多写信给我吧，尽管你带给我的总是快乐与痛苦并存。

致卡尔普尔尼娅（7.5）

你无法想象我有多么思念你。我如此爱你，我们都不习惯这种分离。因此，我几乎每天夜晚因想着你而久不能寐，白天，每当我通常前去找你的时辰来临，我发现双脚将我带到（这是个恰当的词汇，带到）你的房间；随后便发现人去屋空，只得离开，仿佛被拒之门外的情人苦恼而悲伤。只有当我在法庭专注于朋友的案件时我才能远离这份痛苦。那么你可以断定我在过怎样的生活，在工作中寻得休憩，在琐事与焦虑中获取消遣。

致卡尔普尔尼乌斯·法巴图斯——他妻子的祖父（8.10）

我知道您老急切盼望我们能为您添一曾孙，因此当您听到您孙女流产的消息您将格外悲伤。由于年轻，并且缺乏经验，她竟不知道自己有孕在身，没有采取适当的防范措施，做了一些本不该做的事情。她得到了惨痛的教训，为她的错误付出了代价，因为此事甚至危及她的生命；因此，尽管您老在年迈之际失去本已孕育的后代不免难以接受，但是您应该感谢诸神保佑您的孙女平安无事，不过他们暂时没有赐予婴孩这般福祉。日后他们一定会赐予我们孩子，尽管此事本属不幸，但我们可以此作为她生育能力的见证而充满希望。

现在我将对自己的安慰与鼓励同样送给您，因为您对曾孙的企盼不会甚于我盼子之心这般热切。他们作为我们两家的后代会官运亨通；我可以留给他们远扬的美名和稳固的家世，只要他们能尽快来到，让我们将现在的痛苦变成喜悦。

致卡尔普尔尼娅·希斯普拉（8.11）

想到您是多么深爱着您的侄女，甚至比母亲更慈爱，我觉得我应将此讯息中的后半部先行告诉您，以便喜悦先行而不再过于焦虑。然而，我担心您的轻松又要变成担忧，听到您侄女脱离危险的欣喜之情会因对她死里逃生的惊恐之心而回落。目前她正在恢复良好的精神状态，自觉已近恢复，她开始以自己逐渐恢复的过程思量自己所经历的危险。危险的确是严重的——我希望我现在可以安全无虞地这么说——不是她自己的错，可能错在她的年轻。由此，她的流产是未尝觉察有孕的惨痛证据。所以，尽管您还没有侄孙出生以慰藉您丧弟之痛，但您要相信这种慰藉只是推迟而已，并非绝然之事。我们寄希望于她，而且她已逃过此劫。同时，请您向尊父解释一下这次意外，因为对此类事件女人更易于理解。

是！"得到此番彻底的回绝后，她的父亲带走孙儿，并拒绝还给维比娅。显然，对于母子分离的内疚感，她深信这是上帝的安排，因此便坦然接受。

数日后，维比娅在祈祷时说，她对自己突然说出离世已久的弟弟迪诺克拉特斯（Dinocrates）的名字甚感惊奇。迪诺克拉特斯7岁时死于面癌，而维比娅多年来从未想到他（可能是指他死后在宗教意义上的受难）。迪诺克拉特斯不可能曾受洗礼，而此时维比娅自我拯救的祷告和想法可能促使她为他祈祷。她说她夜以继日地为迪诺克拉特斯祈祷直到她深信"他已从痛苦中被解救出来"。此时，她和教友已被移至军事监狱："因为我们将在皇帝盖塔生辰之际举行的作战赛会中同野兽肉搏。"

随着生命末日的临近，维比娅及其教友的行为甚至引起监牢狱官（据传统观点认为后来也成为基督徒）的敬佩和同情，他们为信仰而死的决心令他深深感动。当然，这也是促使很多人将基督教视为真正信仰而皈依的一种原因。再次强调，此处评论对基督徒并无任何敌意，只是遵从惯例评说而已。维比娅伤心欲绝的父亲最后一次来看她。她这样写道：

> 数日后，一位监管牢狱的副官普登斯（Pudens）意识到我们心中拥有某种伟大的力量，开始对我们尊敬有加。他还开始允许很多人前来探监，以相互安慰。
>
> 由于赛会之日正在临近，父亲怀着巨大的悲恸前来看我。他开始拔下自己的胡须并扔到地上；继而倒地开始诅咒自己的年迈，并说出将感动万物的话语。我为他不幸的老年深感同情。
>
> （9.1–3）

佩尔佩图瓦的最后记录止于赛会前夜，因为她死于赛会。她表明，即将到来的战斗不是同野兽的搏斗，而是同魔鬼的战斗，她坚信自己会是胜利者。据说她被一头小母牛抛掷而受伤，后来被一名角斗士杀死。

佩尔佩图瓦的梦

在维比娅被押期间，她做了一系列复杂的梦。这些梦使她殉难的故事异常特别，使之充满唯灵论精神，在多个世纪为虔诚的基督徒所景仰。显然，维比娅是一位处在绝望境地感受颇丰的人，但这些梦的完整性令人疑惑她如何能这般精确地记住它们。然而，即使其中有所篡改，变动之处似乎微乎其微。这些梦的确如梦一般,缺乏在虚构的幻象中存在的某种"基督教色彩",具有凡人因素,包含非基督教意象,这是某些初入教者所具备的特点。此外,试图解释维比娅梦境的现代学者(多为弗洛伊德学派[Freudians]和荣格学派[Jungians])发现其中有很多已被公认的原型形象。

从现实和影片中看罗马人Ⅳ:《角斗士》与角斗士

奥斯卡最佳影片《角斗士》是好莱坞罗马历史主题影片中的新近之作。其内容是有关一位来自西班牙的罗马人马克西姆斯(Maximus)的传奇故事:由将军变成奴隶,由奴隶变成角斗士,成为角斗士后反抗皇帝。在其悲剧命运结束之前,马克西姆斯将拯救罗马,为自己被杀害的家人报仇,并与他的迫害者马尔库斯·奥里略之子康茂德在克罗塞乌姆竞技场决斗,最终杀死后者,恢复荣耀。无论故事线索如何不真实,我们在这里所关注的是影片中涉及角斗士的内容。

人们会以为一部以《角斗士》命名的电影对角斗士的刻画定然精细而准确。与此相反,其处理老套而肤浅,角斗士的格斗场面多是为观赏效果而设计。尽管其中

图9.11 "色雷斯"角斗士(Thraex)头盔,独特之处在于其顶端的狮鹫冠。(卢浮宫,巴黎)

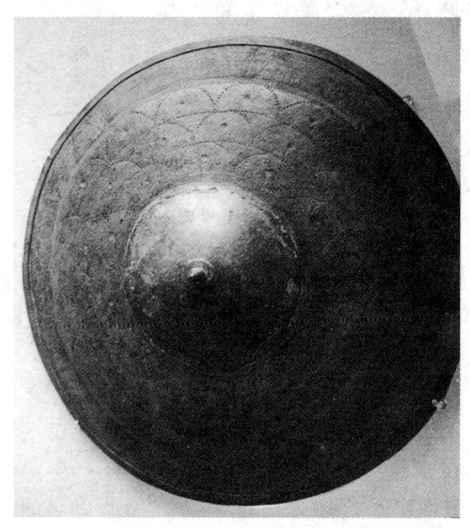

图 9.12 另一类被称做"hoplomachus"的重装角斗士所使用的小型青铜圆盾。人们常将他们与"色雷斯"角斗士相混淆,前者所用的护盾呈方形(见图 9.13)。影片中的角斗士们似乎并不知道他们应该持盾。(大英博物馆,伦敦)

形态的不同分为各种特定类别。最为著名者有:"鱼冠"(murmillo),简单地说,是佩戴无装饰羽冠头盔者;"色雷斯",系着狮鹫冠头盔者;"追捕者"(secutor),头盔将头部完全覆盖者;"三叉戟"(retiarius),不戴头盔而使用三叉戟和渔网格斗者。除最后一类外,其余类型的角斗士均按各自等级持特定护盾。然而,在电影《角斗士》中似乎没人对此有所了解,多数格斗者甚至不知道他们应配有护盾。

影片《角斗士》中所刻画的混战镜头似乎更像是谁都可以参加的"自由竞赛",无论竞技水平如何,终至格斗而死。实际上,角斗士通常单对格斗。群战景象较为少见,不过一旦发生,其恢弘程度要胜于影片中所刻画的任何景象,其地点也不仅限于克罗塞乌姆竞技场。角斗士中更多的是尽可牺牲的二流斗士,不同于经过严格训练的专业者,后者才是竞技场上的"明星"。通过影片中马克西姆斯对敌手砍头断肢的常规方法,人们可能永远也不会想到,角斗士所用的剑主要是用来刺戳的。它们边缘并不锋利,无法如此迅速致伤。当然也有女性角斗士,但并非如影片中自马车放箭的那些人,她们的表现不仅看似刚刚从时装展台走下来,而且也不可能在座无虚席的露天竞技场内拉弓射箭。

影片《角斗士》也使人们牢牢记住由来已久的手势语"拇指向上"和"拇指向下"标志着角斗士的命运。实际上,拇指向上并不代表人们想宽恕倒地的格

一些头盔系根据博物馆真正的残片复原而成,但许多格斗者出场时所使用的服饰离奇古怪,完全不合史实。马克西姆斯本人搏斗时,有时没有任何保护,只是身着奴隶服装,配上圆盾和宽腰带,有时身着他的各种军事装备。他只有一次佩戴头盔,其目的是为伪装,而不是保护自己。在他与强大的高卢的底格里斯(Tigris of Gaul)充满戏剧性的决斗中,他至少还佩戴了护臂,却被错误地放在持盾手臂上,令其持剑手臂裸露于外,易受攻击。真正的角斗士装束并非如此随意,其设计多来源于自然界的生物或是罗马历史上的敌人,根据

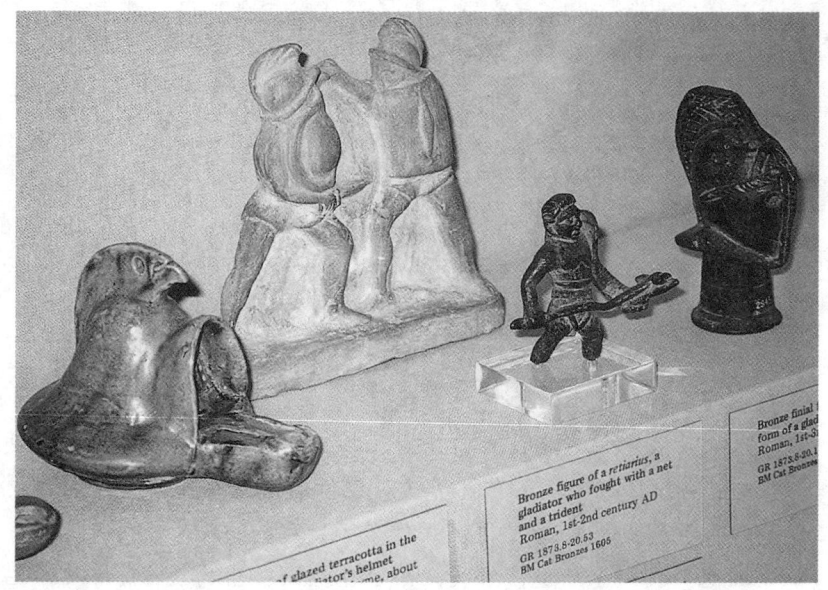

图 9.13 与角斗士相关的小型物件。从左至右依次为：角斗士头盔形状的灯；"重装角斗士"（左）与"色雷斯"角斗士角斗；"三叉戟"角斗士的青铜像，斯巴达克即属此类角斗士；"追捕者"（secutor）角斗士头盔之形的青铜顶饰。（大英博物馆，伦敦）

斗者，其真正意义是想让他死。为了能救下喜欢的角斗士，最具说服力的证据便是挥动白色的物品或托迦的衣角，这在角斗士命悬一线时能立即提供认可。

最后，在好莱坞传统中同样流行的是，角斗士总是以"将死之士向您致意"一语向皇帝致敬，但这是值得怀疑的。单以苏埃托尼乌斯《克劳狄传》（*Claudius*，26.1）中一段叙述为例，这种表达方式甚至与竞技场中的角斗士格斗没任何关系。由于格斗并非总是致死，同时皇帝也并不总是亲临，因此这种致意方式并不能作为角斗士的一种惯例加以推广。

早期的基督徒当然认为佩尔佩图瓦的梦与灵感相通，将其中的内容直接与基督教神学和她与魔鬼的斗争联系起来。第一个梦出现于她被捕入狱后不久。她的兄弟建议她向上帝祈祷以预见自己的生死。次日，她告诉他如下梦境：

> 我看见一架高耸入云的青铜梯子，一直通往天堂，但梯子过于狭窄，

一次只容一人攀爬。梯子两旁附着各种金属武器：有剑、矛、钩、匕首和长钉；因此，如果有人试图随意攀爬或不加注意，他会被划伤，肉也会粘在这些武器上。

在梯子底端卧着一条巨龙［蛇？］，它会攻击任何试图攀爬者，并尽力恐吓他们不这样做。萨图鲁斯［维比娅所在团体的领导者］第一个前去攀爬，他是在后来主动投案的。他是我们勇气的来源，不过我们被捕时他并不在场。他到达梯子顶端，回头对我说："佩尔佩图瓦，我在等你。但是务必小心；不要让巨龙咬到你。"

"它不会伤害我的，"我说，"以基督耶稣的名义。"

那条巨龙似乎害怕我，慢慢地从梯子底端探出头来。这样，以此作为我的第一步，我踩着它的头攀爬而上。

随后我看到一个巨大的花园，其中有一位牧羊人装束的白发老人坐在那；他身材高大，正在挤羊奶。在他周围站着成千上万的白衣人。他抬起头望着我，说道："很高兴你来了，我的孩子。"

他唤我到他身边，给我一小口他刚刚挤出的奶；我将其捧在手心一饮而尽。此时所有站在周围的人都说道："阿门！"话音刚落我便醒来，口中仍有甘甜的余味。我立即将此事告诉兄弟，我们意识到我将不可避免地遭受厄运，自此以后，我们对此生不再抱有任何希望。

（4.3–10）

对于虔诚的基督徒而言，这个梦的意义不言而喻。佩尔佩图瓦和萨图鲁斯战胜魔鬼（即巨龙或蛇的形象）而登上天堂，他们在那里受到耶稣的欢迎。

在下文引述维比娅的三个梦境中，第一个是关于她已故弟弟迪诺克拉特斯遭遇的痛苦，第二个是她精神上的净化和洗礼（这是她祈祷的结果），最后是她在竞技场上即将面临的折磨。第三个梦正出现于她与野兽搏斗的前夜，梦中佩尔佩图瓦变成一位男子与埃及人摔跤：

在我们将要与野兽搏斗的前一天，我见到如下梦境。执事蓬波尼乌斯来到监狱门口，并大声敲门。我出去为他打开门。他身着白色托伲，并未束腰，脚穿一双精致的凉鞋。他对我说："佩尔佩图瓦，来吧；我们在等你。"

然后他拽着我的手，我们开始穿过一片崎岖不平的区域。最终我们气喘吁吁地来到竞技场，他带我走向竞技场中心。

然后他告诉我:"不要害怕。我在这,同你一起战斗!"随后他便离开了。

我诧异地望了望熙攘的围观人群。我很惊讶竟然没有为我放出野兽;因为我知道我被判以野兽袭击之死刑。此时出来一位埃及人同我搏斗,他面部狰狞,还带有几名帮手。同时也有几位英俊的年轻人向我走来做我的帮手和助手。

我脱去衣服,突然之间变成一个男人。我的助手开始为我全身涂油(即如他们在竞赛之前的惯例)。

随后我看到对面的埃及人在尘土中滚动。紧接着出现一位身形巨大的人,其高度足以到达竞技场顶部。他身着紫色托伲,并未束腰,有两条饰带(每侧各一条)沿胸部中线垂下。他穿着的凉鞋竟由金银制成,他手握权杖,仿佛一位运动教练员,同时握有一段结着金苹果的绿枝。

他要求全场安静,然后说道:"如果这位埃及人打败了她,他将用这把剑杀死她。但如果她打败了他,她将得到这段枝干。"他随即退场。

随后我们开始靠近对方,施展拳脚。我的对手试图抓住我的双脚,但我持续用脚锤击打他的脸部。随后我被举在空中,我开始在外围袭击他,就像能接触地面一样。随后,当我注意到对方稍有停顿,我双手紧握,两手手指紧扣,并拢住他的头。他脸面朝下而倒地,而我踩住他的头。

人群开始欢呼,我的助手开始吟唱赞美诗。我随即走向教练员并接过枝干。他亲吻我并对我说:"愿和平与你同在,我的女儿!"我开始

图9.14 佩尔佩图瓦在竞技场格斗的梦境是有事实根据的。图中系公元1—2世纪时期的浮雕,以纪念阿玛宗(Amazon)和阿吉拉(Achilla)的服役与开释,说明妇女也参与角斗竞技。(大英博物馆,伦敦)

在胜利的欢呼中走向生命之门。此时我便醒来。我意识到我将不是与野兽,而是与魔鬼搏斗,但我已明了我将赢得胜利。

(10.1–14)

正如对其他梦境一样,佩尔佩图瓦(以及其他基督徒)只是在基督教背景下对其做出解读。她与以埃及人(大概由于新近在埃及发生的基督徒迫害事件)形象出现的魔鬼搏斗,而那位异常高大的角斗士教练员作为基督的形象裁判比赛,并奖励她枝干。然而,对佩尔佩图瓦梦境的现代心理学分析则说明她殉难的某些原因远非表面看似那么简单,同时也表明她深受困扰。对其行为的解释是多种多样的,例如年轻女子摈弃当下社会生活,冲破"传统的父权制家庭观念"的束缚,或是在寻求与异性群体兄弟般或无性别差异的关系。基督教只是满足她这些欲望的方式而已。

如果能确切知道维比娅·佩尔佩图瓦皈依基督教的初衷再好不过,但显然这个问题少有提及。有关她的丈夫和新生婴儿这些令人费解的背景或许能提供一些线索。佩尔佩图瓦自己从未提及丈夫。他已故去?或是抛弃了她?还是远逃?他是否真的存在(这个孩子可能是私生子)?如果能回答这些问题,那我们就能更好地了解佩尔佩图瓦的皈依动机。目前我们所知的唯有她在基督教中发现死亡是解决她**所有**问题的答案。尊其为圣徒则是这种信仰给予她的回报。

罗马帝国晚期的基督教

君士坦丁对基督教的认可及后来对基督教的偏爱使这个刚刚摆脱束缚的宗教开始兴旺发展。君士坦丁在四帝共治制瓦解(甚至未及其创立者过世便瓦解)后的内战中获胜,并于公元324年成为唯一统治者,他确保基督教取得最终胜利,并成为东正教(Orthodoxy)坚定的拥护者。考虑到此

图9.15 君士坦丁。(卢浮宫,巴黎)

> ## 佐伊斯与安提帕特离婚
>
> 我们并不知道佩尔佩图瓦是否在不久前离婚,倘若如此,其离婚程序与下文所引内容大致相类。该离婚案件发生于公元前13年的埃及(当然,维比娅来自迦太基附近的阿非利加北部地区),尽管距佩尔佩图瓦生活的时代较为久远,但其行文简单直白,多数条款大概在公元3世纪仍在使用:
>
> 赫拉克里德斯(Heraclides)之女佐伊斯由身为监护人的兄长、赫拉克里德斯之子伊莱奈乌斯(Irenaeus)陪同,和芝诺(Zeno)之子安提帕特,致普罗塔尔库斯(Protarchus;政府官员的称谓):
>
> 佐伊斯和安提帕特同意双方彼此分离并断绝共同生活的约定……佐伊斯同意安提帕特将他作为她的嫁妆已接受的物品返还给她,即价值120银德拉克马的衣服和一对金耳环,并由其家人交出。双方同意此后婚约将无效……自今日起佐伊斯另嫁他夫或安提帕特另觅新妻都是合法的,双方均无权起诉。
>
> (《草纸选辑》[*Select Papyri*],卷六[BGU1103])

时罗马公民中的基督徒数量之巨,他所选择的立场必然具有政治和宗教的双重意蕴。公元330年他将帝国都城迁至东方君士坦丁堡的原因之一便是迎合这种信仰:新的宗教需要新的国都,一个未经往昔诸多信仰沾染之地。

正如所有成功的运动一样,基督教的胜利所带来的影响也是喜忧参半,有利有弊。作为其建制的一部分,教堂弥补了先前在资源和权力上的缺失。领导阶层开始以其优势地位从中渔利。那些期望基督教来解决社会弊端的人大失所望。异教徒和无信仰者遭到基督教的反攻倒算。最终,统领东西部帝国的最后一位伟大的罗马皇帝狄奥多西(公元379—395年)下令关闭那些残留的旧有宗教圣所,并没收其财产。运行了千年的德尔菲圣所默然关闭,奥林匹克赛会(Olympic Games)也在公元393年宣告解散。随着狄奥多西的首席宗教顾问,时任米兰主教的安布罗斯(Ambrose)一手导演了罗马帝国的彻底基督教化,奥古斯丁和哲罗姆(Jerome)也已经开始为中世纪教会(Medieval Church)奠基者。古代世界的大门就此完全关闭。

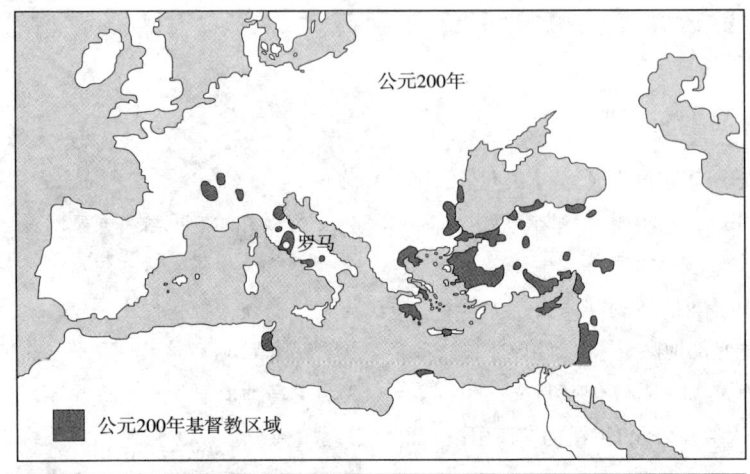

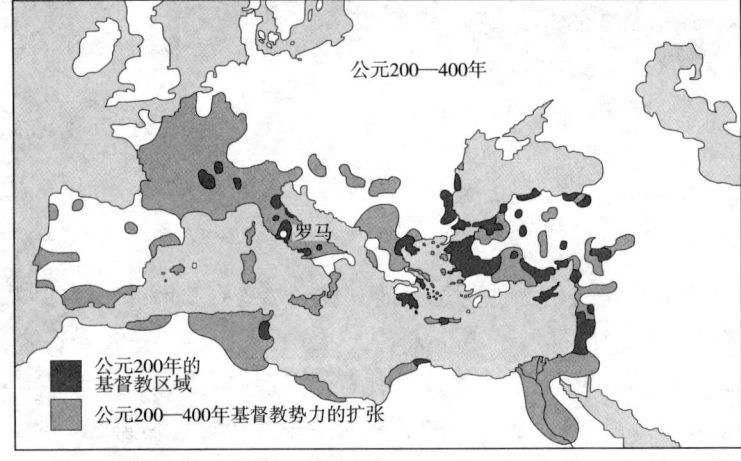

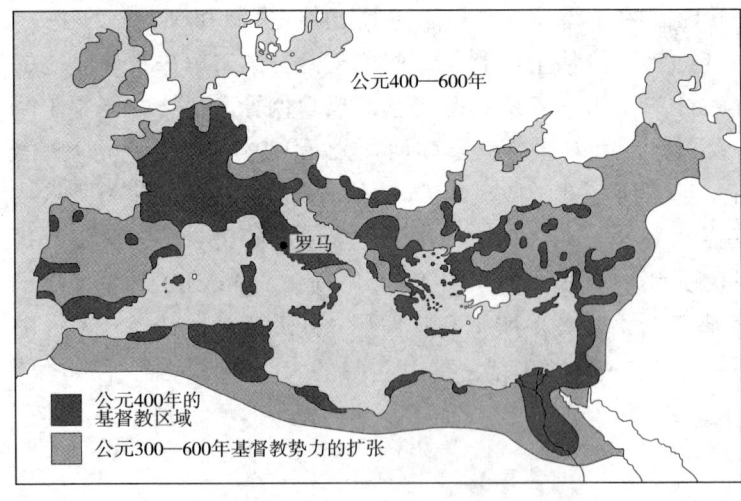

地图 21
基督教的传播。

第 9 章 危机与基督徒

图 9.16 地板中心的马赛克镶板，来自英国多塞特郡（Dorset）圣玛利辛顿（Hinton St. Mary）一座罗马时期的建筑。由于其中所包含的基督符号以及代表永恒的石榴，该作品被视为已知最早的基督形象。（大英博物馆，伦敦）

图 9.17 公元 5 世纪末期一座基督教教堂中已残损的马赛克作品。（卢浮宫，巴黎）

图 9.18 现存最早的一组基督教主题银箔，发现于英国沃特牛顿（Water Newton）。这些公元 4 世纪时期的宝藏颠覆了早期基督徒均非常贫穷的流行观念。（大英博物馆，伦敦）

阅读建议

与基督教相关的重要古代文献在行文中已多有引述。《圣佩尔佩图瓦和费里基塔斯的殉难》(*The Martyrdom of Perpetua and Felicitas*) 存于牛津版（1972 年）《基督徒殉难者行传》(*The Acts of the Christian Martyrs*) 中，由 H. 穆苏里奥（H. Musurillo）翻译并写作导言。J. 索尔兹伯里的著作（J. Salisbury, *Perpetua's Passion*. New York: Routledge, 1997）是有关这一主题的重要论著。另外可参见：G. Clark, *Women in Late Antiquity: Pagan and Christian Lifestyles*. New York: Oxford University Press, 1993。关于基督教的论著颇丰，其中包括：W. Frend, *The Rise of Christianity*. London: Darton et al., 1984; R. MacMullen, *Christianizing the Roman Empire A.D. 100-400*. New Heven, Conn.: Yale University Press, 1984; *Christianity & Paganism in the Fourth to Eighth Centuries*. 1997; R. Wilken, *The Christians as the Roman Saw Them*. New Haven, Conn.: Yale University Press, 2003; P. Elser, *The First Christians in Their Social World*. New York: Routledge, 1994; E. Dodds, *Pagan & Christian in an Age of Anxiety*. New York: Norton, 1970。另外可参见：M. Beard et al., *Religions of Rome*, 2 vols. Cambridge: Cambridge

University Press, 1998; A. Staples, *From Good Goddess to Vestal Virgins: Sex and Category in Roman Religion*. New York: Routledge, 1997。

本章所涉主题还包括家庭、边防和角斗士等，参考著作有：S. Dixon, *The Roman Family*. Baltimore: The Johns Hopkins University Press, 1991; K. Bradley, *Discovering the Roman Family*. New York: Oxford University Press, 1991; B. Rawson（ed）, *Marriage, Divorce, and Children in Ancient Rome*. New York: Oxford University Press, 1991; C. Whittaker, *Frontiers of the Roman Empire: A Social and Economic Study*. Baltimore: The Johns Hopkins University Press, 1994; H. Elton, *Frontiers of the Roman Empire*. Bloomington: Indiana University Press, 1996; E. Kohne and C. Ewigleben（eds.）, *Gladiators and Caesars: The Power Of Spectacle in Ancient Rome*. Berkeley and Los Angeles: University of California Press, 2000（该书第二章的介绍极为详尽，囊括所有基础知识）; D. Nardo, *Life of a Roman Gladiator*. San Diego: Lucent Books, 2003（该书是一部入门书籍）。此外可参考第10章的阅读书目。与尼禄的母亲阿格里皮娜相关的著述有：A. Barrett, *Agrippina: Sex, Power, and Politics in the Early Empire*. Cambridge: Cambridge University Press, 1996; 与马尔库斯·奥里略相关的论著有：A. Birley, *Marcus Aurelius: A Biography*, rev. ed. New Haven and London: Yale University Press, 1987; 关于戴克里先和君士坦丁的论著有：S. Williams, *Diocletian and the Roman Recovery*. London: Batsford, 1985; T. D. Barnes, *The New Empire of Diocletian and Constantine*. Cambridge, Mass.: Harvard University Press, 1982; M. Grant, *Constantine the Great: The Man and His Times*. New York: Scribner, 1993。

概述性的著作有：P. Southern, *The Roman Empire from Severus to Constantine*. New York: Routledge; A. Cameron, *The Mediterranean World in Late Antiquity A.D.395-600*. New York: Routledge, 1994; P. Brown, *The World of Late Antiquity, A.D. 150-750*. New York: Norton, 1989; A. H. M. Jones, *The Later Roman Empire, 284-602, 2 vols*. Norman: University of Oklahoma Press, 1964（该书是一部备受推崇的研究论著）。关于蛮族人的论著有：P. Heather, *Goths and Romans, A.D. 332-489*. New York: Oxford University Press, 1992; W. Goffart, *Barbarians and Romans, A.D. 418-584: The Techniques of Accommodation*. Princeton, N.J.: Princeton University Press, 1987; H. Wolfram, *The Roman Empire and Its Germanic Peoples*. Barkeley and Los Angeles:

University of California Press, 1997。此外还有许多其他上佳著述,例如: R. MacMullen, *Corruption and the Decline of Rome*. New Haven, Conn.: Yale University Press, 1988; *Roman Government't Response to Crisis, A.D. 235-337*. 1976。

10

皇帝与娱乐

群众、欢呼和大竞技场(Circus Maximus)
车手狄奥克莱斯

今天整个罗马尽在竞技场中。
(尤文纳尔,《讽刺诗》,11.197)

在一个千年乃至更久的时期内，罗马历经无数职官和近百位皇帝的统治，其中有的来自意大利，有的来自行省，有的是蛮族人，其宗教信仰或是传统宗教或是基督教，然而，无论是时局变幻、社会动乱或是政体转型，有一件事情却始终如一地在罗马人当中世代传承下来：即他们对竞技场及其中举行的战车竞赛的热爱。无论在共和国、帝国甚至是拜占庭时期，在任何时刻蜂拥而至前来观看比赛的人都是罗马世界的缩影。因此，本书末章只有留给这最伟大的竞技场——罗马大竞技场，以及那些留名千古的战车手才最合适。盖尤斯·阿普莱尤斯·狄奥克莱斯（Gaius Appuleius Diocles）便是这些知名战车手中的一位。

大竞技场

罗马的竞技场表演并非近代在"马戏篷"（Big Top）下由"领班"（Ringmaster）指挥的小丑、空中飞人、特技演员和受训动物的各色表演，抑或其他专业表演（不过"马戏团"[circus]一词来源于拉丁语"circus"[意为"环形"]，并且在各个不同时期人们在罗马竞技场中可发现与上述各类相似的场景）。起初，罗马竞技场是具有多种用途的场所，首要功能是用于战车比赛，特别是双马或者驷马战车；正如小普林尼略带轻蔑的注意到，这些竞赛极受欢迎：

> 在过去这几天里，我一直在令人愉悦的平静中埋首于读书写作。置身于这个城市，我如何能做到？竞赛正在进行着，那种壮观的场面对我来说从未有丝毫的吸引力。我感受不到其中有任何的新鲜或不同：一次足矣，因此，令我万分惊讶的是，成千上万的成年男子竟如此孩童般地痴迷于观看飞速奔跑的赛马和站在战车上的车手，一次又一次……每当我想到这无用、乏味、单调无聊之事竟能令他们无休无止地满座上观，

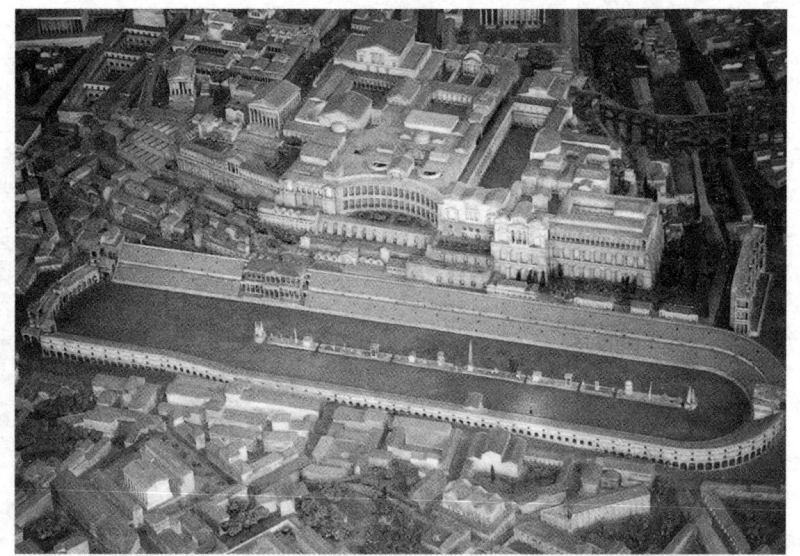

图 10.1 大竞技场复原模型，原貌取自帝国后期。图中大竞技场上方是帕拉提乌姆山，山上是向四方延展的皇家宫殿。（罗马文明博物馆，罗马）

我便因自己不同的志趣而欣然。因此，在这些天里，当其他人将时间荒废在最无聊之事时，我很高兴我能以文字著作充实自己的生活。

（《书信集》，9.6）

小普林尼对频繁观看比赛的无知群众显然因势利之心而鄙夷，远非出于真心。一件物品便可更为准确地表达他的真实感受，即他自己的图章戒指上带有一支战车队的图形！甚至普林尼也不顾自己的异议而难逃竞技场的诱惑。很少有人能对此置若罔闻：

事实是罗马人能在这些场面中尽情狂欢，各类事物交织在一起激发他们的好奇心，令其兴奋无比：摩肩接踵的人群，极尽惊人伟大的布景，华美的彩色装束芬芳怡人，古老宗教仪式的庄严肃穆，尊贵皇帝的出席，障碍将得以逾越，危险将得以规避，取胜必备的英勇，每场竞技的变幻莫测，其中出场的马匹雄壮健美，佩饰华丽，训练有素，最大焦点仍然是车手和骑手的敏捷和勇敢。

（卡尔科皮诺 [Carcopino]，《古代罗马的日常生活》[*Daily Life in Ancient Rome*]，215）

整个罗马帝国有几十个竞技场，罗马城有四座大型竞技场：弗拉米尼乌斯竞技场（Circus Flaminius），公元前221年落成；卡里古拉和尼禄竞技场，

图 10.2 罗马大竞技场遗址。图片的取景地点接近起跑门的位置，马车从这里向"euripus"（也叫中栏［图片中心位置细高树木所在之处］）出发进行比赛，并保持在其右侧。图片右侧斜坡"山丘"下覆盖的曾是观众看台所在，左侧则是皇宫遗存，位于比赛中战车手的右方。远处是考古挖掘出的部分设施（见图 10.9）。

建于公元 1 世纪；马克森提乌斯竞技场（Circus of Maxentius），建于公元 4 世纪早期；最古老、规模最大的（可能是修建过的最大型的观演设施）大竞技场。大竞技场坐落在阿芬提努斯山和帕拉提乌姆山之间的凹地，恰好位于皇宫下方。据传它的历史可追溯到王政时代；但直到尤利乌斯·恺撒建成由两侧长翼尽头合围成半圆的经典形状之后，该竞技场才逐渐达到帝国时期赖以成名的巨大规模。奥古斯都完成了恺撒的工作，后继皇帝继续改进并重建其结构。直到公元 103 年，通过图拉真的大规模重修，它达到了令人惊叹的规模。

竞技场的规模相当巨大。从外观上看，长约 680 码（1 码相当于 3 英尺），宽 150 码。据最新估计，该场地能容纳 150,000 个坐席，不过有些古代资料称其能容纳 250,000 甚至更多。如此巨大的数目差异实难解释。现代数据基于其最大限度的可容纳身位来计算，但罗马人的过度拥塞为世人所熟知，因而我们无从知晓实际上有多少人挤进竞技场。不过，我们仍然很难去解释额外多出 100,000 观众的理由，古代数据可能也包括从山上俯瞰赛道的人。起初，由于没有座位，每个人都以这种方式来观看比赛。无论是何种原因，竞技场的官员必须要接纳罗马城中大量竞技迷。秩序混乱和小型暴力事件成为每个比赛日的特色。成千上万的人前来观赛并一睹皇帝容颜，有时甚至来自很远的地方，要将这些不悦的观众拒之门外决非明智之举。

大竞技场的场地约635×85码，大致是克罗塞乌姆竞技场（Colosseum）场地的12倍，后者是罗马另一座大型观赏设施。竞技场地面底部是坚实的土壤，上面覆盖一层沙砾，该设计是为保证战车能够控制轨道（特别是在转弯时），防止马匹受到伤害，并且利于排水。在赛前、赛中和赛后，服务人员都会认真维护地面，大概在竞技间歇向地面洒水以减少尘埃。

竞技场一端有12个起跑门（carceres）。一道狭长的屏障（通常被称为"spina"，但是更为准确地应称为"euripus"）沿场地正中延伸，且更近于环形一端（见图10.3）。"euripus"长约365码，建有各式各样的神龛、圣台和其他纪念物，其中包括从埃及运来的两座巨型方尖碑。在此屏障两端设有转向柱（metae），马车便极其危险地围绕该屏障飞驰7圈（大约为3英里），并且车手保持在其右侧行进。屏障一端立有7个大型青铜海豚，另一端则有7枚"蛋"（eggs），用以标示圈数。因为海豚迅捷并是海神和马神尼普图努斯（Neptune）的圣物，故此海豚成为赛车标志。青铜海豚是奥林匹克赛会举行地奥林匹亚（Olympia）赛马场（Hippodrome）起始装置的一部分，因而，大竞技场的海豚或许使之与希腊更古老的赛马传统联系起来。蛋则让人想起马匹和骑手的守护神卡斯托尔和伯吕克斯（Pollux），据说他们从一颗蛋中出生。然而，相比于沉浸于比赛之中的赛车手，观赛人群更易于利用海豚和蛋计算圈数。赛车手必定依赖于在赛道附近设置的计数人员。

由于大竞技场是从一座临时性设施（如同在其内部举行的活动一样，系模仿自希腊和埃特鲁里亚先辈）逐渐发展成为庞大复杂的综合建筑，因此罗马人通过实践掌握了如何确保竞赛的公平性。大竞技场的设计使每一名参赛者有均等的机会赢得比赛。12道大理石贴面的起跑门每道宽约10英尺，它们排列在一条线上以使每驾车能够经过相等的距离到达中栏右侧的"起跑线"（见图10.4）。这道屏障距起跑门约长165码，或者是场地地面长度的三分之一，并稍向左侧倾斜。这种设计的目的在于消除位于前几赛道车手的任何不利因素。否则，他们在接近屏障时会因角度过偏而冲入其中或冲入其他队组中。当启动装置开启，大门入口同时打开，马车在到达起跑线之前按要求停在指定赛道上。随后他们运用各种手段争夺最佳位置。显然，他们都想要尽

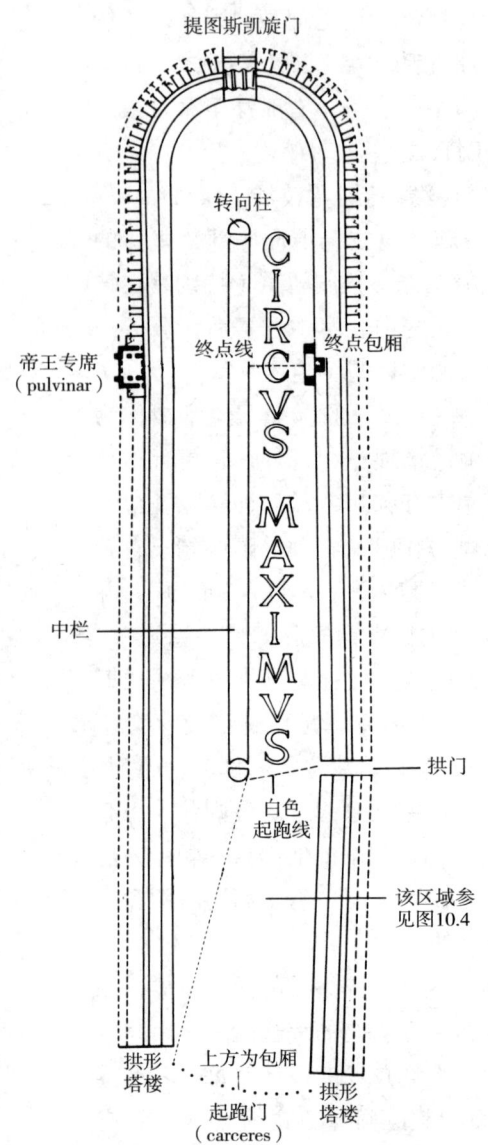

图 10.3 公元 3 世纪早期的大竞技场平面图。

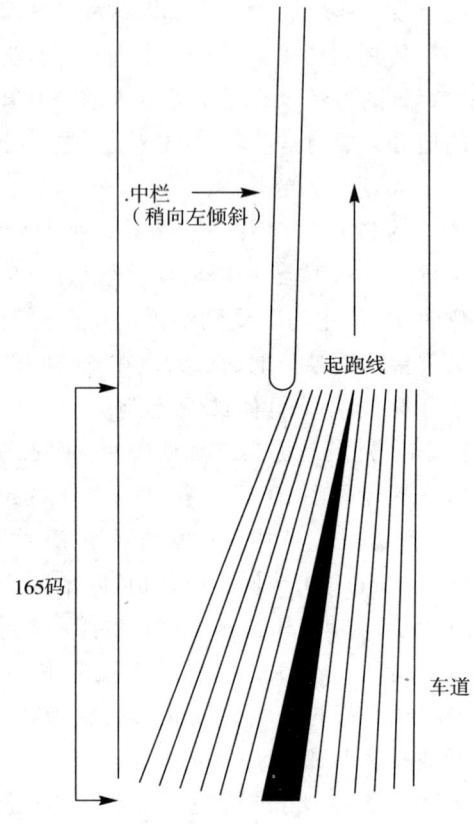

图 10.4 起跑门和赛道的大致排列方法，可确保所有车手公平地进入起跑线。

可能接近屏障的位置，同时避开或者挤出他们的竞争者。毫无疑问，转弯处是事故（和死亡事件）多发地点。

有官员全程监督比赛，以确保不出现任何犯规行为，以及获胜者无可置疑。鉴于各竞技派别的威信以及大量博彩群众的赌注均会带来风险，竞赛的评判极为谨慎。重新比赛也较为常见。

在每场比赛之前，负责官员当众抽签决定各参赛队伍所在的起跑门位置。抽签并不是自动分派每道门，而是允许赛车手选择自己想要的位置。率先选择的参赛者未必会比其竞争者更具优势，因为还有余下抽签未曾进行，起初

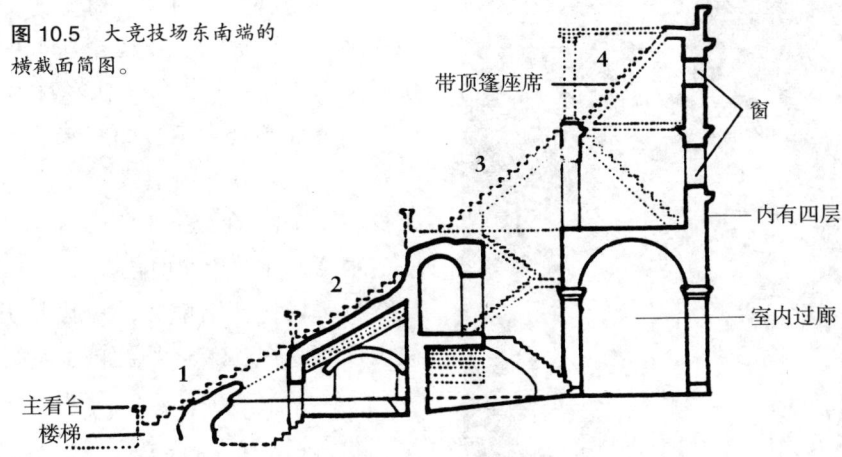

图 10.5 大竞技场东南端的横截面简图。

看似上佳之选最后未必仍是上佳。因此,车手及其团队的技艺才是决定比赛结果的关键。没人能抱怨自己最初没有获得平等获胜的机会。

一旦被关在他们的起跑门后,参赛者及其团队便迫不及待地等待官员从其上方的高台掷下白布。这一信号令机关开启,打开入口,将他们从隔间中放出。一名现代学者重现了当时的场景:

> 负责的执政官、大法官或营造官自其高处坐席将一张白帕掷入场地,示意吹响喇叭作为开始信号。这一动作意义重大,而且这些人物本身就夺人眼球。他们身穿类似朱庇特的绯红色托袙,外罩一件泰尔紫刺绣托迦。他仿佛一尊栩栩如生的造像,手持的象牙权杖顶端带有展翅飞翔的鹰,头戴的金叶花环甚是沉重,需要"其身边的奴隶或表演者帮其支撑"。
>
> 在主事脚下,马车已在通过抽签分配到的[起跑门中]整装待发……每个参赛者都承载着所在团队或称"派别"(factio;见下文关于派别的部分)的荣誉……战马蹄趴在地,头挂树枝,马尾以紧结向上高昂,马鬃以珍珠点缀,铠甲饰以铭牌和护身符,颈部佩戴柔韧的项圈和代表其团队色彩的丝带,"御者"(auriga;车手)……笔直站在车中,头戴帽盔,手中执鞭,小腿和大腿以护胫包裹,所着托袙颜色与其"派别"一致,缰绳在其周身缠绕,身侧匕首可在紧急情况下割断它们。
>
> (卡尔科皮诺,《古代罗马的日常生活》,216–217)

图10.6 公元4世纪的一座职官造像。该人物正在"投掷白帕",此系竞技比赛开始的标志。(卡皮托利努斯博物馆,罗马)

奥古斯都统治时期,每个比赛日中这种场景通常要上演12次。卡里古拉时期则增加一倍,每个比赛日24场比赛遂成为常规,不过图密善统治时期曾有一次100场的记录(比赛圈数减少);据说,在公元192年的一个下午,康茂德在两个小时内举行了30场比赛!每场比赛结束后,获胜者获得棕榈枝或取胜冠以及奖金作为奖赏。

不仅仅是赛车竞技场

把竞技场仅仅当成光彩夺目的赛车竞技场所是错误的。星相学家认为它不仅仅是罗马世界,更是宇宙的缩影,他们以其构造布局和赛事作为预测的基础。譬如,12道起跑门代表黄道十二宫,7圈代表一个星期的7天,24场比赛意味着一天24个小时,转向柱则代表东方和西方,因为四马(代表太阳)和双马(代表月亮)战车环绕转向柱比赛,正如各星球围绕其他天体转动运行。

在看台上,商人、小贩、农民、士兵、厨子、官僚、无业者甚至是奴隶均同元老院成员、皇室、通常包括皇帝本人一道分享盛况。当比赛行至酣热之时,所有观众都为他们所喜爱的选手——他们已成为超乎常人的神化英雄——呐喊助威,恐怕只有竞技场的固定坐席成为消除社会差别的唯一障碍。

竞技场的门面内有四层,堪称一个集商铺、房间、楼梯和拱廊为一体的迷宫。熙攘的人群在巨大的拱廊下来回穿梭,从这里可通往建筑内的任一部分。街头小贩叫卖商品,出售茶点和纪念品;当然,其中总会有娼妓、赌徒、扒手、女孩偷窥者和醉汉。

奥维德在赛车竞技场的浪漫史

并不是每个去竞技场的人都是为了观看比赛。下文所引出自诗人奥维德创作于奥古斯都时期的《情诗》(*Amores*),描绘了他自己与一位迷人的年轻女子相邻而坐。她是为观看自己喜爱的选手赢得比赛而来,而奥维德来赛场的原因只在于比赛对女孩的吸引力——他的主要目的是为了给女孩留下深刻的印象。故事看似是著作家在大竞技场的某一次经历,但更为可能的是以奥维德本人多次在正面看台调情的经历为基础的整合之作。诗人很了解竞技场,他在《爱经》(*Art of Love*; 1.135-164)中指出竞技场是男人挑选女人的理想场所。此类主题的建议虽然受到某些阶层的推崇,但奥古斯都却不见得会表示赞成。以当时流行的道德标准来看,奥维德诗作的内容稍显不雅——这大概也是导致他在公元8年被放逐到黑海地区的因素之一。他再未获准返回罗马。

很多竞技场都是免费观看的,所以观众为得到座位不得不早点到场。图拉真统治时期,所有座位均用石头砌成,但此前多年,坐垫已成为竞技观众的必需品。阳光会令观众不适,主要原因是闷热、厚重的托迦是特权阶层唯一得体的选择。竞技场最高层设有一些带顶棚的坐席,但票价不菲,而且即使坐在这里也会有问题。在公元2世纪安东尼努斯·皮乌斯统治时期,有部分最受欢迎的座位发生坍塌,导致1,112人死亡。

奥维德的诗作有助于我们了解竞技场看台和赛道上都发生何种事情,他所提供的人文因素是我们在其他著作中无法看到的:

> 我坐在这里,并非因为我热衷于赛马;但是我祈祷你喜爱的战车手能够获胜。我来到这里,实际上,是为了能够坐在你旁边,与你交谈。我并不想对你隐藏这份你在我心中所激起的爱恋,所以,你看比赛,我看你。让我们都看着各自的最爱,一饱眼福。
>
> 哦,被你喜爱的战车手是多么幸运!是他有好运吸引你的注意吗?请让我同样交上这等好运吧。飞驰的骏马冲出起跑门,我将奋力驱使,时而激励马头,时而鞭策马尾。然后我将用内轮掠过转向柱。不过,如果在比赛过程中我突然看到你,我会停下来,放松缰绳,使它从我的手中脱落……
>
> 为何你渐渐离去?没有用的。座位标记成为我们接触的媒介。是的,竞技场的座次规则的确提供了些许便利。
>
> 嗨,你,坐在她右边的这位,无论你是谁,多多体恤这位女士!你对她步步紧逼就是在伤害她。还

有你，坐在我们后面的这位。把腿拿开，如果你还有廉耻之心，就不要用你那瘦骨嶙峋的膝盖去碰她的后背。

哦，亲爱的，你的裙子微微拖地。提起来，或是放在这里，我来帮你……（但是当我看到她的脚踝将会发生什么？甚至当它们被遮住时，我的激情已被点燃。如今我彷如火上浇油，涓流更遇洪水。看到她的脚踝，我能想见其他谨慎藏于衣下令人愉悦的身体。）你愿意我以赛程单为羽扇掀起微风吗？

但是请看，队列已经来临。安静，每个人！注意！是时候鼓掌了。黄金般的行进队伍已经到来。胜利女神位于最前方，伸展着翅膀。胜利女神，与我同在吧，让我在爱情中获胜。你们这些依赖于大海的人为尼普图努斯鼓掌吧。我对航海不感兴趣；我只是个旱鸭子。而你，嗨，大兵，为你们的守护神马尔斯鼓掌。我讨厌战争。我喜好的是和平，在和平中你才能找到爱。就让太阳神（Phoebus）帮助占卜师，月神（Phoebe）保佑狩猎者吧！米涅尔瓦，请到工匠中寻求喝彩。农夫们，请起立！凯莱斯（Ceres）和体贴的巴库斯来了！拳击手应该向波吕克斯致敬，而骑手应向卡斯托尔致敬。甜美的维纳斯，现在轮到我为你和你的射手丘比特鼓掌了。哦，女神，

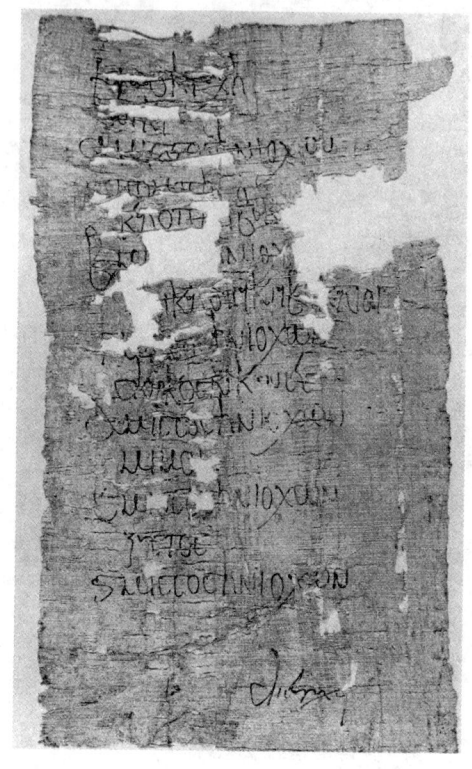

图10.7　公元6世纪的竞技场赛程单。

请点头支持我的计划。让我的新女友接受我的殷勤求爱，愿意接受我的爱。看呐，她点头回应表示赞许。既然这样，那我仅仅请求你同意女神的许诺……我发誓，在这些证人和正在行进的诸神面前，我将永远作为女友珍视你。

哦，但是你的双脚正悬垂着。如果你愿意，你可以把足尖放到栏杆上。

很好，赛道畅通无阻，已准备好举行第一场大型比赛。大法官发

出信号，四轮马车手冲出起跑门。我能够看见你正为之欢呼的车手。我相信他肯定会赢。甚至他的马匹似乎都明白你想要什么。

哦，不，他在转向柱回转过宽。你在做什么？位居第二的车手正在从后面赶超。用你强壮的大手用力拉左边的缰绳！我们为之欢呼的竟然是一个白痴、懦夫！

来吧！公民们，让他们恢复过来。挥舞你们的托迦让他们看到你们的信息。很好，他们令他们恢复过来了。哦，亲爱的，不要让挥舞的托迦弄乱你的头发。来吧，你可以藏在我的托迦袍褶中。

起跑门再次开启，马匹冲出，颜色各异的队伍奔上赛道。现在，全速向前，一马当先吧！满足我女友的心愿，还有我自己的心愿。（好极了！她的愿望得以实现，我的愿望正待实现。他赢得棕榈，我也正在为我的棕榈努力！哈，她笑了，用会心的眼神向我承诺些什么。）在此地就到此为止。我其余的愿望留待他处实现。

（《情诗》，3.2）

由于每场比赛之间有一些时间间隔，而比赛本身的时间很短（肯定不超过10分钟），因此，大概许多观众只有在比赛开始时走出来观看。比赛进行时，他们站在楼梯上或任何他们能够立足之处，比赛结束后，他们便返回室内。在每场比赛中，未必人人都能坚持留在座位上，成千上万的流动观众挤满了正面看台，大大超出竞技场的150,000个可容纳席位。

图10.8 "凯旋式"双马战车（biga）的实比造像。不过，在竞技场中比赛的战车构造更为轻便，以提高速度。该造像可追溯至公元1世纪的罗马。（梵蒂冈博物馆，罗马）

图 10.9　面向罗马大竞技场室内拱廊开放的商铺和入口遗址。

因而,竞技场于罗马世界而言实际上是一个聚会场所。在帝国时期,这里也是皇帝与大量民众交流的场所。皇帝很难判断他所统治的民众的需求和感受。在专制体制下,民众不可能针对税收、高物价、不公之举、战争及和平表达自己的想法。在竞技场,双方却可互通感受。公元196年,大竞技场中的群众对塞普提米乌斯·塞维鲁与克罗狄乌斯之间的内战表示不满,狄奥(见第8章)作为亲历者对此实例有如下所记:

当……整个世界困扰于这种形势,我们元老仍然保持安静,至少我们中的大多数并未公开表示倾向于这位或是那位,与其同甘共苦。然而,民众无法自控,完全耽溺于悲恸之中,毫无掩饰。这是萨图恩节前的最后一次赛马竞技,不计其数的人们蜂拥而至。我也在场……因而清楚地听到他们所说的每个字……他们已看过战车比赛……并没有对其中任何参赛者鼓掌致意,这是他们的习惯使然。不过,当这些比赛结束,车手即将开始另一场比赛时,他们首先相互叮嘱保持安静,随后突然同时鼓掌,并同声呐喊,为公共福祉祈祷吉运……然后,以"女王"(Queen)和"神"(Immortal)来称谓罗马,他们喊道:"我们到底还要遭受多久此类痛苦？""我们到底要发动多久的战争？"在喊出其他诸如此类的声明后，他们最后呼喊"到此为止"，继续观看赛马竞技。

（《罗马史》，75.4.2–5）。

竞技场总会有间歇性的抗议行为或暴动发生，但从上述事例来看，我们很难笼统地将竞技观众定性为毫无纪律的暴民，称其总是处在一触即发的边缘。尤文纳尔屡次表明，在他生活的时代民众仅对"面包和竞技比赛"有兴趣，但这种说法显然言过其实，他虽然对当时的社会弊端和道德观念了解颇深，却对之过分担忧。历史著作家塔西陀大概也是如此，他认为平民除了在竞技场这类场所闲度时光便没有其他事情可做。就当时的标准来衡量，前往竞技场的典型罗马竞技迷的所作所为，或许与当今的观赛者无甚差别。

在罗马历史中的多数情况下，不安的暴民将竞技场及其他观赛场所当做表达异议的源发地、时常将不幸的皇帝团团围住的场景并不真实。所谓"暴乱"通常发生于能被认可的行为规范内。统治者的职责是供养他的人民，只要他坚持这个原则，自然会得到后者热情的支持。若背弃此原则，民众则会作出反应。双方都知道彼此的承受范围。罗马属集权体制，拥有强大的警力和军力。卡里古拉统治时期的一个例证便能清楚地表明谁真正地掌握着权力：

> 此时战车比赛开始。这是一项罗马人狂热沉迷的运动。他们兴高采烈地聚集到竞技场，集结的人群在那里根据自己的兴趣向皇帝提出请求。凡是规定此种请愿可自动得到认可的皇帝广受欢迎。因此，在当时的情况下，他们孤注一掷地请求盖乌斯［卡里古拉］削减关税并适当减免繁重的赋税。但他对此极不耐烦，当他们的呼声越来越高时，他向全场派出密探并令后者逮捕任何呼喊的人员，立即将他们带上来处死。此令既出，身负职责者即刻行动。以此类即决方式被处死者人数巨大。民众看到这些后便停止呼喊，控制住自己，因为他们亲眼目睹财政特许的请求会立即导致自己死亡。

（约瑟夫斯，《犹太古史》，19.24.7）

就像任何精明的统治者一样（卡里古拉除外，他当日的表现更加坚定了密谋暗杀者采取行动的决心），多数罗马皇帝承认人的本性。他们需要为其臣民提供消遣娱乐，以转移后者针对日常问题的注意力，也使他们的关注点脱离政治。帝国时期政治异议的表达从投票地转移到赛场。缺少了公共娱乐，大面积的骚动不安会接踵而来，从而导致国家的不稳定以及其他问题——所有这一切都要比发生在竞技场看台上的任何一次骚乱更为严重：

> 对于皇帝来说，其最高的政治智慧就在于从不忽视舞台、竞技场和任何活动场所的演员或其他表演者，因为他深知罗马人所首要追随的便是两件事，即谷物供给和表演，因此，统治的成功与否对公共娱乐的依赖丝毫不逊于重大事件。对重大事务的疏忽会导致更大的利益损害，而对娱乐事务的疏忽则会导致民心的背离。金钱赏赐抵不过对表演的渴望。慷慨赏赐仅能取悦依靠谷物救济的平民个体而已，而娱乐表演则令全体人民感到快乐。
>
> （弗朗托［Fronto］，《历史原理》[Elements of History]，17）

作为额外取悦民众的策略，皇帝经常提供奖赏、金钱和其他福利，包括一天结束后的宴饮，以平息经过尤为令人疲惫的比赛日所产生的任何不满情绪。皇帝亲临竞技场能够维护良好的公众关系，即使他坐在帝王专席（pulvinar）上，仍会让民众感到皇帝正与他们一起分享这简单的快乐。然而，极度沉湎于竞技场景中的帝王清楚自己不得不控制自己的热情，因为他们对某位车手或马匹的青睐会导致有相同倾向的观众变得自负而容易产生暴力倾向。即使某位皇帝对竞技比赛没有丝毫兴趣，但偶尔在竞技场露面仍不失为明智之举。

帝国后期皇权有时由几名统治者共享，在各自的首府所在地，不难发现竞技场恰与他们的行宫相邻而建，如同罗马城一样。这种建筑布局已形成重大的政治意义，任何一位皇帝都无法忽视。

车手、拥趸、派别

尽管竞技场对观者而言有很多事可做，但他们最为关心的还是车手和车队。后者经系统训练而成，而前者则通常缺乏名门背景。多数车手出身奴隶或社会地位较低的群体，这一背景很可能会提高他们的形象，因为他们似乎不受传统道德和社会约束。那些与之具有相似背景的人将他们看做英雄，并希望能仿效他们获得成功。这些"扬沙四溢的勇士"所获得的地位与现代体育明星如出一辙，甚至有过之而无不及。

杰出的车手得以与某些皇帝结为密友；城中各处均立有知名车手的镀金

半身像和造像；他们被视做术士而受到咨询，因为他们令人折服的本领只有以魔力来解释。他们的富有众所周知。尤文纳尔曾慨叹，一名车手的收入竟然是律师的一百倍（《讽刺诗》，7.112–114），诗人马提亚尔也曾提及，一名车手在1个小时之内竟赢得15袋金子（10.74）。车手的犯规计策通常会泄露出去，为公众所知，其中包括"服用禁药"，毒害对手的马匹（有时毒害对手本人），以及对比赛做手脚。尼禄本身是一名竞技比赛粗暴而热心的专业拥趸，但不得不对车手采取严厉制裁措施，因为他们在街上袭扰和抢劫路人。总体而言，车手可以"凌驾于法律之上"。古怪的皇帝埃拉伽巴卢斯对此问题的解决之道竟是令一名车手担任警卫长官。在帝国后期，罗马城市长官（Prefect of Rome）实际上不得惩罚车手。

图10.10 佩戴头盔的车手头像。（卢浮宫，巴黎）

罗马当局在处理车手问题上异常谨慎的原因是显而易见的。因为他们的粉丝非常狂热，正如现代体育明星的追捧者一样，情绪很容易失控。有一位忠诚的支持者在其偶像过世后竟投身于后者的火葬柴堆，而其他一些崇拜者则用战车和竞技场的图景装饰他们的坟墓。为了使他们所喜爱的选手获胜，热心的拥趸经常求助于巫术甚至是"符咒"。下文所引咒语意在阻止一位名叫厄克里乌斯（Eucherius）的车手获胜：

> 圣众与圣名，我祈求您显灵；来帮助实现这个咒语，明天在罗马竞技场中捆绑、迷惑、阻碍、打击、颠覆、密谋反对、毁灭、杀掉、击败车手厄克里乌斯和他所有的马匹。愿他不能顺利通过起跑线；在比赛中不能疾行；不会超过任何人；不能顺利转弯；不能赢得任何奖品；如果他从后面赶超某人，不要让他超过；但愿他遭逢意外；愿他受到阻碍；愿他摔伤；

愿他在上午和下午的比赛中被您的力量拖住。马上！马上！快！快！

（《有关罗马事务的希腊铭文》[*Inscriptiones Graecae ad Res Romannas Pertinentes*]，卷一，第117号）

甚至马粪也受到狂热者的高度关注，他们通过分析这些近期的排泄物来判断他们支持的选手或其竞争者的饮食和健康状况。

每位车手分别从属于四个竞技派别（factiones），分别以绿、蓝、红、白四种颜色加以区分（图密善又增加两种颜色，金色和紫色，但是存在时间很短）。粉丝对代表各派的颜色的狂热要高于他们对车手个人的崇拜，不过人人都有自己喜爱的车手。当车手更换派别时，他不会带走他的粉丝，这与现代球员从纽约的队伍换到芝加哥（Chicago）的队伍时情况一样。

起初，各派不过是个人以营利为目的经营的专业马队。负责管理竞技的官员与他们签订协议，规定他们提供马匹、车手、设备及其他举办竞赛必需的人员和用具。每支马队都有拥蛋或称党羽，他们在比赛中支持自己的车手。最初，每个盛大的竞技日所需的一切物品在每次竞赛举行时均需从头到尾配备一番。其代价昂贵且容易生乱，无法保证一致性。专业马队的出现有助于确保比赛的质量，并使花费有所削减。然而，随着竞技比赛广受关注并且不断升温，对比赛场次的需求也随之增多。比赛费用开始上涨，各派头脑（domini）对此负有主要责任，因为他们实际握有赛道的垄断控制权。在帝国后期，皇帝开始控制各派马队，其原因不仅在于帝国财政枯竭，同时也由于各派的政治影响力和实际权力逐渐增大。

虽然他们的主要目的是获利，但各派头脑同其他人一样极易受到比赛狂热氛围的影响。一位颇具创意的领袖竟然用信鸽把比赛结果传回家乡，而信鸽的双腿染着获胜一派的颜色。普林尼在他对竞技场景表示轻蔑的书信中，同样描述了派系颜色所激起的狂热：

……如果他们是被马匹的速度或者是车手的技巧所吸引，还可以说通，但事实上，他们真正关心支持的是自己的竞技色彩，如果在比赛中途颜色发生了改变，他们就会转换他们的丝带和热情，迅速抛开刚刚他们在远处认出便呐喊其名的著名车手和马匹。一件毫无价值的衣衫便如此深孚众望，意义重大……

（《书信集》，9.6）

现代马迷的做法很少能与各罗马竞技派别相比。他们甚至将赛道上的沙土混进与其派别颜色相同的颗粒！

在四支派别中，绿队和蓝队最为重要，当然所拥有的拥趸数目也极为庞大。规模较小的红队和白队似乎各自逐渐与一支大派系联合，但其中的具体关系尚不清楚。可以确定的是绿队是所有派别中最为知名者。尤文纳尔在下文中指出了绿队的声望：

> ……喧闹声震耳欲聋，
> 这意味着，我非常确信，绿队
> 获胜——否则，
> 你看到的将是阴郁的面容，十足的惊愕，
> 如同遭遇坎尼之难，在我们的执政官
> 倒地就义之后。
> (《讽刺诗》, 11.197–201)

绿队也深受皇帝卡里古拉的喜爱，他经常在其大型马队宅第（其中不乏社会人士、管家、厨师和接待员）用餐和就寝。据说，他曾经对他喜爱的一名绿队车手奖赏20,000金币。

比赛总是在不同派别之间进行：如果12个赛道全开，则每派需有三支队伍参赛。如果比赛中有犯规举动或者受爱戴的车手在赛内或赛外遭到羞辱，粉丝会立即作出暴力回应。除了情感，还有金钱因素。

迄至公元4世纪，罗马政治上的不稳定以及警力督察能力的下降导致与竞技相关的暴力事件急剧增多。公元355年，当车手菲罗洛姆斯（Filoromus）被捕时罗马城爆发骚乱。公元390年，在希腊的帖萨罗尼加有近7000人被杀，据说他们支持的选手因对一名将领有同性侵犯行为而被捕，于是引发骚乱。这位将领被暴民私刑处死！车手成为多起民众骚乱事件的罪魁祸首，因此，皇帝狄奥多西于公元394年下令，除了在竞技场入口，禁止在其余地点展示车手画像。古代时期最后一位伟大的历史著作家阿米亚努斯·马克利努斯（Ammianus Marcellinus）厌恶竞技场的骚乱群众，对其有如下描述：

> 这些人把所有的时间都花费在酗酒和赌博上，他们常去这些低级的地方娱乐和游戏。罗马大竞技场对他们而言，简直就是神庙、居所、集

图10.11 竞技场中的比赛细节,如动作、车手、战车以及马队,他们正绕过"中栏"(euripus)和"转向柱"(metae)。(卢浮宫,巴黎)

会地以及最热切的期盼。你可以看到他们成群聚集到广场、交叉口、街道和其他集会场所,忙于相互争吵辩论,一些人(一如既往地)维护这个,其他人又支持另一个。在他们之中,那些已饱享生命并因经验丰富而有一定影响力的人,经常用他们的白发和皱纹立誓,如果在即将开始的比赛中每个人都支持的车手不能第一个冲出起跑线,不能带着噩运当头的马匹成功绕行转向柱,那么国家将不复存在。一旦产生这种轻率颓废的想法,在期盼已久的战车比赛日刚刚破晓时,在阳光普照之前,他们便全部以最快的速度涌向场地,仿佛他们要超过将要参加比赛的车手;由于对比赛结果的期望相互矛盾而备受煎熬,其中大部分人在焦虑中度过他们无眠的夜晚。

(《罗马史》[*Roman History*], 28.4.29–31)

基督徒著作家深信竞技场是魔鬼的园地。德尔图良警告他的兄弟姐妹要避开竞技场,否则会有危及他们不朽灵魂的风险。即使面对如此前景,基督徒也没有让竞技场的座位空闲,因为竞技比赛在基督教时代一直继续存在,史载罗马最后一次竞技发生于公元549年。

狄奥克莱斯的职业生涯

作为罗马民众崇拜且因他们的追捧而声名远播的伟大车手，来自西班牙的卢西塔尼亚人（Lusitanian）盖尤斯·阿普莱尤斯·狄奥克莱斯几乎少有匹敌。有关此人职业生涯的记载比我们所知的任何一名车手的记载都要完善。在哈德良和安东尼努斯·皮乌斯统治时期，狄奥克莱斯的职业生涯持续24年，为他自己赢得巨大的财富和声望，受到全罗马帝国的赏识。在数世纪中只有少数车手能够自诩达到与之类似的成就。在他的时代，狄奥克莱斯几乎主宰着罗马大竞技场。

狄奥克莱斯共参加4,257场比赛，其中1,462次夺魁。（在双马战车竞技中他也曾有三次胜利和三次平局，但由于某些原因，虽然这些结果记入他的参赛综述，却未记入其获胜总数。）公元122年，18岁的他加入白队，开始了竞技生涯，在两年后首次获胜。公元128年，他加入绿队，但在公元131年又加入红队。鉴于当时绿队的声望，他的行为堪称果敢，但狄奥克莱斯显然并未遭受任何损失。直到15年后他42岁时，他为红队赢得数百次胜利后退役。显然，他可以为任何他喜爱的队伍效力，但其大部分职业生涯都在红队度过。倘若于自己不利，他绝对不会有如此决定。

狄奥克莱斯几乎专门参加驷马战车竞技（或称"quadrigae"），除了不计其数的胜利之外，他还有1,438次名列前茅（其中大部分是第二名）。然而，即使是最优秀的人有时也会一无所获，狄奥克莱斯在1,351场比赛中未取得名次。他是当之无愧的"超级巨星"，因为在他获胜的比赛中，有1,064场是与每支车队最优秀的车手进行单人竞赛时所取得的。在这类比赛中获胜所赢得的威望显而易见。狄奥克莱斯的钦慕者将其成就与一位名为埃帕弗洛狄图斯（Epaphroditus）的蓝队车手比较，并指出，后者取胜次数虽然更多，但是仅有911场属于单人竞技——比狄奥克莱斯惊人的总数少153场。

在备受关注的首场竞技中，狄奥克莱斯也曾110次问鼎。这些竞技通常在极其壮观的街道游行之后举行，车手参赛也是游行的一部分。因此，这一首场竞争成为某种具有特殊意义的"特色竞技"。

狄奥克莱斯有近三分之一的胜利是在最后的终点直道上所取得的，不过多数比赛他都是从头至尾一直保持领先。在团体竞技中，每支队伍派出两名甚或三名车手（现仅知一例四人团队）与其他车队人数相同的选手比赛。在此类竞技中，狄奥克莱斯获胜398次，不过这里竞技的成功不仅仅依靠个人

竞技比赛：康森提乌斯大展其能

目前所知关于罗马战车竞技最完善的记载来自奥弗涅（Auvergne）主教希多尼乌斯·阿波黎纳里斯（Sidonius Apollinaris）的浪漫诗，这是他献给自己一位年轻的朋友，也是一名竞技参赛者康森提乌斯的诗作。这是公元450年前后1月的第1天（寒冷）。据希多尼乌斯所记，按照惯例，皇帝要在这一天为业余车手单独举办一场比赛，这些车手均从朝中年轻人选出。比赛中共有两组，每组各两名车手（主车手和副手），配置驷马战车。尽管他们不是专业车手，但都穿着代表各派颜色的服装——在这种情况下绿队和红队、蓝队和白队分别联合组队。诗人希望我们能够相信比赛发生在罗马城，但事实上发生在拉文纳（Ravenna），因为此时该地已成为西罗马帝国的都城。尽管在这方面稍显随意，希多尼乌斯的记述还是提供了专业竞技的多数精确细节，甚至包括一次灾难性的事故。

比赛即将开始，康森提乌斯已抽签就绪；群众开始欢呼；希多尼乌斯如是描述：

> 因此……你通过抽签选得并登上四辆战车中的一辆，紧紧握起悬挂的缰绳。你的同伴同样如此，对手们也是如此。各派颜色鲜亮夺目，白和蓝，绿和红……奴隶们手扶马嘴和缰绳，用打结的绳索令编好的马鬃匿伏，他们始终在激励骏马，用手轻拍为战马打气，灌输一种欣喜若狂的情绪。这些马匹在门栅后摩擦，不停挤压拴扣，在木栏之间发出嘶鸣声，甚至在竞技前赛场上……充斥着它们的吁吁呼吸。它们推进、喧嚷、拖曳、挣扎、愤怒、跳跃、恐惧的同时也发出恐吓；他们的脚下从未安生，而是无休止地撞击加固的木柱。最终，传令官高声奏响号角，令迫不及待的各支队伍振作起来，战车队伍冲入赛场……车轮在赛道上飞驰，空气中弥漫着扬起的灰尘。车手们策马扬鞭：现在，他们俯身向前越出战车……他们便这样飞掠而过，在击打马肩隆的同时不触碰它们的背脊。

车手到达起跑线，随后当他们沿中心屏障竞赛时赛道变窄，于是车手开始争夺有利位置。在第一个转弯处结束时，康森提乌斯被甩在最后，但他的队友保持领先。对手希望他在转弯处远远摆向外围，以便他们移至内道超越他。他们已忽略康森提乌斯，不再将其视为一名竞争者。但是他正在韬光养晦，等待转机：

> 至于你，弓着身子顽强努力，紧握你那一组马匹的缰绳，并且用高超的技巧机智地坚持到第七圈。其余人手忙脚乱，疲于呐喊，车手和飞奔的战马在赛场上挥汗如雨。正在喝彩的

各派支持者发出刺耳的叫嚷声,鼓舞人心,而参赛者,不论是马匹还是车手,因比赛而心潮澎湃,又因危险而心惊胆寒。如此他们绕行一圈,然后第二圈;接着第三圈、第四圈;但在第五次转弯时,领先者无法顶住追赶者的压力,将战车突然转向一边,因为当他为车队下令时他发现他们已筋疲力尽。现在第六圈的后半圈已完成,观众开始为奖品叫嚣不止;你的对手对你的努力无所畏惧,毫无顾虑地奔驰在前方赛道,就在这时你突然全力收紧马勒,挺起胸膛,坚定地站稳双脚,猛烈地……摩擦着你那些迅捷马匹的口部……此时,一名对手正准备以最短的距离绕过转向柱,却被你挤向一边,而他的团队也因向前突袭而失去控制,无法再协调有序地驾车。当你看到他混乱地在你前方经过,你只需停留在原处巧妙地勒住马匹,便赶超在他的前方。另一名对手因公众的赞美而狂喜,却向右侧行进过远,几乎接近观众席;然后在他倾斜转回时,尽管他不住地用鞭子催促马匹,但为时已晚,你直线加速前进超过了迂回的对手。然后对手鲁莽地急速赶上你,他愚蠢地认为第一个人已经领先,便不知羞耻地从侧面猛击你的车轮。他的马匹被撞倒,这些入侵的马匹多数四肢插进车轮,12道幅条扭在一起,最后那些被填满的空间中传来爆裂声,旋转的轮缘将已陷入的马蹄绞碎;于是,他成为第五个受害者,从车上抛出,转而被车压在身下,身体严重受伤,鲜血令其沮丧的面部更加丑陋。因此,新一轮的欢呼声[康森提乌斯赢了!]响起……接下来公正的皇帝命令在胜利者的棕榈枝上添加丝带,金制短链上添加荣冠,令真正的美德得到嘉奖;然而对那些极不光彩的失败者,他下令授给他们由多种颜色的毛发所制成的假发。

(《歌集》[*Carmina*], 23.307–427)

技巧,团队协作更为重要。每支队伍的"种子"车手往往有副手协助,后者的主要职责是干扰对手,帮助前者获胜。参加此类比赛所获甚少,奖金不及单人竞技丰厚。这很可能是狄奥克莱斯在此类比赛中获胜次数较少的原因。

尽管狄奥克莱斯打破了一些著名前辈车手的记录,但与两位绿队车手庞培·穆斯克罗苏斯(Musclosus)的3,559场胜利以及弗拉维乌斯·斯柯尔普斯(Scorpus)的2,048场胜利相去甚远。然而,狄奥克莱斯是有选择性地参加比赛。确切地说,他就是"为金子而比赛",将他的财富与那些十分强大的竞争者相比，他显然自成一类。截至退役之时，他所赢得的奖金总计约36,000,000塞斯特尔提马斯，在现今看来堪称一名百万富翁。虽然如此，这些报酬却来之不易。从其职业生涯中的统计数据来看，狄奥克莱斯平均每年要完成177场比赛——这意味着他在每个竞技日要参加三到四场比赛。如此令人筋疲力尽的赛程安排，令人想到在27岁之前就赢得2,048次胜利的斯柯尔普斯的记录着实令人惊叹。

狄奥克莱斯大概与其他一些声名卓著的罗马车手没有太多差别，但他却拥有其中多数人所不具备的优势，即他能活着享受所赢得的财富和声望。赛道上悲剧频发，许多车手都丧命于此。他们可能会撞上障碍物或是车轮脱落；缠绕在腰间长长的缰绳倘若在危急时刻不能用腰带处的匕首割断自救，将会有致命危险；比赛过程中对手的干扰和犯规举动也可能产生严重的后果，冒险进行技巧表演同样如此。一个短暂的生命经常在罗马阳光和煦的下午突然消逝，而诸如斯柯尔普斯这样杰出人物的英年早逝也引起罗马伟大诗人对生命的关注。马提亚尔满怀悲伤地记录了后者在公元1世纪末的去世，并用最热烈的言辞形容他：

> 让悲伤的胜利之神将她以土买的棕榈枝撕成碎片，而你，敬慕之神（Adoration），用你残忍的双手敲打你赤裸的胸膛。就让光荣之神（Honor）充满悲伤，伤感的荣誉之神（Glory）剪掉她曾加冕胜利之冠的头发，把它们作为祭品扔进火葬柴堆肆无忌惮的火焰当中！唉！命运之神邪恶的诡计！斯柯尔普斯，你如花的青春被夺走，倒地而亡，过早地去驾驭死亡之神（Death）的黑色骏马。为什么你曾在战车上无数次飞速冲刺的终点成为你生命的终点？
>
> （《隽语集》，10.50）

马提亚尔还为斯柯尔普斯写作一首墓志铭：

> 我，斯柯尔普斯，是喧闹竞技场的荣誉，是罗马欢呼的对象，是她短命的宠儿。命运之神计算我获胜的次数而非年龄，来判定我为一名老人。
>
> （《隽语集》，10.53）

其他车手虽未得到如此优越的送别方式，但他们的职业生涯也是戛然而止。绿队车手弗斯库斯（Fuscus）首次取胜就赢得了非凡的荣誉，但幸运之神只眷顾他又获得57场胜利，便在24岁时英年早逝。克雷斯肯斯（Crescens）

图 10.12 描绘车手斯柯尔普斯的浮雕,取自图密善统治时期(公元 81—96 年)的一块墓碑。

获胜 686 场,收获百万余塞斯特尔提乌斯,但只活到 22 岁。奥里略·莫里吉乌斯(Mollicius)在 20 岁早逝时已取得 125 次胜利。他的兄弟活到 29 岁,获胜 739 次。马尔库斯·努提乌斯·阿奎里乌斯(M. Nutius Aquilius)享年 35 岁,但是他起步晚,仅比赛 12 年。某些新手去世时只不过是个孩子。

尽管车手的生命如同易碎的物品,但有些直到 50 甚至 60 岁仍在竞技。后者只是特例,被视为异常之事。由于是技能而非年龄决定一名车手何时开始职业生涯(克雷斯肯斯 13 岁便获得首次胜利,与之相比,狄奥克莱斯 18 岁才开始参赛的年龄显得偏大)以及何时退役,因此车手的生涯可持续数十年。例如,阿维利乌斯·特瑞斯(Avillius Teres)在图密善统治时期便参加竞技,但在公元 124 年狄奥克莱斯首次获胜的比赛中曾与其同台竞技。为了能够生存更久,车手不能有丝毫失误。赛道上的普通危险似乎还不够,车手要用新颖的竞技手段和骑乘特技来取悦群众,这些增大了死亡事故的发生几率。狄奥克莱斯则因这些危险的动作而出名,所以他显然并非以"稳妥比赛"而存活下来。例如,他是第一位驾驭一组七匹不套轭的赛马赢得胜利的人,这次挑战为他赢得 50,000 塞斯特尔提乌斯。他曾在一年中取得百场胜利,其他车手很少能获得如此成就，这足以说明他的技能之强。

　　古人认为，马匹的力量或速度不是获胜的关键，重要的是车手的头脑。此理显然适用于狄奥克莱斯，他与其多数同僚不同，他清醒地知道何时该隐退。不过，他离开竞技场时必定身带无数伤疤，因为毕竟没有人能在事故频发的比赛中保持金身不坏。对车手而言，身负重伤已糟糕至极，但对其勇气的真正考验却在于在治疗过程中坚持下来，老普林尼曾记载为车手疗伤所采取的措施：

> 　　对于扭伤和由重击所致损伤，他们用春天收集并风干的野猪粪进行治疗。此种治疗方法也用于车手遭拖拽或被车轮所伤，以及其他方式造成的严重创伤；在紧急情况下可以使用新鲜野猪粪。有人认为，如果把粪便放到醋里煮沸效果更佳。较为谨慎的医者是将其烧成灰烬后与水混合；据说皇帝尼禄经常用此种饮料提神，甚至用这种方法证明自己是真正的车手。如果没有野猪粪便，效果次之的是家猪粪便。
>
> 　　《自然史》，28.237）

　　无论野猪粪的此类功效是属实还是出于想象，几个世纪中必定有人发现其他不会如此恶心的治疗方法，并在同道中传承。车队医者必须掌握每一种可能的疗法以尽快使车手返回赛道。长期缺席对车手和车队来说均毫无裨益。此外，服用药剂一直是竞技赛场上的主要问题，因为鸦片制剂在数世纪中作为止痛良方得到广泛应用。这类物质的滥用当然无需正式文献记载以资为证。

马　匹

　　如同所有优秀的车手一样，狄奥克莱斯需对马匹有卓越的鉴赏能力，能迅速选出最值得信赖的马匹。最优秀者成为"队长"并安置在轭的最右侧，因为罗马人认为这是一组马匹的关键位置。在24年的职业生涯中，狄奥克莱斯驾驭过不计其数的马匹。他曾驾驭其中9匹获得100次胜利，另有一匹达到200次。他从未忘记嘉奖他喜爱的赛马，据我们所知，其中5匹——阿比盖尤斯（Abigeius）、卢基杜斯（Lucidus）、庞培亚努斯（Pompeianus）、柯提努斯（Cotynus）和伽拉塔（Galata）——助他赢得445次胜利。某年，狄奥克莱斯赢得127场比赛，阿比盖尤斯、卢基杜斯、庞培亚努斯参加了其中的103场。其他车手曾凭借各自的马匹取得比这更大的成就，但狄奥克莱斯却被公认为驾驭阿非利加马的最佳御者。阿非利加和西班牙马种似乎最有可能取胜，但罗马人也会选用意大利、希腊、高卢、毛里塔尼亚（Mauretania）和昔兰尼加的马匹。

有大量的马匹名称流传至今，并且通常会提到它们的颜色和种马。雌马则少有谈及，可见它们并未得到大量使用。这些名称与现代马匹的绰号相似。一匹白色马匹很可能被叫做飞雪（Snowy），一匹快马称为飞鸟（Flier），而异常高大或强壮的马匹叫埃阿斯（Ajax）。马匹数目众多，因此许多名字都是重复的，例如克雷斯肯斯、斯柯尔普斯和狄奥克莱斯都曾有马匹叫做柯提努斯。

马队通常配备有兽医、训练员、马夫、马具管理员和其他必备物品，以

养马者提格里努斯：罗马的梦魇

我们有幸知道一位马匹饲养者的名字，即欧弗尼乌斯·提格里努斯，不过他为人所知的原因并非是养马。他是近卫军长官，系尼禄密友，且声名狼藉，两人可能通过对赛马的共同爱好而结识。古代著作对提格里努斯普遍持否定态度。据说，他出身卑微，凭借俊雅的外表才在上流社会站稳脚跟。然而，诱人的脸庞并不能让他轻易接触到皇室和其他贵胄，因此他的家族（他获得了继承权）必定拥有某些人际关系。据说他与卡里古拉的两个姊妹通奸，公元39年被放逐希腊，据称他在那里开始钓鱼。克劳狄允许他回到罗马，但条件是他必须永远远离皇帝的视线，于是他在阿普利亚和卡拉布里亚（Calabria）购置地产，开始饲养赛马。后来，他得遇年轻的尼禄，令后者耽迷于竞技比赛（及其他事情！）。尼禄成为皇帝后，使这位朋友的财富和地位均得到提升，公元65年之后，提格里努斯在朝中有着举足轻重的地位。然而，他后来背叛尼禄，在公元68年尼禄垮台后存活下来，不过此事并非意料之外。公元69年，提格里努斯经历了伽尔巴短暂的数月统治之后，奥托下令迫其自尽。

历史著作家塔西陀对此人鄙视至极，简短记述了他的临终场景——其中有部分涉及竞技场的内容：

> 欧弗尼乌斯·提格里努斯出身卑微，年轻时恶名昭彰，晚年放荡无耻。罗马城警卫队指挥官、近卫军长官

以及其他应由美善之人担当的职务均被他以邪恶手腕迅速取得；此后，他行事残忍，进而变得贪婪，违法乱纪。他还诱使尼禄堕落，以为自己的邪恶举止张目；他竟敢隐瞒尼禄干出很多勾当，并最终遗弃背叛了他。因此，不论是憎恨尼禄者还是为其扼腕叹息者，均出于各自目的极其坚决地要求惩处提格里努斯。在伽尔巴当政期间，提格里努斯受庇于提图斯·维尼乌斯（Vinius），后者声称提格里努斯救过他的女儿。他的确救过她，然而并非出于仁慈（他曾害死无数无辜的生命！），而是为自己的将来寻求避难所；最卑鄙的恶棍既不相信当前，又惧怕改变，所以总是试图得到个人的感激之情来消除公众对他的怨恨，他不会顾忌无辜，只希望逃避恶行的惩罚。这些事实令人更加憎恨他，人们对提图斯·维尼乌斯的新仇更加深了他们对提格里努斯的旧恨。他们从城中各处冲向帕拉提乌姆山和广场，涌向竞技场和剧场，因为在这些地方平民拥有最大程度的自由，他们煽动呐喊，终于使正在锡努埃萨浴场的提格里努斯得知自己死期来临，他在与情妇的拥抱和亲吻中可耻地拖延时间，最终用剃刀割断咽喉，进一步以迟缓而可鄙的死亡方式玷污他恶贯满盈的一生。

（《历史》，1.72）

保证马匹处于最佳状态。这类牲畜的培养过程较为缓慢，通常在5岁左右开始比赛，不过也有可能提前。延龄比赛的部分原因可能在于难以训练它们团队协作的能力。此外，未成年马匹上场极易受伤。正如现今一样，罗马也需要优秀的种马繁殖后代，但它们仍需毫不停歇地尽职尽责，因为毕竟雪藏可赢得胜利的赛马对谁都无利可图。

群众对马匹的热情丝毫不逊色于车手，对知名的赛马更是一眼便知。忠实的拥趸对它们的谱系了如指掌，其形象也多见于艺术作品中。例如，图斯库斯（Tuscus）获得386场胜利；维克多（Victor）429次。马提亚尔曾抱怨他自己还不如一匹赛马出名。据称，卡里古拉最爱的"飞驰者"（Incitatus）拥有大理石马厩、象牙顶棚、紫色地毯、宝石项圈、房屋、家具和一队奴隶，而皇帝希望他的爱马出任罗马执政官的揶揄之说在当时广为流传。

马的职业生涯会持续很长时间，至少有一个实例能证明有一匹马曾与其后代作为竞技同伴。一般来讲，罗马人会让他们的赛马荣耀退役，有些久经赛场的马匹在死后甚至会有坟墓增荣：

土生土长于盖图里亚（Gaetulia），如风一般奔驰，此生未曾婚配，现在，你疾行者却定居于忘川（Lethe）。

（《拉丁铭文集成》，6.10082）

狄奥克莱斯的退隐生活正如他的某些赛马一样安然平和。他离开竞技赛场退役后，隐居于意大利的一座小山城普莱奈斯特（Praeneste，即现代的帕莱斯特里纳 [Palestrina]）。在那里，他与家人在宁静的意大利式乡村生活中度过余生。该地有其子女以他之名题献的碑铭。

晚期的竞技场

值得注意的是，战车竞技和各派车队的辉煌时代已经到来。狄奥克莱斯之后，竞技活动又持续近一千年，并在东部拜占庭皇帝统治下的君士坦丁堡达到顶峰。在罗马基督化之后竞技活动更加风行，知名车手皈依基督教的例子比比皆是。著名基督徒卡西奥多鲁斯（Cassiodorus；《信札》[*Variae*]，3.51）身为大臣曾写信给他的意大利东哥特（Ostrogothic）王国（公元493—526年）国王狄奥多里克，信中对一位名叫托马斯的车手表示赞扬，后者刚刚从东部"变节"而来。德尔图良看到他的警告无人关注显然会大失所望，将竞技视做罗马"道德衰落"标志的现代学者恐怕也得从别处着眼。在拜占庭时期的基督徒中，圣徒不得不与车手竞争以赢得民众的欢心。

自公元12世纪，竞技活动最终开始衰退，这很大程度归因于当时社会已无法承受比赛的巨大开支——经济因素大于道德因素。那些总是将其视为祸害的人终于可以高兴地看它们逝去，因为正如数世纪前的一句评论所示："汇聚竞技场者并非人人皆加图。"

阅读建议

J. 汉弗莱的著作（J. Humphrey, *Roman Circuses: Arenas for Chariot Racing*. Berkeley and Los Angeles: University of California Press, 1986）是一部权威研究成果。《角斗士与恺撒：古代罗马盛事的力量》（*Gladiators and Caesars: The Power of Spectacle in Ancient Rome*；见本书第9章的阅读建议）第4章是竞技专题，阐述极其详尽，涵盖所有基础内容。H. 哈里斯的

图 10.13 马克森提乌斯竞技场遗址（公元4世纪早期），坐落于罗马城外阿皮乌斯大道上，这是目前保存最为完好的罗马竞技场之一。

图 10.14 图中所示为方尖碑（图 10.15）的基座浮雕，描绘狄奥多西大帝（Theodosius the Great）在君士坦丁堡与皇室成员一同在专席中观看竞技的情景（约公元 390 年）。

图 10.15 君士坦丁堡大竞技场（Great Circus）遗址，该处系罗马城大竞技场的继承者。这座来自埃及的方尖碑曾用来装饰竞技跑道的"中栏"（euripus）。今天，它的光芒已经被蓝色清真寺（Blue Mosque）的尖塔所遮盖，而后者所在位置曾是拜占庭帝国宫殿所在地。

论著（H. Harris, *Sport in Greece and Rome*. Ithaca, N.Y.: Cornell University Press, 1972）颇具实用价值。A. 卡梅伦的著作（A. Cameron, *Porphyrius the Charioteer and Circus Factions*. Oxford: Clarendon Press, 1973 and 1976）所涵盖的论题更加具体。关于狄奥克莱斯和斯柯尔普斯，参见著作：J. Shelton, *As the Romans Did*. New York: Oxford University Press, 1988, 356, No.349; R.Syme, "Scorpus the Charioteer," *American Journal of Ancient History* 2（1977）: 86-94。有关马匹的基本读物是：A. Hyland, *Equus: The Horse in the Roman World*. London: Batsford, 1990。T. 阿弗里卡的论作（"Urban Violence in Imperial Rome," *Journal of Interdisciplinary History* 2（1971）: 3-21）简要考察了罗马人在竞技场的行为。

关于罗马人娱乐表演的其他资料有：D. Kyle, *Spectacles of Death in Ancient Rome*. New York: Routledge, 1998; R. Beacham, *Spectacle Enterainments of Early Imperial Rome*. New Haven, Comn.: Yale University

Press, 1999; D. Potter and D. Mattingly (eds.) , *Life, Death, and Entertainment in the Roman Empire*. Ann Arbor: University of Michigan Press, 1999（其中第3部分 J. 鲍尔斯顿的论述 [J. Balsdon, *Life and Leisure in Ancient Rome*. New York: McGraw-Hill, 1969] 颇具价值)。J. 卡尔科皮诺的著作（J. Carcopino, *Daily Life in Ancient Rome*. New Haven, Comn.: Yale University Press, 1940) 虽资料陈旧，但极具参考价值。

后 记

所谓事件便是在某一特定地点和特定时间发生的事情。
（霍金［S. Hawking］,《时间简史》[*A Brief History of Time*]）

公元476年，西罗马帝国最后一位皇帝的统治被日耳曼人奥多亚克（Odoacer）推翻。现代历史学家以此为据来断限罗马帝国在西欧的统治，不过，处于那个时代的人大概并未感到前后有何种变化。因为自从公元3世纪末期开始，罗马在西部的影响便逐渐式微，蛮族人，尤其是日耳曼人，占据行政要职，掌控军队，其人口比例也在前所未有地持续攀升。

奥多亚克在西部帝国夺权似乎并非如我们所认为的是一场突发事件。罗马帝国并未"灭亡"；没有诸如"嘣"或"砰"等巨响标示着一个时代的结束和另一个时代的开始。事实上，奥多亚克正是通过在名义上承认东部皇帝的权威才使自己的统治"合法化"。真正的变化在于至少已经持续3个世纪之久的"蛮族化"进程此时得以完成。帝国的东半部并未受到类似影响，以拜占庭帝国的形式又持续了近千年的繁荣。当我们谈及"罗马的灭亡"时，也许公元1453年更为恰当，因为奥斯曼土耳其人（Ottoman Turks）是在这一年攻占君士坦丁堡并将拜占庭帝国伊斯兰化。

若要论及东部罗马帝国何以能够继续存在，原因其实并不难推定。东方一直要比西方稳定。那里的文明更为悠久，且根深蒂固；多数规模较大的城市均位于东部，那里也是帝国经济发展和人口聚集的中心。身居要职者较为可靠，文化教养几乎并无间断，赋税征收和军队供给也并非如西部那样困难重重。帝国后期的皇帝多数来自东方，对于罗马城和西方的兴趣也渐索然。作为级别较高的奥古斯都，戴克里先在小亚细亚的尼科米底亚建立行宫，直到统治行将结束之时才驾临罗马。君士坦丁则通过建立帝国新都君士坦丁堡增强了东部罗马帝国的重要性。君士坦丁堡的坚不可摧最终令自东方进入帝国的蛮族人转向更易"蚕食"的西方。君士坦丁不遗余力地榨取西部的潜力和资源，而这种做法一直持续到拜占庭帝国初期。最终，罗马甚至已不再是西部帝国的首都，转而被拉文纳所取代。由于基督徒甘愿保护他们的皇帝和圣城君士坦丁堡，基督教也在一定程度上加强了东部的势力。

随着西部帝国式微，蛮族人不可避免地取代罗马人控制要职。很多人已

"罗马化",而且其中不乏精干,但这些"新罗马人"多数少学无知、尚未教化而且难以驯服。不难推想,在通常被看做"黑暗时代"(Dark Ages;公元500—700年)的初期,罗马的行政、法律和财政系统为何完全瘫痪,在欧洲大部分地区地方自治的生活模式为何几近消失。延续数世纪曾将罗马社会紧密凝聚在一起的共同传统和习俗,对于此时居住在帝国西部的主体日耳曼人来说,已显得无足轻重。社会中的信仰、习俗以及礼仪都发生了变化:罗马已经改变。

当时,在帝国西部有可能恢复某种秩序的唯一官方组织机构恐怕非教会莫属,但实际上它也是鞭长莫及。数个世纪以来,蛮族人逐渐皈依基督教,教会在教养与教化方面对之产生一定影响。然而,实践证明,教会的影响也是"好坏参半"。帝国西部的早期教会要为众多古典拉丁文著作所遭受的蓄意破坏负主要责任,同时,随着教会由世俗世界大批引进亟须的资金和贤才,它毫无疑问加速了西部帝国的最终"瓦解"。教会主张精神上的慰藉,但一个支离破碎的社会更多地是需要实实在在的物质支持。农民对于教会通常心

图 E.1 君士坦丁堡的城墙。

存恐惧，因为它如同那些罗马—日耳曼（Roman-German）压迫者一样，只是一个贪得无厌的地主。许多教会高层人员腐化堕落，其世俗程度远远超出其基督教圣职所规定的范围。追求正义者往往麻烦缠身。通常而言，孱弱的罗马教皇受制于帝国东部君主，因为后者坚持自己的权威高于教皇。他们寻找支持者以消除来自蛮族首领的威胁。较为强势的教皇，诸如反抗匈奴人阿提拉的利奥一世（Leo I），不仅将自己树立为信仰的守卫者，更是罗马城本身的守卫者。东部拜占庭帝国的情况与此截然不同。

拜占庭帝国是古罗马帝国的继承者和延续者。行政管理、法律体系以及官僚机构都是罗马式的。文化倾向、语言和哲学思想则是希腊式的（东方因素与基督教交融的结果）。晚期罗马帝国的都城君士坦丁堡此时成为拜占庭帝国的首都。在罗马西部发生巨变的同时，东部也在变化，最终出现一种有别于先前任何时期、相对稳定并得到广泛认同的拜占庭文化。拜占庭人具有相当高的文化水准，对蛮族统治的西部他们仍然坚持维护名义上的控制权，这种令人感佩的口号至少说明他们并未将自己与原有的罗马帝国完全脱离。当公元1453年奥斯曼土耳其人攻陷君士坦丁堡时，许多学人、教师、艺人、法学家以及其他在保存传承这继承于东罗马帝国的语言和文化过程中充当媒介的人，纷纷带着他们的知识西行。正是在那里，他们为意大利文艺复兴以及中世纪欧洲的最终觉醒播下了希望的种子。

罗马人对西方社会产生影响的方方面面不胜枚举。罗马人认为他们源于特洛伊人的错误观念也影响欧洲数世纪之久。公元13世纪，不列颠人仍然认为他们的祖先可经罗马人追溯到特洛伊人布鲁图斯（Brute）；法兰克人（Franks）则宣称特洛伊王子赫克托尔（Hector）之子弗朗库斯（Francus）是他们的祖先。在更为现实的层面而言，欧洲的政治和法律传统均以源生于罗马的传统为基石。就美利坚合众国（United States）而言，已有不止一位现代学者指出，世界上也许没有哪个政府如此类似罗马政府。国父们（Founding Fathers）并未忘记波利比乌斯和西塞罗关于罗马共和政体如何实现制约与平衡的阐释。政治术语同样也反映出继承于罗马的遗产。例如"candidate"一词便源自"candidatus"，即罗马人竞选时所着的"白色托迦"（以便在投票公众面前更为显眼）。"election"、"nominate"以及"vote"等词汇均由拉丁语派生而来。华盛顿哥伦比亚特区（Washington D. C.）中的部分布局与罗马城极为相近；很多建筑物上带有鹰和法西斯（fasces），此两者恰恰是罗马权力的象征。

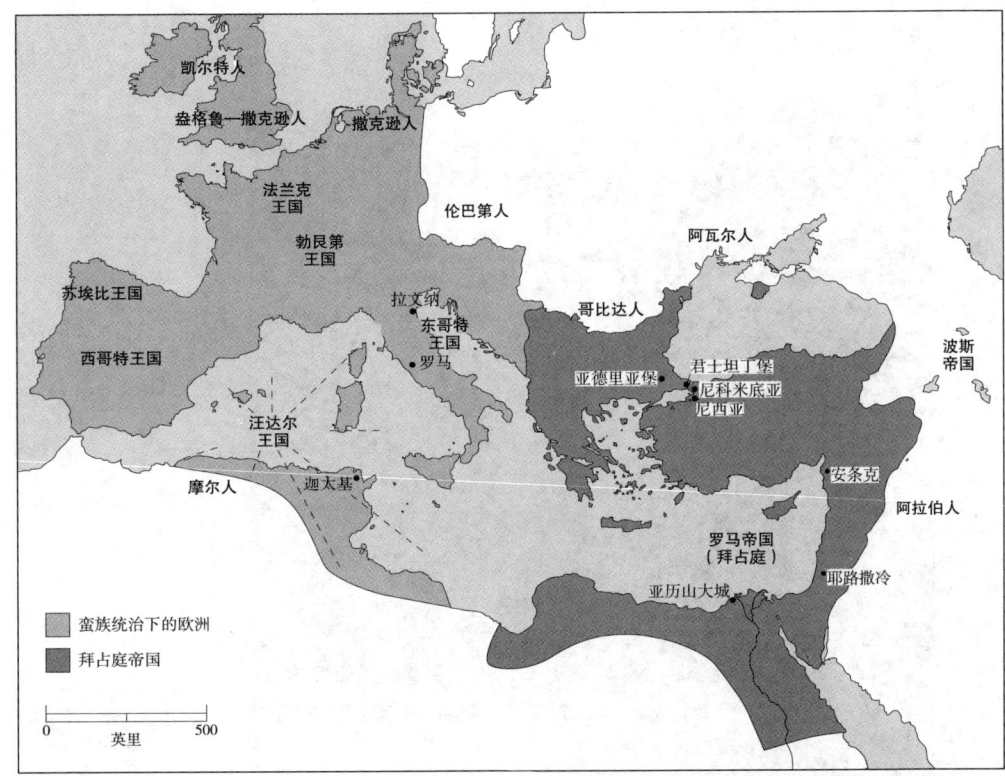

地图22 公元500年前后蛮族统治的欧洲和拜占庭帝国。

我们的名字也受到罗马人的影响。亚伯拉罕·林肯（Abraham Lincoln）便是典型例证。人人熟知"Abraham"是源于《圣经》故事的名字，但可能很少有人能猜到"Lincoln"一词来自不列颠罗马城镇林都姆殖民城（Lindum [Lin] Colonia [Coln]）一名的讹误写法。我们用罗马诸神的名字命名行星、航天器和汽车。我们的月历中也有罗马名字，而我们当代的历法也最终基于尤利乌斯·恺撒所创立的历法而设定。"Saturday"原指萨图恩的节日。在我们的城市中，有众多的"Rome"、"Seneca"、"Cicero"以及"London"等名称，还有其他不计其数的街道与商铺名称体现着罗马的遗产。体育场馆被称作"Colosseum (Coliseum)"和"Forum"，我们还购买称做"Mars"的糖块和称做"Magnavox"的器具。

英语词汇中有一半以上源于拉丁语，科学术语也多以之为据。在我们的学校中，诸如"literature"（文学）、"religion"（宗教）、"linguistics"（语言）和"science"（科学）等"课程"（curriculum）名称均系拉丁文的派

图 E.2 拜占庭后期君士坦丁堡宫殿遗址。

生词。所有美国硬币上均刻有拉丁语铭文"e pluribus unum"（一物源于万物），而美元钞票上也印有典出维吉尔《埃涅阿斯纪》的一行诗"Novus Ordo Seclorum"（新时代秩序［New Order of the Ages］）。我们仍然使用"patrician"（贵族）和"plebeian"（平民）来划分富人和穷人、上层人和下层人。诸如"他不值他得到的盐"（He isn't worth his salt；罗马军队多以盐为酬劳）等俗语仍然流行。

基督教之前（或与之同时）的许多宗教习俗有助于基督教传统的形成。在圣诞节赠送礼物的传统最初源于在萨图恩节主人与奴隶互换礼物的习俗，而萨图恩节是罗马人的传统节日，与圣诞节日期相同。圣徒安布罗斯、奥古斯丁和哲罗姆均是罗马帝国造就的产物，直到帝国后期基督教才获得胜利并成为西部的主要宗教。

罗马人投射出的绵长光辉日日映照着我们的习俗、传统和语言。尽管曾存在严重的中断与纷乱时期，但我们仍然深受罗马人的影响。公元410年蛮族人摧毁罗马城时，奥古斯丁坚信"灵魂之城"罗马依然矗立。奥古斯丁是对的，"灵魂之城"罗马以他永远无法想象的方式依然矗立至今。

关于时间："小丹尼斯"（Little Dennis；"矮子"狄奥尼西奥斯）留下大印记

几年前，世界步入第二个千年，但这仅仅是西方社会所行历法对时间的记录。该历法以基督教为背景，最终以耶稣出生日为基准计算。因此，更为准确地说，这是西方、基督教的第二个千年，而非对于**整个**世界而言的重要节点。事实上，在基督出生之前至少有3000年的文明史，而在其出生之前和以后也有不计其数的纪年方法，它们各自基于完全不同的标准而设定。公元2000年这一年（当然，此种并行比较并不精确，因为并非所有纪年起始之年都始于同一时间）以最早的古埃及历法计为6236年；以古罗马历法自罗马建城算起（A.U.C.——"Ab Urbe Condita"的缩写）则是2753年。依照犹太人的创世观，这一年是5760年；对穆斯林而言，则是1420年，因为其历法自穆罕默德逃离麦加（Mecca）算起；在佛教历法中这一年是2544年，在波斯历法中则是1378年，而在公认的玛雅（Maya）大周期中，这一年是5119年。此类计算可依此类推，不胜枚举。

世界上存在很多与我们不同的纪年系统。不幸的是，我们所用的纪年系统存在严重缺陷。当今社会很少有人知道究竟是谁制定了这种定年系统，使我们根据该系统计算新千年的到来；也很少有人意识到，严格来讲，我们的庆祝为时尚早。新千年的实际起始时间定为2001年1月1日更为准确。很多人也许会认为出现这种情况的原因在于，当基督教修士"矮子"狄奥尼西奥斯（约公元510—560年）在公元6世纪创立此种纪年系统时，欧洲对"0"的概念尚不熟悉（阿拉伯数字［Hindu-Arabic］数世纪之后才传入欧洲，在公元11世纪之前，0似乎并未经常出现）。因此，当狄奥尼西奥斯设计他的纪年系统时，他以"1"而非"0"开始计算，那么2000仅仅是第二个千年的最后一年，而非第三个千年的起始之年。然而，不论是否有"0"，人的年龄不可能是"0"，即便是现在，某些社会仍然认为婴儿出生即为"1"岁（我们也经常会说宝宝的"第一年"）。对此更为合理的解释或许来自狄奥尼西奥斯本人的做法，按照古罗马历法他将耶稣出生

图 E.3 位于尤卡坦（Yucatan）奇琴伊察（Chichén Itzá）玛雅遗址中心的卡拉科尔（Caracol）天文台（塔），此处至少在公元800—1200年间得到利用。该建筑的窗户和光线均定位精准，用以标示南方和西方的地平经度、二分点和夏至日。玛雅人精通天文学，根据公认的玛雅大周期，公元2000年是为5119年。

的日期定在建城以来（A.U.C.）753年12月25日，但直到新年开始，即建城以来754年（公元1年）1月1日才真正开始纪年；巧合的是，这一天正是耶稣行割礼之日（现今1月1日仍然是割礼日）。无论如何，一个10年周期需待整个10年时间全部结束，同样，只有2000个年头全部度过之后，第二个千年才算结束。因此，新的千年始自2001年。

当狄奥尼西奥斯最初设计他的纪年系统时（起初，他奉教皇之命计算"不定的圣日复活节［Easter］在未来的具体日期），他并不知道基督的出生日期。当时广泛应用的历法系以皇帝戴克里先统治元年（按照狄奥尼西奥斯的纪年系统，应为公元284年）为起始，但狄奥尼西奥斯不希望自己新创立的纪年方法存在任何基于前者的因素。依照该历法，狄奥尼西奥斯正值"戴克里先年"（Anno Diocletiani）247年，或按现今纪年方法为公元531年。由于戴克里先曾迫害基督徒，因此狄奥尼西奥斯不能接受有些基督教友一直使用该历法推算复活节的做法。（尽管狄奥尼西奥斯对此心存芥蒂，但很多基督徒仍然继续使用该历法，其中包括现代埃及的科普特人［Copts］，于后者而言，公元2000年为戴克里先年1716年。他们并未将这一时期看做被一名反基督教皇帝所玷污的时代，相反他们认为这是"殉难者时代"［Era of the Martyrs］）。

狄奥尼西奥斯认为，纪年应以"吾主示现肉身"（incarnation of our Lord）之日开始。然而，并没有任何方法可以精确判定基督的出生时刻。《福音书》（Gospels）于此也少有助益。《马太福音》（Matthew）中提及基督出生于希律大帝（Herod the Great）统治期间。依据我们现今使用的定年系统——最终以狄奥尼西奥斯设定的定年系统为基础，基督出生日应在公元前4年（希律驾崩之日）或更早。《路加福音》（Luke）称，耶稣出生于奎里尼乌斯（Quirinius）进行人口普查之时，而同样根据现今定年方法（仍然基于狄奥尼西奥斯的纪年系统），其出生日当在公元6年。然而，从历史角度考察，奎里尼乌斯是叙利亚而非犹地亚总督，所以他授命所进行的任何人口普查不应涉及玛丽（Mary）和约瑟夫斯。此外，并无证据表明罗马人要求人们返回出生地接受普查。因此，《路加福音》中的记述似乎主要是将耶稣的出生与伯利恒（Bethlehem）联系在一起（这样便与《旧约》中的预言相符），远非历史事实。当然，即如现今多数基督徒一样，狄奥尼西奥斯没有任何理由质疑传统。

总而言之，我们无法确知狄奥尼西奥斯以何为依据最终确定耶稣的出生日，并设计出"1年"。不过，他的计算可能基于《路加福音》中的某些记载（3:1和3:23），其中曾提到在皇帝提比略统治第15年时耶稣30岁左右。以此为基点，再将某些他认为发生于同年的天象事件相联系，狄奥尼西奥斯更加坚信自己对耶稣出生年所做推论的正确性。当他深信自己的计算方法正确无误并已确定耶稣的精确出生日期后，他便开始纪年。

然而，事实上，无论是狄奥尼西奥斯还是我们当代任何人都无法确知耶稣的出生日期，狄氏所选定的日期与《马太福音》和《路加福音》中提供的相互矛盾又难以证实的日期，均是可取的选项。就后两者而言，若按《马太福音》提及的日期计算，千年庆祝应回溯至1997年；若按《路加福音》的日期计算，则应推迟至2006年。不幸的是，那些在2000年庆祝千年的人们或是迟了4年，或是早了6年。无论如何，狄奥尼西奥斯不甚准确的纪年系统以及他对每年所指定的称谓"吾主之年"（Anno Domini；颇具讽刺意味的是，其缩写"A. D."与他所执意区别的历法戴克里先年［Anno Diocletiani］的缩写相同）最终成为基督教世界乃至现今世界大部分地区（出于统一日程表的需要）用来记录时间轨迹的方法。当然，此种历法的普及也经历了漫长的过程。

事实上，并非狄奥尼西奥斯本人，而是他更为知名的友人兼同修卡西奥多鲁斯首次在其刊布的著作中使用"吾主之年"这种新的纪年方法。英格兰修士比德系公元8世纪最为著名的教会人士，他的著作《英格兰教会史》是当时极为杰出、极具影响力的巨著，他在该书中即使用这种纪年方法，进一步增强了它的可靠性。公元9世纪，查理曼（Charlemagne）将"吾主之年"的纪年方法应用于加洛林帝国（Carolingian Empire）事务，从而使狄奥尼西奥斯的成果得以进入主流社会。时至今日，大部分基督徒仍然将时间视为上帝自己的事务，他们只要知道圣徒节和节庆日的日期便心满意足。人们长久以来所仰赖的自然征象指引着他们的活动。此外，很多基督徒相信世界末日即将到来。谁还需要一个精准的系统来记录时间轨迹呢？

直到1300年，狄奥尼西奥斯的纪年系统才成为欧洲多数基督徒的日常生活工具，并深深植根于教会系统。是年，教皇卜尼法斯（Pope Boniface）宣布"吾主之年"1300年是一个新纪元的开始，并为纪念基督教长达13个世纪的历史举行禧年庆祝。此举使狄奥尼西奥斯的纪年方法得到最终认可。后来，约翰内斯·谷登堡（Johannes Gutenberg）在公元15世纪发明印刷机，狄奥尼西奥斯的纪年方法得以通过大量年历、日程表以及其他任何与时间相关的印刷品而广泛传播。1582年，教皇格里高利（Gregory）对尤

图 E.4　见证比德（Bede）的遗迹。英国贾罗（Jarrow）圣保罗教堂的撒克逊圣坛（Saxon Chancel；公元681年）。尽管经过数世纪的诸多变迁，但其基础的石制结构和某些窗户均可溯至比德居于贾罗并撰写《英格兰教会史》（*Ecclesiastical History of England*）期间。该书是第一部采用狄奥尼西奥斯"吾主之年"纪年方法的重要著作。

利乌斯·恺撒确定的《儒略历》做适当调整，使之重新与太阳年相合，从而创立我们现在使用的《格里高利历》（不过，此种历法只在英格兰和1752年的美国殖民地中使用；希腊和俄罗斯的东正教会[Orthodox Churches]仍然使用儒略历）。

如今，狄奥尼西奥斯的"吾主之年"（A.D.）纪年系统对于标示年代已变得不可或缺。不过，直到公元17世纪，即狄奥尼西奥斯身后1100多年，用以标示和计算基督出生之前的时间称谓"B.C."（Before

图 E.5 历法均基于太阳、月亮或是两者结合而确立。星辰与星座的位置对于计算时间也异常重要。例如英格兰的古代居民使用诸如索尔兹伯里平原（Salisbury Plain）巨石阵（Stonehenge；如图所示）这种建筑来观测天体运行，记录时间的流逝。

Christ；基督之前）才首次出现。始作俑者似乎是一位名曰德尼·佩托（Denis Petau）的法国天文学家，他于1627年在巴黎克莱蒙学院（Collège de Clermont）执教时首次在其著作中使用这一称谓。因此，"公元"（A.D.）或"公元前"（B.C.）这种现代通行的纪年方法在17世纪才最终确立。

如今，有人希望避免使用"A.D."和"B.C."来标示年代，因为这种缩略语带有基督教意味。他们使用更为世俗的表示方法代替"A.D."（Anno Domini；吾主之年）和"B.C."（Before Christ；基督之前），即"C.E."（意指"Common Era"［共同时代］）和"B.C.E."（意指"Before the Common Era"［共同时代之前］）。笔者在本书中使用"B.C."和"A.D."这种历史悠久的纪年标识并非出于任何宗教原因，而是因为他们是更为通行、更为人所熟知的时间标示方法。事实上，它们的宗教内涵现在已为多数人所遗忘，或是从不加以解释（的确，就"A.D."的意义而言，它更易使人联想到"After Death"［死后］，而不是"Anno Domini"［吾主之年］）。此外，多数现代学者仍然坚持使用这一方法；最后需要说明的一个重点是，"C.E."和"B.C.E."与"A.D."、"B.C."以及以基督生命为标准的纪年系统均基于相同的时间周期，从根本上讲，它们同样使用由15个世纪之前的"矮子"狄奥尼西奥斯所创立的混乱系统。

阅读建议：对爱好历法的一般读者来说，邓肯的著作（D. E. Duncan, *Calendar: Humanity's Epic Struggle to Determine a True and Accurate Year*. New York: Avon Books, 1998）是极佳的入门读物，其中的参考书目也极为详尽。另可参阅：S. J. Gould, *Questioning the Millennium*. New York: Harmony Books, 1997。

附　录

左侧通行：罗马人的交通习惯

俗话说"条条大路通罗马",但在这些大路上罗马人究竟倾向于在哪一侧行驶?他们是和我们一样右侧通行,还是如现今世界相当一部分地区一样,更倾向于左侧通行?无论就个人还是社会而言,很多事情一旦形成一种惯常的习俗并得到广泛认同,是难有缘由予以解释的,而且,倘若碰巧没有相关的文献记载,传承自久远古时的行为习惯或风俗便有可能永远成为一个谜。细枝末节的缺失可能不会引起过度关注,但关乎整个民族特性的基本信息便有可能随之消失。罗马交通问题便从未得到圆满解决。

在美国,若非与英国左行习惯相比较,没人刻意提及他们在右侧驾车或行走的交通习惯。即使有司机因走错方向而导致交通事故,报道通常只说肇事者走错了方向,例如在南向道路北向行驶云云,而不会提及他是左侧行驶还是右侧行驶。在古代罗马,更没有必要对通行方向加以区分,因为帝国境内的整个交通系统保持完美的统一。没有人会采用不同的方式行驶,或是就我们所知,甚至没人想到要提及他们在道路的哪一侧通行。鉴于此,通过对考古、文献和钱币资料的专门考察,我们可以确定古代罗马人系左侧"驾车"和行走。

早期观点:偏左而行

彼得·金凯德(Peter Kincaid)的《交通规则:历史与习惯的国际指南》(*The Rule of the Road: An International Guide to History and Practice. Greenwood Press*, 1986)一书已逐渐成为"迷茫者"(Which Wayism)的权威著作,但其中关于罗马人在哪一侧驾驶并无结论性证据。随后,格温·戴尔(Gwynne Dyer)在《电报》(*The Telegram.* St. John's, Newfoundland, January 17, 1999)中发文指出,罗马考古协会(Association of Roman Archaeology)的布琳·沃尔特斯(Bryn Walters)基于在英格兰斯文顿(Swindon)附近布伦斯登里奇(Blunsdon Ridge)一处古罗马采石场的考古发掘得出结论,罗马人确是左侧通行。该地现存一条保存良好的小路,自采石场通往建于附近山脊上的罗马神庙，路上所遗马车车辙在一侧要比另一侧更深。沃尔特斯认为，通向采石场的马车必然是空车，而从采石场出来必定满载石头，因而石头的重量导致车辙深陷。他推测，罗马人驾驶较为重要的负重马车时，必然取道他们最为习惯的方向。这些车辙所在说明他们系左侧通行。

沃尔特斯的证据颇具说服力，然而，即使他的分析正确无误，似乎也无法成为罗马交通的普遍法则。有可能出于某些无法获知的原因，右行道废弃不用，只使用左行道，因此往返马车可能都在同一车道上行驶，这样便可使车辙更深。沃尔特斯的假设需基于

图A.1 公元前136年共和国时期的塞尔维利乌斯（C. Servilius M. F.）狄纳里币。钱币背面刻有两名骑手，通常被认定为双子神狄奥斯库里，他们靠左侧相向骑行，表明这可能也是罗马人通常所遵循的交通习惯。

这样的前提，即总有空车和实车沿各自车道络绎往返，但事实上这并不成立。石匠的工作进度有限，在一定时间内石料的需求量也是有限的。此外，随着建筑进度的推进，石料需求量逐渐减少，单车道似乎便足以保证石料的供应。例如，在庞培城的一条街道中，便只有一条单行车道位于街路中央。来往车辆是驶入一侧车道或另一侧车道取决于其时间是白天还是晚上，但由于正在行进中的车辆在会车时可以轻易地靠向一侧行驶，同轨双行并非完全不可能。在布伦斯登里奇便有类似情况。左侧车道的持续使用大概完全出于偶然。

另外一则证据来自公元前136年共和国时期的塞尔维利乌斯（C. Servilius M.F.）狄纳里币，在其背面刻有两位骑手的形象，通常认为他们是双子神狄奥斯库里（Dioscuri），两人各自在对方的右侧擦肩而过（图A.1）。该图像与先前罗伯特·皮斯（Robert Pease）所提到的场景（"Which Side of the Road Do They Drive On...?"［July 2001］, edited by Brian Lucas［lucas@travel-library.com or www.tralibrary.com/general/driving/drive_which_side.html］, p. 5）极为相似，明确刻画出两名骑手都是在左首骑行。通过他们的位置判断，罗马交通应该是左侧通行。然而，仅凭神话人物骑马左行的场景（无论有多少狄纳里币上刻有此类图景）作为罗马人始终按照该方向行驶的结论性证据，此法是否妥当仍有待商榷。我们仍需有大英博物馆的罗马考古学家凯瑟琳·琼斯（Catherine Jones；上文所引刊登于《电报》中的文章有所提及）那般的谨慎态度："我们并不知道罗马人究竟在道路哪一侧行驶。只是两侧

都没有足够的证据来证明。"

我们的考察开始将此问题与英国人在道路左侧通行的习俗联系在一起。前利物浦大学教授沃尔班克现已退休并为剑桥大学彼得学院研究员（Fellow of Peterhouse），在与他探讨此问题时，他认为这种习俗可能是罗马占领不列颠的一个"遗留"。将古罗马交通习惯与当代英国的习俗相联系的想法看似合理，但与上文提及的采石场车辙和钱币两个证据相比，同样缺少说服力，除非有其他更为强有力的例证进一步证明罗马人的左行习惯。令人庆幸的是，的确有其他例证存在，首当其冲者明显与性有关，但正如我们即将看到的，它必不可免地与此有关。

"街头少年"庞培城：左行习惯的新证据

位于那不勒斯湾的一座罗马城市庞培城在公元79年维苏威火山喷发中覆灭，在城中两条街道的铺路石上仍残存着看似阳具的古时刻画"痕迹"。毫无疑问，这些阳具形象出现在这里的原因是城中最为著名的妓院便坐落在附近，它们意在指引充满欲望的客人顺利无误地到达妓院的门阶。它的确堪称一种拙劣的皮条客，既直白又形象，大张旗鼓地指引着潜在的消费者到达地点。他自然不会错将这种色情"路标"放在街道相反的一侧。因此，阳具形象的方位及其指向便是罗马是否左侧通行的重要提示。那么这些阳具形象是出现在街道的左侧吗？

2001年春，曾有人在庞培城进行一次粗略考察，意在标出街道上所刻的阳具形象，是年夏天克里·施皮尔斯和威廉·巴特斯福德（William Batsford）两位教授又进行了更为深入的研究。不幸的是，调查显示只有两个阳具形象仍然可辨。一个位于阿邦丹扎大道（Via dell'Abbondanza），另一个位于与之相邻的"妓院街"（Vicolo del Lupanare；称做小巷更为合适），而我们所提及的妓院正位于此处。后者虽可辨认但破损严重，于我们所探讨的问题毫无助益。由于巷道极为狭窄，阳具形象不可避免地刻于道路中央。就其原始图形判断，它明显指向通往妓院的小路，提示嫖客们已接近目标。然而，前一个阳具形象保存完好，且位于整座城最为宽阔的干道之一阿邦丹扎大道上，其方位和样式便有着重要的指示意义。该形象以浮雕形式刻在石板上，形制较大（图A.2），因此任何一个前往妓院的人都不可能忽视它；阳具标志的确位于街道的左侧，的确只是针对左侧通行的人具有指向意义，的确与道路左侧路缘紧邻。

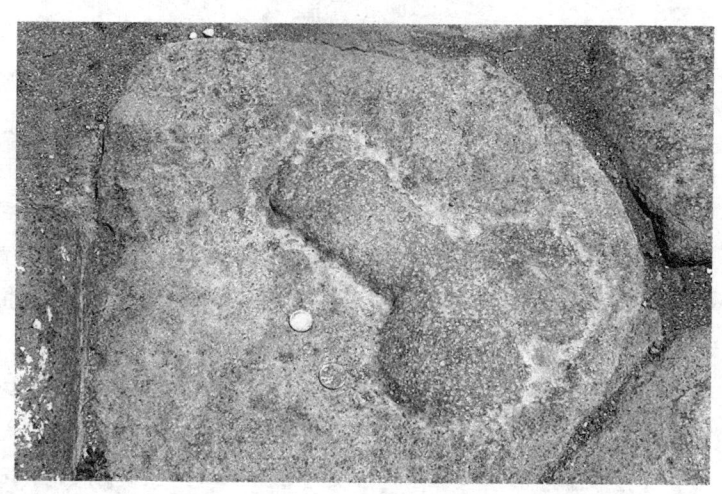

图 A.2 庞培城阿邦丹扎大道上阳具形象的"通行"标识,任何沿此道路左侧驾驶或行走的人都会注意到它。刻有图形的石块靠近左侧路缘,而阳具形象本身"倾斜",提示任何寻找该城最大妓院的来访者在下一个交叉路口左转。石块上放置的现代意大利硬币是为突出该图形的巨大形制。

形象地说,对于左侧通行的社会群体而言,行人身体的左侧总是与"路缘"保持并行。因此,这个阳具形象设置的方位是有意为之,因为靠近路缘的位置使它能够提示任何想去妓院寻欢的人都在左侧沿街而行。事实上,该形象甚至向左"倾斜",暗示顾客在下一路口(前方约60米处)将要左转,走入妓院所在的小巷。在那里另有一个阳具形象指引他们一直向前,经过两个街区到达正在寻找的建筑。尽管庞培城自诩拥有30多座妓院,有艾格勒、玛利亚、斯米尔那以及阿塞里那(Arsellina)等同样在阿邦丹扎大道阳具形象附近宣传其性交易活动,但没有其他任何一家妓院在规模和地位上能与"妓院街"上的这家相媲美。因此,所有证据都表明,这种阳具式的"路标"系精心设置以便指引其潜在客人靠左侧到达妓院的门阶,而且即便是现今庞培城的导游对此也默认不讳。

此类阳具标志并非如一般人所想的那样,是为庞培城的公民而准备。他们自然知道城中妓院的位置所在,但很少光顾。除妻子外,他们拥有情妇、可带回家中的女子(或聚会上朋友带去的女子)以及自己的奴隶可供享用。任何有名望的公民光顾妓院也是很不得体的行为。妓院是为奴隶、被释奴和游客准备的,尤其是那些抵达庞培城港口的水手和乘客,他们需要指引找到城中的最佳"场所"。这些人很多都大字不识,他们会从港口沿玛里那大道(Via Marina)而上来到广场——城市生活、商业和宗教中心,穿过这里直接通往阿邦丹扎大道,在这里必定有阳具这种一看便知的"通行标志"来指引他们,位于左侧指向妓院。

只有如庞培城阿邦丹扎大道这般规模的街道才有可能实现双向通行。每天，这里是成千上万人的必经之处，它不仅是整座城三条要道之一，同时它还起始于喧闹繁华的广场，从而成为进出港口的主要路线。鉴于交通噪音和交通堵塞，大部分轮车白天不允许出现在罗马街道上，而在我们所谈及的阿邦丹扎大道上，所有轮车全天限行。只有轿舆和抬椅等工具可以通行，路上还有驮着货物的牲口，大部分则是行人。为避免淹没在熙攘喧哗之中，这些阳具符号自广场开始沿街道一直标记很远，直到交通压力较为和缓之处，可以按照预定方式有序地在干道上往来行驶。根据现代习惯，倘若一个人一旦形成既定的交通习惯，在驾车时尝试改变就不可避免有肇事的危险，至少在大城区步行通常也遵守同样的规则。例如在伦敦的美国人会很快发现自己像逆流而上的大马哈鱼，在左侧驾车行驶，在人行道或类似地点均左侧通行。同理，罗马人在熙攘的街市也会遵守固定的交通规则，否则没有人能顺畅行走。既然已确知在阿邦丹扎大道上是双向行驶，那么对这些位于街道左侧边缘的阳具标志唯一符合逻辑的解释便是，它们是为沿其所指方向前行的路人特意设置的。因此，我们可以把它仅看做该街道交通如何行进的标示，同时，根据其方位设置，左侧通行的习惯确凿无疑。罗马的其他道路没有理由不普遍使用这一交通规则。

在阿邦丹扎大道上同时也有"人行道"，但实际上它并非如现代一样是为行人的安全和方便而设置，更多的是为方便商人和卖主，以使他们利用该处空间做临时仓储，存放刚刚抵达的商品和货物。实际上，行人甚至很难顺利通过人行道，因为街道上来往路人络绎不绝，只有为了避开垃圾或遇到洪水泛滥时除外。尤其是每逢洪水时节，人行道自然成为行人的避难所，相对高凸的路缘也使两侧房屋免遭洪水浸泡。无论如何，多数罗马人明显是靠近街道路缘行走，否则阿邦丹扎大道上的阳具符号便不可能刻在那里——左侧路缘附近以便所有路人一眼即识。综上所述，我们可以得出结论，阿邦丹扎大道上的阳具路标之所以出现在它所处的位置，原因在于交通行进方向与其所在和所指的方向相同，即左侧。

并无考古证据说明阿邦丹扎大道上的阳具形象不是真迹，并非"原地"（in situ），或并非用于上述目的。庞培城另有不计其数的阳具象征物出现于雕塑、绘画或家具等其他一切可能的物件上。毕竟，这是爱——每一种爱——之神维纳斯之城。试想一下，如果在刻有这些阳具形象的街道上交通习惯是右侧通行，那么它们的位置就发生偏差，无法吸引人们的注意，街道对面潜在的顾客甚至看不到它们。顾客可能已经走过妓院街的妓院，令该标志起不到任何作用，而它存在的首要目的便是引领客人前往妓院。因此，我们可以综合以上发现和沃尔特斯教授在斯文顿附近古罗马采石场的发现，以及塞尔维利乌斯狄纳里币上的骑手形象，进一步证实罗马人左侧驾驶和行走的推断。当然，还有更多的材料可资证明。

图拉真记功柱和马尔库斯·奥里略记功柱：向左循行

现在我们将目光从阳具形象转向巨大的石柱，当然这种转换完全出于巧合。现在罗马仍然矗立着两座凯旋记功柱，分别由皇帝图拉真（公元98—117年）和马尔库斯·奥里略（公元161—180年）所建。若将基座计算在内，两者高度均超过100英尺，现存柱身浮雕的完整程度各异，其内容都是反映两位皇帝与蛮族所进行的战役场景——图拉真对达契亚人，马尔库斯·奥里略则是对日耳曼人和萨尔马提亚人（Sarmatae）。图拉真记功柱的基座实际上是他死后的骨灰收藏地，而马尔库斯·奥里略记功柱则是其效仿先皇的有意之举，在一定程度上具有墓碑的意义。然而，记功柱的修建目的或主题不是此处所要关注的问题。柱身浮雕宛如一幅大理石画卷从基座环绕柱身螺旋而上直至柱顶，其走向特点便是此处所要讨论的重点。

人们观赏记功柱时肯定会惊奇地发现，每根石柱的雕刻工匠均未按顺时针方向向上推进，其图景是沿逆时针方向延展的（图A.3）。换言之，两座记功柱自下而上的浮雕带是不断向左展开的（也说明罗马人收卷书卷的习惯方向）。因此，不仅观赏者的目光会情不自禁随着画卷式浮雕的逆时针走向自基座向左上方移动，并且浮雕所述图景的主体走向也在向左展开。当然，由于雕刻工匠系自下而上螺旋式展现具有重要意义的事件和胜利，直至石柱顶端以皇帝本人造像为纪念物，那么这种特点便无足惊讶。在古代，至少在观看图拉真记功柱时，其盘旋图卷的观测点要高于现代，人们恰好可在位于石柱两侧藏书万卷的两座书馆建筑的高层进行观看。位于此处的古代罗马人可能首先会向上看，这是面对高大建筑的自然反应。基于此种优势地位，他们可以看到先前在地面观望起来较为模糊的细节，并眼见柱身浮雕图景继续向左逆时针展开直至顶端。相反，倘若在此位置向下看，柱身螺旋浮雕则向右"顺时针"循行。对于观察者而言，恰如站在罗马"川流不息"的道路中央，沿石柱上下走动的数百名人物身临其境般双向而行。这些人物通常会相互赶超，

图 A.3 图拉真记功柱（左）和马尔库斯·奥里略记功柱（右）。两座石柱上宛若画卷的浮雕逆时针向左盘旋而上。

但由于工匠创作的自由度较大，为合理利用有限的空间，柱身图景或有延展或有压缩，因此无法明确辨认其中人物是偏于左侧抑或是右侧。这样，对于任何一个观看石柱的人而言，其中人物总是向左攀上石柱，向右则走下石柱：我们可以说，这是模仿罗马双向道路上实际通行方向的结果。

　　图拉真记功柱和马尔库斯·奥里略记功柱的内部楼梯走向能够进一步证明，其浮雕画面向左循行是有意为之，反映了罗马人真实的交通习惯。楼梯同样也是逆时针方向设计。任何攀登楼梯登顶的人，如同石柱外侧的浮雕画卷一样，须向左拾阶而上，而向右或顺时针方向则是走下楼梯。无论从建筑、结构、维修、军事或其他方面，没有任何有说服力的原因可以解释楼梯逆时针旋转的设计初衷。实际上，由于大部分人都是右手习惯，这种设计似乎首先便与人的本能相冲突。那么，罗马人为何避开这种更为自然的右向习惯呢？答案显然只有一个！人们断然不会在设计浮雕或修建楼梯时违背整个文明早已形成的行为习惯，转而采取与传统习俗截然相反的方向，尤其是皇帝纪念柱这般重要的建筑。建筑者只是遵循罗马人已成定式的行走习惯而已。在以连绵长卷形式创作的罗马雕刻作品中，图拉真记功柱和马尔库斯·奥里略记功柱均属上乘之作，其外部浮雕和内部阶梯均以逆时针和左向而设计建造，此中原由与布伦斯登里奇、共和国时期的狄纳里币和庞培城的阳物标志等现象的解释一样，都是因为罗马人系左侧通行。

罗马竞技场：左首竞技

现已有上述证据证明罗马人倾向于左侧通行的交通习惯，即使尚不足以令人信服，至少具有一定的说服力。然而，与这些"静态"的证据相比，行进中的罗马车辆又是怎样的？在第10章，我们已经看到那血腥残忍、风驰电掣的战车竞技令无数观赏者近于疯狂。然而，此处所要关注的是战车前行的方向。在所有竞技场中，竞技方向都是逆时针向左行进。从战车在起跑门放出到"中栏"（euripus；竞技场中央的屏障）的过程中，他们总是向左偏行一定角度以调节飞驰的战车，车手也只有保持其侧边或"路缘"在自己左侧才能围绕中央屏障行进（图10.1）。大量描述竞技场面的艺术作品也能够证明这种左向定位（图10.11）。此外，古代著作中也有关于车手靠左驾驶的记载。例如，前文所引奥维德在罗马大竞技场调情一段中，他敦促一位车手用自己"强壮的大手"紧拉左侧缰绳向前赶超，倘若是向右转行，这个建议便不可取。希多尼乌斯·阿波黎纳里斯曾记载一场竞技事故，一位车手和他的团队冲向"右侧"看台的观众，倘若战车不是左侧行驶，此种情况也不可能发生。（我们也可回想电影《宾虚》中令人印象深刻——这一点无可否认——的战车竞技场面，查尔顿·海斯顿［Charlton Heston］便是驾车向左行驶。）

希腊人在赛马比赛中也是靠左侧前行，有人认为罗马人只是吸收了这种习俗，而有些人则认为他们是继承了这种竞技运动。然而，并无理由确定实际情况一定是如此，尤其是如果罗马人的确已形成按照另一种方向通行的习惯。虽然罗马竞技有一些方面是以希腊竞技为基础，但传统观点认为竞技场的出现可溯至王政时代（Monarchy；公元前753—前509年）。在如此久远的时代，罗马人与希腊人之间在诸如战车竞技等方面到底有多少联系，尚待商权；无论希腊对罗马的影响如何，这些习俗极有可能是经埃特鲁里亚人传到罗马。经过数世纪的发展，罗马人可能吸收了希腊竞技的精髓，以改善他们自己的竞技活动；但是，如此雄伟壮阔的竞技场（尤其是罗马大竞技场）在希腊是绝无先例的，他们已无需遵循任何人的先例。总之，他们可以随心所欲地按照任何方向行驶。正如现代英国某些赛马场便违背传统准则，选择顺时针而非逆时针方向进行比赛。不过，罗马人并未如此。他们从未做任何改变。若要解释罗马人和希腊人为何都是左向竞技，最简单的原因或许在于首先两个文明在其街道上均以之为通行原则。

罗马大竞技场是所有竞技场中规模最大的一座，或许也是史上最为宏大的观演设施，我们以它的起跑门为例进行考察，罗马人对左侧的偏好更加明显（图10.2）。在其极盛时期，大竞技场的起跑门的设置是在竞技场中央"中栏"的两边各有六个，从逻辑上讲，这意味着战车在两侧均可行驶。由于多数人都是右手习惯，人们会认为罗马人自然会选择顺时针方向竞技，使中央屏障位于他们右侧。然而，罗马人将起跑门稍向左倾斜，有意选择了使车队以逆时针环绕中央屏障的方向，这样，"中栏"总是保持在战车的左侧。虽然在竞技场中竞技与道路交通不同，没有双向通行，但即使出现双向通行的情况，也没有任何证据表明战车的行进方式会有任何不同。事实上，鉴于罗马人对竞技场惊险刺激的场面极尽痴迷，没有迎面而来的战车加入环绕"中栏"的竞赛是难以想象的，因为这势必会增加相撞事故的风险，正如在没有中央屏障的时代所发生的那样（索福克勒斯［Sophocles］在其悲剧《埃莱克特拉》［Electra］中虚构了一起发生在希腊赛马比赛中迎面相撞的事故［727行］）。倘若如此，反向行驶的战车势必取道外侧，与常规方向相反，向右行进。

由于所引诸例均可证实环形竞技的战车总是逆时针向左行进，自然可以推定这也是罗马人道路交通习俗的惯例。成千上万的观众蜂拥进入竞技场的景象在罗马及其帝国境内持续数世纪之久（若包含拜占庭帝国时期的竞技，则有700多年），它已远远超越了运动本身而内化为一种生活方式，倘若这些忠实观众看到战车竞技的方向与其实际交通规则相反时还能感到满足，那便当真非比寻常。

马尔库斯·奥里略的缰绳：左手习惯

皇帝马尔库斯·奥里略在其《沉思录》（Meditations）中偶然提及的一处

评论（12.6），为我们的结论提供了更为有力的证据。马尔库斯意识到做任何事都是熟能生巧，于是他强调，与右手相比，左手除了抓握缰绳之外似乎一无是处，因为左手经过不断训练能把缰绳"握得更牢"。当骑行或是驾车时，人们总是从容地伸出左手握紧缰绳。马尔库斯所述与之前奥维德关于车手用"强壮"的手（或左手）拉紧缰绳的描写相吻合，当然也表明罗马人除了骑马驾车以外大部分事情都使用右手完成。实际上，表示"左"的拉丁语"sinister"一词还有"不幸"或"糟糕"的意思。当他们需要握住马匹缰绳或是其他牲畜的挽具时，罗马人总是被有意识地训练成使用左手。前文述及的塞尔维利乌斯狄纳里币上的骑手形象可以证实此种习惯，他们均用左手握着缰绳。这是为何？有人可能会解释道，有意用左手握住缰绳旨在腾出更为常用的右手以使用武器、军旗或是类似的物品。然而，罗马人主要依赖外族辅军充任马军，其本身绝非训练有素的骑手，因此，推论罗马人受训左手握缰的原因是为了能在极为罕见的机会来临时可用右手握住武器的说法似乎并不现实。驾驶四轮或双轮马车的人更无此必要。骑乘马匹或其他畜力运输工具的多是普通男女，甚至是小孩。他们唯一需要握持的大概就是鞭子，这却是左右双手皆可方便使用的物品（例如，现代骑师左右握鞭均可）。事实上，我们可以料定多数罗马人在练习骑术时会本能地用右手握住缰绳。因此，既然没有必要原因腾出右手，那究竟是什么背景促使他们习惯于左手握缰？

马尔库斯的评论似乎更清晰地说明普遍适用的"路面规则"，这是罗马人在帝国全境规范驾驶习惯的尝试，要求所有人一致行事，正如现代我们受到有意教导，驾车时要在这一侧或另一侧以避免交通混乱。这样，为了利于左侧通行，便需更为强壮的左手以紧握左侧缰绳。在双向交通中，人们必须或是沿左侧通行或是沿右侧通行，而到底是哪一侧需要由习俗或法律来规范。车手将缰绳缠绕腰身以免从手中滑落，他们知道在高速行进和左转时左手用力拉住缰绳的做法不利于右转，正如今天的汽车在高速行进时用右手握方向盘不利于急速左转一样。很少有罗马人成为车手，高速骑行，甚或在双向道路上驾驶。不过，倘若如此，正如马尔库斯所言，左手持缰有利于左转或向左行进，向右则不利。当然，在来往车辆中右手持缰进行转弯也可操作，只是动作需要更为谨慎和缓慢，不足以迅速应变。

罗马人坚持左手持缰的解释只能是他们在路上左侧通行，这是曾经的确存在、也将一直存在的事实。现藏于罗马卡皮托利努斯博物馆的马尔库斯·奥里略骑士青铜像（图A.4）系公元2世纪的实际比例造像，宏伟壮观，实际

386 罗马人

图 A.4 公元 2 世纪一尊高大的马尔库斯·奥里略骑士青铜像，藏于罗马卡皮托利努斯博物馆。他右手的姿态表明其时他只能用左手握住缰绳。

验证了马尔库斯本人有关马背上的言论。他的右手高举，以王者风范挥手致意，左手则握住缰绳驱马前行。现存于保守宫（Palazzo dei Conservatori）纪念马尔库斯的大型浮雕中，骑在马背上的他也展现出相同的姿势。显然，罗马的皇帝与普通罗马人一样，都是左侧骑行。

逐一而言，马尔库斯·奥里略关于左手持缰的记述、斯文顿附近的车辙、罗马狄纳里币上左侧骑行的骑手、庞培城阿邦丹扎大道位于左侧的阳具浮雕、图拉真记功柱和马尔库斯·奥里略记功柱向左循行逆时针方向的浮雕和阶梯、竞技场战车左侧竞技的事实，都证明罗马左侧通行的可行性。综合而言，它们构成了罗马人左侧骑乘和行走无可争辩的证据。

罗马剧场：左首出口

最后这项来自剧场的证据或许是罗马人左行习惯最为有力的证明。达夫（Duff）在《罗马文学史：从起源至黄金时代》（*A Literary History of Rome: From the Origins to the Close of the Golden Age.* New York: Barnes & Noble, 1963）一书中曾指出："不论在悲剧还是喜剧演出中，演员按习俗面向观众退场时，左首出口通向**广场**［此处强调系引述者所加］或市镇中心，右首出口则通往港口或乡村地区。"（第116页）在舞台上的演员除前后移动外，只能由左右两侧退场，而观众也可通过演员的走向判断其去向。"左首"表明他们将进城，"右首"则意味着他们将离开市镇去往港口或乡村。根据这种方式，舞台上的进出交通如同现实生活一样，必然要在"道路"上保持在预先设定的一侧。不过，为何不是相反地右首通向市镇而左首通往港口和乡野，正如我们在今天的"右手社会"驾车来往市镇时的情况一样呢？当时选择左首与我们选择右首同理。从逻辑上来讲，没有必要在剧院改变人人熟知的规则，那么舞台上的取向理所当然地复制了罗马现实生活中的交通习惯。将舞台上的这些取向作为罗马道路行走规则的实际反映，这种解释更具合理性（有趣的是卡西奥多鲁斯曾将左行的车手比做"舞台上的演员"［《信札》,3.51］）。左侧通行就是罗马人所选择的交通方向。

阿皮乌斯大道：遗存

在得出以上结论之后，我们或可进一步检验其有效性，在罗马曾经繁忙的高速道路遗存路段考察某些看似随意的特征，例如堪称罗马伟大交通系统基石的阿皮乌斯大道（Via Appia）。阿皮乌斯大道现今大部分位于城墙内，也有一部分在城墙外围延伸，它必定曾是不计其数的车辆、牲畜和人流往来的必经之处，于是产生了管理双向通行交通的需要。现今，当人们沿该路离开罗马走向"郊区"和乡村地区时，肯定会遇到很多古代罗马人的坟墓，其中包括共和国时期罗马望族西庇阿家族（Scipios）的墓葬。当游人沿大道右侧乘车或是行走时，该墓葬群与其他一些位于城墙外围的重要陵墓均位于道路对面，即左侧。如果古代罗马人也是右侧通行，那么这些墓葬的方位肯定都是不当的，因为这会迫使送葬队伍（更不用说那些运送火葬柴堆所需物品的人）或是后来的游客需"穿行"马路才能到达该处。如果这些墓葬的位置

图 A.5 罗马城墙内靠近西庇阿家族墓葬的一段阿皮乌斯大道。如图所示,沿此道路修建的古代陵寝位于现今进城方向的右侧。然而,较为符合逻辑的是,他们在古代的布局均是有意设置,意在方便从罗马城出来的丧葬队伍或者游访者——即在阿皮乌斯大道的左侧。

与来自罗马城的车流方向均在阿皮乌斯大道的同一侧,造访者便可从路边直接到达(尤其是在夜间),显然这种情况更具合理性。既然这些墓葬遗址均位于阿皮乌斯大道同一侧,如果古代罗马不是左侧通行,便不可能有这样的布局(图 A.5)。此外尚需提及的是,在阿皮乌斯大道沿线的这些陵墓中,卡埃基利娅·梅特拉(Caecilia Metella)的陵墓是一座规模宏大最负盛名的纪念物,公元4世纪罗马皇帝马克森提乌斯的墓葬也在其中。后者只不过是这位皇帝所建巨大建筑群中的一部分,其中尚有马克森提乌斯本人的行宫(或称庄园)和竞技场。除了皇帝的陵墓和行宫,最为重要的是还包括一座大型竞技场(见图 10.13)——通常都伴随着成千上万的人从罗马城出来观看竞技表演,因而,这些建筑物设置在道路左侧才显得合理。(坐落在大道前方的昆提利乌斯兄弟庄园[Villa of Quintilli]也位于同一侧。)

阿皮乌斯大道上还有一件物品遗存至今,即恰好位于阿皮乌斯门(Porta Appia)外侧的一块古代罗马"里程碑",其上标有数字1("I")以示此处据城中心的距离。这件特殊标示物的方位着实重要。经过数个世纪的环境变迁,它也可能曾经遭受"不当处置",但无论如何,现在并无任何证据表明它已不在最初竖立的道路一侧,相反,它仍然基本处于"原地"(in situ;见图 A.6)。现今,当人们由罗马走出时,它就在阿皮乌斯大道的右侧。以现代里程标志为例,它们并非为离城的城内居民标示其离家的距离,事实上城名甚至不会出现在标志中。相反,这些标志意在为不熟悉环境的到访者进城提供信息,令他们知道还需走多远的距离。有些习俗自古至今一脉相承。难道这不会同样适用于古代罗马？当然，精确丈量出与城市中心的距离为1罗马里对职官大有裨益，以满足民政或军事方面的具体事务之需；但是会有人认为大部分离城居民更关心自己距其目的地的距离，而绝不是回到罗马的距离！更为重要的方向是通往罗马的方向，通往帝国的中心和当时世界最大城市的方向，那么标有"1"的里程碑至少要正确安放，用以向沿阿皮乌斯大道靠左而来的人指明，他们距离广场还有1里的路程。这在进入罗马颇为不便的夜间尤其重要。同样重要的是，里程碑"1"恰好位于一座固定城门不远处。双向通行的车辆人流穿过繁华城门的有序性至关重要，否则将无法保持畅通。就在城门前方出现的里程碑有助于引导人群沿左侧进城，当然他们在那里可能也需通关检查。由于里程碑的位置以及所刻信息定然对入城者更为有利，因此人们将

图 A.6 阿皮乌斯大道上刻有"I"的里程碑，位于今天离开罗马者的道路右侧。然而，古代的通行方向与此相反，此碑旨在引导人们靠左侧进入罗马城（如同在罗马剧场中一样）。

它设立在经由阿皮乌斯大道入城的道路左侧。

在阿皮乌斯大道上，还有传统所认为圣徒彼得"你往何处去？"（Quo Vadis）的幻象发生地。我们无意证实其真实性，只是要强调被认做幻象发生的地点位于今天道路的左侧，即在右侧通行离开罗马者的道路对面。按现代交通习惯进入罗马城途经该地时，它位于右侧。然而，如上所述，古代的交通规则与现代正好相反，所以这块圣地的位置与出游者（此处即彼得）离开罗马在道路左侧行走的习惯相一致。这至少说明关于幻象发生地的宗教传说不是新近的观点，也就是说，它在意大利人开始右侧通行之前就已经出现。

为何是左侧？一种合理的解读

既然罗马人驾车和行走的取向问题已得到解决，有人可能会问为什么一个"右手习惯"的社会（例如，罗马人身着托迦时，右手可自由活动，左手却受衣着所限）会青睐于在道路上左侧通行。这是一个颇难回答的问题，或许永远也无法得到圆满解答。我们再次将目光转向大竞技场以寻求合理的解释。

正如第10章所述，大竞技场绝非单纯的竞技场地。诸人皆可登上看台，上至皇帝和元老，下至奴隶和妓女。在当时所知世界中拥有任何民族背景的人都可共享这片蓝天，其中所发生的事情也以不同方式影响着每个人。大竞技场不仅是罗马世界的缩影，同时也是整个宇宙本身的象征，因此很多占星者和预言者（罗马城中比比皆是）经常以其布局或竞技本身为基础做出预言。公元6世纪初期的基督教著作家卡西奥多鲁斯并非竞技的痴迷者，在他对大竞技场的描述中（《信札》，3.51），似乎有些资料能够说明罗马人选择左侧通行的潜在因素。

在大竞技场这"天体般"的构造中，卡西奥多鲁斯认为12座起跑门代表着12星座和一年，车手所属的四个主要派别的颜色代表着四季，战车所要完成的圈数7代表一周的7天，一次会期24场竞技则代表每日24小时，中央屏障两端的"转向柱"（metae）象征"东方"和"西方"。一位马上令官模仿太阳的先行者启明星揭幕比赛，象征太阳的驷马战车或象征月亮的双马战车开始围绕"东方"和"西方"的象征开始竞技，好似天体由苍穹的一方移向另一方。两座方尖碑稍高的一座敬献太阳，稍低的一座敬献月亮，它们为中央的"中栏"增添了无限光彩，同时必定在各项活动中投下饶有趣味的阴影。

在卡西奥多鲁斯从事写作时，蛮族人已攻陷罗马，这些描述显然是相当古老的"师化自然"和"崇敬星体"等传统的反映。罗马人有意将竞技场及其比赛的设计基于他们对宇宙的整体理解。其证据在于，他们令代表"太阳"和"月亮"的战车向左以逆时针环绕竞技场，正如地球围绕轴心逆时针旋转，导致月亮、星体尤其是太阳从东方"升起"，又穿过天空"移"向西方，其行进方向即看似向左而动。简单而言，倘若观察罗盘或是手表（数字"3"在东而"9"在西）的指针，从东向西的移动便是向左移动，或者说是逆时针。

竞技场上的明珠驷马战车的确适合代表太阳。这些"太阳"车从象征东方的起跑门开始"升起"(竞技场真正的物理方位显然并不重要,或由地形而定),滋养生命的太阳开启了新的一天;他们向"左"行驶并在竞技场象征西方的另一端"落下",太阳正是在这里结束其昼间运行。太阳对于大竞技场而言意义重大,整个竞技场建筑群都敬献给太阳便是古代留给我们的最好证明。太阳神本身被视做一名至高无上的车手,并经常以此形象出现在艺术作品中。大竞技场中的太阳神神庙恰好位于终点线,主掌胜利,从而将他与获胜的车手联系起来。据德尔图良所载(《论公演》[De spectaculis], 8),正是太阳神的女儿基尔克(Circe)为尊崇父亲而举办了首次竞技表演(关于大竞技场的此类以及其他相关问题,参见汉弗莱的著作(J. H. Humphrey, *Roman Circuses: Arenas for Chariot Racing.* University of California Press, 1986, 56ff.)。

由于大竞技场在始建之初便由太阳主宰(月亮和其他天体稍次之),由于太阳从东到西横跨天空"向左"运行,因此,在太阳的运动与以相同方式竞技的"太阳"车的运行之间存在直接联系。倘若壮观的驷马"太阳"车与太阳运行的轨迹相反,它将无法担负其名称起源的象征意义。同样,轻型双马"月亮"车与此同理。于是,我们别无选择,只能坚信,两种类型的战车在大竞技场竞技时所采取的左向或是逆时针方向,最终是由其所模仿的天体运行方向决定的。这是宇宙本身自然秩序的反映。既然如此,罗马的路面交通为何以不同方式行进呢?我们似乎可以肯定,主要是太阳还有其他天体的运行方向决定了竞技场中的战车向左前行,那么,我们有理由推论罗马人在路面上选择左侧通行或许与此同出一源。

所遗为何?结语

由于我们现在能够肯定回答罗马人的确是左侧通行,因此我们最后重新审视沃尔班克教授最初关于罗马和不列颠交通规则的推测。多数学者都认为,在罗马人撤离之后,任何先进的社会形态都随之瓦解,盎格鲁—撒克逊(Anglo-Saxon)人大概很少会有交通阻塞的状况。然而,罗马人撤离时留在不列颠的道路和交通工具可能仍在继续使用(有些研究者曾推断英国早期的铁路和马车轨距沿用了罗马统治下不列颠使用的轨距),他们左行通行的习惯亦是如此,因为在接下来的数世纪中并没有任何改变的理由。在结束之前,我们尚需对此问题进行整体审视。正如早期罗马人左侧驾驶和行走的习惯主要受到太阳运行方向的影响，那么这个太阳可能也同样对早期不列颠人产生影响，众所周知（例如巨石阵），后者在天文学方面可谓天赋异禀。如果他们也是太阳的崇拜者（纵然不列颠的天空经常阴云笼罩），那么太阳运动方向对于他们的影响当与对罗马人的影响同样深远。由此视之，罗马人为不列颠带来的左侧通行习惯只是锦上添花而已，这种习惯后来也随着不列颠的征服而不断扩散，正如贴切的俗语所示"大英帝国太阳永不落"。

有趣的是，与不列颠半个地球之遥也有一个岛上民族，以其养生之术和古代传统而闻名。他们与古罗马人并无丝毫联系，但也采用左侧通行，这便是日本，也被称做"太阳东升"之地。

重要词汇与发音

下表对文中提及的主要历史人物、地点及其他术语进行简要介绍。多数条目附有发音，不过需要指出的是，不同学者之间的发音必然会有差异，不可能完全一致。

A

亚克兴（Actium）[ak´-ti-um]：希腊西北沿岸一处地点，公元前31年屋大维率军在此打败安东尼和克莱奥帕特拉，从而决定了罗马世界的命运。

营造官（aedile）[ē´-dīl]：四名年选职官之一，负责罗马城的娱乐和城区管理（见第1章）。

《埃涅阿斯纪》（*Aeneid*）[ē-nē´-id]：特洛伊王族埃涅阿斯的史诗故事；他在特洛伊陷落时逃生，来到意大利，与一位拉丁人的公主成婚，成为罗马民族的祖先。

阿格里帕（Agrippa）[a-grip´-a]：屋大维的水师将领，公元前31年在亚克兴取胜；公元前21年与屋大维之女尤利娅成婚；由奥古斯都授予代执政官"至高权"（imperium）和保民官权；卒于公元前12年。

老阿格里皮娜（Agrippina）[a-grip-ēn´-a]：尤利娅与阿格里帕（见上条）之女；日耳曼尼库斯之妻；卡里古拉之母；因被控密谋反叛提比略被捕；卒于公元33年。

小阿格里皮娜（Agrippina "the Younger"）：上一位之女；尼禄之母；克劳狄（见下文）最后一位妻子；公元59年因擅权干预其子事务被后者处死。

亚历山大城（Alexandria）：位于埃及；希腊化世界最大的一座城；托勒密王朝都城；拥有大型图书馆（Library）；克莱奥帕特拉的故乡。

安提戈努斯王朝（Antigonids）[an-tig´-o-nids]：亚历山大将领安提戈努斯（Antigonus）继承者的王朝名，其家族在希腊化时代统治马其顿的时间相当长久。

安条克城（Antioch）[an´-tē-ok]：曾是塞琉古王国都城和罗马叙利亚行省省城；是底格里斯河上仅次于亚历山大城和塞琉古城（Seleucia）的第三大城。

安东尼努斯·皮乌斯（Antoninus Pius）[an-tō-nīn´-us pī´-us]：公元

137—161年罗马皇帝。

马可·安东尼（Mark Antony）[Marcus Antonius]：约公元前80—前30年，罗马共和国末期一位领袖人物；属于恺撒一派；公元前43年与屋大维和雷必达组成三头同盟；公元前31年与克莱奥帕特拉在亚克兴战败；公元前30年自杀；是克劳狄的祖父；卡里古拉的曾祖父；尼禄的曾曾祖父。

阿基米德（Archimedes）[ar-ki-mē′-dēz]：科技奇才、数学家和发明家，公元前213—前212年遭罗马围攻时，他利用自己的机械装置防御叙拉古。

阿提拉（Attila）[a-til′-a]：匈奴人领袖，公元5世纪中期劫掠罗马帝国很多地区；据说，教皇利奥一世（Pope Leo I）使他未洗劫罗马城而折返。

奥古斯丁（Augustine）[o′-gus-tēn]：一位神父（Fathers），早期拉丁基督教会（Latin Christian Church）的重要神学家，著有《忏悔录》（Confessions）和《上帝之城》。

奥古斯都（Augustus）[o-gus′-tus]：公元前63—公元14年，罗马第一位皇帝；建立元首制，奠定罗马帝制基础；参见屋大维。

奥莱里亚努斯（Aurelian）[o-rē′-li-an]：公元270—275年罗马皇帝；在"兵营皇帝"期间短暂地恢复了帝国统一。

B

比提尼亚—本都（Bithynia-Pontus）[bi-thin′-i-a]：黑海（Black Sea）地区的罗马行省，小普林尼曾在此任总督（公元111—113年）并处理基督徒事务。

布伦迪西乌姆（Brundisium）[brun-diz′-i-um]：意大利踵部东侧城市；与东方各地联络的出海港；公元前40年有布伦迪西乌姆协定（Treaty of Brundisium）。

布鲁图斯（Brutus）[brōō′-tus]：公元前85—前42年，最为著名的恺撒刺杀者之一；公元前42年在腓力比与其同党战败而亡。

拜占庭（Byzantine）[bi′-zan-tīn]：在西方蛮族化并瓦解后用来指代原罗马帝国东半部的名称；公元1453年奥斯曼土耳其人占领君士坦丁堡，拜占庭帝国终结。

C

盖尤斯·尤利乌斯·恺撒（Caesar, Gaius Julius）：公元前100—前44年，与克拉苏和庞培组成三头同盟；高卢的征服者；首次率军入侵不列颠；在与庞培的内战中获胜；曾任执政官和独裁官；克莱奥帕特拉的情夫；公元前44年被布鲁图斯及其同党刺杀。

小恺撒（Caesarion）[sē-zar′-i-on]：或称托勒密十五世，号称是恺撒与克莱奥帕特拉的儿子；被屋大维废黜。

卡里古拉（Caligula）[ka-lig′-ū-la]：或称盖尤斯，罗马第三任皇帝，公元37—41年在位。

卡米路斯（Camillus）[ka-mil′-us]：传说中的英雄，攻克埃特鲁里亚的维伊城，公元前387年高卢围城后营救罗马城。

坎帕尼亚（Campania）[kam-pān′-ya]：意大利地区，其中包括那不勒斯、庞培城、赫拉克勒斯城、米塞努姆和卡普阿。

坎尼（Cannae）[kan′-ē]：位于意大利东南部；公元前216年汉尼拔在此使罗马遭遇惨败。

卡皮托利努斯山（Capitoline）[ka′-pi-tō-līn]：可俯瞰广场的山丘，在罗马早期是一处天然要塞，其最高峰有献给朱庇特和朱诺的重要神庙。

卡普里（Capri）[kap′-rē]：那不勒斯海湾南部岛屿，提比略钟爱的隐居之所。

卡普阿（Capua）[kap′-u-a]：意大利西部（坎帕尼亚）城市；斯巴达克起义由此爆发。

卡拉卡拉（Caracalla）[ka-ra-kal′-a]：塞普提米乌斯·塞维鲁和尤利娅·多姆娜的儿子，公元211—217年的皇帝；公元212年向帝国境内所有自由居民授予公民权。

卡莱（Carrhae）[kar′-ē]：美索不达米亚一处地点，公元前53年克拉苏在此战败后为帕提亚人所杀。

迦太基（Carthage）：源于腓尼基（Phoenician）的非洲城市，在北非和西班牙建立帝国；罗马在地中海西部地区最大的竞争对手；与罗马人进行三次布匿战争，均告失败；汉尼拔故城。

卡西乌斯（Cassius）[ka′-si-us]：刺杀恺撒的主要密谋者；公元前42年在腓力比同布鲁图斯一同战败而亡。

喀提林（Catiline）[ka′-ti-līn]：公元前63—前62年阴谋推翻罗马政府。

老加图（Cato the Elder）[kā′-tō]：公元前2世纪罗马重要的保守派政治家；西塞罗将他视为晚年楷模。

小加图（Cato the Younger）：公元前95—前46年，保守派政治家领袖，恺撒的重要对手；布鲁图斯的舅父和岳丈；公元前46年庞培战败后他在阿非利加自杀。

监察官（censor）[sen′-sōr]："公职等序"（cursus honorum）中的最高官职；每5年选出2名进行人口普查并审查公民名单（见表1）。

百人队大会（centuriate assembly）：共和国时期两个包括所有成年男性公民的大会之一；其投票体现富人利益；选举罗马较高级别的职官并拥有立法职能（见表1）。

西塞罗（Cicero）[si′-se-rō]：公

元前106—前43年，共和国后期保守派政治家的领袖；公元前63年任执政官；发表大量演说、哲学和修辞学著作以及信件；公元前43年遭安东尼迫害被处死。

大竞技场（Circus Maximus）：位于罗马城；罗马世界最大的战车竞技场。

克劳狄（Claudius）：罗马第四位皇帝，公元41—54年在位。

克莱奥帕特拉（Cleopatra）[klē-ō-paʹ-tra]：公元前69—前30年，埃及女王，托勒密王朝的末代统治者；恺撒的情妇，安东尼之"妻"，公元前31年她与后者在亚克兴败给屋大维；公元前30年自杀。

克罗狄乌斯（Clodius）[klōʹ-di-us]：公元前58年保民官；臭名昭著的政治暴徒，诡称代表平民利益，但主要为获取个人利益而不择手段；公元前52年被对手米罗杀害。

克罗狄乌斯·阿尔比努斯（Clodius Albinus）[al-bīnʹ-us]：塞普提米乌斯·塞维鲁的对手；曾任后者恺撒，后来需被铲除，公元前197年阵亡。

克罗塞乌姆竞技场（Colosseum）：罗马的弗拉维竞技场；韦帕芗始建，公元80年在提比略统治时期竣工；罗马世界最为著名的角斗场地；可容纳约5万人。

康茂德（Commodus）[komʹ-o-dus]：马尔库斯·奥里略之子；公元前180—192年皇帝。

平民大会（concilium plebis）[kon-silʹ-i-um pleʹ-bis]：平民集会（常被看做部落大会）；见表1。

君士坦丁（Constantine）[kon-stan-tīn]：公元324—337年东部和西部的唯一皇帝；使基督教成为合法宗教并使之取得最终胜利；建立君士坦丁堡。

君士坦丁堡（Constantinople）[kon-stan-tin-ōʹ-pul]：公元330年君士坦丁在博斯普鲁斯海峡（Bosphorus）建立的晚期罗马帝国的基督教新都。

执政官（consul）[konʹ-sul]："公职等序"（cursus honorum）中最高级别的年选官职；两名执政官是罗马的首要内政和军事长官（见表1）。

科尔奈利娅（Cornelia）[kor-nēʹ-li-a]：提比略·格拉古和盖尤斯·格拉古的母亲；西庇阿·阿非利加努斯的女儿；共和国历史中最为杰出的妇女之一。

克拉苏（Crassus）[kraʹ-sus]：约公元前115—前53年，共和国末期一位领袖人物；与恺撒和庞培组成"前三头同盟"；公元前53年在卡莱战败，为帕提亚人所杀。

公职等序（cursus honorum）：罗马共和国时期严格的选举官职次序，包括财务官、大法官、执政官和监察官（见表1）。

D

德基乌斯（Decius）[de′-si-us]："兵营皇帝"时期自公元249—251年统治罗马；首次发起帝国范围内的基督教徒迫害活动。

狄纳里（denarius）[de-nar′-i-us]：一种银币，价值4塞斯特尔提乌斯（sestertii）或16（铜）阿司（asses）；无法计算它与现代货币相当的价值，不过，举例来说，公元300年一名面包师的每日薪酬为60狄纳里。

独裁官（dictator）：在危急时刻选出负责国务的官职，为期6个月；迄至公元前1世纪，独裁官职被当做一种政治工具（例如为恺撒所用，见表1）。

狄底乌斯·尤利亚努斯（Didius Julianus）[di′-di-us jū-li-an′-us]：公元193年3—6月罗马皇帝。

狄奥·卡西乌斯（Dio Cassius）[dī′-o ka′-si-us]：著有自起源至公元229年的《罗马史》（Roman History）；是康茂德和塞维鲁王朝统治者的同期史料来源。

狄奥克莱斯（Diocles）[dī′-o-klēs]：罗马最伟大的车手之一；公元2世纪在大竞技场表演。

戴克里先（Diocletian）[dī′-o-klē-shan]：公元245—313年，晚期罗马帝国的"奠基者"；公元284—305年的皇帝；用君主制（Dominate）取代已瘫痪的元首制，将罗马变为带有极权倾向的"共同体国家"；创立四帝共治制（四名统治者的体制）来管理帝国。

狄奥尼索斯（Dionysus）[dī-o-nī′-sus]：希腊神祇，司丰饶、葡萄、酒和沉醉；垂死神；罗马人称之为巴库斯。

"矮子"狄奥尼西奥斯（Dionysius Exiguus）[dī-o-nīsh′-i-us eg-zig′yōō-us]：约公元510—560年，基督僧侣，确立了吾主之年（A.D.; Anno Domini）的年代系统。

图密善（Domitian）[do-mish′-an]：韦帕芗之子；提图斯之弟；公元81—96年的皇帝；弗拉维王朝最后一位统治者。

德鲁苏斯（Drusus）[drū′-sus]：（1）提比略的胞弟；（2）提比略之子；（3）卡里古拉胞兄（见表2）。

E

埃拉伽巴卢斯（Elagabalus）[e-la-ga′-ba-lus]：公元218—222年皇帝；尤利娅·麦萨之孙；尤利娅·多姆娜的甥孙；尤利娅·索埃米娅斯之子；埃拉伽巴卢斯（瓦里乌斯·阿维图斯）之名取自叙利亚埃梅萨太阳神埃拉伽巴尔。

埃梅萨（Emesa）[e-mā′-sa]：叙利亚城市；太阳神埃拉伽巴尔崇拜的中心；尤利娅·多姆娜及其家族的

故城。

恩那（Enna）[en′-a]：西西里城市，第一次西西里奴隶战争（公元前135—前132年）爆发地。

骑士（equites）[e′-qui-tās]：骑士等级（Equester Ordo）成员；共和国后期非贵族、非元老院的、非政治性的富裕阶层，形成一个小型中产阶层，包括银行业者、放贷者、承包商、收税者、商人、大庄园主、订约承包者及其他商务人士。

埃特鲁里亚人（Etruscans）[ē-trus′-kans]：罗马北方埃特鲁里亚地区先进强大的民族，对发展中的罗马人早期文化影响极其巨大；他们生活在城邦中，在罗马仍在拼搏发展之时已发展到顶峰；最后被同化，成为罗马社会的一部分。

埃乌努斯（Eunus）[yōō′-nus]：叙利亚奴隶，领导第一次西西里奴隶战争（公元前135—前132年）。

F

广场（Forum）：罗马城政治、社会和宗教中心（在卡皮托利努斯山朱庇特和朱诺神庙、帕拉提乌姆山的皇宫可俯瞰）。

弗朗托（Fronto）[fron′-tō]：杰出的演说家和教师，马尔库斯·奥里略的朋友兼导师；他对基督教徒直白的观点无疑影响了马尔库斯对该教派的看法。

G

高卢（Gaul）：罗马行省（大体相当于今法国、低地国家和德国西部）；恺撒完成罗马对高卢人的征服；皇帝克劳狄生于高卢里昂，塞普提米乌斯·塞维鲁和尤利娅·多姆娜在该地成婚。

日耳曼尼库斯（Germanicus）[jer-ma′-ni-kus]：提比略侄子；老阿格里皮娜丈夫；卡里古拉的父亲；他应是提比略的继承者，公元19年的意外死亡导致人们怀疑提比略，令死者家属与之关系紧张（见表2）。

盖塔（Geta）[ge′-ta]：塞普提米乌斯·塞维鲁和尤利娅·多姆娜的幼子；公元212年被兄长卡拉卡拉谋杀。

盖尤斯·格拉古（Gracchus, Gaius）[grak′-us, gī-yus]：提比略·格拉古（下一条）的胞弟；在罗马历史上首次将平民运动转变成一场切实可行的政治运动；公元前123年和公元前122年任保民官；公元前121年罗马爆发政治骚乱，他在元老院中的对手启动"元老院终极令"合法剪除他；自杀身亡。

提比略·格拉古（Gracchus, Tiberius）[tī-bē′-ri-us]：监察官提比略·塞姆普罗尼乌斯·格拉古与科尔奈利娅（见上文）的儿子；公元前133年保民官；由于不满他的土地改革法案以及他对平民事业的支持，导致他竞选连任保民官时遇刺，由此开始了共和国末期典型的内部流血事件。

H

哈德良（Hadrian）[hā´-dri-an]：公元117—138年罗马皇帝。

汉尼拔（Hannibal）[han´-i-bal]：迦太基将领，在第二次布匿战争期间使罗马几近惨败；公元前202年在扎玛战败；公元前183年自杀。

希腊化（Hellenistic）：该词意为"类似希腊的"，用于指代公元前323年亚历山大死后地中海东部世界。

赫拉克勒斯城（Herculaneum）[her-kū-lā´-nē-um]：公元79年8月24日维苏威山喷发时被摧毁的城池之一。

希律（Herod）[he´-rod]：以土买人，公元前40年被安东尼和屋大维立为犹地亚王。

希耶罗（Hiero）[hī´-e-ro]：叙拉古国君，第一次布匿战争期间与罗马为盟；利用阿基米德的才能加强叙拉古的防御。

贺拉斯（Horace）[ho´-rus]：拉丁诗人；奥古斯都、麦凯纳斯和维吉尔的朋友；颂诗和讽刺诗作者。

独眼豪拉提乌斯（Horatius Cocles）[ho-rā´-shus kok´-lēs]：传说中的罗马英雄，在横跨第伯河的桥上单枪匹马击退埃特鲁里亚人的进攻。

I

伊西斯（Isis）[ī´-sis]：埃及女神；奥西里斯的妻子，荷鲁斯（Horus）的母亲；在希腊化时代，伊西斯崇拜遍及地中海世界；包括克莱奥帕特拉在内的托勒密女王经常自认为该女神。

J

约瑟夫斯（Josephus）[jō-sē´-fus]：生于公元37/8年，由犹太牧师和政治领袖转为历史著作家，支持弗拉维家族，著有《犹太战争》和《犹太古史》（*Antiquities of the Jews*）。

尤利娅（Julia）[jūl´-ya]：尤利乌斯·恺撒的女儿；嫁给庞培，公元前54年死于难产。

尤利娅：奥古斯都之女；相继嫁给马克卢斯、阿格里帕和提比略；因通奸被流放；公元14年，在其父过世后不久离世（见表2）。

尤利娅·多姆娜（Julia Domna）[dom´-na]：塞普提米乌斯·塞维鲁的妻子与皇后；卡拉卡拉和盖塔（见上文）的母亲；首位叙利亚籍皇后；获得此前无人享有的奥古斯塔称号。

尤利娅·麦萨（Julia Maesa）[mā´-sa]：尤利娅·多姆娜的妹妹；尤利娅·索埃米娅斯和尤利娅·玛麦娅（见下文）的母亲；对帝国统治产生重大影响。

尤利娅·玛麦娅（Julia Mamaea）

[ma-mā′-a]：尤利娅·麦萨的幼女；操纵她的儿子塞维鲁·亚历山大成为傀儡皇帝；公元235年在日耳曼与她的儿子一同被军队所杀。

尤利娅·索埃米娅斯（Julia Soaemias）[sō-ām′-i-as]：尤利娅·麦萨之女；埃拉伽巴卢斯的母亲；公元前222年与她的儿子一同被禁军所杀。

朱诺（Juno）[jū′-nō]：朱庇特的妻子；希腊神话中的赫拉（Hera）。

朱庇特（Jupiter）[jū-pi-ter]：罗马众神之首；希腊神话中的宙斯（Zeus）。

尤文纳尔（Juvenal）[jū′-ve-nal]：公元2世纪初罗马的讽刺作家；著有《十六首讽刺诗》（*Sixteen Satires*）。

L

大地产（latifundia）[la-ti-fun′-di-a]：罗马元老和骑士等级土地拥有者的大型农业地产；共和国时代后期，意大利南部和西西里的大地产成为引发大型奴隶起义的主要根源。

拉丁同盟（Latin League）：拉丁地区（Latinum）拉丁诸城（包括罗马城）的同盟，公元前338年被罗马打败；成为罗马在意大利建立霸权的基础。

拉丁地区（Latium）[lā′-shum]：意大利中西部地区，居民为拉丁人；罗马位于该地区内。

副将（legate）[leg′-it]：帝国时期的行省总督；或代执政官的属官（例如塞普提米乌斯·塞维鲁在埃及时）；军团的指挥官。

大莱普提斯（Leptis [or Lepcis] Magna）[lep′-tis mag′-na]：罗马阿非利加行省黎波里塔尼亚的主要城市；塞普提米乌斯·塞维鲁的故城。

李维娅（Livia）[li′-vi-a]：公元前58—公元29年，奥古斯都的妻子和第一夫人，两人共同生活50余年；提比略的母亲；在罗马开启了皇室女性成员掌握权威的传统。

李维（Livy）[li′-vē]：罗马共和国时期最伟大的历史著作家；在奥古斯都统治期间，他撰写了一部自罗马建立之初到几近公元前1世纪末的历史。

M

马其顿（Macedonia）[ma-se-dōn′-i-a]：从地理上来讲，它是与希腊半岛北部相邻的区域；亚历山大的故乡；是三个伟大希腊化王国之一；由安提戈努斯（Antigonid）王朝统治。

马克里努斯（Macrinus）[ma-krī′-nus]：禁军长官，谋杀卡拉卡拉后登上皇位；自公元217年4月至公元218年6月在位。

马克罗（Macro）[ma′-krō]：参与推翻塞亚努斯，并接替后者成为近卫军长官；提比略宫廷占星家特拉叙鲁斯（见下文）的外孙女婿；他和妻子恩尼娅对卡里古拉颇具影响力，但最终被后者强迫自杀。

麦凯纳斯（Maecenas）[mi-sēn´-as]：奥古斯都的外交官、朋友和文学资助人；公元前40年促成布伦迪西乌姆协定的达成；是维吉尔、贺拉斯及其他一些文学名人的朋友和资助者。

马克卢斯（Marcellus）[mar-sel´-us]："罗马之剑"；在第二次布匿战争期间首位战胜汉尼拔的罗马将领；指挥包围并攻占叙拉古（公元前213—前211年）。（见表2）

马克卢斯：奥古斯都的外甥和指定继承人；与尤利娅成婚；公元前23年过世。

马尔库斯·奥里略（Marcus Aurelius）[mar´-kus o-rē´-li-us]：五位"贤明"或"过继"皇帝中的最后一位；公元161—180年在位；康茂德的父亲。

马略（Marius）[ma´-ri-us]：罗马极为伟大的将领之一；公元前2世纪末重组军队；创下七度出任执政官的纪录；在与苏拉的内战期间，于公元前86年去世。

米罗（Milo）[mī´-lo]：公元前57年保民官；公元前55年大法官；率领一群流氓和无赖与克罗狄乌斯及其团伙对抗；在公元1世纪50年代，他们的闹剧使罗马的政治暴力达到顶点；代表"贵族派"（optimates）的利益。

米塞努姆（Misenum）[mi-sēn´-um]：在那不勒斯海湾与维苏威山相对；西部重要军事港口；维苏威山喷发时，小普林尼和他的母亲与舅父即在此地。

N

尼禄（Nero）[nē´-rō]：罗马第五位皇帝，尤利乌斯—克劳狄王朝的末帝；公元54—68年在位；第一位迫害基督教徒的皇帝。

涅尔瓦（Nerva）[ner´-va]：五位"贤明"或"过继"皇帝中的第一位；公元96—98年在位。

O

奥克塔维娅（Octavia）[ok-tā´-vi-a]：屋大维的姐姐；公元前40—前32年是安东尼的妻子，育有2个女儿；是克劳狄的祖母；卡里古拉的曾祖母；也是她的侄女尤利娅第一位丈夫马克卢斯的母亲。（见表2）

屋大维（Octavian）：恺撒的合法继承人；与安东尼和雷必达组成"后三头同盟"；在亚克兴击败安东尼和克莱奥帕特拉，从而完成"罗马变革"；公元前27年成为罗马第一位皇帝；参见条目"奥古斯都"。

奥多亚克（Odoacer）[ō-dō-ā´-ser]：公元476年推翻西部罗马帝国末帝的日耳曼人。

"贵族派"（optimates）[op-ti-ma´-tās]："最优秀的"；该词也可指代

共和国后期元老院中固守旧式传统统治理念反对变革的派别成员；保守派（例如，西塞罗和小加图）。

东哥特人（Ostrogoths）[osˊ-trō-goths]：字面意为"东部的哥特人"；公元5世纪后期在意大利定居的日耳曼蛮族；狄奥多里克是他们最为著名的一位王。

奥维德（Ovid）[oˊ-vid]：奥古斯都统治时期杰出的诗人，被奥古斯都终生流放到黑海地区。著有《爱经》(*Art of Love*)、《变形记》(*Metamorphoses*)和大量诗作。

P

帕拉提乌姆山（Palatine）[paˊ-la-tīn]：位于广场与大竞技场之间的山丘，皇宫位于此处；罗马最早的聚落栖居地点。

帕皮尼亚努斯（Papinian）[pa-piˊ-ni-an]：叙利亚律师，效力于塞普提米乌斯·塞维鲁，被后世推崇为古代的法律伟人；普劳提亚努斯（见下文）死后任禁军长官；公元212年被卡拉卡拉处死。

帕提亚（Parthia）[parˊ-thi-a]：在罗马帝国东部边境上以美索不达米亚和伊朗为中心的王国；长期与罗马为敌；曾与克拉苏、安东尼和很多皇帝作战。

贵族（patricians）[pa-triˊshans]：罗马共和国初期掌控一切重大事件的小部分精英特权阶层；非平民的公民。

佩尔提那克斯（Pertinax）[perˊ-ti-naks]：公元193年1月至3月的罗马皇帝。

佩斯坎尼乌斯·尼格尔（Pescennius Niger）[pe-senˊ-i-us nīˊ-jer]：塞普提米乌斯·塞维鲁的对手；在佩尔提那克斯（见上文）被谋杀后，在叙利亚被自己的军团拥立为帝，公元195年战败后被处死。

佩特洛尼乌斯（Petronius）[pe-trōˊ-ni-us]：在尼禄统治时期著有《萨蒂利孔》。

法萨卢（Pharsalus）[far-sāˊ-lus]：希腊北部地点；公元前48年，庞培在此败给恺撒。

腓力比（Philippi）[fi-lipˊ-ī]：希腊北部地点；公元前42年，布鲁图斯、卡西乌斯及其同谋在此败给安东尼和屋大维。

普劳提亚努斯（Plautianus）[plo-te-aˊ-nus]：塞普提米乌斯·塞维鲁的阿非利加伙伴、朋友和禁军长官；对该皇帝极具影响力，后来由于所谓的叛逆行为泄密，公元205年被处死。

平民（plebeians）[ple-bēˊ-ans]：所有非贵族的罗马公民；较低级的阶层。

平民决议（plebiscite）[pleˊ-bi-sīt]："平民大会"（concilium plebs）做出的决定，自公元前287年起，具有法律效力，对所有罗马公民具有约束力。

老普林尼（Pliny the Elder）[plī´-nē]：小普林尼的（见下文）舅父；著有规模宏大的《自然史》；维苏威山喷发时任米塞努姆舰队指挥官，遇难身亡。

小普林尼（Pliny the Younger）：约公元61—113年，罗马著作家，比提尼亚—本都（见上文）的总督；是有关维苏威山喷发和公元2世纪罗马对待基督教徒问题的重要史料来源。

普鲁塔克（Plutarch）[plū´-tark]：公元1—2世纪希腊传记作家和道德家；著有许多罗马重要人物的传记。

波利比乌斯（Polybius）[po-li´-bi-us]：公元前2世纪希腊史家，记录了罗马征服地中海世界的历史。

庞培城（Pompeii）[pom-pā´-yē]：那不勒斯海湾的一座城市，公元79年8月24日维苏威山喷发时被摧毁。

塞克斯图斯·庞培（Pompeius）[Sextus]：庞培（见下文）之子，在其父死后率舰队继续致力于共和国事业，攻击屋大维和安东尼；公元前36年被后者手下杀死。

庞培（Pompey）[Gnaeus Pompeius Magnus; pom´-pē]：公元前106—前48年，共和国后期的重要领袖人物；与恺撒和克拉苏组成"前三头同盟"；在与恺撒的内战期间，公元前48年在法萨卢战败，后在埃及被杀害。

大祭司长（Pontifex Maximus）[pon´-ti-feks mak´-si-mus]：罗马的主要祭司；掌管国家祭礼的大祭司团首脑。

"平民派"（populares）[pop-ū-lār´-ās]：该词可指代共和国后期元老院中的一派成员，他们认为统治需要变革，实现变革的最佳方式是诉诸民众、支持民众运动（例如恺撒）。

伯尔吉娅（Porcia）[pōr´-sha]：小加图之女；布鲁图斯的妻子。

大法官（praetor）[prē´-tor]：罗马仅次于执政官的高级年选职官；主管司法事务；大法官也是行省总督，拥有军事职责（见表1）。

近卫军（Praetorian Guard）：皇帝的护卫，由奥古斯都创建；驻扎在罗马城中或其周围；最初人数不超过4500人；在不同的皇帝统治时期规模有所不同。

元首（Princeps）[prin´-keps]：奥古斯都及其继承者所采用的头衔，意为"第一公民"；元首制即由此身份而得名。

代执政官（proconsul）：罗马行省总督，通常为执政官级别。

托勒密（Ptolemy）[to´-le-mē]：亚历山大的将领；公元前4世纪在埃及建立希腊化的托勒密王国。

托勒密十二世（Ptolemy XII）[Auletes]：克莱奥帕特拉的父亲。

托勒密十三世（Ptolemy XIII）：克莱奥帕特拉的兄弟兼丈夫，并与之争夺埃及统治权；公元前47年败给恺撒后溺死于尼罗河。

皮鲁士（Pyrrhus）[peer´-us]：伊庇鲁斯王，公元前280年入侵意大利，公元前275年被逐出；罗马第一位重要的国际性对手；罗马战胜他以后控制意大利南部（希腊）地区。

Q

财务官（quaestor）[kwēs´-tor]："公职等序"（cursus honorum）中的第一级职位；最初的职权为财政事务（见表1）。

R

罗德斯（Rhodes）[rōdz]：小亚细亚南部海岸外一座大型希腊岛屿；以古代知识分子聚集地而闻名；提比略的隐居地，并在此遇到希腊占星者特拉叙鲁斯（见下文）。

罗慕路斯（Romulus）[rō´-mū-lus]：传统认为公元前753年建立罗马城的创建者；勒姆斯的孪生兄弟。

卢比孔（Rubicon）[rū´-bi-kon]：在法律上构成罗马意大利北疆与山南高卢的界河；公元前49年1月恺撒渡过卢比孔河，与庞培爆发内战。

S

萨姆尼乌姆人（Samnites）[sam´-nīts]：意大利南部强悍的山区民族，公元前4—前3世纪与罗马作战。

西庇阿·艾弥利亚努斯（Scipio Aemilianus）[skip´-i-ō ē-mi-li-a´-nus]：西庇阿·阿非利加努斯（见下文）的继孙；公元前146年摧毁迦太基；公元前133年在西班牙降服努曼提亚；格拉古兄弟的内兄。

西庇阿·阿非利加努斯（Scipio Africanus]：公元前202年在扎玛击败汉尼拔，从而结束第二次布匿战争。

斯柯尔普斯（Scorpus）[skōr´-pus]：罗马最为著名的车手之一；公元1世纪末死于大竞技场，年仅27岁。

塞亚努斯（Sejanus）[se-jā´-nus]：提比略的近卫军长官，背叛他的"工作伙伴"；公元31年被处死。

塞琉古王朝（Seleucids）[se-lū´-sids]：亚历山大将领塞琉古（Seleucus）继承者的王朝名称，在希腊化时期统治叙利亚和美索不达米亚。

元老院（Senate）：罗马共和国时期的支配机构（见表1）。

"元老院终极令"（senatus consultum ultimum）[se-na´-tus con-sul´-tum ul´-ti-mum]："元老院的最终法令"，或罗马元老院在紧急时刻发布的正式公告。

塞涅卡（Seneca）[se´-ne-ka]：斯多噶哲学家、著作家，尼禄的帝师；对尼禄的统治产生影响，公元65年自杀（受命于尼禄）。

塞尔维利娅（Servilia）[ser-vil´-i-a]：布鲁图斯的母亲；恺撒的情妇；

加图的异父异母妹妹。

塞普提米乌斯·塞维鲁（Severus, Septimius）[se-ve´-rus, sep-ti´-mi-us]：塞维鲁王朝（公元193—235年）的创建者；公元193—211年在位；尤利娅·多姆娜的丈夫；第一位出身阿非利加的皇帝。

西西里（Sicily）：意大利半岛尖端的大型岛屿；由希腊人殖民；作为第一次布匿战争的结果，公元前241年成为罗马第一个行省。

智者（sophist）[so´-fist]：为教学活动收取费用的教师，主要教授修辞学和雄辩术。

斯巴达克（Spartacus）[spar´-ta-kus]：色雷斯角斗士，公元前73—前71年在意大利领导一次奴隶大起义。

斯普里那（Spurinna）[spu-ri´-na]：小普林尼知名的老年朋友，在图拉真统治下年已七旬时第三次也是最后一次出任执政官。

斯多噶哲学（Stoicism）[stō´-i-sizm]：芝诺创立的希腊哲学；斯多噶派认为神圣的天意（Providence）支配着一切事物，人应该毫无情绪地忍受生命中的负担；斯多噶派还接受理性自杀（例如小加图）。

苏埃托尼乌斯（Suetonius）[swē-tō´-ni-us]：著有《十二恺撒传》（*Twelve Caesars*）；哈德良的事务官。

苏拉（Sulla）[sul´-a]：公元前1世纪80年代罗马内战中战胜马略（公元前86年过世）及其追随者；雄心壮志，自私自利，同时也是一名坚定的保守派，作为独裁官，他重新确立了元老院对共和国统治的控制权；他有效遏制平民运动的进程，剪除其大部分领袖人物；公元前79年辞职（公元前78年过世），但是他以武力达到目标的实例加速后来的政治剧变并使共和国走向灭亡。

叙拉古（Syracus）：位于西西里；西部最大的希腊城市；在罗马围城期间（公元前213—前211年）阿基米德的武器起到了防御作用。

T

塔西陀（Tacitus）[ta´-si-tus]：帝国早期最伟大的历史著作家；著有《编年史》和《历史》；图密善统治时期任执政官；小普林尼的朋友。

德尔图良（Tertullian）[ter-tul´-i-an]：来自北非，颇具影响力的基督教著作家；主要在塞维鲁王朝时期从事写作。

四帝共治（Tetrarchy）[tet´-rar-kē]：戴克里先创立的四名统治者体制，目的在于维持罗马帝国的秩序与控制权。

狄奥多里克（Theodoric）[thē-od´-ō-rik）"大帝"，公元493—526年意大利的东哥特王。

狄奥多西（Theodosius）[the-o-dō´-si-us]：东正教基督徒，完整的

罗马帝国的最后一位伟大皇帝；公元379—395年在位；彻底消灭异教。

特拉叙鲁斯（Thrasyllus）[thra-si´-lus]：来自希腊，提比略的宫廷占星家，他的终生朋友。

第伯河（Tiber）[tī´-ber]：意大利西部河流，罗马城在其沿岸创建。

提比略（Tiberius）[tī-bē´-ri-us]：李维娅的儿子；继承继父奥古斯都成为罗马第二位皇帝；公元14—37年在位。

提格里努斯（Tigellinus）[ti-jel-ī´-nus]：尼禄声名狼藉的近卫军长官；在其统治后期对尼禄产生重要影响，并怂恿尼禄的暴行；尼禄死后，于公元69年被奥托逼迫自杀。

提图斯（Titus）[tī´-tus]：韦帕芗的儿子；公元70年攻占耶路撒冷，结束犹太战争；公元79—81年在位；在其统治期间，维苏威山喷发。

图拉真（Trajan）[trā´-jan]：公元98—117年的罗马皇帝；第一位非意大利出身的皇帝；在地理上，将帝国疆域扩至最大范围。

部落大会（tribal assembly）：两个共和国集会中较为民主的一个，所有成年男性公民均可参加；具有选举和立法职能；通常认为它等同于"平民大会"（concilium plebes）（见表1）。

保民官（tribunes）：平民的官员（见表1）。

三头同盟（前）（Triumvirate）：克拉苏、庞培和恺撒于公元前60年组成的不受法律制约的联盟，目的在于控制罗马政局。

三头同盟（后）（Triumvirate）：安东尼、屋大维和雷必达为控制罗马政局于公元前43年组成的合法联盟。

V

维伊（Veii）[vē´-yē]：邻近罗马的埃特鲁里亚城，长期与罗马作战，公元前396年被卡米路斯击败。

维纳斯（Venus）：罗马爱之女神；埃涅阿斯的母亲；尤利乌斯·恺撒和奥古斯都的家族（尤利乌斯家族）将其家族起源通过埃涅阿斯的儿子尤鲁斯（"Iulus"或"Julus"）溯至这位女神。

维吉尔（Vergil）[vur´-jil]：史诗诗人；在奥古斯都统治时期著有《埃涅阿斯纪》；麦凯纳斯和贺拉斯的朋友；公元前19年去世；作品还有《牧歌》（*Eclogues*）和《农事诗》（*Georgics*）。

维尔吉尼乌斯·鲁福斯（Verginius Rufus）[ver-ji´-ni-us rū´-fus]：执政官，政客，小普林尼的老年朋友，后者在其《书信集》中曾提及此人。

韦帕芗（Vespasian）[ves-pa´-shan]：公元69—79年的罗马皇帝；弗拉维王朝（公元69—96年）的创立者。

维苏威（Vesuvius）[ve-sū´-vi-us]：那不勒斯海湾的火山，公元79年8月24日喷发，摧毁了庞培城和赫拉克勒斯城。

维比娅·佩尔佩图瓦（Vibia Perpetua）[vi′–bi–a per–pe′–tu–a]：年轻的基督教妇女，在塞普提米乌斯·塞维鲁统治时期于迦太基殉难。

Y

约克（York）[Eburacum]：罗马在不列颠的行政总部，位于苏格兰边境；公元211年塞普提米乌斯·塞维鲁在此过世。

Z

扎玛（Zama）[zā′–ma]：公元前202年汉尼拔在北非此地败给西庇阿·阿非利加努斯。

出版后记

这些年来，随着现代后现代喧嚣的浮尘渐渐落下，我们慢慢认识到，没有对西方文明的根底有深入的了解，即使现代后现代，我们也只能有浮皮潦草的粗浅理解。我们不了解它们所反对的古代是什么样子，我们也就不会真正理解它们所赞成的又是什么，始终只能是局外人，更不用说对将古老中国拉入现代世界的强力能够有所反思，以及在此之上为几千年流传下来的传统资源重新定位。

随着国内几所高校相继建立古典文明中心，在学者与出版界的共同努力之下，有关希腊罗马的研究专著陆续出版，几年下来已有不小的规模。这些专著涉及历史、政治、经济、文化、宗教、哲学、语文学诸多方面，让我们渐渐摆脱了希腊罗马代表着理性和美的理想这种符号式的刻板印象，有关希腊罗马的故事中也处处充满着野心和欲望、蠢行和丑陋。

有没有谁能够让我们跨越两千年的时间，踏入希腊人罗马人生活的空间，感受他们的气息与体温，倾听他们在广场上的陈词或街巷中的窃窃私语？除去那些被史书神化为"高大全"的伟人之外，希腊罗马世界中普通人又是怎么过日子的？

科布里克的这两本书就致力于此。虽然书中的章节安排仍以历史发展顺序为主线，但是作者浓墨重彩书写的是那些不太有名却非常有趣的小人物，并且尽量以原始文献和实物材料让人物自己"说话"，讲述自己的故事。散布在书中各处的专栏，更是经过作者的精心挑选，多主题多侧面的展现着古人的生活。通过这种散点透视的方式，希腊罗马世界将在我们面前呈现出立体的形式、清晰的轮廓、丰富的细节。

服务热线：133-6631-2326　188-1142-1266
读者服务：reader@hinabook.com

后浪出版咨询（北京）有限责任公司
2014 年 3 月

图书在版编目（CIP）数据

罗马人 /（美）科布里克（Kebric, R.B.）著；张楠译 .—北京：世界图书出版公司北京公司，2013.12
书名原文：Roman people
ISBN 978-7-5100-7292-5

Ⅰ.①罗… Ⅱ.①科… ②张… Ⅲ.①罗马人—通俗读物 Ⅳ.① K546.8-49
中国版本图书馆 CIP 数据核字（2013）第 298328 号

Robert Kebric
Roman People, 4e
ISBN 0–07–286904–6

Copyright © 2005 by McGraw–Hill Education.

All Rights reserved. No part of this publication may be reproduced or transmitted in any form or by any means, electronic or mechanical, including without limitation photocopying, recording, taping, or any database, information or retrieval system, without the prior written permission of the publisher.

This authorized Chinese translation edition is jointly published by McGraw–Hill Education (Asia) and Beijing World Publishing Company.This edition is authorized for sale in the People's Republic of China only, excluding Hong Kong, Macao SAR and Taiwan.

Copyright © 2014 by The McGraw–Hill Asia Holdings (Singapore) PTE. LTD and Beijing World Publishing Company.

版权所有。未经出版人事先书面许可，对本出版物的任何部分不得以任何方式或途径复制或传播，包括但不限于复印、录制、录音，或通过任何数据库、信息或可检索的系统。

本授权中文简体字翻译版由麦格劳 – 希尔（亚洲）教育出版公司和世界图书出版公司合作出版。此版本经授权仅限在中华人民共和国境内（不包括香港特别行政区、澳门特别行政区和台湾）销售。

版权 © 2014 由麦格劳 – 希尔（亚洲）教育出版公司与世界图书出版公司所有。

本书封面贴有 McGraw–Hill 公司防伪标签，无标签者不得销售。

罗马人（插图第 4 版）

著　　者：（美）科布里克（Kebric, R.B.）	译　　者：张　楠 等	筹划出版：银杏树下
出版统筹：吴兴元	责任编辑：张　鹏	营销推广：ONEBOOK	装帧制造：墨白空间

出　　版：世界图书出版公司北京公司
出 版 人：张跃明
发　　行：世界图书出版公司北京公司（北京朝内大街 137 号　邮编 100010）
销　　售：各地新华书店
印　　刷：北京联兴华印刷厂（北京通州区张家湾皇木厂　邮编 101113）
（如存在文字不清、漏印、缺页、倒页、脱页等印装质量问题，请与承印厂联系调换。联系电话：010-61501799）

开　　本：787×1092 毫米 1/16
印　　张：27.5　插页 2
字　　数：470 千
版　　次：2014 年 6 月第 1 版
印　　次：2014 年 6 月第 1 次印刷

读者服务：reader@hinabook.com　188-11142-1266
投稿服务：onebook@hinabook.com　133-6631-2326
购书服务：buy@hinabook.com　133-6657-3072
网上订购：www.hinabook.com（后浪官网）

ISBN 978-7-5100-7292-5　　　　　　　　　　　　　　　　　　　　　　定　价：49.80 元

后浪出版咨询（北京）有限公司常年法律顾问：北京大成律师事务所　周天晖　copyright@hinabook.com

版权所有　翻印必究

希腊人：爱琴海岸的奇葩
（插图第 4 版）

著者：（美）罗伯特·B·科布里克（Robert B. Kebric）
译者：李继荣 等
审校者：张强
书号：978-7-5100-5630-7
定价：39.80 元

古希腊世界与历史漫游指南

阿喀琉斯，男扮女装躲入深宫逃兵役
泰勒斯，为了证明哲学有用夜观天象赚大钱
亚历山大大帝，坐着巨型潜水装置下海捞珍珠
这里有许多大人物鲜为人知的小故事
一位诗人求婚被拒，写诗嘲骂女方致使父女羞愤自杀
一对同性恋人刺杀第三者，被错封为推翻暴政的大英雄
一名高级妓女协助伯里克利，催生出雅典民主黄金时代
这里演绎着更多的小人物的爱恨情仇
作者告诉你，好莱坞如何肆意改编古希腊历史
作者与你探讨，古代奥运会的跳远纪录比现代远八米是否可能
作者向你描述，亚特兰蒂斯神话也许是一段古老记忆
作者邀你一同漫游五彩纷呈的古希腊世界

著者一反传统，"历史中的个体"——人，"有着同样的血缘，同样的语言，共同的神庙、仪式与相近的习俗"的希腊人（希罗多德语）为其独到、始终关注的对象。

——张强，东北师范大学世界文明史研究所所长

这是一部以历史中的个体为核心的古希腊世界漫游指南，视角独特，引人入胜。

本书以历史发展顺序为主线，覆盖范围从荷马时代到希腊化时期，但全书不以历史事件为核心，而是将之作为呈现希腊人的真实面貌的必需背景。每章内容的主体是作者精心挑选的个人，而且往往是不太出名的人，他们足以展现其所生活时代的人的活动或行为的某一方面。作者在书中大量引用希腊人的诗歌、史料、法庭辩护词，营造出了让人物尽情诉说自己的故事的效果。

书中还设置了大量的专栏，既有对好莱坞在诠释古代希腊和希腊人的影片中无知行为的辛辣讽刺，又有关于希腊人的幽默和老年观的专题讨论，还有许多对有趣个人和故事的简单介绍。这种多角度多侧面的描述方式，构筑了一个清晰立体、细节丰富、血肉丰沛的希腊人整体形象。